教育部人文社会科学重点研究基地山东师范大学齐鲁文化研究院"十三五"规划重大项目

山东省中华优秀传统文化转化创新重大理论研究项目

当代视域下的
中国传统儒道释文化研究

刘厚琴 赵卫东 陈艳玲　著

人民出版社

责任编辑:宫　共
封面设计:源　源
责任校对:徐林香

图书在版编目(CIP)数据

当代视域下的中国传统儒道释文化研究/刘厚琴,赵卫东,
　陈艳玲 著. —北京:人民出版社,2020.12
(中华优秀传统文化的时代价值研究/安作璋,王志民主编)
ISBN 978-7-01-022763-4

Ⅰ.①当… Ⅱ.①刘… ②赵… ③陈… Ⅲ.①中华文化-研究
　Ⅳ.①K203

中国版本图书馆 CIP 数据核字(2020)第 245848 号

当代视域下的中国传统儒道释文化研究
DANGDAI SHIYU XIA DE ZHONGGUO CHUANTONG RUDAOSHI WENHUA YANJIU

刘厚琴　赵卫东　陈艳玲　著

人 民 出 版 社 出版发行
(100706　北京市东城区隆福寺街 99 号)

环球东方(北京)印务有限公司印刷　新华书店经销

2020 年 12 月第 1 版　2020 年 12 月北京第 1 次印刷
开本:710 毫米×1000 毫米 1/16　印张:30　字数:475 千字

ISBN 978-7-01-022763-4　定价:90.00 元

邮购地址 100706　北京市东城区隆福寺街 99 号
人民东方图书销售中心　电话 (010)65250042　65289539

总　序

　　本套丛书是教育部人文社会科学重点研究基地山东师范大学齐鲁文化研究院"十三五"规划重大项目的结项成果。2015 年，以安作璋教授、王志民教授为首席专家，入选山东省中华优秀传统文化转化创新重大理论研究项目"中华传统文化思想内涵的时代价值辨析研究"。在实施项目之初，课题组经过反复讨论，决定以十八大报告提出的社会主义经济建设、政治建设、文化建设、社会建设、生态文明建设五位一体总体布局为指导思想，多角度结合中华优秀传统文化的实际，进行课题整体框架设计，于是将该课题分设为五个子课题："中国传统经济体制和经济思想的时代价值辨析研究"；"中国传统政治体制和治国理政思想的时代价值辨析研究"；"中国传统思想文化的时代价值辨析研究"；"中国传统社会管理体制和管理思想的时代价值辨析研究"；"中国传统生态文化及其时代价值辨析研究"。这虽然有利于对课题研究的创新和深入，但也大幅增加了研究的学术难度和完成任务的工作量。

　　在首席专家安作璋教授、王志民教授的组织领导下，为完成本课题采取了以下重点措施：一是聘请在相关子课题领域素有研究的较强的骨干研究力量，形成了以孟祥才教授、陈新岗教授、朱亚非教授、王林教授、刘厚琴教授等学术水平高、研究能力强的学者为子课题负责人，并组织起结构合理、研究能力较强的科研团队。二是高度重视了每个子课题的框架布局和提纲设计。在首席专家领导下，多次举行研讨会，发挥团队学术优势，逐一研究、厘定各卷提纲目录，既强调各卷内容的协调，体现项目的整体统一性，又突出各卷的重点和特色，力求从整体上提升项目质量。三是突出坚持和强调以挖掘、阐发时代价值为主线。通过认真学习、深入研讨党的十八大以来习近平总书记的相关论述和党中央有关文件精神，为准确把握、深入阐释优秀传统文化的当代价值做了不懈努力。四是以研讨方式，尽力抓好对各卷的审稿、修改、统稿工作，力求提升整体撰写水平。特别值得提出的是，首席专家安作璋先生，以 90 多岁高龄，倾力于该项目的研究推进，坚持出席每次会议，给予具体指导。2019 年 2 月 20 日，安作璋先生因病去世后，在王志民教授的带领下，课题组成员充分发扬了团结协作的学术精神，继续完成课题的后续工作。2020 年 8 月底，五个子课题全部定稿。经课题组成员会议商定，书稿总名为《中华优秀传统文化的时代价值研究》，全书分为五卷，第一卷为《当代视域下的中国传统经济制度与思想研究》，第二卷为《当代视域下的中国传统政治文化研究》，第三卷为《当代视域下的中国传统儒道释文化研究》，第四卷为《当代视域下的中国传统社会管理研究》，第五卷为《当代视域下的中国传统生态文化研究》。

中华传统文化积淀着中华民族最深层的精神追求，代表着中华民族独特的精神标识，是我们今天社会主义新文化建设的文化基因。努力传承与弘扬中华优秀传统思想文化，去其糟粕、取其精华，深入探究、挖掘其时代价值，实现对传统经济、政治、思想文化、社会管理、生态文化的创造性转化与创新性发展，是我们当代学人光荣而艰巨的历史责任。参与本项目研究的校内外 13 位专家，正是怀着这样一种强烈的使命感、责任感，团结合作，戮力同心，以严肃认真的态度去对待这项重要科研任务，在历经四年的不懈努力后，终于较圆满地完成了本项目的撰写任务。

回顾该项目的编纂出版过程，我们由衷怀念和感谢安作璋先生为本项目作出的重大贡献；衷心感谢山师大历史文化学院副教授秦铁柱博士为该项目的实施所做的大量编务、会务等默默无闻的琐碎工作；感谢学校和齐鲁文化研究院相关领导对项目编纂与出版的鼎力支持；感谢人民出版社王萍主任及相关编辑的辛勤付出。没有各方面的大力支持，本项目能如此顺利出版发行是不可想象的。

在编纂过程中，我们也深深体会到：本项目创新要求高，论述难度大，真正做成高质量、高水平之作，远非易事。我们虽然尽了自己的最大努力，但由于各卷所涉史实既专又广，其中数卷是多人集体之作，在许多问题的把握和研究上，仍存在可修改和完善之处。望学界同仁与读者多予批评、指导是盼。

王志民

2020 年 10 月 16 日于泉城

目　录

中　编　当代视域下的中国传统道家与道教文化研究

下　编　当代视域下的中国传统佛教文化研究

导　论

　　中华传统文化是世界上最光辉灿烂的文化之一，尤其核心中华传统思想文化更是源远流长、博大精深，学派纷呈，在漫长的发展过程中逐渐形成了以儒道佛为主流的思想体系。中华传统思想文化积淀着中华民族最深层的精神追求，代表着中华民族独特的精神标识。当代社会，我们必须努力传承与弘扬中华优秀传统思想文化，去其糟粕、取其精华，对儒道佛的核心思想进行创造性转化与创新性发展。

一、弘扬中国优秀传统文化的必要性

　　一个国家、民族的强盛，总是以文化兴盛为支撑的。没有文明的继承与发展，没有文化的弘扬与繁荣，就没有中国梦的实现。

（一）优秀传统文化为"中国梦"的坚强基石

　　"中国梦"，即"实现中华民族伟大复兴，就是中华民族近代以来最伟大梦想"，实现"中国梦"必须从中华优秀传统文化中获取精神滋养。从社会整合理论的角度而言，当代社会亟待发挥精神因素、文化共识在社会整合中的重要作用，亟待通过国家精神、民族文化的社会化将规范、价值等文化因素内化成为个体之自觉，从而发挥消除隔阂、弥合分歧的社会整合功能。综合来看，国家精神、民族文化具有"指南针""黏合剂""凝聚剂""推进器"等功能①。

中华民族的伟大复兴需要多方面的动力，尤其离不开精神感召力、文化助推力。我们要想实现"中国梦"，就离不开凝心聚力的中国精神、中华文化。正如习近平总书记所言，中华优秀传统文化是中华民族的突出优势，中华民族伟大复兴需要以中华文化发展繁荣为条件，必须大力弘扬中华优秀传统文化。

优秀传统文化是中华民族伟大复兴的坚强基石。改革开放以来，我国经济的迅速发展，充分证明了只有中国特色社会主义才能发展中国。这就注定了我们必然要走适合自己特点的发展道路。②传统文化是中华文明的不竭的源泉，是建设具有中国特色的社会主义现代化大厦的雄厚根基。

（二）社会主义核心价值观植根于中华文化沃土

党的十八大提出了社会主义核心价值观，"倡导富强、民主、文明、和谐，倡导自由、平等、公正、法治，倡导爱国、敬业、诚信、友善，积极培育和践行社会主义核心价值观。"这其中有的是对传统价值观的全部继承，有的则是对传统价值观的部分继承。社会主义核心价值观，体现了社会主义制度在思想与精神层面的质的规定性，它是社会主义核心价值体系的内核，是对社会主义核心价值体系的高度凝练与集中表达。它把涉及国家、社会、公民的价值要求融为一体，既体现了社会主义本质要求，继承了中华优秀传统文化，也体现了时代精神，回答了我们要建设什么样的国家、建设什么样的社会、培育什么样的公民的重大问题。③

培育与弘扬社会主义核心价值观，必须立足中华优秀传统文化。习总书记指出："中华文明绵延数千年，有其独特的价值体系。中华优秀传统文

---

① 参见孙来斌《中国梦的精神滋养和文化追求》，2014 年 9 月 17 日，见 https：//opinion.huanqiu.com/article/9CaKrnJFzm7。

② 参见徐平《优秀传统文化是中华民族伟大复兴的坚强基石》，2014 年 9 月 22 日，见 http：//opinion.people.com.cn/n/2014/0922/c1003—25708572.html。

③ 参见《习近平总书记系列重要讲话读本》之六《创造中华文化新的辉煌——关于建设社会主义文化强国》，《人民日报》2014 年 7 月 9 日。

化已经成为中华民族的基因，植根在中国人内心，潜移默化影响着中国人的思想方式和行为方式。今天，我们提倡和弘扬社会主义核心价值观，必须从中汲取丰富营养，否则就不会有生命力和影响力。"① 社会主义核心价值观植根于中华文化沃土，是以传统文化为基础的。习总书记再三强调，核心价值观是软实力最深沉的精神追求，培育和弘扬社会主义核心价值观必须立足中华优秀传统文化。牢固的核心价值观，都有其固有的根本。当下我们必须要利用好中华优秀传统文化蕴含的丰富的思想道德资源，使其成为涵养社会主义核心价值观的重要源泉。

（三）优秀传统文化坚定民族自信与文化自信

中华优秀传统文化作为中华民族的基因，已经植根在中国人内心，潜移默化地影响着中国人的思维方式与行为方式。习总书记认为"去中国化"是很悲哀的，所谓"去中国化"就是抛弃中国传统文化。从根本上而言，中国传统文化不仅是中国文化现代化的底色，更是中国特色社会主义的底色。正是这种底色支撑起中国文化的软实力，凝聚起中华民族的精气神。②

我们在进行社会主义现代化建设的过程中，必须坚定自信心。习总书记指出，我们不是历史虚无主义者，也不是文化虚无主义者，不能数典忘祖、妄自菲薄。中华传统文化源远流长、博大精深，其中最核心的内容已经成为中华民族最基本的文化基因。我们要坚定理论自信、道路自信、制度自信，最根本的还要加一个文化自信。有了"自信人生二百年，会当水击三千里"的勇气，我们就能毫无畏惧面对一切困难和挑战，就能坚定不移开辟新天地、创造新奇迹。坚定中国特色社会主义道路自信、理论自信、制度自信，说到底是要坚定文化自信。其实，中国的自信，本质上是文化自信。

文化自信为抵制"历史虚无主义"提供了强大的思想武器，为坚持走中国特色社会主义文化发展道路和社会治理道路提供了重要的理论指引。习

---

① 《习近平：青年要自觉践行社会主义核心价值观——在北京大学师生座谈会上的讲话》，《人民日报》2014 年 5 月 5 日。

② 参见范玉刚《中国传统文化是实现"三个自信"的基础》，2017 年 1 月 4 日，见 http：//news.china.com.cn/2014—09/26/content_33621349.htm。

近平指出："独特的文化传统，独特的历史命运，独特的基本国情，注定了我们必然要走适合自己特点的发展道路。"① 这就要求我们，必须处理好继承和创造性发展的关系，重点做好创造性转化和创新性发展，必须构建中国特色文化话语体系。

总之，民族文化基因是中国梦的魂与根。以儒家思想文化为主体的中华文化之精华，积淀着中华民族最深沉的精神追求，包含着中华民族最根本的精神基因，是中华民族生生不息、发展壮大的精神滋养。今天，伴随综合国力的增强与人民生活水平的提高，中国人的文化自信心也正在回归。

二、中国优秀传统文化的思想体系：儒道佛

中华传统思想文化博大精深，内涵丰厚，在漫长的发展过程中逐渐形成了以儒道佛为主流的思想体系。传统文化的精髓在思想，思想的精髓在儒道佛。

（一）儒家文化

儒学是由孔子开创的，儒学的发展、演变过程，大体经历了以孔孟荀为代表的先秦原始儒学、董仲舒为代表的汉代儒学、以程朱理学为标志的宋明新儒学、西学冲击下的现代新儒学等四个阶段。

春秋晚期，孔子开创了儒学，开始了儒家文化的发展之路。战国时期的孟子与荀子则是对孔子思想的继承与发展。儒家提倡血亲人伦、修身养性，主张仁政礼治。

西汉儒学集大成者董仲舒继承先秦儒学，整合诸子思想，用阴阳五行、天人感应为理论构建了具有神学色彩的儒学理论体系，更有利于规范社会秩序。伴随"罢黜百家，独尊儒术"的文化政策，儒学深远地影响了人们社会政治生活的方方面面。

儒学的新型发展是"宋明理学"。宋明理学的重要特征是使传统儒学哲

---

① 《习近平在全国宣传思想工作会议上强调：胸怀大局把握大势着眼大事　努力把宣传思想工作做得更好》，《人民日报》2013 年 8 月 21 日。

理化，理学家们在坚守伦理本位、道德中心原则的同时，吸收佛、道哲理思辨方法，丰富思维内容，提高理论水平，建构起以理、气、心为最高范畴的宇宙本体论。这种思想逐渐成为当时思想的主流。"宋明理学"在元朝时成为官方正统思想，一直持续到清朝灭亡。

现代新儒学产生于20世纪20年代，至今仍有其生命力。现代新儒家们接续儒家"道统"，复兴儒学，以服膺宋明心性理学为主要特征。他们以儒学主体为本位，吸纳融合西学，现实弘扬儒学之目的，强调在西方文化下解释儒学、发展儒学，建立起新的儒学体系。

经过历代统治者的推崇，儒家文化成为中国文化的正统和主体，成为中国文化的代表和象征，它反映了中华民族的精神追求，对中华文明产生了深刻的影响。

（二）道学文化

道家、道教是中国传统文化的重要组成部分。对于道家、道教的称谓，学术界目前仍有争议。一般来说，道教界并不对道家、道教做特别的区分，当他们说道家时是包括道教的，而当他们说道教时是包括道家的。道家道教的关系极为复杂，从文化属性上讲，道家是中国思想史上的一个学派，先秦时期为诸子百家之一，而道教则是汉末产生的一个宗教，两者之间是有本质差别的。学者胡孚琛认为："关于道家与道教的关系，道家是以春秋时以老子著《道德经》为代表创立的以道为理论基础的学派；道教则是汉末张陵首先创立的以道为信仰的宗教。二者皆以老子的道为根基，道家是道教的哲学支柱，道教是道家的宗教形式。"① 尽管道家与道教有本质的区别，不能混同，但同时道家是道教最重要的思想来源，而道教则是道家思想的宗教化发展，两者之间又不可截然分开。考虑到道家与道教之间有极深的渊源关系，再藉于目前仍然难以找到更为合适的词来总称道家道教，尤其是抛开外在的因素，只是从文化的角度讲，道家与道教之间的差别并不是不可以融合，因

---

① 胡孚琛、吕锡琛：《道学通论：道家·道教·仙学》，社会科学文献出版社1999年版，第7页。

而我们暂且借用道学一词来统称道家道教。

自战国中期开始，道家充分吸收诸子百家思想之精华，正如司马谈《论六家要旨》所言："因阴阳之大顺，采儒墨之善，撮名法之要"，逐渐形成了一个新的形态——黄老道家。黄老道家为汉初社会的休养生息作出了重要贡献。

最早的道教实体活动是东汉末年太平道（张角）和五斗米道（张陵）的出现。五斗米道和太平道的出现，标志道教已形成了以共同信仰为维系的群体组织，成为名副其实的宗教。

两晋时，政治腐败，社会动荡，一些士大夫阶级精神空虚而追求神仙信仰。这一方面给道教注入了更多的理性因素，进一步丰富和充实了道教的教义，使这一宗教日臻完善。葛洪自号抱朴子，是南朝著名道士，他主张以神仙养生为内，儒术应世为外，极力鼓吹将道教的神仙信仰和儒家的纲常名教结合起来，提出了"道本儒末"的主张。葛洪的思想由于调和了儒、道，对道教理论产生极大的影响，其著作《抱朴子》也因此成为道教的主要理论著作。

自隋唐开始，道家与道教逐渐合流，作为一个学术流派的道家渐渐融入了道教之中。北宋时期是中国历史上另一个道教发展的鼎盛时期。陈抟是宋初时期的著名道士，自号扶摇子。其《无极图》是他论证宇宙生成的图式，也是修炼方法的图式。陈抟的道教思想与修炼方法对后世道教影响很大，被尊为"陈抟老祖"。

道教的分宗立派，开始于辽金之后。当时政治形势南北对峙，道教出现不同宗派，主要有五大教派，其中以正一派与全真派最为著名。无论何宗何派其修持功夫都以炼养阴阳、性命双修为第一要义，都以返璞归真，天人合一为最高境界，都以延年益寿和长生不老为最终目的。道教为了约束道士的思想言行，有防止"恶心邪欲""乖言戾行"的条规。

（三）佛教文化

印度佛教传入中国后，经长期传播发展，与中国固有的文化相融合，在吸收中国文化的条件下，形成独具特色的中国佛教，对中国传统文化影响很大。

佛教在东汉初年传入中国，到魏晋时期，尤其到了南北朝时期，佛教不仅迅速摆脱了刚刚传入中国时的沉寂状态，而且突然兴旺发达起来。隋唐时，中国佛教发展进入鼎盛时期，佛教已经渗透到中国政治、经济、文化和人们的日常生活中。禅宗于唐末五代时达于极盛，使中国佛教发展到了顶峰，对中国古代文化的发展具有重大影响。佛教戒律为"五戒与十善"，核心内容是"一心向善，诸事莫恶"。宋代之后，佛教虽没有如南北朝、隋、唐那样炽热，但少数民族统治者对佛教基本上都采取保护信奉的政策。

佛教以"神不灭论"，宣扬"生死轮回""三世因果报应"等思想，一个人的吉凶祸福、成败荣辱，决定于自己行为之善恶。人只有脚踏实地去修身养性，才能使自己的人格净化、升华，使自己享受到心安理得的快乐。这让人们把眼光从痛苦的现实转移到来世，其麻痹作用十分突出，更加适合统治者的政治需求。

其实，儒道佛都在一个文化整体中承担着各自不同的文化功能。就文化主旨而言，儒学是礼文化，孔孟创立的人学，以人为本，以道德教化为宗旨，成为中国人核心价值观的支柱和中华思想文化的主导。儒家文化集中体现了人类的内圣与外王，强调人们的道德实践、内心的道德修养与道德信念。它对人们的日常行为规范、人际交往、家庭与国家建设等方面都做了精致的规定，对人类的生存与发展起到了指导作用。道学是道文化，内部可分为老庄道家哲学和神道道教。老庄道家认为天道自然无为，人道顺乎自然，追求精神自由和返璞归真；道教以老子为太上老君和教主，崇拜三清四御及诸神，追求长生不死，是中国式宗教。佛教是宗教，认为释迦牟尼和诸位菩萨是超人间的神灵，有大慈大悲，能救苦救难，要求信众对之顶礼敬拜，可以祈福消灾；要相信轮回转世、因果报应，多做好事，求福来生。① 就其功能而言，儒学益于维持社会的人伦秩序（君君臣臣、父父子子），道学益于张扬个人的精神自由（自在无为、逍遥），而佛教则能为每个人对自己生死问题的终极关怀提供一种答案（因果轮回、生死解脱）。儒家文化包含着很

---

① 牟钟鉴：《儒道佛三教关系简明通史·总论》，人民出版社 2018 年版，第 5 页。

多普遍适用的价值准则，比如"仁者爱人""和而不同"，等等。宗教文化劝人向善，倡导心怀慈悲而行善，具有道德教化与慰藉灵魂的作用，宗教信仰亦能够团结人类。中华文化作为一个完整的整体，儒道佛三者功用不同，它们在推动中华文化的传承和发展中所起的作用也是各有不同的。

三、儒道佛融合[①]的历史发展与演变

中国传统思想文化历史悠久，在数千年的发展演变中，逐渐形成了以儒道佛为基本组成部分的多元融合的文化系统，而儒学在儒道佛思想逐渐合流过程中发挥着主导作用。

儒道佛关系历史悠久。儒道两家几乎同时兴起于春秋时期。二者通过互相交流和自由争鸣，经历着彼此影响和相互交融的过程。佛教对儒学则采取妥协、调和、迎合的态度为主，贯穿其整个历史发展进程。这主要是因为儒学是中华民族之根，佛教当然而且必须与儒家调和，方能在中华大地上立足生根。[②]

魏晋南北朝时期，儒道佛三者各自的势力比较巩固，矛盾激化。这一重要阶段是儒道佛关系全面展开和发展时期。儒道佛之间相互争论、相互融合，在争论中融合，在融合中争论。

隋唐作为儒道佛关系转折的重要时期，出现了三足鼎立的新格局。隋唐统治者对儒道佛采取利用态度，一方面重新确立了儒学地位，另一方面把佛道作为补充。经过长期的冲突碰撞，各家对另外两家思想加以吸收、利

---

① "三教"指儒家、道教、佛教三家。对于儒释道之"道"，历史上其实从来没有严格意义上的"道家"或"道教"的区分，通常是二者兼具，笔者对三教中的"道"亦持这种态度。佛教尤其是宋元以后对"道"的融摄上，所认同和接受的主要是道家思想。对于儒释道"三教"，道、佛两家为宗教毫无异议，而儒家是否为"教"争议较大。对于"三教"，笔者同意柳存仁之观点："唐代以来的所谓三教，这个教指的是教化的意思，不一定要把儒家看作是宗教。"参见柳存仁《中国思想里天上和人间理想的构思》，载《道教史探源》，北京大学出版社 2000 年版，第 137 页。

② 张仲娟、高永旺：《简论儒佛道三教关系的演变及发展规律》，《青海民族学院学报》（社科版）2009 年第 1 期，第 45—48 页。

用，并从迎合政治上大一统立场出发提倡三者在理论上相互包容、融合。从儒道佛关系角度来看，隋唐时期，儒学虽重新恢复了正统的地位，但其独尊地位毕竟已让位于三者鼎立的局面。

宋代以后，形成以儒家思想为基础的儒道佛三者融合，佛道都主动迎合新儒学。这标志着三者关系随着社会政治经济的发展进入了一个新的阶段。儒道佛经过长期的冲突融合，形成了一个以儒为主、佛道为辅的文化格局。

宋明理学是一种哲学化的儒学，理学以儒学为主，同时也吸收了道学与佛学思想。它讨论的基本问题是"性与天道"的哲学问题。"性"指人性，也包括物性，"天道"即天理，或简称"理"。理学家以"性与天道"为中心进行了精深细密探讨，形成了庞大缜密的儒学新理论体系，从而超越佛、道之学，达到了儒学发展的新高峰。理学作为中国封建社会后期的统治思想，对中国文化的发展产生了深远影响。

儒、道、佛分属不同的文化系统。儒、佛、道之间的互动，就儒家人学和佛教、道教神学之间的关系而言，乃是哲学与宗教的互动。就礼文化、禅文化和道文化各自内部而言，仍然是哲学与宗教的互动。① 儒学是中国传统思想文化的主流和基础。儒学本身是在与诸子百家的争鸣中成长，在与佛、道的交融中发展的。儒学最能体现中国传统文化的精神，同时也对佛、道等思想文化的发展产生重要影响。宋明时期的儒学，其实是以原始儒学为基点，融摄了佛、道等多种思想，是儒佛道三教的合一。②

总之，在中国传统思想文化体系中，儒家的"仁"、道家的"道"、佛教的"空"，它们之间存在内在联系，都共同指向"心性"之道，即修己利人、以人为本、以德为要的价值取向，这也是中华优秀传统文化的主要精神特质。③

---

① 牟钟鉴：《儒、佛、道三教的结构与互补》，《南京大学学报》（哲学社会科学版）2003 年第 6 期，第 132—136 页。

② 洪修平：《儒学、中国文化与世界多元文明——以儒佛道三教关系为视角》，《孔子研究》2010 年第 4 期，第 4—13 页。

③ 参见赵渊杰《文化自信离不开文化传承——〈中国传统文化与儒道佛〉简评》，《人民日报》2016 年 12 月 19 日。

四、儒道佛三者的核心理念及其当代价值

在中国传统文化的建构中，儒道佛三家各自作出了自己的贡献，但三家所起的社会作用却不同，儒家治世、道家治身、佛家治心。对于儒道佛的价值与历史地位，明儒王阳明曾做过一个"三间房"的比喻。他认为文化好像三间房屋，中间的堂屋是儒学，两边的厢房分别是佛、道。① 对于儒释道三家的价值，南怀瑾先生亦有形象的比喻：儒家的孔孟思想是粮食店，是天天要吃的，绝不能打；否则，打倒了儒家，我们就没有饭吃——没有精神粮食。道家则像药店，不生病可以不去，生了病则非去不可。佛学像百货店，里面百货杂陈，样样俱全，有钱有时间，就可去逛逛。逛了买东西也可，不买东西也可，根本不去逛也可以。② 儒道佛都是中国传统文化的重要组成部分，对于中国传统文化这个整体而言，它们都是不可或缺的。

（一）儒学核心理念及其现代价值

儒学的内涵丰富复杂，倡导血亲人伦，重视现世事功，主张道德修养，强调道德理性。大体而论，儒学的一些核心理念值得大力弘扬。诸如"天人合一""内圣外王"的精神境界，"自强不息、厚德载物"的人生态度，"己所不欲、勿施于人"的道德原则，"天下兴亡，匹夫有责"的爱国情怀，"和而不同"的价值追求，"天下为公""大同之世"的社会理想，为政以德、利民惠民的治国理念，等等，凝聚了千百年来中华民族的生活经验与生存智慧，融入了中华民族的血脉之中，包含着中华民族最强大的精神基因。③ 这能够为当代政治、经济、社会、生态、文化等文明建设提供有益的启示。

1. 儒学政治理念与现代价值

在国家治理上，儒家主张"王道"政治，提倡民本、德治、仁政。民

---

① （明）王阳明：《王阳明全集·年谱三》，上海古籍出版社1992年版，第1287页。

② 南怀瑾：《论语别裁·三家店卖的是什么》，复旦大学出版社2005年版。

③ 参见孙来斌《中国梦的精神滋养和文化追求》，2016年7月23日，见 https：//opinion. huanqiu.com/article/9CaKrnJFzm7。

为邦本是儒家政治理论的基石。仁政德治是儒家政治思想的核心，它作为一种治国方略，提倡富民以发展经济、教化以提升精神境界，以促进物质与精神文明。为了实现仁政德治，儒家设计了一系列具体实践途径，如"正己""举贤""富民""教民"等，展现出儒学特有的人文精神与积极入世精神。儒家的政治思想深刻影响着中国传统政治，对现代政治文明建设亦具有现实的借鉴意义。

首先，儒家民本思想具有进步性。儒家民本思想源远流长，早在西周时就提倡"敬德保民"。儒家主要从民众的地位与作用出发，提醒执政者要重民贵民。《尚书·五子之歌》指出："民可近，不可下；民惟邦本，本固邦宁。"因为正是民众构成了国家的根本，只有民众安居乐业，国家才会稳定安宁。既然民众是国家之本，就要爱本安本，就必须消民怨、得民心、顺民意。儒家指出，执政者心中要有民众，要爱民安民，"忧民之忧""乐民之乐""治国之道，爱民而已"。①

儒家民本思想具有历史借鉴作用。"民为邦本""民为君本""民贵君轻"作为儒家民本思想的内容，奠定了民众在国家与社会发展中的重要地位。儒家"民惟邦本"思想，表现出了极大的进步性与人民性。虽然儒家的民本思想与现代国家权力属于人民的民主思想有着本质的区别，但儒家重民贵民、爱民安民、利民富民的思想与做法，无疑也为当代的"以人为本"提供了历史的借鉴。

其次，儒家仁政惠民思想提供历史经验。儒家以民为本，主张统治者实行仁政，宽厚待民，施以恩惠，从而让民众能安居乐业。儒家政治学说中，"仁政"是核心部分。而"仁政"、德治与惠民、利民是密切相关的。儒家以民本思想为基础，提出了系统的利民、惠民、富民思想主张。富民是善政之标志。在儒家的政治理念中，人民生活的品质是判定社会治理好坏、政权善恶的一个重要标准。换言之，一个人民安居乐业、生活富裕的社会，就是一个好的社会。儒家的仁政惠民思想，重视民众利益论，对历代统治者产生了深远影响。儒家要求社会管理者必须大力发展社会经济，增加民众的物

---

① 刘向：《说苑·君道》。

质财富，对于当代的民生建设与小康社会建设无疑具有现实借鉴价值。儒家利民也是当前我国执政党的群众路线教育实践活动的源头活水。

再次，儒家德治教化思想具有现代启示。"德治"是儒家社会治理思想的最典型特征，儒家认为治国驭民要以德为核心。这正如孔子所谓"为政以德，譬如北辰，居其所而众星拱之"。① 德教，就是中国古代在实施以德治国方略中，逐渐总结出来的一种统一广大民众思想认识的有效方法与手段。这种探索，不仅在形式上渐趋完善，而且在内容上与时俱进，为当代中国治国实践提供了借鉴。儒家所提倡的"为政以德""为官以德"虽然有其历史局限性，但其对为政者的官德要求，对当代政德、官德建设皆有现实的借鉴价值。

总体而言，优秀传统文化为治国理政提供丰厚思想营养。在传统文化与中国共产党政治理想的关系上，习近平认为，"解决中国的问题只能在中国大地上探寻适合自己的道路与办法"。② 我国传统文化中蕴含着许多治国理政的经验与智慧，比如民惟邦本、政得其民、礼法合治、德主刑辅，等等，这些都能够给今天的中国治理提供重要启示。③

毋庸置疑，儒家政治理念对当代治国理政具有现实的价值。在国家治理上，儒家革故鼎新、与时俱进的精神，滋养着全面建成小康社会、全面深化改革、全面依法治国、全面从严治党的理论与实践。在党风廉政建设上，儒家提倡的为政以德、清廉从政、民为邦本、力戒奢华的思想，丰富了全面从严治党的内涵，促进了党风廉政建设与健康政治生态的形成；儒家的修身智慧、心存敬畏、慎独意识，可以给人以深刻启迪，提高了党员干部的修身自觉。

2. 儒学经济理念与现代价值

在经济领域内，儒家提倡义利并重、诚信经营等理念。儒家经济思想虽然与现代市场经济有异质冲突，但也有相通性，经过扬弃、创造性转化，

---

① 《论语·为政》。

② 《习近平在中共中央政治局第十八次集体学习时强调：牢记历史经验历史教训历史警示　为国家治理能力现代化提供有益借鉴》，《人民日报》2014 年 10 月 14 日。

③ 参见郑自立《习近平传统文化新论的科学内涵与现实指导意义》，《湖南日报》2017 年 6 月 24 日。

可以使其成为促进现代市场经济健康发展的因素。

首先，经济活动的义利并重原则有益于现代市场经济的秩序化。儒家认为"义者宜也"①，如果人们的求利活动符合社会道德规范，不侵犯别人或集团之利益，就是"宜"与"义"，否则就是"不义"。市场经济下，正确处理好义利关系是迫切需要解决的问题，以传统儒家义利观为指导，吸取其精华，对现代人的价值取向具有重大启发意义。

儒家"以义为上"观有益于处理市场经济的利益关系。在义利关系上，儒家提倡"义以为上"，其关键在于是否"放于利而行""惟利是求"。实践经验告诉人们，一味追求个人利益会引起各种社会问题，激化社会矛盾，与人、与己都有害无益。当下面对市场经济的冲击，如何既坚持"义以为上"的主导，又达成客观效果的义利双赢，是市场经济条件下儒家义利观的现代转化，应当认真面对的极富挑战性的时代课题。

儒家"义以生利"观有助于现代市场经济的发展。当代市场经济追求的是效益，而经济效益的获得与各个因素密切相关。道德是一个秩序化社会的必要，假如市场经济缺乏道德约束，只会更加混乱，因而今天仍然必须提倡"义以生利"。儒家"义以生利"的价值观虽然产生于古代社会，但它的价值与意义、作用却超越了时代的局限，其导向作用仍适用于当今市场经济体制下的社会道德建设，有助于推动我国经济建设与社会发展。

其次，以德治企的儒商精神有益于现代企业家精神的培养。儒商精神是商人在商业实践中，把儒家文化同商品经济法则互补整合，形成的一种具有东方特色的商业文化精神。其内涵大致包括以经世济民、创家立业为基本价值取向的商业价值观；以义利统一、诚信为本为基本原则的商业道德；以人为本、以和为贵的管理思想；以稳健求实、温和儒雅为特色的经商风格等，其核心是义利统一，它集中地体现了儒与商相结合的特征。儒商既有儒者的道德与才智，又有商人的财富与成功，是儒者的楷模、商界的精英。儒商精神与新时期商业道德、现代企业管理之间有着内在的联系，继承和弘扬传统儒商的优良精神，对于培育当代中国企业家精神，具有十分积极的意

---

① 《礼记·中庸》。

义。实现中华民族的伟大复兴，就必须在大力发展社会主义市场经济过程中，对传统儒商精神进行"创造性的传承，创新性的发展"①，转换其合理因素为现代经济建设服务。

3. 儒学社会理念与现代价值

构建和谐社会，是人类世代追求的美好理想。儒家认为，和谐是最佳的秩序，"和而不同"既是儒家的重要思想，亦是中国传统文化的核心理念与重要精神。儒家把"中庸"之道视为一种至高的境界，作为指导处理人际关系、社会关系的实践原则与方法。儒学具有比较丰富的社会和谐思想，对于当代和谐社会的构建仍具有现实的借鉴意义。

首先，促进人际关系和谐的历史经验。人与人之间的和睦相处，是社会文明的重要标志。良好的人际关系是社会有序和谐的最坚实的基础，也是社会稳定的前提。在人与人的关系上，儒家强调"人和"，重视建立融通的人际交往，提倡成己成人、宽和处世等贵和尚中的和谐友爱精神。儒家十分重视人际关系和谐问题，提出了一系列人际和谐的伦理道德标准，促进了传统社会的人际和谐，有益于古代社会稳定。儒家人际和谐思想对当代人际和谐仍然具有现实的借鉴意义。

随着社会的发展进步，人与人之间的联系交往会愈加频繁，人际关系也更加重要，要实现社会的和谐发展就必须借助于良好的人际关系。现代社会，人际关系的冷漠、甚至某种程度的紧张，一定程度上限制了个人的全面发展，破坏了人际交往的生态，妨碍了社会的和谐。儒家强调"和""与人为善""己所不欲，勿施于人"，倡导仁爱、宽容，这对于当下处理好各种利益关系，形成良性互动的和谐人际关系、创造良好的社会环境与氛围非常有益。

其次，"政通人和"对构建和谐社会的启示。"和谐社会"是古今中外人类社会恒久的社会理想，是指社会系统中的各个部分、各种要素处于一种相互协调的状态。在现实社会中，儒家所期望的是"政通人和"，使政事通达、

---

① 参见唐凯麟《传统儒商精神是当代中国企业家的源头活水》，2016年12月12日，见 https://www.sohu.com/a/121843168_488495。

人心和顺，亦体现了鲜明的和谐社会意蕴。儒家的大同、小康社会理想与当前的和谐社会构想有其相通之处，这能够让我们更好地理解和谐社会的传统文化渊源。社会和谐是中国特色社会主义的本质属性，是国家富强、民族振兴、人民幸福的重要保证。儒家的社会和谐观对当代中国和谐社会的构建有着颇多的启示意义。"和"是儒家的核心价值观之一。所谓"政通人和""和谐社会"就是"和"这一思想的延伸。所谓"政通"就是实现良好的治理，从而达到"善治"；而"人和"主要指人际与社会和谐。当代和谐社会建设的内容主要是社会治理层面的"政通"：政治治理清明、通达、有效，实现对社会的"善治"。而社会伦理面貌方面的"人和"是和谐社会的主体基础和体现，和谐社会其实质都是人的和谐。①

4. 儒学生态理念与现代价值

根植于农业社会的儒家思想，比较重视生态保护问题，提出了"天人合一""民胞物与""取物有节"等一系列见解，形成了其系统的生态保护思想。随着科学技术与工业文明的发展，引发了环境污染、资源匮乏等严重的生态环境危机，直接危害着人类自身的生存。要解决这一社会问题，除了制定与实施各种生态环境保护法律外，更需要从道德上建立与完善生态伦理学，以新的人道主义来转变人的价值观念，增强全人类的环保意识，重建人类与自然的良性互动、协调发展的关系。虽然儒家不可能提出现代意义的生态伦理学，但其思想体系中包含着极为丰富的、朴素的生态伦理观念，对于现代生态保护仍有积极的借鉴意义。

儒家"天人合一"观蕴含生态理念。儒家"天人合一"思想虽然没有明确指出处理人与自然关系的具体方法与操作手段，但从整体的高度，告诫人们自然与人乃一荣俱荣、一损俱损之关系。这其中蕴含着可贵的生态和谐思想，是一种极高明的智慧，蕴含着丰富的可持续发展思想。

"民胞物与"的生态和谐观念。孟子把"仁爱"由人与人的关系拓展到了人与物的关系，提倡"亲亲而仁民，仁民而爱物"②。张载的"民胞物与"

---

① 肖群忠：《"小康""大同"与"政通人和"——传统社会政治理想对当代和谐社会建设的启示》，《齐鲁学刊》2005 年第 6 期，第 13—18 页。

② 《孟子·尽心上》。

思想则是"仁民爱物"的进一步延伸。"民胞物与"可谓儒家和谐价值的世界观，也是形而上的道德理想，还是现实的人间理想境界。这实际上是一种以尊重自然万物为前提，以人与自然和谐为中心的生态伦理观。

"参赞化育"的理想生态。《中庸》云："能尽物之性，则可以赞天地之化育；可以赞天地之化育，则可以与天地参矣。""参赞"指人在天地自然中的参与、调节作用，"化育"指自然万物本身的变化、发育。在"赞天地之化育"的命题中，"赞"是辅佐之义。换言之，必须按照天道、物性的要求去影响与推动"万物的化育"，以便使"化育"的过程与结果避免灾祸并为人所宜。儒家"参赞化育"思想所反映的主要是一种古朴的生态哲学。

取物有节的资源保护观。儒家主张对自然万物应适时节用。所谓"适时"，指按自然规律与动植物的生长特点，去利用自然资源；所谓"节用"，指开发、利用自然的过程中要讲究适可、适度。儒家强调不能毁灭性地采伐林木与捕杀动物，必须维持物种的繁荣与生态的平衡。

"生态兴则文明兴，生态衰则文明衰。"这是东西方文化融合再创新的产物。习总书记从人类共同利益出发，讨论生态文明问题，倡导"人类命运共同体意识"。面对环境污染严重、生态系统遭到破坏的严峻形势，必须要有尊重自然、顺应自然的生态文明理念，将生态文明建设融入政治、经济、文化与社会建设中，实现中华民族可持续发展。[①] 这就需要借鉴儒家的生态思想。儒家"天人合一"观强调人与自然的和谐统一，与现代生态伦理思想的诸多方面具有一致性。我们应当不断汲取儒家的生态理念，寻求其现代出路，使它能够与当代倡导的"人与自然和谐统一"观点相契合。

5. 儒学文化理念与现代价值

先进思想文化建设是社会主义现代化建设的重要内容，思想道德建设促进精神文明。文化是国家实力的象征与体现。儒家文化作为中华民族的主要文化理念，积淀在我们的民族精神血脉中。作为中华优秀传统文化的旗帜与标志，儒家文化一定能极大地提升中华民族文化的国际竞争力，为人类文

---

① 参见曹和平《生态兴则文明兴，生态衰则文明衰》，2014 年 9 月 16 日，见 http：//www.wenming.cn/specials/zxdj/xjp/xxjd/201409/t20140917_2180718.shtml。

明发展作出新贡献。

首先，儒学的开放、创新性对文化建设的启示。文化总是在连续不断的继承与创新中发展。儒家文化在中国传统社会具有极强的生命力，其关键就在于它善于继承与创新。所谓"自我继承与创新"，是指儒学以自身为主体，吸纳其他文化因素，"推陈而致其新"（王夫之语）。重继承亦重创新，在继承中创新，继承与创新交织在一起，儒学因而获得了充分的发展。①

开放性与包容性，使儒学既注意吸收其他学派的思想，还注意吸收外来文化以丰富自己的思想学说，从而使儒家思想博大精深、兼容并蓄、丰富多彩。儒学的开放与包容精神对世界多元文化的交流、融合有着积极的指导意义。人类文化是多元并存的，中国文化也是多元构成的，儒学的积极思想肯定会被吸收在当下、未来的多元文化之结构中，并在多元文化之中得到弘扬与传承。

其次，儒家"和而不同"观对和谐文化建设的启示。多元文化的发展与碰撞，是当下世界变化的一个重要趋势。文化多元化已成为当今世界的客观现实与历史趋势。承认不同，但又要"和"，这是世界多元文化的必由之路。儒家"和而不同"的传统理念，是文化多元和谐发展的原则，它成为世界多元文化和谐发展的指导性思想，也将为解决世界争端、维护人类共荣提供智慧。人类文化永远是多元多彩的，人类文化永远在不断更新中，创造新的形态，结出新硕果。

再次，儒家道德文化对道德文明建设的启示。中华民族历来有崇德重德、尚德倡德的传统。儒学向来崇义重德，把道德修养放在首位。儒家在实践中不断总结经验，并经过历代不断地完善与发扬，形成其完善的道德伦理思想，培养并规范着传统中国人的思想与行动。

儒家道德的内容十分丰富，涵盖范围广泛，包括仁爱孝悌、谦和好礼、见利思义、诚实守信、克己奉公、修己慎独、勤俭廉正等。如果按照社会主义"四德"建设的要求，我们亦可将儒家道德大体分为社会公德、职业道德、个人道德、家庭道德等四个方面。其一，社会公德。中国素来被称作

---

① 　徐远和：《儒学的自我继承与创新》，《中国文化研究》2001 年第 1 期，第 37 页。

"礼仪之邦"，自古以来就有重视社会公德的优良传统。儒家的社会公德思想主要包括三方面：一是"约之以礼"，谦恭礼让；二是尊老爱幼，扶弱济贫；三是重义轻利，义以为上。其二，职业道德。各行各业都有其基本的职业道德要求，而敬业乐业是最基本的道德规范。儒家传统道德思想中包含忠于本职工作、富有敬业精神与奉献精神。如儒家提倡忠于职守，诚信无欺，精益求精。其三，个人道德。儒家注重个人修身问题，"内圣外王"是儒家的理想状态。在修身道德中，儒家要求人们具有成仁取义的献身精神，在日常生活中个人要"见利思义，见危授命"。个人在人格修养中要重气节、讲操守，自尊自爱。其四，家庭道德。儒家提倡父慈子孝、夫妻和谐、长爱幼敬，勤俭持家，以促进家庭的和谐稳定发展。

道德是传统文化的核心价值诉求，道德修养是立人之本。习近平同志强调"国无德不兴，人无德不立。一个民族、一个人能不能把握自己，很大程度上取决于道德价值"。[①] 无论对个人，还是对整个国家、民族，崇德都有着极其重要的作用。习近平同志指出："道德之于个人、之于社会，都具有基础性意义，做人做事第一位的是崇德修身。"[②] 培育和弘扬社会主义核心价值观，要突出道德价值的作用。"核心价值观，其实就是一种德，既是个人的德，也是一种大德，就是国家的德、社会的德。"[③] 今天，坚守我们的核心价值观，就要自觉地崇德修身、修身养性。

我们要坚持社会主义道德观，在去粗取精的基础上，坚持古为今用、推陈出新，努力实现中华传统美德的创造性转化、创新性发展，激发人们形成善良的道德意愿、道德情感，培育正确的道德判断与责任，提高道德实践能力尤其是自觉践行能力，向往和追求讲道德、尊道德、守道德的生活，形成向上、向善的力量，培育知荣辱、讲正气、促和谐的良好风尚。只要中华

---

① 中共中央文献研究室编：《习近平关于社会主义文化建设论述摘编》，中央文献出版社 2017 年版，第 139 页。

② 习近平：《青年要自觉践行社会主义核心价值观——在北京大学师生座谈会上的讲话》，《人民日报》2014 年 5 月 5 日。

③ 习近平：《青年要自觉践行社会主义核心价值观——在北京大学师生座谈会上的讲话》，《人民日报》2014 年 5 月 5 日。

民族保持崇德的优良传统，我们的民族就永远充满希望。①

（二）道学的核心理念及其现代价值

道家学派在先秦时期曾与儒、墨并为显学。汉代末年，道教产生，诸子百家历经多年的整合、重铸与吸纳，使中国传统文化形成了儒道佛三家鼎立的局面，作为其中之一的道家道教成为中国传统文化中不可或缺的重要内容，为中国文化的传承与发展作出了不可替代的贡献。毋庸置疑，道学文化中的大部分内容是中华优秀传统文化的重要组成部分，只要经过一个"取其精华，去其糟粕"的辨析过程，道学文化对于当代社会仍有其借鉴价值。

首先，道家道教对生态环境保护有积极影响。20世纪以来，伴随环境的污染、生态平衡的破坏，出现了严重的生态危机。如能源短缺、臭氧层破坏、雾霾天气、水资源缺乏、森林锐减、土地沙化等等。这种生态危机日益威胁着人类社会在地球上的生存与发展。道学作为中华优秀传统文化的一个重要组成部分，追求"天道均衡，万物平等""道法自然，天人合一""清静寡欲，知足知止""尊重生命，严禁杀生""洞天福地，人间仙境"等理念，这些理念对于今天我们维护生态平衡、保护生态环境无疑具有重要的现实借鉴意义。

其次，道家道教对政治有积极影响。中国传统政治思想源远流长，而道家对政治的认识则是不可忽略的重要组成部分。

"无为而治"的不争哲学是道家治道思想的理论原则。老子认为"道无为而无不为"，在道家"无为而治"的政治哲学下，政治的清明、民众的治理问题并不是一个就政治而言政治的问题，乃是一个自政治而求天下之大道的问题。道家治道思想对中国历代君主都有着深刻的影响。譬如唐代君主，因同姓的缘故，奉老子李耳为始祖，同时崇尚以道家哲学治国。应该强调的是，道家治道思想的具体影响主要体现于能够对君权起到一定的自我约束作用，缓解君主与民众在欲求层面的尖锐矛盾。但这种影响力毕竟有限，往往

---

① 参见《习近平总书记系列重要讲话读本》之六《创造中华文化新的辉煌——关于建设社会主义文化强国》，《人民日报》2014年7月9日。

开国君主因目睹战争的残暴及民众的悲惨而能自觉奉行；然而，时日渐久，民力渐苏之后，道家的治道思想所能起到的积极作用就不那么明显了。

再次，道家道教对科技亦有积极影响。道学与科学的内在关联性主要体现为两个方面：一是由道家思想奠定的思维模式与现代科学间存在着范式上的关联性，二是由道教实践所总结出的客观规律与现代科学存在着具象上的相似性。

就思维模式而言，道教仍然继承了道家的基本思维模式，只不过运用目的有所差异，而道家纲领性的思维范式是极为重要的。天地，即现代社会认为的客观世界，是有一个最初的产生源头的，那就是道。道教却发挥了阴阳二气生成世界的理念，强调由阴阳二气的内在平衡而修炼成仙。这种思维方式皆是后世道教之所以能够开出科学成果的关键点。其实，道士的实践的确在道教话语体系内缔结出了大量具有科学意义的试验成果。学者姜生反驳了西方人认为中国没有科学的观点，强调"道教中有科学发展的适宜结构"，他认为道士"用宗教理想推动着科学探索的车轮，谋求通过科学手段实现其宗教理想；他们信仰并探索的神仙理想，是人类生命存在状态的某种更高可能性"。① 道学在天文地理方面也有不俗的见解。道教则素有"夜观天象"的习惯，这是受其天人一体理念的影响，通过道所生的"天"可反观同为道所生的自己，并由此而生成了系统性的星宿神仙理论以表达自己的修仙理想。道教的地理学主要是在寻找修炼成仙的场所过程中发展起来的。道教在地理方面的探索丰富了人们关于自己生存环境的认知，而地学知识的增加，又提供了更多的植物学和化学实验样本，促进了医学的发展。

内丹医学重视人平日的自我调整，将人体看作是一个具有自我修复能力的有机体。真正保证身体康健的关键并不在药物，而在增强自我的体质，这与道教内丹修炼的理念十分近似。因而内丹医学所秉持的科学理念不仅十分合理，而且具有相当的先进性。

道教医学在植物学上也取得了不凡的成就。由于中国的医学传统一向重视草药的使用，所以道教医学的发展必然是基于植物认知基础上的结果。

---

① 姜生：《论道教与科学》，《自然辩证法通讯》2003年第5期，第12—17、36—110页。

除此之外，道学在天文地理方面也有不俗的见解。道教的地理学主要是在寻找修炼成仙的场所过程中发展起来的。

毋庸置疑，道学的某些理念对于今天的生态保护、社会治理、科技发展等方面皆具有重要的现实借鉴价值。

（三）佛教的核心理念及其现代价值

众所周知，佛教是在中国传统文化背景下历史地逻辑地发展起来的，是一直处于中国社会的适应和变化的状态。从佛教自身发展历程而言，其能延续和发展到现在，就是因为它能不断地因应时代的发展变化，同时发挥自己的教义思想和行事仪规。这个过程就是我们通常所说的"契理"和"契机"：既能随顺时代的变化和大众的不同需要而不断地更新和发展，并应机接物，方便施教；又始终合乎佛法的根本道理，契合佛法的根本精神。[1] 正如汤一介先生所言，外来思想要在中国立足、生根并得以发展，首先是要"依附于中国原有的思想文化"，除了社会现实的需要之外，不仅要和"原有思想文化自身发展的某一方面可能出现的结果大体相符合"，而且还要在某一方面"超出原有思想文化的方面"，这样才能"对原有文化起刺激作用"，从而它自己也会随之产生深刻影响并得到重大的发展。[2]

当代佛教通过如实地观察和体认现世的生活和整个宇宙、自然的实相，寻找出了系统有效的行为法则，对人们的行动和心理活动加以约束，以达到人与自我之间、人与人之间、人与自然之间的和谐状态。诚如有学者指出："佛教的平等思想并非高深莫测的理论玄想而只是一种对待世界的方式，是一种以平等的方式对待自己和他人以至于与自己的内心世界相对相关和相互作用着的外部世界，从而达致一种平等观物、一切众生本无差别的境界。"[3] 这段话揭示了佛教的平等思想在处理这三个方面所展现的独特功效。首先，

---

[1]　洪修平：《从三教关系与契理契机谈隋唐佛教宗派》，《世界宗教研究》2014 年第 5 期，第 28—34 页。

[2]　汤一介：《佛教与中国文化》，宗教文化出版社 1999 年版，第 24—30 页。

[3]　王利耀、余秉颐主编：《宗教平等思想及其社会功能研究》，安徽大学出版社 2006 年版，第 41 页。

佛教平等思想能帮助人们破除世间假象和对自我的执着，破除对物欲和事相的执迷，在认识自我时，不会囿于自我，而是保持一种开阔的心态。现代社会是一个科学文明占据主导地位的时代，高科技的发展创造出了极大的物质文明。然而，现代科学文明片面向外逐物，使社会陷入非理性竞争，导致人们妄心外驰，精神沉沦、道德伦理破坏，由此而引发人们的心理和精神疾病，各种社会问题因应而生。而佛教中的平等心、慈悲心和智慧心是调治我们心理和精神的良药。"人类有自治其心的性能，可以制伏乃至断除烦恼，一切伦理教化、道德修养、心理治疗和心理锻炼，皆教人制伏、克服属于负面情绪、人欲的烦恼，而且皆颇有成效，自古以来，有不少人由自治其心，臻于崇高的精神境界。烦恼乃因缘所生，非本来实有的实体，故可以断灭，而人自治其心的能力及智慧的发展，是不可设限的。"[1] 人们只有从内心去除了贪欲、瞋恚和愚痴的烦恼，才会有正确的方法、途径、行为去解决道德缺失，形成人心内在的自觉自律。在追求生命提升的道德意愿中，每个人便具有了有效的止恶约束力和强大的行善驱动力。只有真正理解佛教的平等思想，破除对物欲与自我的执着，回归人平等慈悲的本性，并把它落实到我们的实际生活中，我们的价值取向、心态就会有所转变，人的智慧与素养就能得到提升，在"利乐有情"中培养人与自我的和谐。正如秦晖教授对佛经中被译为"平等"的多个梵语词所做的总结：不管世事沉浮，皆以平常心或"平等"心待之。不得意于为人上，不自卑于为人下，不追求富贵也不在乎贫贱，地位上升而"不乐"，地位下降而"不苦"。如此之"不苦不乐受"或曰"舍受"就是佛教丛林中人视为理想的"平等"境界。[2] 其次，佛教认为，大千世界的一切法相都是平等不二的"实相"，在这样平等的世界中，一切都处于"和谐""无差别"的状态中。就现实社会来看，社会是由人所组成的，人是构成和谐社会的主体，因此，确立人与人之间的"平等"关系，也是构建社会和谐的基础。以理性人道主义的精神进行社会教化，对于净化人心，淳化世风，优化人际关系，当有良好作用。当代佛教与社会生活始终处

---

① 陈兵：《佛陀的智慧》，上海古籍出版社 2006 年版，第 68 页。

② 秦晖：《从 sama 到 equality：汉语"平等"一词的所指演变》，氏著《传统十论——本土社会的制度、文化及其变革》，复旦大学出版社 2004 年版，第 385 页。

于一种互动的过程与状态之中，社会为佛教提供了广阔的活动空间，佛教也为社会人群提供了终极的精神支撑，在这种互动关系中，社会最终决定着佛教的形态，佛教也影响着社会的进程。最后，佛教的平等思想倡导众生一律平等，这从根本上承认了他类生命的生存权利。就与人类休戚相关的自然环境而言，其深意在于主张以平等之心对待自然，这是建立人与自然的和谐关系思想基础。自然资源只有合理地加以利用，社会才能持续发展，文明成果才能代代传承。反之，人们对自然界的过度开发与掠夺，人类赖以生存的生态环境将遭到破坏，人类自身的生存也就受到严重威胁。

家庭和谐是社会和谐的前提和基础。因为就整个社会而言，家庭是构成社会最基本的单位，家庭关系和谐与否，不仅关系到每个人的幸福，也关系到整个社会的和谐与稳定。人们普遍认为出家离俗是佛教修行的正途，婚姻和家庭生活似与佛教关系不大。事实上，佛教从诞生之日起，就不曾脱离过世间，《增一阿含经》曰"诸佛世尊，皆出人间"。唐代六祖慧能曰"佛法在世间，不离世间觉。离世觅菩提，恰如求兔角"，进一步阐明了佛法与世间的密切关系。近代太虚大师明确提出的人生佛教，发展至现代的人间佛教，更是以佛家平等、和平的思想契理契机地积极入世，在实践中回应了佛法与世间的关系。由于人们的生活活动场所，主要是在家庭这个社会细胞里进行的，而中国古代至近现代的家庭模式是以人口众多的大家庭为主，宽容忍让和圆融的品德对家庭和乐与否至关重要。宽容忍辱、退让隐忍，在传统社会的大家庭里，反映的是宽以待人、宽厚为正、温良敦厚的品行，体现的是内敛、自抑，善解人意、通情达理的一种修养，显示了一种包容的胸襟和宽容的情怀。而能忍、懂得忍的根本原因，就是对家人的关心、体恤、包容和关爱。佛教的宽忍思想与儒家谦屈退让的尚"忍"思想相融合，使中国文化的内蕴更为丰富和充实。固然，"忍"有其消极、阴暗、颓废的一面，但其积极、进取、坚韧、厚德的另一面，是应被汲取和倡导的。如果将其有效运用到处理家庭关系，将有利于建立长幼有序、尊卑有别、上慈下爱的和睦秩序，起到敦宗睦族、家声远播的功效。佛教的圆融思想也不例外，将圆融思想落实到世俗家庭关系上，则是处理家庭关系尤其是传统社会多重复杂成员关系的有效方法。因此，佛教宽忍圆融的处世思想在当今新形势发展下对于家庭和乐的建设，不仅有其学理价值和历史意义，更有其现代价值和实践意义。

慈悲是佛教"三学""六度"基本理论的重要组成部分，在中国佛教的慈善救济事业中起着理论指导作用。慈善救济是佛陀教化尤其是中国大乘佛教的根本目的和弘法利生的主要手段。我们是要根据佛教的理论与历史发展而作出合乎史实的学理性考察，同时还要摆脱那些空泛的推理，真正把历史事实与佛教理念相结合，使佛教在新时代新形势下通过慈善救济活动发挥其服务社会、净化人心、增进社会团结、稳定社会的功能。历史和现实证明，慈善事业是佛教工作的一大特色，是弘法利生的一个窗口，是佛教与社会相适应的重要体现，是促进社会和谐的积极力量。当代中国佛教界如火如荼的慈善事业，是以"庄严国土，利乐有情"的"人间佛教"思想为其指导性理念的。

佛教传入中土后，其慈悲戒杀的精神得到广泛的弘传和倡行。戒杀、放生、素食等行为成为实行佛教慈悲护生精神的具体体现。它们都是以六道轮回和因果报应理论为基础的，体现了佛教"众生平等""无缘大慈，同体大悲"的基本精神。在佛法的实践中，始终要求佛徒要尊重一切生命，认为一切生命都有佛性，都能成佛，所以，把不杀生作为佛子共同遵守的戒律。为培养慈悲心怀、报众生恩乃至普度众生，佛教要求信徒善待一切生灵。戒杀、放生的做法会产生极大的功德。佛教以众生为本的慈悲理念和质朴简约的生活方式，对建立资源节约型社会发展机制，减少环境污染，促进生态环保，保障人类健康，使社会的可持续发展与社会的和谐相辅相成、共同促进，最终实现人与自然的和谐相处。千百年来，广大佛教信众依教义戒杀护生，为生态环境的保护做出了巨大的贡献。如果我们能够方便善巧地弘扬、践行上述的佛教环保思想，必然会对今天的生态文明建设大有裨益。此外，生态环境的保护和发展仅仅有观念、理论和一系列政府政策还远远不够，生态保护只有成为人类的一种生活方式、一种文化传统才有可能推进生态文明建设并使生态平衡更加稳固、持久！

毋庸讳言，作为一种历经千载的宗教，佛教既不可避免地附有其过时的、消极的和糟粕的内容，也必然具有为追求终极关怀而带有的荒谬性、抽象性等宗教缺憾。我们只有以马克思主义的唯物史观为指导，以科学的态度加以甄别和辨析，才能充分发挥中国佛教文化中有益于现代人们精神需求的真正价值。

五、儒道佛核心思想的创造性转化与创新性发展

继承弘扬中国传统思想文化，要进行创造性转化与创新性发展。伴随历史的发展变迁，中国传统思想文化与当下政治社会形态存在着不协调与不一致。继承弘扬优秀传统思想文化，需要将其与社会主义的市场经济、民主政治、先进文化、社会治理等相适应，对其进行创造性转化与创新性发展。

中国传统思想文化只有通过自身的创造性转化和创新性发展，才能适应并体现我们这个时代发展的诉求，从而显示出它的当代价值。习近平总书记强调，要"努力实现传统文化的创造性转化、创新性发展，使之与现实文化相融相通，共同服务以文化人的时代任务"。"两创"方针的提出，标志着中国共产党在新的历史条件下对文化发展规律和文化发展路径的认识达到了一个新的高度。创造性转化与创新性发展是一个整体。所谓创造性转化，就是要按照时代特点要求，对那些至今仍有借鉴价值的内涵和陈旧的表现形式加以改造，赋予其新的时代内涵和现代表达形式，激活其生命力，其实就是指中华传统文化的现代转型；所谓创新性发展，是指中华传统文化的提升超越，重在阐发立足现实并解决当今时代问题的创新内容。[①] 没有创造性转化，传统就是传统，永远不会变成现实；没有创新性发展，历史就是历史，永远不会走向未来。对儒道佛的合理思想而言，必须经过创造性转化与创新性发展，才能更好地为现实服务。

（一）儒家文化的创造性转化与创新性发展

转换儒家民本为当代的以人为本与执政为民。要想转换儒家的"民本"

---

① 参见刘永凌《创新发展理念是中国传统文化的创造性转化和创新性发展》，《中国经济时报》2017 年 11 月 27 日。

思想为现代的以人为本，就要先认清二者的区别，当代的"以人为本"是在儒家政治伦理思想基础上的发扬与光大，但必须从它的本来意义上"扬弃"它，要通过这个形式获得新内容。只有这样才能真正地做到合理借鉴，把儒家民本思想中的精华成分提炼出来并加以浓缩，进而为当代的"以人为本"服务。再如，转化儒家仁政惠民思想为"发展成果由人民共享"的现代执政理念。

转换儒家"为政以德""为官以德"思想，强化当代权力道德建设。权力道德亦称"官德"，即掌握权力的"官员"应该具备的职业道德。权力道德是当代领导干部道德素质的主要内容，是领导干部职业道德的核心。确立科学明智的权力观是领导干部权力道德修养的根本前提，树立为人民服务的思想是领导干部权力道德修养的基本原则，严格自律是领导干部权力道德修养的关键。

转化儒家"天人合一"为当代"人天和谐"新理念。社会主义和谐社会不仅要做到人与人、人与社会的和谐，而且要做到人与自然的和谐。人与自然和谐相处，是对儒家"天人合一"思想的科学转化。

如此等等，不一而论。在新时期，我们应该继往开来，综合创新，对儒家文化进行"创造性转化、创新性发展"，为当下的现代化建设与文明建设服务。

（二）道家道教文化的创造性转化与创新性发展

道家道教作为中国传统文化的重要组成部分，不仅对中国古代社会产生过重要影响，而且至今仍然在发挥着重要作用，值得我们认真传承与大力弘扬。但是，当今时代已不同于古代社会，人类所面临的是全新的问题，道家道教文化要想适应于当世，就必须对其进行创造性转化与创新性发展。其实，传承与创新并不矛盾。传承是创新的基础，任何创新必须以传承为前提；同时，创新也是最好的传承，没有创新的传承是缺乏生命力的，最终仍然难以避免消亡的命运。因此，今天我们要传承道家道教文化，就必须结合时代的要求，对道家道教文化进行传承与创新。这就需要我们从道学与生态、道学与政治、道学与科技、道学与文明冲突等诸多方面对道学文化的当代价值加以探讨，以便有助于道学文化的创造性转化与创新性发展。

（三）佛教文化的创造性转化与创新性发展

中国佛教融摄了中华传统文化中的现实主义品格和注重伦理实践的入世精神，既立足传统，保持佛教的根本教义，又契应时代，随缘变通，因时因地、因人因事灵活调整其发展方向。"庄严国土、利乐有情"是中国佛教立足自身、服务社会的宗旨。庄严国土，使我们的国家不断走向繁荣昌盛、文明富强，使人民有一个安居乐业的环境，以独立自主、繁荣富强的崭新面貌自立于世界民族之林。利乐有情，就是行于善业，化导人心，在教内外广结善缘，创建慈爱、祥和、安定的社会关系，促进发展、改革和稳定的大局，保障国家和社会的长治久安。中国佛教在注重内修、奉献社会的过程中彰显出了巨大的智慧资源和创新精神，已成为并继续成为今天构建和谐社会、实现中华民族伟大复兴更为本源的基础力量。

佛教在全球化的当代，较之两千年前的中国化有着更为广阔的发展空间。当今中国社会正处于一个急剧变革的伟大历史转型时期，人们的社会生活、思想观念、价值趋向等不可避免地会发生巨大的变化。佛教应该如何在新时代新形势下勃发生机，从而体现出佛法的时代意义和现代价值呢？习近平总书记在 2015 年的中央统战工作会议上首次提出了"积极引导宗教与社会主义社会相适应，必须坚持中国化方向"。在 2016 年召开的全国宗教工作会议上，习近平总书记进一步指出宗教中国化方向的具体内涵："要用社会主义核心价值观来引导和教育宗教界人士和信教群众，弘扬中华民族优良传统，用团结进步、和平宽容等观念引导广大信教群众，支持各宗教在保持基本信仰、核心教义、礼仪制度的同时，深入挖掘教义教规中有利于社会和谐、时代进步、健康文明的内容，对教规教义作出符合当代中国发展进步要求、符合中华优秀传统文化的阐释。"[1] 在这一方针政策的指导下，中国佛教应不断以积极入世的姿态和勇敢担当，相应而适时地阐述和发挥自己的教理教义，调整佛教原本具有的社会功能，进行现代性转化，以高度的灵活性融

---

[1]　《习近平在全国宗教工作会议上强调：发展中国特色社会主义宗教理论　全面提高新形势下宗教工作水平》，《人民日报》2016 年 4 月 24 日。

入不同的时空因缘，给传统文化开拓出生长创新的空间。

不可否认，儒道佛文化作为中国传统文化的重要内容，其产生、发展与形成于中国古代社会，是特定历史环境下的产物，有其历史性与时代性。就儒家思想的局限性而言，主要体现为重人伦轻自然、重人文轻科技的倾向，以人为核心，忽视了对自然界本身的认识与改造；强调"经世致用"，追求知识的实用，影响了对自然、对事物本身的真正探索；中庸为先、安分守己的保守思想，导致人们缺乏勇于冒险、敢于领先的精神，不利于积极进取；重群体轻个体，过分强调个人在群体中的遵从地位，抹杀了人的个性，使中国传统社会创新力量不足，等等。就宗教局限性而言，态度消极、悲观、颓废，否定人世间的一切正面价值，使人不思进取。宗教思想的封闭性、条例性、呆板性导致的禁锢人们思想、误导思想方向、思维刻板、遵循教条主义、因循守旧、使人懒惰、使人思想退步等。

总之，以儒学为主体的中国传统思想文化虽然意蕴深刻，但其历史局限性也是在所难免的，其中的许多经典命题亟待作出"创造性转化、创新性发展"。只有创造，只有创新，才能实现真正的超越。"不忘本来才能开辟未来，善于继承才能更好创新"。实现中国梦必须努力实现中华优秀传统文化的创造性转化、创新性发展。对于中国传统儒道佛文化而言，其现代转换就是在发扬优良传统的基础上与时俱进，开拓创新。我们研究中国传统儒道佛文化，要处理好继承与创造性发展的关系，重点做好创造性转化与创新性发展，真正做到取其精华，去其糟粕，继往开来，综合创新，使中国传统儒道佛文化在新时代大放异彩。

上　编

当代视域下的中国传统儒家文化研究

　　儒家文化是以儒家思想为指导的文化流派。儒家学说倡导血亲人伦，重视现世事功，主张道德修养，强调道德理性，其重要德目为孝、悌、忠、信、礼、义、廉、耻，其核心是"仁"。儒学是中国文化的正统和主体，是中国文化的代表和象征，对中华文明产生了深刻的影响。

第一章　儒学与儒家文化

儒家文化产生于中国，是中国古代文明形成和发展的主要源泉。儒学，即儒家思想学说，由孔子创立，又经历代儒家的不断继承与发展。儒家学说是中华传统文化的主流形态，对中国文化的发展起了决定性的作用。

一、儒学的起源与发展

儒学乃中国文化之主脉，也是中国人安身立命的基石。儒学是历代儒家对孔子思想的继承和发展。孔子以"斯文"为己任，创立儒学。此后经过历代儒家的努力，不断发展，经历了早期儒学、汉唐经学、魏晋玄学、宋明理学、清代朴学与现代新儒学等不同的发展阶段。儒学的特点是利用孔子的概念、范畴、命题做文章，同时从"六经"中找根据，借以发挥自己的东西。孔子的思想学说，经过历代大儒的诠释和发扬，尤其是经由建制化或制度化的推进，对中国社会产生了极其深刻的影响。

（一）早期儒学的缘起

"早期儒学"是指孔子与孔子弟子共同创立的原生态儒家思想。一般而言，早期儒学即先秦儒学，也指由孔子开创的，孟子、荀子发展的春秋战国时期的儒家思想。先秦时期，在诸子百家争鸣的过程中，儒家虽然是最有影响的学派，但只是诸子之一。

春秋末年，孔子创立儒家学说，其思想博大精深。孔子死后，孔门弟子们继承了他的事业，大力传播他的思想，使儒学思想的影响不断扩大。战国中期，儒家代表人物孟子主张"人性善"，他从性善论出发，提出了自己的一套思想学说，大大地发展了孔子"仁"的思想，他是儒家仁义派的代表。而战国末叶的荀子则主张"人性恶"，他从性恶论出发，以儒家为基础，整合其他诸子思想，提出了自己的一套思想学说，发展了孔子"礼"的思想，形成集先秦诸子之大成的荀学。

1. 孔子创立儒学

儒家思想是特定历史时代的产物。春秋时代，是中国历史上社会经济急剧变化，政治局面错综复杂，学术文化异彩纷呈的一个变革时期。那时"礼坏乐崩"，人们的思想突破束缚，进入了自由时代。同时，由于王官文化从周王室降至各诸侯国，再而降至民间，为私学兴起准备了前提。到春秋晚期，士农工商"四民"中都有专门务学之人，他们大者设教、小者求学，形成了私学，并在私学基础上进一步形成学派，儒学就产生于这样的时代大背景下。孔子开创的儒家学派是春秋战国时代诸子百家中的显学之一。

孔子处在春秋末年，面对急剧变革的社会现实，以继承和发扬礼乐文化传统为己任，不仅收徒授学，而且对古代文化尤其是礼乐文化加以反思和总结，抽象其根本精神。他在认真总结上古三代历史文化传统的基础上，深刻思考了社会现实，建构了以礼、仁、中庸等为基本内容的儒家思想学说。

第一，礼的政治思想。中国自古以来就有"礼仪之邦"的美誉，礼文化贯穿于整个中国古代社会，成为中华文化的灵魂与核心。"礼"最初起源于尊敬与祖先祭祀，是血缘社会中敬畏天地鬼神之产物，正如《礼记·礼运》所言，礼产生于古代氏族社会祭祀祖先和神灵的仪式。"礼"的内容博大精深，表现形式也复杂多样，它涉及人类社会生活的方方面面，并随社会的发展而不断扩大。细分之下，礼还有许多含义。礼涉及政治、经济、军事、教育、行政、司法、宗教祭祀、婚姻家庭、伦理道德等各方面，每个方面都有一套与之相配合的礼节、仪式，内容也很复杂与烦琐。礼的内容可谓博大精深，表现形式复杂多样，涵盖的内容包罗万象。

孔子追慕三代，效法先王，他强调"吾从周"，其礼思想是对周礼的继承与改造。相传周礼为周公所制，周公"制礼作乐"，从而建立了一整套系统地有关"礼""乐"的完善制度。周公所制定的"礼"，后来逐渐发展成为区分贵贱尊卑的等级教条。

其实，古礼源于人类对生活世界的理解，是礼仪和礼义的混沌合一。到孔子的时代，发生了礼仪与礼义的分离。古礼面临着被淡忘、扭曲、修改和僭越的命运，到了濒于灭绝的境地，孔子担当起了拯救古礼的历史重任。孔子一方面继承"周礼"，另一方面又对"周礼"进行损益，既弘扬和发展了周礼之积极与适用社会的方面，又革新与改造了其中相对落后与不合时宜之处。一般认为，孔子对古礼的重要发展就是"以仁释礼"。孔子礼学是顺承古礼而来，因此，整个社会人生的一切问题无不涵盖其中。

经过孔子聚合而重铸的古礼已经不是原初意义的古礼了，而是真正意义上的"孔子礼学"。孔子之"礼"渗透到政治统治、个人修养、人际交往等社会生活的方方面面。尤其孔子将"仁""礼"结合起来，这不仅是孔子本身思想发展的重要转折，而且是中国思想史上的重大突破。

"礼"是孔子思想学说的基本范畴。[1]孔子尊崇周礼，在他看来，周代的"礼"发展已十分完备，他认为，上自周朝天子下至庶民百姓，都应当自觉遵守"礼"，正所谓"不学礼，无以立"[2]。有鉴于此，孔子主张"克己复礼"，要求人们"非礼勿视，非礼勿听，非礼勿言，非礼勿动"[3]。但孔子对于礼有自己独特的理解，他不仅践行礼的外在形式，更要领会礼的内在精神。

为了挽救"礼崩乐坏"的社会状态，实现以礼治国，孔子十分注重"正名"。《论语·子路》云："名不正，则言不顺；言不顺，则事不成；事不成，则礼乐不兴；礼乐不兴，则刑罚不中；刑罚不中，则民无所措手足。"孔子认为治理国家要先正名，只有先正名才能言顺，事成，礼乐兴，刑罚恰

---

[1] 有学者主张孔子的核心思想是礼。如吴虞认为"礼"在孔子的整个思想体系中起着主要作用，学礼、复礼、传礼是孔子思想和一生活动的主线。蔡尚思原来认为孔子核心思想是仁，80年代后又认为是礼，理由是"礼独高于诸德""道德仁义，非礼不成"，孔子主张"克己复礼"为"仁"。分别参见吴虞《吃人的礼教》，载1919年11月1日《新青年》第六卷第六号；蔡尚思《孔子思想体系》之第九章"孔子思想体系的中心是礼"，上海人民出版社1982年版，第238—243页。

[2] 《论语·季氏》。

[3] 《论语·颜渊》。

当，百姓安心做事。为此，他要求各种社会关系都要以礼为准则。

孔子重视礼的教化作用，希望人们通过加强修养，以礼为标准约束自己，达到人际关系的协调。广义的"礼"包括"乐"在内，此即所谓的礼乐。礼的作用在于别异，区分上下、贵贱的等级；乐的功能则是合同，使具有不同身份地位的人和谐共处，亲爱融洽。礼与乐相互为用，最终达到安定社会的目的。

从本质上讲，"尊尊"与"亲亲"是礼的两个重要原则。西周统治者在政治法律思想方面所实行的就是以"亲亲""尊尊"为基本原则的礼治。亲亲是宗法制原则，尊尊则是等级制原则。中国古代是等级社会，"尊尊"把人区分为尊卑贵贱的不同等级，卑贱者要尊崇尊贵者。实质上，尊尊就是维护等级制的，尊尊首先要尊君，孔子要求"事君尽礼""事君，能致其身"；"亲亲"即以亲为亲，包括父慈、子孝、兄友、弟恭，孝悌是亲亲原则最为重要的部分。

毋庸置疑，"礼"是孔子思想的重要内容，"礼"对几千年来的中国社会秩序的稳定性有着不可忽视的巨大作用。如今，当人们对孔子"礼"的思想进行层层剖析之后，仍然会发现其现代价值，无论在塑造国民特质还是在安国兴邦上无疑都有着实际功用，有待深层挖掘与大力提倡。

第二，仁的伦理道德思想。仁，指一种道德范畴，指人与人相互友爱、互助、同情等。对"仁"范畴最初意义的考察，当属东汉许慎《说文解字》所言："仁，亲也，从人从二。"这也是最重要论断，后来对仁的解释大都从此处入手。"仁"字是会意字，理解仁字的关键是了解其右半边的"二"字，段玉裁对此的解释是："独则无耦，耦则相亲，故字从人二。"可见仁是指人际的伦理关系。

仁的观念在孔子之前已经产生。① 春秋时，仁往往与忠、义、信、敏、孝、爱等并列，被看成是人的重要德性之一。但孔子以前，仁并未受到特别的重视，只有孔子才将仁从其他德性中超拔出来，赋予其新的内涵与更高的

① 对于仁字的起源，有学者认为仁字是春秋时代才出现的，参见（清）阮元《论语论仁论》，见《揅经室集》，中华书局1993年版，第179页；郭沫若《十批判书·孔墨的批判》，人民出版社1954年版，第75页。

意蕴。

孔子深入思考了做啥样人以及如何做人的问题，他特别强调"仁"的价值和作用，逐渐形成了以仁为核心的伦理道德思想体系。孔子抓住当时人们思想意识中已经萌发的仁的观念，加上自己的理解和思考，对仁的思想加以充实、提高，使之系统化，从而形成自己明确而又完整的以"仁"为最高范畴的伦理道德体系。

关于孔子仁的内涵之解说，学者们可谓见仁见智。冯友兰在解读孔子仁的内涵时，提出孔子仁的思想基础是"直"，即人必须有真性情，真实的感情，然后才可以有仁的品质。① 梁漱溟认为仁是一个很难形容的心理状态，是极有活气而稳静平衡的一个状态。② 牟宗三认为孔子的仁是"以感通为性，以润物为用"③。徐复观则认为仁是中国文化由外向内的反省、自觉，及由此反省、自觉而发生的对人、对己的要求与努力的大标志。④ 在这一方面，国外学者史华慈看法也与他相近。杜维明则认为这种差等的爱是一个普遍原则，通过实践过程而逐渐向外展现。⑤ 李泽厚把孔子仁的内涵结构分为血缘基础、心理原则、人道主义和个体人格，并进一步指出其整体特征是实践理性。⑥ 当今的大多数文献则在总结前人观点的基础上，以爱有差等为原则，从血缘亲情之爱谈起，从泛爱众过渡到爱人，然后再"能近取譬"泛爱天地万物这一思路展开。

其实，仁学作为孔子伦理思想的核心，其价值体系有两个部分构成，一是"仁者爱人"是仁学的基本内容，也是践行仁学的基本要求；二是恭、宽、信、敏、惠是仁的五个德目⑦，这是作为一个具有仁德的人必须具备的五种品德。若能具备这五个德目，那么就是孔子所说的"能行五者于天下，

① 冯友兰：《中国哲学史新编》（上），人民出版社 2007 年版，第 82 页。
② 梁漱溟：《东西文化及其哲学》，商务印书馆 2004 年版，第 133 页。
③ 牟宗三：《中国哲学的特质》，上海古籍出版社 2007 年版，第 30 页。
④ 徐复观：《中国思想史论集续篇》，上海书店出版社 2004 年版，第 235 页。
⑤ 杜维明著，彭国翔编译：《儒家传统与文明对话》，河北人民出版社 2006 年版，第 36 页。
⑥ 李泽厚：《中国古代思想史论》，天津社会科学出版社 2004 年版，第 10 页。
⑦ 北京大学哲学系中国哲学教研室：《中国哲学史》（第二版），北京大学出版社 2003 年版，第 19 页。

为仁矣"。

"仁"是孔子伦理思想中最高的道德原则，对孔子而言，"仁"就是"爱人"，人际关系中两个人的关系是最简单的，但是要维护好两个人的关系还是需要遵守一定的行为规则，即"仁德"。

"泛爱众"是仁爱精神的伦理升华。[①] 从对个别亲友的爱上升到对更广泛意义上的广大民众的爱，是一种更高层次的爱，这也是孔子一直追求的理想境界。因为只有这样整个人类社会才能充满关爱，才能温暖和谐。

忠恕是推行仁德的方法，也是仁爱思想的重要内容。孔子的一贯之道就是"忠恕"，即"己欲立而立人，己欲达而达人"[②]，"己所不欲，勿施于人"[③]。张岱年认为，"己欲立而立人，己欲达而达人"，乃是仁的本旨。自己求立，并使人亦立；自己求达，并使人亦达：即自强不息，而善为人谋。简言之，便是成己成人。"能近取譬"，则是为仁的方法，即由近推远，由己推人；己之所欲，亦为人谋之，己之所不欲，亦无加于人。[④]"仁"的内涵包括了尽己之"忠"与推己之"恕"，这两者是一体之两面，是互动的。

仁是孔子道德理论的基本原则，是各种道德规范、道德要求的基本出发点，整个儒家的道德规范体系都是以"仁"为核心展开的。例如，某些具体的道德要求，义、礼、智、信、忠、恕、孝、悌、温、良、恭、俭、让、宽、惠、敏等，这些德目都是"仁"的体现，都是从"仁"的基本原则下派生出来的。与之同时，它们反过来又可以归结为"仁"，或者说贯穿着"仁"的思想与要求。

"仁"作为孔子伦理思想的最高范畴，被学者们看成是孔子的核心思想。[⑤] 对于孔子之仁思想的贡献，冯友兰曾精辟地指出："孔子对于中国文化之贡献，即在一开始试将原有的制度，加以理论化，与以理论的根据。"[⑥]

---

① 朱贻庭：《中国传统伦理思想史》，华东师范大学出版社 2003 年版，第 38 页。

② 《论语·雍也》。

③ 《论语·卫灵公》。

④ 张岱年：《仁》，载《人生课》，北京大学出版社 2008 年版，第 8 页。

⑤ 郭沫若认为"一个'仁'字最被强调，这可以说是他的思想体系的核心"。参见郭沫若《十批判书·孔墨的批判》，东方出版社 1996 年版，第 87 页。

⑥ 冯友兰：《中国哲学史》上册，中华书局 1961 年版，第 136 页。

所谓孔子对"原有制度的理论化"之根据就是指"仁"。如果说，"礼"是孔子归本三代、述古得来的话，那么作为礼之根本的"仁"，则完全是孔子动心忍性、敏求善思，自家体贴出来的，是孔子述中所作。

孔子不仅重视仁与礼，还阐述了仁与礼的关系。① 在他那里，仁是向内求，礼是向外求；仁靠内在的自觉性，礼有外在的约束性。礼与仁密不可分，以礼标准求仁，修己爱人；用仁的自觉复礼，实现等级有序。仁是礼的主要内容，礼是仁的外在表现。

第三，中庸的哲学思想。《论语·雍也》云："中庸之为德也，其至矣乎！"在孔子思想中，"中庸"是一个十分重要的概念。"中庸"不仅是儒家的道德准则，还是一种思想方法，是指以不偏不倚、无过无不及的态度为人处世。"中"谓中和、中正；"庸"谓常、用。

孔子提出了"中庸"的概念，把它作为最高的道德准则进行发挥。孔子的中庸思想承认矛盾的存在，但他认为对立的双方应当采取"致中和""和而不同"的方法，以防止矛盾的激化与转化，通过把握事物各方面的联系、平衡、调和、渗透等关系，寻找出事物的最佳状况。这里的"和"是处于动态中的"中"，即"时中"。中庸就是"用中"，就是将客观存在的"中"付诸实践，不偏不倚，切合时宜，达到"和"的目的。

中庸作为一种行为方式，具有很强的实践性，在社会生活的各个方面，孔子的主张都包含有中庸的思想方法。孔子对"中庸"原理的实际应用，是在极端中寻求平衡。其求"中"之方主要有几点：

---

① 对于孔子之仁与礼的关系，学者有不同看法。如蒙培元认为仁和礼也可以说是"质"与"文"的关系，仁是质朴的内在情感，礼是人文的外部表现，二者结合起来，就是仁人君子（参见蒙培元《蒙培元讲孔子》，北京大学出版社 2005 年版，第 65 页），李泽厚认为，孔子讲"仁"是为了释"礼"，与维护"礼"直接相关（参见李泽厚《中国古代思想史论》，天津社会科学出版社 2004 年版，第 10 页）；罗安宪认为，仁礼一体，仁里而礼外，从根本上讲，治乱在复礼，复礼在兴仁，兴仁复礼也就成了孔子根本的治国之道（参见罗安宪《中国孔学史》，人民出版社 2008 年版，第 86 页）；史华慈则认为仁与礼之间存在着不可瓦解的联系纽带，没有礼的构造性和教育性的效力，作为优秀人格之最高理想的仁就不能实现（参见本杰明·史华慈《古代中国的思想世界》(*the World of Thought in Ancient China*)，江苏人民出版社 2004 年版，第 82 页）。

其一，通过考察事物对立双方的连接点来确定，求得双方在更高层次上的平衡。如孔子认识到当时社会贫富的对立，《论语·里仁》称："富与贵是人之所欲也……贫与贱是人之所恶也。"那么如何解决贫富之间的矛盾呢？孔子既不是简单地站在求富的立场，又不是简单地想方设法去贫，而是提出了一个"义"字，用"义"作为调整贫富矛盾的一个标准，对双方都提出了更高的要求，寻求双方更高层次的统一。

其二，避免"过"与"不及"。"过""不及"都是事物趋于极端的表现，必须通过"执中"来维持事物的平衡。因此，孔子提出要避免过与不及。据《论语·先进》记载，子贡问师、商两人，孔子说："师也过，商也不及。"子贡又问，师比商是否更好一点，孔子答："过犹不及。"

其三，处理事情要注意分寸，不要使行动突破质的规定性，为此孔子提出"不可则止"。如孔子主张臣下对君主的过失应当进谏，但他认为不必强谏，谏而不听，就要适可而止或退以洁身。《论语·先进》曰："所谓大臣者，以道事君，不可则止。"对待朋友也是一样的道理："忠告善道之，不可则止，毋自辱焉。"[1]

其四，无可无不可。在《论语·微子》中，孔子将自己与一些逸民进行了对比。伯夷、叔齐"不降其志，不辱其身"；柳下惠、鲁少连有些灵活性，"降志辱身矣"，但仍"言中伦，行中虑"；虞仲、夷逸"隐居放言"，却"身中清，废中权"。这些人有高低之分，各有自己的行为原则。而孔子则不同于此等逸民，亦不必进，亦不必退，唯义所在，是"无可无不可"。朱熹注曰："孟子曰：'孔子可以仕则仕，可以止则止，可以久则久，可以速则速。'所谓无可无不可也。"在孔子看来，做事没有一定的死规矩，没有什么是非这样不可的，也没有什么是非不这样不可的，只要合乎道义即可。

孔子的中庸思想与他的政治思想是互相联系的。他十分重视礼，主张以礼"制中"，用礼作为衡量标准。礼是不断发展变化的，孔子的中庸思想本身也讲究"时中"与"权变"，他希望处理事情审时度势，随时势的变化而处中。

---

[1] 《论语·颜渊》。

孔子以后，历代儒生对于中庸思想进行了反复的阐释与发挥，使中庸之道成为儒家认识世界、对待社会人生的基本方法。"中庸"不仅成为儒者认识世界的基本方法以及待物处事的基本准则，而且也成为社会心理定势。

总之，孔子思想有一个重要特征，就是"祖述尧舜、宪章文武"。孔子以继承三代文明为己任，自称"述而不作，信而好古"，他在全面继承上古、三代中国文明的基础上进行了"转化性创造"。孔子通过对六经的阐释，确立了其思想的核心体系。孟子称誉孔子为"集大成"，是恰如其分的。

孔子思想对中国传统社会产生了极其深刻的影响。著名学者柳诒徵先生评价道："孔子者，中国文化之中心也。无孔子则无中国文化。自孔子以前数千年之文化，赖孔子而传；自孔子以后数千年之文化，赖孔子而开。即使自今以后，吾国国民同化于世界各国之新文化，然过去时代之于孔子关系，已为历史上不可磨灭之事实。"[1] 诸如此类的高度评价并非鲜见。

毋庸置疑，孔子、儒学是一套全面安排人间秩序的系统，包括政治秩序、伦理秩序、社会秩序等，孔子思想不仅影响到了中国的政治、社会、经济、文化，而且对中国人的思维方式、道德观念、精神面貌、人生境界等都有深刻影响。

2. 孟子对儒学的发扬光大

孟子是战国中期儒家学派的主要代表人物。性善论是孟子思想的出发点，他认为人的善性来自天赋。他将孔子的仁学、德治思想发展为仁政学说，成为其政治思想的核心。孟子把伦理和政治紧密结合起来，强调道德修养是搞好政治的根本。孔子开创的儒家思想经孟子而发扬光大，长期影响着整个中国社会的发展和中华民族精神的塑造。就孟子思想而言，主要体现在性善论与仁政说两个方面。

第一，性善说。人性问题是中国哲学史上一个备受关注的问题。孔子提出了"性相近也，习相远也"的命题，对人性并未做任何发挥。孟子是中国哲学史上第一个阐述"人性"问题的哲学家，他创立并完善了性善论思想体系。

---

① 柳诒徵：《中国文化史·孔子》，吉林人民出版社 2013 年版，第 286 页。

"性善论"是孟子谈人生、谈政治的理论根据，在他的思想体系中是一个中心环节。性善论是孟子思想体系的核心，也是他仁政学说和王道理想的逻辑起点与理论依据。性善论的提出，是孟子在儒家思想发展史上的重大贡献。

《孟子·告子上》有三句名言：

> 恻隐之心，人皆有之；羞恶之心，人皆有之；恭敬之心，人皆有之；是非之心，人皆有之。
>
> 恻隐之心，仁之端也；羞恶之心，义之端也；辞让之心，礼之端也；是非之心，智之端也。
>
> 无恻隐之心，非人也；无羞恶之心，非人也；无辞让之心，非人也；无是非之心，非人也。

由此可见，在孟子看来，"人"之所以区别于"非人"，就是因为人有"四心"及在此基础上扩充的"四德"——仁义礼智，而"非人"则没有。这便是孟子"性善论"的具体内容。

孟子强调"人性本善"，认为"善"是人的本来面目。在他看来，即使一个凶恶之人，相信其本性也是善的，因此可以让他改邪归正，给社会带来和谐安宁。

孟子认为人有四种"本心"，即"同情心、羞耻心、恭敬心、是非心"，"仁义礼智"四善端即由此而来。因此我们了解"本心"之后，就要努力修养保持自己天然的"本心"善性，做一个高尚的人。孟子"性善论"有其透彻性的思想价值，他看清了人心本善的最初源头。因而孟子此思想让人们都知道自身兼备"仁义礼智"的清净源泉，让人们有一个心灵的指归，让浮躁而杂染的心性回归本性。

孟子虽然认为人人都具有"仁义礼智"的本性，但是本性仍然需要自己去"求"，即靠后天的修养。正如《告子上》所言："求则得之，舍则失之。或相倍蓰而无算者，不能尽其才者也。"那些道德很差的人，是因为他们没有能够充分发挥自己善的本质。所以如果人们能够努力探求善的本质，则"人人皆可以为尧舜"。

在战国诸侯争霸，人性颠倒的时代，孟子提出人性善，在先秦时期可以说是独树一帜，在儒学发展史上的意义也是十分重大的。但这并不能说明孟子的人性论是完美无缺的。孟子的性善论，毕竟是一种先验的人性论，它认为"仁、义、礼、智"是人们与生俱来的东西，不是从客观存在着的外部世界所取得的。这是一套唯心主义的说法，这是孟子人性论学说的局限所在。不过，孟子以"性善论"作为人们修养品德和行王道仁政的理论根据，还具有一定的积极意义。

性善论强调了后天人的修养的必要性与可能性，它的思想对今天的人们仍然有着重要的意义。孟子的"性善论"认为人的本性为善有利于鼓舞人们发挥主体能动性，自觉地接受教化与环境的培育与熏陶，提高人的道德境界，将社会道德作为人的行为的自觉规范。这也就是孟子"性善论"的社会实践意义之所在。

第二，仁政说。孟子继承和发展了孔子的"仁"学，第一次提出"仁政"说，并发展成一套完整的政治哲学思想体系。孟子仁政说之思想基础主要有二：一是"王霸之辨"，二是民本思想。孟子认为"霸道"就是"以力服人者"，即依靠武力、刑罚去压服人而驱民于战，通过兼并战争而实现统一。"王道"就是"以德服人"，不诉诸武力，而依靠其仁德的感召力使万民臣服，即"心悦而诚服"。这种"以德服人"的"王道"，实际就是"仁政"。"民本"思想源远流长，孔子接受和继承了西周以来"敬天保民"的思想，主张"为政以德"，统治者要"节用而爱人，使民以时"，要"因民之所利而利"。孟子继承和发展了前人的"民本"思想，在对历史的和现实的统治经验进行总结的基础上，提出了"民贵君轻"的光辉命题："民为贵，社稷次之，君为轻。"① 这就把中国古代的"民本"思想发展到了一个新的高度。孟子"保民"的基本目标和最高理想是：让民众丰衣足食、安居乐业。丰衣足食才能使老百姓安居，只有居安才能乐业。

孟子仁政学说的主要内容是主张"保民"而王天下，反对武力兼并战

———————————

① 《孟子·尽心下》。

争。他要求君主以仁爱之心对人民，"省刑罚，薄税敛"，给人民以固定产业，安居乐业，再用礼仪教化。具体而言，孟子仁政的内容主要包括几点：

其一，"制民之产"，保障百姓的温饱问题。孟子认为，对统治者而言，一个急需解决的问题，就是老百姓的温饱问题。这个问题解决得好，才有可能引导人民"从善"与"为仁"。《孟子·梁惠王上》云："五亩之宅，树之以桑，五十者可以衣帛矣。鸡豚狗彘之畜，无失其时，七十者可以食肉矣。百亩之田，勿夺其时，八口之家可以无饥矣。"这一图景的描写，在《孟子》中凡三见，内容大同小异。它反映出耕织结合、自给自足、使劳动力束缚在土地上的小农经济意识。

其二，"取民有制"，减轻对百姓的剥削。孟子主张轻税薄敛，对人民征收赋税要有一定的制度，并且提出了一系列措施。《孟子·公孙丑上》云："市，廛而不征，法而不廛，则天下之商皆悦，而愿藏于其市矣；关，讥而不征，则天下之旅皆悦，而愿出于其路矣；耕者，助而不税，则天下之农皆悦，而愿耕于其野矣……"如果各方面的赋敛过重，便会侵害人民的利益。孟子主张减轻人民的重负，这样就会得到各行各业的广大民众的拥护和支持。

三是尊贤用良，使俊杰在位。人才是管理天下的关键。在孟子看来，先有"仁人"而后才有"仁政"，而他所提倡的道德政治，归根到底，就是一种贤人政治。所以，他大力提倡尊贤使能，合理地利用人才，让天下之士皆悦，而愿立于朝矣。

四是重视道德教化。教化是统治者施仁政、争得民心的重要条件。注重道德教化，是孟子仁政学说的又一重要内容。教化，"教"是指教育，"化"是指感化。孟子继承并发展了孔子"富之""教之"观点，提出了一系列颇具创见的关于民众道德教化的理论与方法。孟子主张性善，认为人人皆有善端，肯定了教化的基础。《孟子·尽心上》指出："善政不如善教之得民也。善政，民畏之；善教，民爱之。善政得民财，善教得民心。"教化是统治者施仁政、争得民心的重要条件。在孟子看来，教化可以使人"明人伦"，使之做到"父子有亲，君臣有义，夫妇有别，长幼有序，朋友有信"，教化是通过"明人伦"为政治服务的。

应该强调的是，孟子的"仁政"学说完全不同于我们现代所谓"民主""民权"。孟子宣扬的是"保民而王"，其思想的出发点仍旧是"君"而不是"民"。他的"仁政"主张，只是对并不理想的君主统治进行策略性的改良而已，他并没有也不可能提出废除君主专制的主张。这是我们应该清醒认识的。

总之，孟子的"仁政"学说，将"仁"的精神政治实践化。孟子的"仁政"思想实际上就是一套以仁的精神为核心、以民本思想为内容的施政方案。但在战国时代，孟子的"仁政"理论，也只能是一种美好的愿望。但其仁政思想是我国古代思想史上的精华①，对后世产生诸多积极的影响。

3. 荀子对儒学的集大成贡献

荀子是战国后期著名的思想家、儒家集大成者，对儒学发展作出重要贡献。他全面批判了战国诸子，也批判了儒家内部的一些流派的学说。他不仅吸收了诸子学说的精华以充实自己的学说，更重要的是他从礼学的角度极大地扩展了儒学的内涵，使得儒家"内圣外王"之学变得更加坚实可行。

如果说孔学的核心观念是仁与礼的话，那么，作为孔子后学的孟子和荀子就分别发展了孔子的仁思想与礼思想，使得先秦儒学的内涵更加丰满。荀子对礼学的发扬，使他成为继孔子之后与孟子并驾齐驱的儒学代表。就荀子思想而言，主要体现为几个方面。

第一，性恶论。与孟子的性善论相对立，荀子专作《性恶》批评孟子，他是我国人性论史上性恶论者的典型。性恶论是荀子礼学的重要理论基础，也是其政治、社会等思想的前提。

荀子认为人性就是"生之所以然"，指人天生就有的本性，是不用学习的自然本能。《孟子·性恶》云："凡性者，天之就也，不可学，不可事……不可学，不可事而在人者谓之性。"在荀子那里，"性"乃是人类的自然属性，它有着"好利""疾恶"极易导致"争夺"与"残贼"的可能；而"辞让""忠信"等"善"的德行，则是对"性"通过学习和践行礼义来进行人

---

① 关于孟子仁政说价值的研究，可参看刘祚昌《孟子的仁政学说及其进步意义》(《史学月刊》1985年第1期，第37—45页)、张奇伟《论孟子的仁学》(《管子学刊》1994年第1期，第29—33页)等文章。

为控制与改造的结果，故称作"伪"，即人类的社会属性。

荀子性恶之"性"是一个笼统的泛概念，其中包含了性、情、欲三个方面的内容。《荀子·正名》解释"性"为："性者，天之就也；情者，性之质也；欲者，情之应也。"情为性的实质内容，也是表现形式，因而"性之好、恶、喜、怒、哀、乐谓之情"。好饱暖安逸，恶饥寒劳苦是人的自然本性，生而不得则有喜怒哀乐等相应的情感产生，面对纷繁的客观物质世界，自然就产生了欲求。"欲"是不可去除的，因为它是人之本性的一部分。然而，欲望虽不可去除，却可以通过修习礼义使其得到有效的节制。性恶是欲的放纵，如果可节而不节，则"残贼""争夺"之事起，必会引起社会秩序的混乱。

在荀子看来，性是天生的，伪则为后天的人为。《荀子·性恶》曰："可学而能、可事而成之在人者谓之伪"；"人之性恶，其善者伪也。"由此，圣王"化性而起伪"的意义就在于改造人性恶。明儒王守仁《传习录》曾言："荀子性恶之说，是从流弊上说来。"王守仁指出荀子的人性思想是从自然之性的"流弊上说来"，功夫只在末流救正。

荀子的性恶论虽然把人看成小人，但人性可化，只要依礼义，人还是可以改变自己的，"涂之人可以为禹"，人人成圣是可能的。这与孟子"人皆可以为尧舜"的成圣期望是一致的，只是两者殊途同归罢了。

当然，荀子性恶论虽为礼义教化提供了可行的基础，却也有其逻辑上或理论上的误区。"人生来是坏蛋，这是违背事实的。假使真是那样，那么善或礼义从何而出，那就苦于解答了。要说礼义由圣人而出，那么，圣人又不是人吗？他又凭借什么呢？"[1] 这应是荀子思想之真正纠结所在，这也导致后人为此批驳荀子。

第二，礼学思想。自西周礼乐文化兴盛以来，礼就与人们的日常生活密切相关，礼仪规范渗透到人们生活的方方面面。但战国末期，崇尚以"竞力"来建构理想社会的法家大行其道。在思想领域，除了儒家之外，诸子百家都在贬损礼，这就表明礼的价值变异了、失落了。有鉴于此，论证礼的价

① 郭沫若：《十批判书·荀子的批判》，东方出版社1996年版，第218页。

值合理性就成为荀子构建其礼学思想时首先要解决的问题。

"礼"是荀学的核心观念，荀子对礼的判断颇多，他将"礼"作为社会法度、规范、秩序，对其起源作了理性主义的理解。

其一，论证礼的形上性。《荀子·礼论》云："天地以合，日月以明，四时以序，星辰以行，江河以流，万物以昌，好恶以节，喜怒以当，以为下则顺，以为上则明，万物变而不乱，贰之则丧也。礼岂不至矣哉！"荀子以自然秩序来证明社会秩序的合理性。荀子的礼论，将礼与宇宙之道挂钩，把礼的支配范围扩大到天地日月等。这是荀子试图寻找礼的新的根据，以维系人心的要求。[①] 在荀子看来，礼不仅具有人道的意义，而且具有超越人道的天道之意义。荀子对礼的超越性的规定，使礼具有形上性，重新树立礼在人间的权威，正适合了社会变革之际的上层社会的需要。

其二，解说礼的社会性起源。荀子的"礼"学思想虽然继承了孔子的思想传统，但他从人生需要及人之本性出发，重新解释了"礼"的产生与社会功能。《荀子·礼论》对此有充分的论述："人生而有欲，欲而不得，则不能无求，求而无度量分界，则不能不争；争则乱，乱则穷。先王恶其乱也，故制礼义以分之，以养人之欲，给人之求。"很明显，荀子把"礼"视为滋养人之欲望、满足人之需求而产生的，礼使欲望不致因物不足而受抑制，物也不致因欲望太大而枯竭。在荀子看来，人的欲望使人对财物必然争夺，礼却是制止人们相互争夺、社会混乱的重要规范。这种礼起源于分配财物的说法，也得到了一些人类学家的证实。礼是一种社会秩序，是制约人性丑恶的规范，是约束人向善的规范。从人性的改造，解说礼的社会性起源，是荀子的一个理论创造。

其三，确立了礼的社会政治核心地位。在荀子看来，礼作为一种社会规范，不仅是理想社会的价值依归，而且也是治理国家的有力手段。事实上，荀子始终恪守着"国家无礼不宁"的思想宗旨，《荀子·议兵》云："礼者，治辨之极也，强固之本也，威行之道也，功名之总也。"礼作为道德规范，虽然以教育感化的功能为主，但对每个社会成员也具有强制性的约束作

---

① 杜国庠：《先秦诸子思想概要》，三联书店 1955 年版，第 32—36 页。

用。《修身》言："人无礼则不生，事无礼则不成，国家无礼则不宁。"这就是说，礼是从个人修身到社会国家都要遵循的基本规范。

其四，援法入礼。荀子援法入礼，从法律维度诠释礼、解读礼，使礼本身成为一种类似于法的存在，"《礼》者，法之大分，类之纲纪也"。① 荀子的礼与法家的法是相通的。按荀子的解释，礼作为道德规范，虽然以教育感化的功能为主，但对社会成员也具有强制性的约束作用。从这个意义上说，荀子的礼与法家的法是相通的，在一定意义上说，礼也可以说是广义的法，是一切法规条例的总纲。荀子把三代之礼解释为法律的总纲，以及以法类推的各种条例的纲要。这样，礼相当于国家的根本大法，起着规定各类具体法律、法令的宪法作用。这正如梁启超先生所言："荀子所谓礼，与当时法家所谓法者，其性质实极相逼近。"② 正是基于此，荀子提出了"隆礼重法，则国有常"的治国指导思想。

综上，荀子对孔子礼学的继承与发展，不仅明确了礼的各种社会政治规定，使礼的操作性更切实可行，还深化了礼的内涵，引法入礼，对儒家礼学做了顺应时代的改造，礼在荀子的价值体系中占据着主导地位，它对于工具性的法具有一种绝对的统摄作用。荀子援法入礼、礼法并重是对法家思想的极大包容，是为儒家"新生"寻找出路，也是儒家从容应对当时政治现实所实现的自我转换。

总之，儒家思想是中国传统文化的主体，它博大精深，源远流长。孔子创立了儒学，奠定了儒家思想的基础。孟子从性善论出发，主张施行仁政，强调"政在得民"。荀子从"性恶论"出发，强调隆礼重法，使儒家思想更能适应当时社会的需要。经过孟子、荀子的总结与改进，儒家思想体系更完整。

（二）儒学的发展与演变

任何一种学说都不是一成不变的，而是随着历史发展而不断发展变化

---

① 《荀子·劝学》。
② 梁启超：《先秦政治思想史》，东大图书有限公司1980年版，第112页。

的。儒学作为中国封建社会的统治思想，在各个历史时期是不断发展变迁的。秦汉至明清、近代以来，儒学的发展演变，大体可分为汉代独尊地位的确立、魏晋隋唐时期儒道佛三教论争、宋明理学的儒道佛三教融合、近代儒学独尊地位的衰落等几个发展、演变的历史时期。在这几个时期内，儒学思想在内容上是有所差别的，儒学本身呈现出一种不断发展变迁的态势。

1. 董仲舒新儒学与儒学独尊

汉代儒学在整个中国儒学发展史上占有举足轻重的位置。西汉武帝时期采纳董仲舒"罢黜百家，独尊儒术"建议，标志儒学正统地位的确立。

董仲舒（前179—前104），广川人（今河北省景县），他在继承前人思想成果的基础上，根据时代需求对儒学进行了改造创新，创立了汉代"新儒学"。董仲舒创建了一套以天人关系为核心的政治理论体系，使儒学适应了大一统王朝发展的需要。大体看来，董仲舒新儒学主要包括几个方面的内容。

首先，大一统。为巩固汉代统一的中央政权，董仲舒从《公羊春秋》中找到了"大一统"的依据，"《春秋》大一统者，天地之常经，古今之通谊也"①。因而他在贤良对策《天人三策》中提出了"大一统"论。在他看来，宇宙万物统一于天，天是万物之源、百神之君，受命于天的君主需要敬奉天道，统一于天，而天下万民则又统一于君王，这就叫大一统。董仲舒认为大一统不仅是宇宙万物普遍的法则，是古今永恒存在的道理，也是《春秋》着力阐发的大旨。

董仲舒不仅主张政治大一统，也强调思想大一统。他向汉武帝提出了以儒家思想统制其他各家的主张："今师异道，人异论，百家殊方，指（旨）意不同，是以上亡（无）以持一统……臣愚以为诸不在六艺之科孔子之术者，皆绝其道，勿使并进。"② 这就是通常所谓的"罢黜百家，独尊儒术"主张。

董仲舒的大一统政治观，从本质上说是为维护专制主义中央集权服务

---

① 《汉书·董仲舒传》。
② 《汉书·董仲舒传》。

的，但在西汉前期封国割据、边患严重的特定历史条件下，这种专制主义是有利于国家政治统一、社会稳定与经济发展，有利于人民生活安定的。

其次，天人感应。董仲舒的政治哲学著作《春秋繁露》推崇公羊学，发挥"春秋大一统"之旨，阐述了以阴阳五行、天人感应为核心的哲学——神学理论，为汉代中央集权的封建统治制度奠定了理论基础，解决了汉皇权所迫切需要的政治合法性与永久性问题。他把人类社会与天地宇宙视为一个整体，而天涵容着整个宇宙与社会，天是人间乃至整个宇宙的最高主宰，"天者，百神之君也，王者之所尊也"。① 董仲舒把"天"描绘成创造一切、支配一切的神。"人之性情，有由天者矣"，② 这就是其所谓的"天人合一"。有鉴于此，如何调节天人关系就成为董仲舒创建政治理论的基本出发点，由此也就形成了其独具特色的天人感应论。

在董仲舒看来，人类社会中，君主是国家政治的核心，但君主掌握最高权力的合法性应从天那里得到解释。"天子受命于天，天下受命于天子"，③正如天是宇宙万物的最高权威一样，君主是人类社会政治生活中唯一的最高权威。这是其学说得到汉武帝青睐的关键所在。同时，董仲舒也从天的角度为皇权的肆意滥用设置了规约机制。皇帝受天命而治万民，就应对天负责，受天约束，上天会通过祥瑞或灾异昭示其意志，予以臧否褒贬，正如《春秋繁露·必仁且知》所言："灾者，天之谴也，异者，天之威也。"当君主德行有失，天就以出现异常的自然灾害，或某些异常的自然现象以示惩罚，这也称为"天谴"。董仲舒的"天人感应"论，在某种程度上限制了皇帝的私欲和权力，其意义是不言而喻的。

董仲舒在天人的框架下发挥了儒家传统的"民本"思想。"民"在董仲舒学说中占有十分重要的地位，天命无常，但以民的状况为准则。得民者得其位，失民者失其政，灾异论的实质指向人文的关切。学者杨国荣对此做了精辟阐述："人的利益构成了天意的内在根据。所谓灾异，首先不是天对人的震动，而是旨在促使人世的安定。换言之，天威的展示已让位于人文的关

---

① 《春秋繁露·郊祭》。

② 《春秋繁露·为人者天》。

③ 《春秋繁露·为人者天》。

切。"① 天心以民意为本，这就是"天人合一"的实质。

董仲舒在其天人学说中伸张了"民"的作用，以神学的迂回方式规范、约束君权，如此，董仲舒的理论也解决了君权的永久性问题。他强调君主的人格责任，把君主视为政治的中枢，君主勤勉行事，垂范天下，才能政治清明，天下太平。

再次，三纲五常。儒家所重视的伦理思想，可概括为"三纲五常"，这是董仲舒明确提出的。董仲舒在继承先秦儒家人伦关系不平等的基础上，又吸收法家韩非的"三顺"思想，即"臣事君，子事父，妻事夫，三者顺则天下治；三者逆则天下乱，此天下之常道也"。② 根据阳尊阴卑明确提出："君臣、父子、夫妇之义，皆取法阴阳之道。……王道之三纲可求于天。"③ "三纲"是符合天道的，这就是天经地义了。东汉官方经典《白虎通》发挥董仲舒的"三纲"思想，正式提出"君为臣纲，父为子纲，夫为妻纲"。

"五常"是董仲舒根据孟子的"仁义礼智"四善端德目，再加上"信"而成的。他把仁、义、礼、智、信称之为"五纪"，《春秋繁露》将"三纲五纪"联用。从南宋朱熹开始，"三纲五常"联用。"五常"是个人行为准则，从属于"三纲"。"三纲""五常"在理论上就基本成型，被后世不断发展、强化。

董仲舒新儒学的最突出特点就是现实政治性。董仲舒之所以能对历史产生巨大的影响，离不开他对社会现实的关注。他紧盯着社会现实，针对社会中存在的现实问题，联系历史事实加以研究，然后提出一套解决问题的理论、方针、政策和具体方法，并以天意、圣言或阴阳五行等加以装饰、论证，形成具有时代特色的思想体系"董学"。④

总之，董仲舒的新儒学是一种综合基础上的创新，是应时而成的思想杰作，具有实用价值与进步意义。这个所谓"新"儒学，无论从实践上或理论上，都已大不同于原始儒家，它是在讲求功利效用的政治实践基础上，尽

① 杨国荣：《善的历程——儒家价值观的历史衍变》，上海人民出版社1994年版，第43页。
② 《韩非子·忠孝》。
③ 《春秋繁露·基义》。
④ 周桂钿：《董学探微》，北京师范大学出版社1989年版，第354页。

量吸收改造各家学说后的一种新创造。董仲舒改造原始儒学，以天人感应为形上依据，以伦理思想为核心的理论建构及其伦理政治一体化的政治实践活动，适应了时代的要求，顺应了历史发展的趋势，促进了政治、思想"大一统"局面的形成。

众所周知，汉代实行"罢黜百家，独尊儒术"的文化政策，儒学从先秦诸子百家之一登上国家意识形态宝座。儒学要想在西汉成为国家意识形态并取得独尊地位，需要建立起一个拥有天然合理的终极依据、涵盖一切的理论框架、解释现象的知识系统以及切合当时并可供操作的政治策略在内的庞大体系，以规范现实世界的秩序，确定人类历史的方向。[①] 这个任务最终是由汉代儒学集大成者董仲舒来完成的，他在西汉儒学政治化的过程中发挥着举足轻重的作用，他在继承先秦儒学理论的基础上又对其进行了创造性的改造。

从具体历史状况看，汉代尊儒经历了一个复杂的历程。从高祖建汉，文景之治，到武帝时代，一批批既酷好儒术、又通达事变并富有远见卓识的儒学政治家，从叔孙通到卫绾、窦婴、田蚡、公孙弘、赵绾等，对儒学的权威化、官方化都立下了汗马功劳，发挥着至关重要的作用。并且，这种作用一定远远超出了任何一个或一批醇儒学者的能力范围。如果没有政治家们的实际操作，而仅凭儒家学者们的呼吁呐喊是根本不可能把儒学推上历史大舞台的。有了皇帝本人的喜好，加上朝臣的推波助澜，尊儒似乎已经是顺理成章的事情了。

"罢黜百家，独尊儒术"作为中国历史上的重大事件，向来备受学者们的关注。但学者们关于汉武帝对这一政策的态度，即汉武帝是否真的独尊儒术的问题，以及与此密切相关的董仲舒与这一举措关系等问题，至今尚有许多不同意见。[②]

---

① 葛兆光：《中国思想史》（第一卷），复旦大学出版社 2005 年版，第 258 页。
② 关于汉武帝"罢黜百家，独尊儒术"的问题，可以参考刘伟杰《汉武帝独尊儒术问题的研究现状与反思》，《南京社会科学》2007 年第 2 期，第 70—76 页；刘桂生《论近代人对"罢黜百家，独尊儒术"的曲解》，《北大史学》（2），北京大学出版社 1994 年版，又收入《北京大学国学文粹·史学卷》，北京大学出版社 1998 年版等文章。

　　总体而言，汉代儒学被定为一尊，研习儒学才有可能进入仕途，其他各家的思想自然会受到冷遇，这无疑促进广大士子研习儒学的热情，而儒学之外的其他思想流派也必将逐渐衰微。因而"独尊儒术"，一方面促进了儒学的发展，却又不利于思想的发展与学术的繁荣。

　　应该指出的是，汉武帝将儒学定于一尊，只是抬高了儒学的地位，是将之确立为国家政治实践的指导思想，即国家意识形态。儒学并没有因为武帝尊崇而真正处于至高无上的地位。儒学一尊，在一定意义上似乎已经成为服务于政治统治、赢得民众信任的旗帜与口号。汉代既没有真正的独尊儒术，也没有禁绝百家。儒家的象征意义远大于其实用意义。

　　2. 儒道佛的论争与并立

　　中国传统思想文化源远流长，在几千年的演变发展中，最终形成了以儒家为主、佛道为辅的基本格局。自从汉代"独尊儒术"，儒学就成为官方思想。两汉之际，伴随佛教的传入、道教的产生，儒道佛三者之间的关系就始终处在既相互竞争、排斥，又相互吸收、融合的状态之中。经历了魏晋南北朝、隋唐五代、宋元明清几个历史时期，儒道佛关系经历了从形式到内质的演变，三者逐渐融合成为历史的发展趋势。

　　第一，魏晋南北朝的儒佛道论争。魏晋南北朝时期突出的文化特征就是：玄学盛行，佛教发展，道教成熟。

　　魏晋玄学是儒道合流的产物，玄学家调和儒道。虽然有的玄学家对儒家的名教持批判态度，但大都还是调和而不彻底否定。例如何晏、王弼虽然宣扬道家自然无为思想，同时亦提出"老子与圣人同""圣人体无"，就把孔子装扮成"贵无论"者。圣人"无为而治"成为何晏、王弼解释名教的理论出发点。他们宣称自然是名教之本，名教出于自然，说明并不违反儒家教义。何晏肯定"立名分以定尊卑"，王弼认为天地间君主最尊贵，可见他们对儒家名教只是调和而已。再如，标志玄学成熟的郭象所谓"名教即自然"，肯定现实社会秩序，要求人们安分顺命，就将封建伦理纲常作为合乎人性自然而加以肯定。这实际上就是用道家理论为儒家思想所做的论证。这都说明玄学主流人物并不是从根本上否定儒学。就本质而言，玄学虽不同程度表现出对儒学疏离，但思想上主要致力于儒道合流。

儒学在魏晋时期虽失去了独家之尊，但仍居于官方意识形态的正统地位。佛道二教在统治者的扶植与支持下，随着道教的上层化、佛教的中国化，二者的势力日益强大，已具备了和儒家分庭抗礼的实力。这个时期，儒道佛之间有差异、分歧，在儒道之间就存在正统文化与异端文化的矛盾、冲突，而在儒佛之间则表现为本土文化与异域文化之抗衡，佛道之间比拼的便是与儒家文化的亲疏关系。

儒道佛关系从魏晋时期开始就一直处在相融相摄又相拒相斥的矛盾冲突之中。这主要体现为几个方面。

其一，佛道论争。这时期佛道冲突是一个非常令人注目的现象。道教作为一种传统宗教对佛教毫不忍让，冲突较多。如南朝著名道士顾欢的《夷夏论》，从夷夏之辨角度来讨论佛道关系，认为华夏民族是一个文明民族，儒道对之最适合，而佛教则更适合夷狄之邦，因为夷狄之人比较野蛮粗俗，因而佛教讲天堂、地狱以威胁他们，而我们是礼仪之邦，有儒有道就够了。还有从修身、齐家、治国三个方面，对外来的佛教展开全面的批评。

这个时期佛教徒对道教的攻击，有两点值得特别注意，一是继续区分道家与道教，利用道家来攻击道教。肯定老庄之道，贬斥道教为鬼道、鬼法、妖法。这点在三教关系中非常重要，因为这正好又从反面促使道教进行自我改造，促使其从理论上完善自己，剔除那些粗俗的成分。佛教从反面对道教的批判与攻击，却反而正面促使了道教自身的改革、完善与发展。二是佛教徒对道教的攻击，往往给道教带上一顶"挟道作乱"帽子，指责道教常常组织叛逆。佛教批评道教"犯上作乱"，本身包含想利用政治力量打击道教的倾向。因而这时期的佛道之争，往往并不仅仅只是一种宗教冲突，有时甚至表现出一种政治斗争的倾向。只是在客观上，这也有助于道教剔除其原始性，剔除它与民众起义相结合的民间性，并促使它加快完成贵族化、上层化的过程。

其二，儒佛论争。在魏晋南北朝时期，作为儒佛之争的一个重大事件，是范缜等人站在儒家立场上，对佛教展开全面批评。范缜《神灭论》有其历史背景，当时不少作为传统文化的代表人物，对外来的佛教，从社会经济、王道政治、伦理纲常等诸多方面，展开批评。其中有些批评还有说理的成分，有些批评则纯属谩骂，比如：随心所欲地解释佛，说释种不行忠孝仁义，贪诈甚者号为佛。这就并非一般的讨论，而是一种恶意谩骂。这时期的儒佛之争有很多问题是值得我们重视的，除"神灭神不灭"之争外，还有因果报应之争、佛法与名教之辨、夷夏之辨，这些都是当时讨论比较激烈的问题。

　　其三，三教一致论。这时期帝王的政治文化政策，对儒道佛的发展及其关系的演变，都产生了深刻的影响。由于儒道佛能够并存，并能够从不同角度得到帝王的一些支持与扶植，因而三教都得到了一定的发展。在这个过程中，儒道佛三教一致论也有了新的进展。

　　魏晋南北朝时期，儒道佛中都有一些代表人物呼吁三教一致。佛教徒中，如晋宋之际宗炳在《明佛论》（神不灭论）中强调，儒佛道三教的圣人都是劝人为善的。道教徒中，如南齐张融认为三教根本上是一致的。据说张融临死时，左手拿着《孝经》与《老子》，右手拿着《小品》与《法华经》，表示他至死仍然坚持三教一致与三教并重。儒家中，如东晋孙绰《喻道论》认为：周孔即佛，佛即周孔。帝王中主张三教一致论，最有名的当属梁武帝提倡"三教同源说"，不过，其中却有一种把儒、道说成来源于佛教的倾向。由此可见，同是三教同源之说，却是各站自己的立场。

　　佛家本来主张"出世"，可在佛儒交融实践中，佛家的"出世"逐渐向儒家的"入世"靠拢，把儒家的"修齐治平"与"外王"思想纳入佛教教义中。特别是儒家的伦理道德观念多被佛家吸收，如认为行忠孝才能持五戒，不忠不义不孝不智，非佛家弟子。是否能按儒家伦理道德行事成为佛家"是佛非佛"的标准，这种对儒家伦理思想的吸纳也成为佛教中国化的表现与基础。①

　　总之，魏晋南北朝是有史以来三教关系的第一个时期，随着道教逐步走向上层，佛教的广泛传播和势力日盛，使道佛二教在向儒家妥协的同时，也具有了与儒家抗衡的实力。儒家优势在于作为意识形态统治思想的地位牢

---

① 李承贵：《儒佛道三教关系探微——以两晋南朝为例》，《南昌大学学报》（人文社会科学版）2001年第4期，第12—18页。

不可破。道教则密切了与统治集团的关系逐渐官方化，并吸收佛教义理来提升自身理论水平。佛教为寻求生存，将儒家伦理纲常吸纳到其义理中，使佛教具有鲜明的中国特色。

魏晋南北朝时期的三教关系与之后隋唐五代、宋元明清的三教关系相比，有其鲜明的特点。一是三教地位不平等，道佛二教是以儒家思想为核心，围绕儒家伦理观以确立和巩固自己的政治地位。二是三教会通是以社会功能为切入点，并没有从理论上产生深度的融合。总而言之，统治者都是在以儒家思想为统治思想的前提下，给予道佛二教相应的政治地位，协调好道佛与儒家之间的关系。[①] 三是三教以冲突为主，呈鼎立之势。魏晋南北朝时期，在三教调和的同时，相互间尤其是佛教与儒道之间的冲突从未中断。儒佛之间的冲突达于极致时，便引发了统治者的毁佛、灭佛之举，历史上"三武一宗"灭佛，两次都发生于这一时期。魏晋南北朝时期佛教与儒、道之间的矛盾冲突是尖锐的甚至是惨烈的。

第二，隋唐时期的儒道佛三教并立。经历了长期战乱，隋朝大一统将南北文化融为一体，为唐朝的文化繁荣创造了条件，并使中国封建社会在唐代发展达到鼎盛阶段。与大一统的政治局面相呼应，思想领域的三教融合进一步深入发展，不仅仅是从社会功能的角度强调三教同源一致，而且进行了理论上的相互融合。

隋唐时期，儒道佛的发展及其关系，都与帝王三教政策密切相关。这时期统治者基本实行的是三教兼容并包政策。隋朝皇帝重视佛教，但也利用道教，规定三教的序位为佛道儒。唐代帝王对于各种思想文化采取的是更为开放包容政策，对儒、道、佛三教兼容并重。[②] 就隋唐帝王三教政策之特点而言，一是利用儒学来维系现实的社会秩序；二是对佛、道二教的不同利用；三是帝王对儒道佛三教排列次序的看法，也对其发展产生了直接影响。

首先，儒学方面。隋唐时期虽然恢复了儒学的正统地位，但儒学是以伦理道德思想见长，其哲学本体论根据与思辨理论方面却不及佛教，也没有

① 杨军：《宋元三教融合与道教发展研究》，巴蜀书社 2009 年版，第 33 页。
② 杨军：《宋元三教融合与道教发展研究》，巴蜀书社 2009 年版，第 47 页。

佛教的轮回报应、解脱成佛或者道教的羽化成仙、长生不老等说教与宗教修行方式可以满足统治者多方面的需要，有鉴于此，从佛、道那里吸取营养来充实自身是十分必要的。佛家哲学恰好可以为儒家伦理道德提供哲理层面的支撑，如佛家的"圣心"说。"圣心"是成佛之本，是万物之根。"圣心"是佛教道德之根据，亦可是儒教伦理道德的依归，由此可建构儒教伦理之本体论形式。隋代王通站在儒家立场上提出了"三教归一"主张，希望以儒家学说来调和佛、道二教。韩愈与李翱则在排佛旗号下援佛入儒，对佛教宗派的法统观念与心性学说加以改造利用，提出了他们的道统说与复性论，开了宋明理学扛着儒家大旗出入于佛道的先声。实质上，儒教对佛教思想的吸纳，主要是心性学方面。儒教经过与佛教的长期交融，在心学方面取得了相当的一致性。儒教由于吸收了佛教的心性学思想，使其本有的心性学有了很大发展。理学的心学与佛家禅宗所说的"心生万法"等是一脉相承的。正如鲁迅所说："宋儒道貌岸然，而窃取禅师语录。"①

其次，从道教方面看，道教开创时就融合了不少儒家忠君孝亲的伦理观念。到隋唐时它更充实了儒家名教内容，并在佛道之争中以"不仁不孝""无礼无恭"来攻击佛教。道教理论一向比较粗俗，戒条教规也不完善，缺乏系统性，在佛教的影响下，隋唐道教开始注重创立理论体系，完善戒条教规。在这个时期的道教学说体系中，如司马承祯的"净除心垢""与道冥合"，可以清楚地看到道教对佛教思想理论的吸收和融合。道教的五戒、八戒和十戒等也都基本上是模仿了佛教。

再次，佛教方面。佛教作为外来宗教，要在中国生存成长，必须依附中国传统文化，尤其是儒家思想。隋唐时期，面对中国化的强大压力，佛教内部产生了诸多宗派，并不同程度地加快了与儒学的融合，其中最出色的是禅宗②。唐朝初年，慧能创建禅宗，吸收了儒家心性论，对佛教进行了革命性的改造。他提出新的佛性论，强调"自性是佛"，人的"自心""自性"与"佛心""佛性"是平等的，人心与佛心都是一心。这种新佛性论，突出了人

---

① 《鲁迅全集》第五卷，人民文学出版社 2005 年版，第 328 页。

② 禅宗是佛教的主要派别之一，主张修习禅定，故名禅宗。又因以参究的方法，彻见心性的本源为主旨，亦称佛心宗。

的地位，把虚玄的佛性还原为现实的人性，使佛教从佛本主义转向了人本主义，建立了佛教的人文精神，使印度佛教转变为中国佛教，即具有中国特色、与儒家人文精神相一致的新佛教。[①]

佛教也吸纳道教思想。道教是中国土生土长的宗教，有一套适合中华民族心理、为许多人熟悉的宗教理论和修养方法，因而佛教对道教表示了足够重视。例如，华严宗不仅融合吸收儒、道的思想内容，而且还从理论上对调和三教作出论证；禅宗更是站在佛教立场上，将儒家的心性论、道家的自然论与佛教融通为一，形成了中国化的禅学理论和修行方式。

总之，隋唐时期的儒道佛互补，主要是在思想方面，其中最可称道、最为精彩的是儒佛间的互补。毋庸置疑，隋唐时期的儒道佛关系有了新的发展，出现了三者鼎立的新格局。隋唐儒道佛鼎立的思想学术新局面的出现，是汉魏以来儒道佛关系历史演变的延续，是各自发展与三者关系长期互动、互补的结果，儒道佛关系逐渐迎来了入宋以后以儒家为本位的融合新阶段。

3.儒道佛融合下的宋明理学

理学是宋明儒学的表现形态，是中国封建社会后期的统治思想。"理学"又称为义理学，起源于北宋，盛传于南宋、元朝与明朝，清朝中叶以后逐渐没落，它是在儒学的基础上，大量融入了佛教、道教的思想，是一种新的儒学。宋明理学是儒学的一种历史形态，它是一种哲学化的儒学。它讨论的基本问题是"性与天道"的哲学问题。"性"指人性，也包括物性，"天道"即天理，或简称"理"。理学家以"性与天道"为中心进行了精深细密的探讨，形成了庞大缜密的儒学新理论体系，从而超越佛、道之学，达到了儒学发展的新高峰。理学作为中国封建社会后期的统治思想，对中国文化的发展、民族性格的形成，产生了深远影响。

（1）宋明时期的儒道佛三教合一

儒道佛三者关系由魏晋南北朝时的"并存"，经过隋唐时期的"鼎立"，到宋代，"融合"的时机与条件都已具备。宋代以后，相互影响、相互作用

---

① 李霞：《从"六祖革命"到"人间佛教"：中国佛教人文精神的建立》，《社会科学战线》2006年第4期，第39—43页。

日益加深，逐渐形成以儒家思想为基础的三教融合。宋代三教关系达到高度融合，而这种融合或通常所谓的"三教合一"，它并非是三教合而为一，从而诞生一种新的宗教或哲学流派，也不是三教各自思想的消解、泯灭，从而产生一种新的思想，而是指在儒、道、佛三教并行、各自基本特质不变格局下的三教思想的相互融摄与相互补充。① 在中国哲学思想史界，有一种"共识"就是：宋明新儒学（理学）是儒、道、佛三教合流的产物；或者宋明新儒学是儒、道、释三教的合一。②

宋代的儒道佛融合不再停留在从政治层面强调道佛与儒学一样具有社会教化的功能，还进一步从哲学的层面进行思想的相互渗透、沟通及其纵深方向的融合，这一时期的儒道佛在人生境界、心性论、本体论等问题上相互融摄，更深层次体现出相互渗透、相互补充的特点。

就儒道佛的互补互融而言，主要体现为以下几个方面：

其一，儒道佛都是以人为基点，最根本目的是达到人生的至美、至善、至真的境界。儒家对人的现生现世非常重视，《论语·先进》载，"季路问事鬼神。子曰：'未能事人，焉能事鬼？''敢问死。'曰：'未知生，焉知死？'"这段文字耐人寻味。"未能事人，焉能事鬼"可具体理解为两义：人为重，鬼次之；人事尚未处理好，不必考虑鬼事。梁漱溟先生在《东西文化及其哲学》中说："生"是儒家的核心观念，"孔家没有别的，就是要顺着自然道理，顶活泼顶流畅的生活。"他还说："他只管当下生活的事情，死后之事他不管的。"③ 这是说儒家体现的是对人的价值、人的地位的充分肯定。当然，孔子

---

① 杨军：《宋元三教融合与道教发展研究》，巴蜀书社 2009 年版，第 50 页。

② 关于"儒佛道三教合一"说的主要表述，可以参见任继愈《儒教再评价》，《社会科学战线》1982 年第 2 期；肖萐父主编《中国哲学史·绪言》（下），人民出版社 1997 年版，第 9 页；张岂之主编《中国儒学史》，陕西人民出版社 1990 年版，第 364 页；李锦全《试论宋代哲学在中国传统文化中的地位与作用》，载《李锦全自选二集》，中国文联出版社 2000 年版，第 145 页；法舫《佛学与中国社会》，载《佛教与中国思想及社会》，台湾大乘出版社 1978 年，第 66 页。除此之外，也有学者持不同观点，如李承贵《宋明新儒学"儒佛合一"说之检讨——兼论思想的兼容与创新》，《天津社会科学》2005 年第 3 期，第 11—17 页。

③ 《梁漱溟先生讲孔孟》，上海三联书店出版社 2008 年版，第 72 页。

并非一点都不涉及死，如《论语·里仁》曰："朝闻道，夕死可矣。"《卫灵公》云："志士仁人，无求生以害仁，有杀身以成仁。"只不过孔子是以死为界，反观人生，以死的自觉凸现生的自觉，根本在于生时要"闻道"，不要"害仁"而要"成仁"。这充分体现了儒家对人生价值的追求，是一种积极的、辉煌的生死观，至今仍闪耀着光芒。

道家的着眼点也从来就没有离开过人，道家思想虽然深奥玄妙，长于思考大道的玄机，但也探讨了处于纷繁复杂的人间世的生存之道，他们对人的地位给予了充分肯定，如老子言："域中有四大，而人居其一。"① 当代学者李泽厚指出："庄子是'道是无情却有情'，外表讲了许多超脱、冷酷的话，实际却深深透露出对人生生命感性的眷恋和爱护，而离佛家、宗教以及现代存在主义反而更为遥远。"② 这种说法十分精辟，充分说明道家对现实人生的关注。

佛教更是从来就没有离开人，其立足于"众生"解脱，提倡"众生皆有佛性"，而强调脱离人生苦海，达于永恒极乐的彼岸。中国佛教把出世与入世融合起来，强调"世间法则佛法""舍人道无以立佛法"，充分表现出其人文精神与终极关怀。

总体而言，儒道佛都是以人为基点。儒家从人的社会层面出发，以成贤成圣作为人生的至真至善至美的境界。道教从人的自然层面出发，把长生不死、得道成仙作为其追求的最高目的。佛教则倡缘起性空，主张以般若之智，悟无上正等正觉，了却生死，求得解脱。三者即使有冲突，也是出于实际利益需要和理论发展的要求，与其互融性相比，占次要地位。正是三者之间有冲突，才需要发展，在冲突中互融，在互融中冲突，这成为三者关系过去、现在、未来的发展走向。

其二，心性论是儒道佛互补互融的核心。这也是宋代以来许多"三教归一"论者的主要理论依据。儒佛二家的心性论最为突出。儒家的伦理道德学说，其思想基础就是心性论，如讲仁爱之心、忠心、孝心、诚心等。其

---

① 《老子·第二十五章》。

② 李泽厚：《庄玄禅宗漫述》，载《中国古代思想史论》，天津社会科学出版社 2004 年版，第 168—187 页。

实，儒家倡导的德治之精神实质就是"心治"，即以德服人、以心服人，让人心悦诚服。儒家讲"修齐治平"，以修身为基础，修身即修心。"内圣外王"之内圣，也即要从内心修成圣人之德。儒家追求的修身养性，也就是修心养性，正如孟子所言："仁，人心也。"[①]"仁"要有"不忍人之心""恻隐之心"，这揭示了儒家学说核心"仁"即"人心"的本质所在。[②]

佛教本是心性论者，正如程颐所谓"圣人本天，释氏本心"；[③]佛教"事外无心，心外无事"。[④]唐朝禅师延寿比较集中地论述了佛教的心性论："三界唯是一心。……若了一心之旨，心外自然无法可陈。……一切境界，唯心妄动，心若不起，一切境界相灭，唯一真心，遍一切处，是故三界虚伪，唯心所作。……先德云：心外有法，生死轮回。心外无法，生死永弃。"[⑤]可见，佛教的中心无非就是：心即一切，心是唯一的，心外无物，把心强调到绝对高度，揭示了佛学即是慰藉心灵之学、佛性即佛之心性的本质。[⑥]

儒道佛三教中，尽管道家的心性论相对比较薄弱，但它也讲心性。老子主张"自然"心性，庄子强调"游心"的心性自由。他们追求一种自然、自由、适宜、和谐的精神生活，这实质上是高境界的心性论。有学者认为道家有系统的心性论，道家心性论是与儒家心性论、佛家心性论迥然相异的中国心性论的第三种形态。它与儒家的第一种形态、佛家的第二种形态相比，具有自己的鲜明特色。[⑦]由此可见，心性论成为三教合一的哲学基础。三教虽然不相同，但在心性论上却有其相通性。

值得强调的是，有些学者将宋儒的本心视为佛教的本性或真如、将宋儒的明心等同于佛教的见性。[⑧]那么，应如何理解宋明理学对佛家心性论的

① 《孟子·告子上》。

② 吕明灼：《儒佛道"三教一家"的奥秘》，《孔子研究》2008年第3期，第69—76页。

③ 《二程遗书》卷二十。

④ 《二程遗书》卷十九。

⑤ 延寿：《惊世》，载《中国思想家宝库》，中国广播电视出版社1991年版，第158页。

⑥ 吕明灼：《儒佛道"三教一家"的奥秘》，《孔子研究》2008年第3期，第69—76页。

⑦ 罗安宪：《中国心性论第三种形态：道家心性论》，《人文杂志》2006年第1期，第56—60页。

⑧ 关于这方面的观点，还可参阅赖永海《中国佛教文化论》第四章，中国青年出版社1999年版；崔大华《南宋陆学》，中国社会科学出版社1984年版，第23—56页。

"吸收"呢？其实，心性论本是儒家的看家法宝，孔子虽然没有具体讨论心性论，但一句"性相近、习相远"足以成为儒家心性学说的滥觞。宋明儒家心性论是此前儒家心性思想的继承和发展。正如梁启超所说：

> 佛法输入之后，一半由儒家的自卫，一半由时代人心的要求，总觉得要把孔门学说找补些玄学的作料才能满足。于是从"七十子后学者所记"的《礼记》里头抬出《大学》《中庸》两篇出来，再加上含有神秘性的《易经》作为根据，来和印度思想对抗。"道学"最主要的精神实在于此。所以在"道学"总旗帜底下，虽然有吕伯恭、朱晦庵、陈龙川各派，不专以谈玄为主，然而大势所趋，总是倾向到明心见性一路，结果自然要像陆子静、王阳明的讲法，才能彻底地成一片段。所以到明的中叶，姚江（王阳明）学派，奋袭全国，和佛门的禅宗，混为一家。①

梁启超这段话实际上是对儒佛关系的总体概括：宋明理学受佛教刺激而生，故是外因；宋明理学的基本内容包括本体论（玄学）、修养方法和心性论等都来自先秦诸子经籍。

就心性论的内容而言，宋明理学家的心性论与佛家心性论是不同的。在理学家看来，性即理即仁，在佛家那里，性即空即无；在宋明儒家那里，性由情显，在佛家那里，绝情存性；在宋明儒家那里，性是实理实事，在佛家那里，性是梦幻泡影。② 学者崔大华指出："陆九渊心学和禅宗在根本精神上是不同的，就是禅宗的'心'（或性或理）的内容是不同的，概言之，禅宗的心性是一种无任何规定性的、无善无恶的、本然的存在（禅宗名之曰'空'），而陆九渊的心性是一种具有伦理道德内容的、本质是善的、具体的存在（他名之曰'理'）。"③ 这个论断也是适用于整个宋明新儒学心性论与佛

---

① 梁启超：《中国近三百年学术史》，东方出版社 1996 年版，第 3 页。
② 李承贵：《宋明新儒学"儒佛合一"说之检讨——兼论思想的兼容与创新》，《天津社会科学》2005 年第 3 期，第 11—17 页。
③ 崔大华：《南宋陆学》，中国社会科学出版社 1984 年版，第 57 页。

教心性论关系的。

事实上，儒道佛都能遵循"和而不同"的原则，在心性论上有一致之处，又能够相互取长补短。当然，儒学对佛教思想的吸纳，也主要是心性学方面。儒学经过与佛教的长期交融，在心学方面取得了相当的一致性。儒学由于吸收了佛教的心性学思想，使其本有的心性学有了很大的发展与提升。

其三，本体论上的儒道佛互补共融。佛学对宋明理学本体论的影响问题，历来受到学术界的关注。学者大多从佛学思想的角度来考察佛学对宋明理学本体论的影响问题，如中国现代哲学家张岱年说："宋明理学接受了佛、老的一些影响，这是事实。理学家在建立本体论之时，参照了佛老的学说，有所择取，有所批判。"① 但学者李承贵认为，如果说宋明新儒学受到佛教本体论的刺激和启示是可以的，但以本体论思维推言"儒佛合一"则是缺乏根据的。②

那么，儒家传统哲学中是否存有本体论思想呢？可谓见仁见智。儒家重视天人关系，儒家的思维方式就是"天道——地道——人道"，毋庸置疑，儒家存在着以天人关系为基础的本体论思想，这种本体论以达到天人合一为至高目标。先秦儒家典籍，如《中庸》《易传》等具有传统的本体论思想。《中庸》基本范畴是"诚"，"诚"是一切万物的根源和最终归宿。以"诚"为本，万物为用，以追求至高的诚，达到天人合一为终极目标，这便是《中庸》本体论的基本内容。《易传》则为传统儒学提供了另外一种本体论，"易有太极，是生两仪，两仪生四象，四象生八卦"。《易传》中的"太极"本体论对于宋明理学有着重要的意义。《易传》还提出理、性、命三个范畴，成为宋明儒家建立其本体论思想体系的重要来源。总之，《中庸》《易传》为代表的本体论思想虽然存在着种种不足，但确实是宋明理学本体论重要的思想渊源之一。

当然，儒家自身存在着本体论思想传统，但也不能因此否认佛学对宋

---

① 张岱年：《论宋明理学的基本性质》，《哲学研究》1981年第9期，第24—30页。
② 李承贵：《宋明新儒学"儒佛合一"说之检讨——兼论思想的兼容与创新》，《天津社会科学》2005年第3期，第11—17页。

明理学本体论的重要影响。就本体论而言，佛学对宋明理学的重要影响就在于儒学本体论的重构上。这种重构主要体现为促使儒学本体论的进一步理论化、系统化，自觉地建构起较为完整的哲学思想体系。

其四，修养方法上的儒道佛互补互融。虽然儒家伦理道德思想中，并不缺乏修养思想、修养方法、修养智慧，但还是有一些学者仍然热衷于宣称儒家的修养方法取自佛家。如张岱年说："理学吸取了道教和佛教的一些修养方法，如周敦颐讲'主静无欲'，二程经常静坐。"[1] 任继愈说："儒教中无论程朱派还是陆王派，都吸收了佛教的禅定方法，他们提倡的'主敬'、'慎独'，都无异坐禅。像朱熹即教人半日静坐，半日读书。"[2] 按照这些说法，宋明儒吸取了禅宗的坐禅、慎独、无欲等修养方法。至于宋明理学对禅宗修养方法的吸取，能否成为"宋明理学是儒佛合一"的根据呢？有的学者之回答是否定的。[3]

事实上，宋明时期的儒道佛之间融合，理学这种新儒学的产生，既体现了思想的兼容，也体现了思想的创新。[4] 三教遵循"和而不同"的原则，互相吸收精华而不断发展。其实，无论是心性论、本体论，还是人生境界、修养等方面，儒学都有其思想传统。有鉴于此，我们不能夸大这时期"儒佛合一"中所谓儒学对佛教的吸收。

就宋代儒道佛关系的特点而言，主要体现为以下几点：

其一，儒学复兴，凸显其主体地位，儒道佛三者关系以儒为本。宋代儒学适应强化中央集权的需要，其强调忠孝的政治伦理学说，彰显出对社会现实的强烈关注，儒学又变成了社会的主流意识形态。宋元时期，统治者对儒道佛的政策是三教并重，但以儒学为主，确立儒学的正统地位，并对处于从属地位的佛、道二教既利用又控制。儒家一方面居高临下地贬低佛道，对

[1]　张岱年：《论宋明理学的基本性质》，《哲学研究》1981年第9期，第24—30页。
[2]　任继愈：《儒教的再评价》，《社会科学战线》1982年第2期，第1—6页。
[3]　李承贵：《宋明新儒学"儒佛合一"说之检讨——兼论思想的兼容与创新》，《天津社会科学》2005年第3期，第11—17页。
[4]　李承贵：《宋明新儒学"儒佛合一"说之检讨——兼论思想的兼容与创新》，《天津社会科学》2005年第3期，第11—17页。

佛道进行批判，另一方面又吸取佛道思想的精华来恢复与发展儒学，使新儒学在以传统儒学伦理思想为核心的基础上，兼综各家学说，融儒道佛三教为一体而形成了内涵丰富的思想体系，从而使其在众多思想流派中占有明显优势，成就了其主体地位的回归。①

其二，三教合一推动了儒道佛理论向深度发展。宋代三教合一推动了理学的形成，道教内丹心性理论发展成熟，佛教内倡禅教合一②外主三教融合，"心性"问题成为三教实现理论上高度融合的契合点。在三教合一的背景下，儒家凭借其在中华民族的心理习惯、思维方式、宗法伦理等方面根深蒂固的影响，以及王道政治与宗法制度的优势，自觉或不自觉地、暗地里或公开地把佛、道二教的思维模式和有关思想内容纳入到自己的学说体系中，经过唐朝五代之酝酿孕育，至宋明时期终于吞并了佛、道二教，建立了一个冶儒、释、道三教于一炉，以心性义理为纲骨的理学体系。③

其三，关系缓和，互融互摄成为儒道佛三教关系的基调。儒道佛三教关系从魏晋到隋唐一直伴随着激烈的冲突，相互争斗。到了宋朝，由于统治者实行三教并重的政策，并调和儒道佛关系，因而三者关系更为融洽。虽然宋代儒者也有强烈的反佛老情绪，但他们也清醒地认识到吸收佛道理论对重振儒学的重要意义，故而体现出明里排斥佛老而暗中融通三教。实际上，这一时期的道佛二教都是主动向儒学靠拢，因而其与儒学之间尚未发生直接的矛盾冲突。而终宋一朝，道、佛二教之间没有明显的冲突，是相安无事的。

（2）朱熹对理学的集大成发展

朱熹（1130—1200）是理学的集大成者④，其思想体系在中国思想史上是以"致广大，尽精微，综罗百代"著称，与程颢、程颐等共创的理学史称"程朱理学"。其学术思想，在元明清三代，一直是官方哲学，标志着封建社

---

① 杨军：《宋元三教融合与道教发展研究》，巴蜀书社 2009 年版，第 69—72 页。

② 指禅宗各派和教门各派的融合和统一，实际上代表佛教内部的统一。

③ 赖永海：《中国佛教文化论》，中国青年出版社 1999 年版，第 158 页。

④ 关于朱熹思想的综合研究，可以参考张立文《朱熹思想研究》，中国社会科学出版社 1981 年版；陈来《朱熹哲学研究》，中国社会科学出版社 1993 年版；金春峰《朱熹哲学思想》，台北东大图书公司 1998 年版等专门研究著作。

会意识形态的更趋完备。朱熹理学可谓继孔子之后在中国思想界影响七八百年之久的正统学说，远涉海外，影响世界。

作为集理学之大成的朱熹理学，主要吸收、总结了周敦颐理学、张载气学、邵雍象数学、二程理学的成就。朱熹理学思想体系主要由三部分构成：理气论、心统性情论、格物致知论。

其一，理气论。朱子之"理"的含义非常丰富，涉及形上学、自然界的诸现象之所以然、自然界的因果法则、历史演变法则、道德人伦之理，等等。他明确将"理"的哲学范畴属性分成了形上学的存在之理及伦理学上的应然之理。其《四书或问·大学或问》第一章云："至于天下之物，则必各有所以然之故，与其所当然之则，所谓理也。""所以然之故"指物物所以存在的形上理据；而"所当然之则"之"当然"则具有价值意义，即人文精神世界中生为有灵性自觉、有人格尊严的人，所应该无条件抉择人之为人所应为所当作的言行。正如《朱子语类》卷18所言：

> 或问："理之不容已者如何？"曰：理之所当为者，自不容已。孟子最发明此处。
>
> 如曰："孩提之童，无不知爱其亲；及其长也，无不知敬其兄。"自是有住不得处。

"不容已""有住不得处"，就强调了人与生俱有的道德本性之理，有境遇感通之自动自发性，具有创发道德言行、成就人伦美德的本能。

如果说，"理"是朱子的哲学本体，属于形上的存有范畴，永恒与不变，构成事物之本质与形式因；那么，"气"则是他的现象存在，具有形而下的形质特征，具有个别性、个别物之分殊性，为事物具体的形构因。"理也者，形而上之道也，生物之本也；气也者，形而下之器也，生物之具也。"理是"生物之本"，气是"生物之具"。如果从形上学的观点来追问其先后，则是理先气后，"是以人物之生，必禀此理，然后有性，必禀此气，然后有形"①。

---

① （南宋）朱熹：《晦庵先生朱文公文集》卷五十八，四部丛刊本。

由于朱子赋予"理"以本体地位，因而在谈理气关系时，他自然会将理视为第一性的，在他看来，理气决然为二物，因与果在本性上有区别，不可混同。

当面对现象世界，探讨具体事物时，朱子则认为理气是一体而不可分的。因为理的存在，气才得以积聚；但要有了气在，才能认识到理，即"才有此理，便有此气"①。在朱子看来，理和气是无法分开的，理气一体浑成，不是对立两体。

理是本，具体之物有毁灭，而理却无生无灭，因而先有此理，才会有物。理气结合，才有了品物的流行、万物的化生。世界只有一个理，而万物众多。那么，理如何体现在每一品物上呢？朱熹用"理一分殊"来说明这一现象。他注意到，鸟儿不能游泳，鱼儿不会飞翔，桌子不能当砖头用，车子不能在水里行，各种药物性能也各自不同，如此等等。朱熹认为，它们各自的"理"不同，这是"分殊"；但这不同的理，又都是根源于一个理，因而是"理一分殊"。

朱熹作为理学集大成者，在前人基础上，构建了一个以"理"为最高哲学范畴的客观唯心主义体系。这个体系蕴藏着诸多有价值的创造与贡献，其中尤以理气论最为集中与突出。正如钱穆先生所言："朱子理气一体的宇宙观，实是一项创见，前所未有。"②

其二，心性论③。理气论落实到人生界就是心性论。朱熹所谓"心"④，既是形而下者，即知觉运动之心，又是形而上者，即超越的本体之心，这所

---

① （南宋）黎靖德汇编：《朱子语类》卷六十五，文渊阁四库全书本。

② 钱穆：《钱穆先生全集·朱子新学案》之"朱子论理气"，九州出版社 2011 年版。

③ 关于朱熹的心与性关系问题，可主要参见蔡方鹿《朱熹"心统性情"说新论》，《孔子研究》1991 年 4 期，第 74—78 页；孙利《朱熹从"中和旧说"到"中和新说"的思想演变》，《湘潭大学社会科学学报》（哲社版）2002 年第 4 期，第 37—39 页等文章。

④ 关于"心"的内涵，学者见仁见智有诸多解读。张艳清从超越的、本体的意义上来理解朱熹所谓"心"，并由此解释了"心与理一"；马育良把"心"解读为一种"有限心"，即人生理上实有的心。"心"不是道德上的心，而是一种认识上的心。分别参见张艳清《本体与境界——朱熹的"心与理一"》，《北方工业大学学报》（社科版）2003 年第 4 期，第 37—41 页；马育良《朱熹理学世界中的性情论》，《合肥学院学报》（社科版）2003 年第 3 期，第 30—37 页。

谓本体之心，就是理，就是性。朱熹以心之体用分形上与形下，因而分出性情，即所谓"心统性情"，而"心有体用"指"未发之前是心之体，已发之际是心之用"①。这个未发之前的心体，就是"寂然不动"的性本体。"已发之际"是性的发现或作用，即"感而遂通"之情。性是形而上者，故无形体可见，情是形而下者，故表现于外而可见。性情是指道德理性、道德情感而言。朱熹对于"心统性情"的说法是："恻隐、羞恶、辞让、是非，情也；仁、义、礼、智，性也，心统性情者也。"② 所谓"心有体用"的"体"不是实体、形体，而是本体；"用"则是本体的作用、发现。心体即形而上之性，心用即形而下之情，这就是"心兼体用""心统性情"的真实含义。

心统性情为理欲之辨开启了方向。天理是人正常的要求，人欲也是人所本有，"人欲便也是天理里面作出来，虽是人欲，人欲中自有天理"；"饮食者，天理也；要求美味，人欲也"③。"天理"与"人欲"是相对的，正常的合理的"人欲"就是"天理"，过分的甚至罪恶的"人欲"就是要灭的。人欲虽有天理的成分在，却也有过度的要求。有鉴于此，"天理人欲常相对"，人应当向圣贤的方向努力，"圣贤千言万语，只是教人明天理灭人欲"。④ 理学实际上是一门教导如何做人的哲学，"存天理、灭人欲"可谓宋明理学做人哲学的经典总结。"存天理"就是存善，追寻天理，循道而行；"灭人欲"就是去恶，克己省身，修身养性。概而言之，"存天理"即向善，"灭人欲"即去恶。"存天理，灭人欲"属于心性修炼，就是希望学者能格物穷理，正心修身，成为一个内外兼修，才德具备杰出的人。

其三，格物致知论。格物致知论是传统儒家思想中的一个重要概念，源于《大学》八目：格物、致知、诚意、正心、修身、齐家、治国、平天下。对此朱熹专门写《补〈大学〉格物致知传》，提出格物致知，即物穷理的认识论纲要。他认为"此一书之间要紧只在格物两字上认得""本领全只

---

① 《朱子语类》卷五。
② 《四书章句集注·孟子章句集注·公孙丑上》。
③ 《朱子语类》卷十三。
④ 《朱子语类》卷六十五。

在这两字上"①。足见"格物"在朱熹思想中的重要地位。

"格物"就是即物、穷理、至极之义。格物目的是穷理，格物方法是即物，格物要求是至极。穷理的"理"是指物之理，与物的含义相对应，朱子之"理"分为"分理"与"性理"。分理指具体事物的规律、本质；性理指事物内部所禀得的天理，即仁义礼智之性。②朱子格物之目的就是这个"性理"。格物包括三个要点，即"即物""穷理""至极"。物是可见的"人伦日用"，穷理须从实处开始，因而格物须从即物开始。朱熹的格物致知模式就是"博学—积累—贯通—推类"。

"致知"的所谓"知""犹识也"，③朱子的"知"包括知识的知与道德的识两部分。"知"是一个含义广泛的概念，朱子更注重知识的道德内涵，他称之为"吾之知识"。这点被明代王阳明具体发挥为"良知"。"致，推极也"。④所谓"推极"是"推出去"之义，指从某处推至另一处了。这就是由外物之理推至吾心之理，由积累"万殊"贯通为"理一"。

朱子认为格物致知包括几个方面的内容，即穷天理，明人伦，讲圣言，通世故，意思是完全做到仁、义、礼、智，明白人与人之间的关系，遵循圣人的言行，通晓人情世故。足见格物致知是一个非常高的境界。

总之，朱熹建立了以"天理"为核心的唯心主义理学体系，认为天理就是万物的本源。他将天理与伦理道德直接联系起来，发挥了儒家"仁"的学说，认为有了"仁"，也就有了义、礼、智、信，这就是天理的反应。从中国儒学思想史角度看，朱熹在理学的诠释、整理、重建工作中，充实丰富了北宋理学先贤，尤其是周敦颐、二程为代表开创的本体论与心性论学说，建构了儒学前所未有的形上学体系与文本体系，极大地发挥了儒学的教化功能。

(3) 王阳明心学

王阳明（1472—1529），名守仁，字伯安，浙江余姚人，曾筑室会稽阳明洞，故世称阳明先生。王阳明的一生颇具传奇色彩。古人将"立德、立

---

① 《朱子语类》卷十四。

② 陈来：《朱熹哲学研究》，中国社会科学出版社 1993 年版，第 45 页。

③ 《四书章句集解·大学章句》。

④ 《四书章句集解·大学章句》。

言、立功"视为可彪炳史册的"三不朽"事业，王阳明则是中国古代少有的将这三者合于一身的儒家代表人物。

王阳明的学术生涯，是从学习朱子的格物之说开始的。他曾经连续七日去"穷格"官署里的竹子，"劳思致疾"，大病一场，却没格出结果，于是感叹圣贤太难做了。因此他对朱子学产生了怀疑，转向了陆九渊的心学。而陆九渊并没用过"心学"一词，是王阳明用起来的。

王阳明在继承思孟学派的"尽心""良知"和陆九渊的"心即理"等学说的基础上，批判吸收了朱熹那种超感性现实的先验范畴的"理"为本体学说，创立了阳明心学。王阳明是心学集大成者，阳明心学既是对陆九渊心学的继承、发扬，同时也可视为对朱陆学说的综合。王阳明心学体系庞大，主要有三个方面。

其一，心即理。王阳明继承了陆九渊的心学思想，进一步提出了"心即理"的主张。王阳明的讲学语录汇编《传习录》三卷，作为其学术思想的代表作，反映了他的很多重要学术观点。如"心即理也，天下又有心外之事、心外之理乎？"①"夫物理不外于吾心，外吾心而求物理，无物理矣。遗物理而求吾心，吾心又何物也？"②这就是说心是主宰，一切行动都是心支配。他认为"心"是无所不包的，物、事、理、义、善、学等都不在"吾心"之外，亦即"心即理"。王阳明的"心即理"把"心"当作本原，倡导以自己的"心"来判断"理"，一切从"吾心"出发，万事万物皆由我心判断，以"吾心"作为判断是非的标准。

对于"心即理"，王阳明解释道："我说个心即理，要让人们知道心和理只是一个，就来心上做功夫，不去寻求表面上符合天理。"③其所谓"理"就是心之条理，发之于亲则为孝，发之于君则为忠，发之于朋友则为信，可见"理"就是儒家伦理。由此，王阳明还把理等同于礼，作为儒家伦理具体体现的礼，也就是理，或者天理。王阳明的"心即理"是要用所谓人心固有的"天理"来取代客观"天理"，合人性与天理为一，以达到物理与吾心的

① 《传习录》卷上《徐爱录——心即是理》。
② 《传习录》卷中《答顾东桥书》。
③ 《传习录》卷下《一草一木皆有理》。

统一，并以"心即性"与"性即理"对此加以论证，从而构成其实践道德说的基本内容之一。

王阳明主张人要立志，要"收放心"。一个人持志不动，这是人心向上的最好状态。人心是浮荡与浮躁的，受声色犬马的诱惑，东追西逐，不知所至。因而他强调要将放出去的心收回来。"收放心"要求心灵的回归，要坚持自己的理想和信念，让这颗心回到它本来的位置，一旦偏倚，应立刻纠偏。

由上可见，王阳明的"心即理"说，其实是一种强调人的主体意识能动性的理论，这个命题直接产生的积极意义便是崇尚个人意识、个性解放，不能简单地称其为主观唯心论。

其二，"致良知"说。"致良知"说是王阳明心学体系的主题或核心。"致良知"是他晚年提出的，这综合了其一生对心学的思考。每个人都有良知，良知是人本心的表现，良知是人内心的光明与良善；通过良知人自发而本能地知道何为是、非、善、恶；就本性而言，人人都是圣人；至于在实际人生中，许多人成不了圣人，是因为他们受到私欲的蒙蔽；人要想成为圣人，就要遵从他内心良知的指引去勇敢地实践出来，即所谓"知行合一"。这正如王阳明所说："天地虽大，但有一念向善，心存良知，虽凡夫俗子，皆可为圣贤。"

心学家以良知作为人性本善的证明，以良知蒙蔽或污染作为后天之恶的来源，以发明本心或致良知作为复心的具体方式。"良知"源于《孟子》尽心，"致知"来自《大学》"致知在格物"。王阳明将孟子的良知和《大学》的致知结合起来，用"良知"解释"致知"，提出将"格物"的工夫归于心之本体的致良知学说。

阳明心学是"良知"本体论。其"良知"本休论主要有两层含义：一是"良知"既是主观的，又是客观的，是统一主观与客观的认识主体。如"吾心之良知，即所谓天理也"；①"良知是天理之昭明灵觉处，故良知即是天理"。②

---

① 《传习录》卷中《答顾东桥书》。
② 《传习录》卷中《答欧阳崇一》。

二是"良知"既是"知是知非"的"知识心"，又是"知善知恶"的"道德心"，但主要指道德心。如"良知只是个是非之心，是非只是个好恶。只好恶就尽了是非，只是非就尽了万事万变"；[①]"良知只是一个天理自然明觉发见处，只是一个真诚恻怛，便是他本体"。这里所谓"是非""好恶""真诚""恻怛"，实际就是孟子所谓"四端"之心，在根本上是一个"仁心"，这"仁心"便是"良知"，这"良知"便是"天理"。良知作为天理是人内在的道德、理性凝聚，是人本质存在的终极本体。这样，无论圣凡，只要把握自己的先天至善本质，作为善去恶的工夫，以去除蒙蔽在先天良知上的蔽障，都可以达到致良知的修养境界。

在"致良知"的过程中，王阳明强调认识主体生命意志和情感投入。"致良知"是主体澄静体悟的情感心灵活动。"人若复得""良知"，"完完全全，无少亏欠，自不觉手舞足蹈，不知天地间更有何乐可代"，获得与天地万物同体并一气漳通的超然自乐的人生境界。在这种境界中，主体人格精神获得了高扬，个体的生命存在价值得到了肯定，人的心灵被提升为与天地同体无古今的永恒。而这正是生命的体验过程。足见阳明心学是一种体验哲学。

其三，知行合一。知是指良知，行是指人的实践，王阳明主张知与行的合一。中国古代哲学家认为，不仅要认识（"知"），尤其应当实践（"行"），只有把"知""行"统一起来，才能称得上"善"。致良知，知行合一，是阳明心学的核心。先有致良知，而后有知行合一。

宋儒多主"知先行后"，王阳明以心即理的思想为根底，强调知与行合一，但对于知的解释，却不同于朱熹。他从心学的立场上给予解说，对知行合一有精辟的论述：

> 知是行的主意，行是知的工夫；知是行之始，行是知之成。
> 知者行之始，行者知之成。圣学只一个工夫，知行不可分作两事。
> 今人学问，只因知行分作两件，故有一念发动，虽是不善，然却

---

① 《传习录》卷中《答欧阳崇一》。

未尝行，便不去禁止。我今说个知行合一，正要人晓得一念发动处，便即是行了。发动处有不善，就将这不善的念克倒了。须要彻根彻底，不使那一念不善潜伏在胸中。此是我立言宗旨。①

由此可见，王阳明的"知行合一"说有三个要点：一是知行只是一个工夫，不能割裂。而所谓"工夫"，就是认知与实践的过程。二是知行关系是辩证的统一。知是行的出发点，是指导行的，而真正的"知"不但能"行"，且是已在"行"了；行是知之归宿，是实现知的，而真切笃实的"行"已自有明觉精察的"知"在起作用了。三是知行工夫中"行"之根本目的，是要彻底克服"不善的念"而达于至善，这实质上是个道德修养与实践的过程。王阳明把"一念发动"的促使行为的意识，纳入道德实践的范围，道德修养从道德行为本身扩大到道德意识，这无疑是道德主义发展到极致的体现。

综上，王阳明心学高扬了人的主体性，具有极端的道德价值本位立场和强烈的唯意志论色彩，这极大地推动着人们去实现自身价值。由于阳明心学更简易可行，在明中后期，就形成一股强大的社会风潮，影响所及，几无其匹。王阳明在后世产生了经久不衰的影响，他是中国近世启蒙思想的先导。②

（4）理学的主要特点与影响

就理学的特点而言，主要有以下几点：

其一，理学是融合佛老的儒学。宋明理学作为儒学发展的一个阶段，它带有明显的融合佛老的特点。宋明理学的融合佛老表现为三个方面：其一是借鉴吸收佛道二教的宇宙观和本体论，建构儒家的哲学理论基础；其二是借鉴佛老传法的法统，创立儒家学说的传道体系，即儒家的"道统"；其三则是把佛老的禁欲主义说教吸收进来，把它作为理学的一个基本思想，提出了"存天理，灭人欲"的道德论主张。宋明理学家们虽然对佛老都进行了批

---

① （明）王阳明：《语录三》，《王阳明全集》卷3，上海古籍出版社2011年版，第109—110页。

② 王建宏：《王阳明思想再评价——以成圣之道为中心的考察》，博士学位论文，西北大学，2009年，第98页。

判，但佛教在当时对儒家学者的影响要远远超过道教，故儒家理论斗争的重点也是佛教而不是道教。同时，由于道教的哲学基础——老庄的理论自魏晋以来已在相当程度上为儒家所吸取，而后来作为宗教的道教理论又往往受佛教的影响和启发而形成，所以，所谓儒道佛三教合一，其实最主要的就是本土儒学和外来佛学的融合问题。

其二，理学注重性理的探讨。理学注重义理，认为气、天、心、性、礼、乐、孝、悌、中庸、诚、敬等范畴，各有各的义理。在这众多的范畴中，宋儒认为"性"是其中最关键的一个范畴。要了解、认识事物，其关键就是要把握事物的本性。事物是由气构成的，其本性也是在形成过程中由自然之天赋予的。人要认识、把握事物的本性，就须充分发挥心识（这也是天所赋予人的本性）的作用。理学家还将"性"分为物之性与人之性，人性又分天地之性与气质之性。他们在研讨物之性的基础上，更多地关注人性问题，以至于把"性"作为众多范畴中的关键范畴，甚至将之提高到与"理"等同的地位。

其三，以伦理道德为核心，为封建纲常伦理提供精致的理论基础，使儒家人生哲学进一步系统化。如朱熹说："未有君臣之先，已先有君臣之理；未有父子之先，已先有父子之理。"① 理学家从顺乎自然的角度论证了纲常的必要性。理学家还将孔子关于做人，立己立人原则，从义理上发挥到极致。陆九渊强调"发明本心"，一个人一字不识仍可堂堂正正做个人，强调心的主要功能在于能明大义，明义之后就要付诸实践并予以坚持以达到圣人的境界。

其四，理学具有丰富而高级的辩证法思想，是思辨化的儒学。中国古代的朴素辩证法思想主要表现在《老子》《周易》两书中。理学家们的辩证法思想，也多是通过对这二书的注释研究后加以发挥的。如张载、程颐分析了事物变与化的不同，相互联系的思想；张载对"一物两体"的论述，二程主张"理必有对待，生生之本也"，直接将事物的对立统一与生死联结在一起。理学家关于辩证思维方法的论述和运用，并不局限于此，从总体上达到

_____

① 《朱子语类》卷九十五。

了前所未有的高度，则是不争的事实。这说明理学的理论形态，不再是以直觉思维，而是以理论思维与逻辑思维为主要的形态构架了。

总体而言，宋明理学，无论在学术形式、思想内容、思维方法等方面，都进入了一个全新的阶段，理学成为传统社会后期的统治思想也不是偶然的。理学具有重要的历史地位，产生了一些积极影响。其影响主要有二：一是宋明理学在中国的理论思维发展史上占有重要的地位。其在理论思维上都达到了较高水平，在人类认识史上发挥了重大作用。二是宋明理学在道德修养方面为我们留下了宝贵的财产。理学家讲究操守，强调气节，提倡"舍生取义"精神。他们充分肯定人的价值、尊严，人生的意义，力求达到崇高的精神境界。他们将道德提高为本体，重建了人的哲学。当然，宋明理学作为封建社会后期的统治思想，也有其消极作用。它强化了封建礼教、三纲五常，铸造了束缚人民思想的精神枷锁。

4. 近现代儒学独尊地位的衰落

近代中国，由于西力东侵的文化态势和救亡图存的历史条件，出现了"三千年未有之巨变"局面。作为几千年来深刻影响中华民族的价值取向、行为方式、思维模式的儒家正统思想也面临着巨大的挑战，儒家思想观念也发生着深刻的变化，儒学地位唯我独尊的昔日荣光，成为明日黄花，逐渐失落。

首先，近代的评孔与批孔。中国近代的批儒反孔斗争，是社会大变革在文化思想领域的反映，是西学东渐、中西文化冲突的必然结果，是近代资产阶级文化"革命"、文化重建运动走向深入的标志与重要组成部分。

早在 19 世纪中叶的太平天国时期，就出现过声势浩大的讨孔运动。洪秀全撰《原道醒世训》等革命文章批孔，以便发动革命。金田起义后，太平军所到之处，烧孔庙，拆宗祠，将"四书""五经"宣布为"妖书邪说"，掀起了"敢将孔孟横称妖，经史文章尽日烧"的群众性反孔热潮。废除的孔庙被用来宰牛或养马；劈坏的孔子牌位被丢到马粪堆里；火烧、水浸的儒家经典被丢到粪坑里去；"四书""五经"不再被用于科举考试的出题。太平天国反孔运动规模宏大，可谓中国历史上空前的一次反孔群众运动。

20 世纪初期，针对当时的尊孔复古逆流，资产阶级维新派、革命派等先后公开点名批评孔子与儒学，掀起一浪高过一浪的反孔思潮，尤其是经过新文化运动，永远结束了"儒学独尊"的统治地位。

资产阶级维新派的批孔。梁启超拉开了 20 世纪批孔的帷幕，他在戊戌变法失败到 1902 年期间，先后发表了《保教非所以尊孔论》等文，指责孔子"崇古保守之念太重""近于保守无疑矣"，认为孔子根本思想在于尊君，"儒教最缺点者，在专为君说法，而不为民说法"。梁启超首次明确指出了孔子与儒学的弊端及时代局限性，其诸多论点，为后来的批孔者所继承与发展。

资产阶级革命派的批孔。20 世纪初，资产阶级革命派掀起了反孔批孔的浪潮，最著名者当属章太炎。他 1902 年所撰《订孔》中引用日本人远藤隆吉之言："孔子之出于支那，实支那之祸本也。"其《演说录》指出："孔教最大的污点，是使人不脱富贵利禄的思想……所以孔教是断不可用的。"这些言论算是比较尖锐地批孔了。1906 年，章太炎到日本加入同盟会，主编《民报》，与改良派论战，批孔言论也日趋激烈。其《诸子学论说》揭露"儒家之病""儒术之害"，提倡复活先秦诸子之学。章太炎的反孔思想虽不乏精辟见解，但也有偏颇之论。

辛亥革命准备时期，不少革命派与进步人士发表文章，对正统儒学展开全面批判，专门批孔。① 孙中山早在 1897 年初，用英文撰写的《伦敦被难记》指出，"四书""五经"及其注释使中国人"养成其盲从之性"。革命派谴责了儒家一味叫人忠君服从、充当君主的奴隶。这个时期批孔的主要特点是揭露孔子与封建统治的密切关联，把批孔与反清联系起来。

其次，新文化运动的批孔。提到新文化运动，人们自然会想到"打倒孔家店"，这通常又被理解为打倒"传统"与"儒学"。其实，这与当时特殊的历史背景是密不可分的，如果把新文化运动仅仅当作一次反儒学运动，则是一种误解。

尽管新文化运动发表了大量批判传统文化、儒家道德的文章，但这种

① 关于辛亥革命时期资产阶级革命派的批孔问题，可参看李学亭等《辛亥革命时期资产阶级革命派的反孔斗争》，《山东师范大学学报》1975 年第 2 期，第 63—68 页。

"非儒"言论多数是针对当时尊孔复辟的逆流而发,其现实色彩是显而易见的。1912 年 10 月,"孔教会"在上海成立。次年 8 月,孔教会代表陈焕章、严复、夏曾佑、梁启超上书参政两院,提出《请定孔教为国教》请愿书,虽被否决,可 10 月通过的《天坛宪法草案》规定"国民教育,以孔子之道为修身大本"。随后,袁世凯复辟与张勋复辟相继发生。这两度帝制,充分显示了孔教与帝制的密切关系,导致了新文化者的一系列"非儒"言论的出现。

新文化运动中云集着当时中国一流的知识分子,他们志在清算中国所坦露的愚昧与专制,儒学首当其冲成为众矢之的,不破不立,此时"反孔"的积极意义是显而易见的。但就学术而言,反孔派既然把立足点放在破字当头,就不可避免地由民族的当下遭际反观几千年的儒学与传统文化,从而将亘古以来的儒学历史压缩成一个共时的平面,归约成"吃人的礼教"。① 新文化者的"反儒"言论,其目的是破坏礼法、旧伦理、旧习俗,而对儒家的理论层面,如仁、义、心、性等问题则极少认真分析。

尽管新文化者的反孔运动在学术上有偏颇之处,但毋庸置疑,他们真正结束了近代以来儒学认识上的犹豫状态,使人们真正获得了思想上的解放,能够客观地品评儒学。

再次,"文革"批孔。新中国成立之后,曾经在相当长的历史时期内,儒学一直被漠视。在以阶级斗争为纲的思想指导下,孔子作为旧时代的圣人,儒学作为封建性学说,不断受到批判,而且越来越严厉。尊孔就是复旧,崇儒就是倒退。

尤其是 1966 年至 1976 年的"文化大革命"期间,由于极左思潮的泛滥,从破四旧到批林批孔,又演出了一幕批孔闹剧。在破四旧运动中,大量书籍被焚毁,与儒家有关的文物古迹也受到空前的破坏。毫无疑问,这场批孔运动毫无学术性可言,也不是一种反传统文化思潮,只是一场政治斗争,或政治斗争的形式与手段。

总之,从新文化运动"打倒孔家店"至"文革"时期"批林批孔"运

---

① 何平:《儒脉兴衰——从孔夫子到新儒学》,河南人民出版社 1998 年版,第 4 页。

动，儒学经受了前所未有的全方位冲击，但这也从反面说明，孔子及儒学远未被中国人所遗忘。事实上，儒学在中国政治、经济、文化、道德、风俗等领域一直有着诸多印迹，绝不会由于一个阶段的口诛笔伐而烟消云散。这个时期，虽然儒学丧失了独尊地位，但并未徒成旧梦，现代新儒家就极力护卫与膜拜，因而中国儒学的足音未曾成为绝响。

（三）当代儒学的崛起

古往今来，任何思想都不是一成不变的，只有与时俱进加以革新才能生存下来。传统儒学也是经过变革才又重新登上世界思潮之舞台的。针对"激烈的全盘反传统主义"的新文化运动，应运而生的是一股文化保守主义思潮之涌现。这种思潮以现代新儒学为代表，其代表人物称现代新儒家，其理论纲领是返本开新、内圣开出新外王。除了现代新儒学的兴起与传播，中国自从改革开放以来，围绕传统文化与现代化关系的研究而出现了"文化热""儒学热"，亦在世界范围内掀起了研究儒学的新高潮。

1. 现代新儒学的兴起与发展

20 世纪初期，伴随皇权的消失，中国政治与社会发生了天翻地覆的变革，儒家所安排的政治秩序与文化秩序全面崩塌，儒学地位受到了前所未有的冲击，民族自尊心和自信心丧失。正是在这种历史处境下，涌现出梁漱溟、熊十力、冯友兰、贺麟等第一代新儒家。其后又有唐君毅、徐复观、牟宗三等港台新儒家。他们面对西方文化的冲击和挑战以及中国的现代化问题，有感于儒学在现代的衰落，致力于弘扬传统文化之精神价值，发掘和重建民族自信心。

现代新儒家是"产生于本世纪二十年代、至今仍有一定生命力的，以接续儒家'道统'、复兴儒学为己任，以服膺宋明理学（特别是儒家心性之学）为主要特征，力图以儒家学说为本位，来吸纳、融合、会通西学，以寻求中国现代化道路的一个学术思想流派，也可以说是一种文化思潮。"[①] 现代

---

① 方克立：《关于现代新儒家研究的几个问题》，《天津社会科学》1988 年第 4 期，第 18—24 页。

新儒学之所以"新",是相对于孔子创立的儒学和宋明理学而言,其使命是以接续儒家道统、复兴儒学为己任,力图以儒家学说为主体和本位来吸纳、融合西学,寻求中国社会出路的一种文化思潮。现代新儒学是"儒学的第三期发展"。①

第一,现代新儒学的发展演变。② 现代新儒学从产生至今已经近百年的历史了,其发展历程大体可以概括为四个阶段。其一,开创期。从五四新文化运动至 20 世纪 30 年代初,主要代表人物有梁漱溟、张君劢、熊十力等。这阶段的新儒家的主要任务是对五四新文化运动以来的"全盘西化"给予回应,为中国传统文化的现代化寻求出路,力图重建儒学体系。其二,发展期。从 20 世纪 30 年代初到 40 年代末,主要代表人物有冯友兰、贺麟等。在第一代现代新儒家的努力下,到 20 世纪 40 年代,"现代新儒家"等概念已逐渐清晰,儒学的重建工作终于走出了艰难的第一步。其三,成熟期。从 20 世纪 50 年代初到 70 年代末,其理论中心由大陆转移到香港、台湾等地,并且达到了鼎盛阶段,主要代表人物有唐君毅、牟宗三、徐复观等,他们属于第二代现代新儒家。这个阶段,现代新儒家主要是在现代价值取向和思维框架下,对儒学做了现代化的理论阐释。其四,复兴期。从 20 世纪 80 年代始,主要代表人物有杜维明、成中英、刘述先等,他们属于第三代现代新儒家。这些学者大都旅居港台和海外,他们思想更加开放,深入思考传统与现代、人文与科技、全球化与本土化等问题,积极参与全球伦理建设和世界文化对话,在全球文化多元化发展的大背景中,现代新儒家得到了一次新的发展时机。经过几代人的艰苦努力,现代新儒家复活了儒家思想的精神和价值,并且以强烈的使命感与现代意识,担当起重建儒家思想体系的历史任务。

第二,现代新儒家的理论纲领——返本开新。面临国民精神日渐枯竭,传统文化价值体系趋向解体的局面,现代新儒家抱着强烈的民族责任感和对民族文化命运的深深忧虑,坚持弘扬儒家学说的价值,重建儒家"伦理

---

① 现代新儒家第三代重要代表人物杜维明提出"儒学的第三期发展"论说,对探讨儒学在新的历史境遇下如何实现创造性转化、实现与当代社会的互动发展具有启发意义。

② 就现代新儒家的发展演变,刘述先提出了"三代四群"架构的说法,参见刘述先《现代新儒家研究之省察》,载刘述先《儒家哲学研究》,上海古籍出版社 2010 年版。

精神"。

重建儒学，就必然要对传统儒学的思想和内容有所扬弃，这突出表现在现代新儒家所谓"新外王"说上，"新外王"已不是传统儒家讲的"齐家、治国、平天下"，而是指近代意义上的民主与科学。冯友兰曾讲："中国就是旧邦而有新命，新命就是现代化。"① 所谓"现代化"的主要内容是指民主、科学。现代新儒家把现代化问题纳入传统儒家"内圣外王"的思想架构中加以说明，反映了他们在中国现代化问题上的特殊路径，既不同于传统的守旧派，也区别于自由主义的西化派。50 年代后，港台地区新儒家把这一理路概括为"内圣开出新外王"或称之为"返本开新"。②

1958 年元旦，唐君毅、牟宗三、徐复观、张君劢等第二代现代新儒家在香港《民主评论》上联名发表了《中国文化与世界》，全称为《为中国文化敬告世界人士宣言》，副题为《我对中国学术研究及中国文化与世界文化前途之共同认识》，系统阐述了他们对中国文化的过去、现在和未来，以及中西文化关系等问题的基本观点和立场，明确提出了现代新儒家"返本开新"的思想纲领。

"返本开新"之"本"指一种道德观念，一种超时空的价值追求。"新"指适应现代社会发展需要的民主与科学。现代新儒家提出，儒家学术在当代发展的使命就是要开出现代所需要的"新外王"，即科学与民主政治，因而"返本开新"也就是"内圣开出新外王"之道。

现代新儒家"这一思潮和学派坚持本民族的文化传统，弘扬儒学的思想精华，对'五四'以来全盘西化、传播民族虚无主义和形而上学的思想是一种抵制和反批判，有其历史的积极意义"。③ 现代新儒家传承民族文化的命脉，他们突出阐扬儒学的普遍性崇高人道主义和对生命价值的提升。现代新儒家从开始就是为了回应西方文明的挑战，把中国文化放在与西方文化的对比中来凸显儒学的人文价值，重建儒学体系。五四以来，能够像现代新儒家那样，逐渐形成一个独立于政治的高水平的哲学学派，代有传人，著述丰

---

① 冯友兰：《三松堂自序》，三联书店 1984 年版，第 367 页。
② 郑家栋：《当代新儒学史论》，广西教育出版社 1997 年版，第 74 页。
③ 祝瑞开：《当代新儒学》，上海学林出版社 2006 年版，第 28 页。

硕，人才辈出，形成真正的文化运动，影响及于海内外，是极为罕见的。这是现代中国学术史上的盛事，意义深远，它对于中华学术的繁荣具有积极的推动作用。①

2. 当代的儒学热

儒学作为中国传统文化的主体，具有较强的社会适应性，其人文精神、民本精神、道德修养精神等，对于提高人的道德素质，和谐人际关系，鼓励积极进取，培养责任心，稳定社会秩序，能够起到一定的积极作用。自从改革开放以来，儒学重新受到关注，尤其 20 世纪 90 年代以来，中国的现代化进程开始日益意识到文化传承的重要性，凸显出文化认同之大潮，呈现出儒学的复兴之势。

自 20 世纪 80 年代以来，中国学界关注传统文化与现代化关系的研究，出现了"文化热""儒学热"，引起了全世界的广泛关注，促进了世界范围的儒学热。人们似乎很难相信，五四时期曾经备受打击的儒家思想，却被诸多学者认定为"有助于东亚国家的现代化"，风行于 20 世纪后期的中国以及世界。这一方面应归功于东亚工业文明的崛起及现代新儒家的影响，但更为重要的原因却是儒学思想内涵的永久价值与时代意义。

随着儒学现代价值的被肯定，儒学迎来了其发展的辉煌时期。伴随着"儒学热"，从中国海峡两岸到日本、韩国、香港、新加坡以及德、法、美等许多国家和地区，举行了多次有关儒学的学术讨论会，有关儒学的论文、专著犹如雨后春笋竞相刊布。这股全球"儒学热"还在不断地走向高潮。

从 90 年代中后期开始，"国学热"兴起，一股悄然兴起的读经运动从海峡对岸蔓延到了大陆的各个地方。国学热潮骤然升温，官方祭孔也在曲阜孔庙重新举行，而且规格越来越高，给人们带来了期待。私塾、书院、国学院也相继出现。

21 世纪之初，"儒学热"仍没有降温。面对全球化的时代潮流，世界各地的民族文化也渐渐复兴和觉醒。现代"民族国家"观念应是儒家复兴的缘由。毋庸置疑，以儒家文化为主干的中国传统文化，能够把全世界华人联合

---

① 郑家栋、叶烟海主编：《新儒家评论》，中国广播电视出版社 1994 年版，第 44 页。

起来。我们民族国家的命运一定离不开儒学的复兴。贺麟曾指出："民族复兴，本质上是传统文化的复兴，是儒学的复兴。"[①] 重新诠解孔子思想，实现孔子思想与儒家学说的现代转化，建构适应时代需要的新文化成为知识分子的使命。

实际上，儒学是一个复杂的思想体系，其中积极的思想能够推动现代文明的进程，而其消极因素也不容忽视。我们对儒学一定要有一个历史的、具体的分析。在社会现代化的过程中，我们既要继承儒学传统，又不能局限于儒学传统，必须超越这个传统，对儒学进行创新、超越，才能适应现代社会的需要，为中国现代社会文明甚至世界现代文明作出积极的贡献。

二、儒家文化的内涵与特点

在中华文化漫长的发展中，儒学屹立二千余年而不倒，对中华民族精神品格的塑造发挥了不可替代的作用。儒学不仅影响到了中国的政治、社会、经济、文化，而且对中国人的思维方式、道德观念、精神面貌、人生境界等都有深刻的影响。对于儒家文化的内涵，学者们见仁见智。探讨儒家文化的理想追求、根本精神、基本特性，有助于认识其当代价值，从而更好地为当代精神文明建设服务。

（一）儒家文化的理想追求

儒家文化传统，既注重社会现实，具有现实层面，也有其理想追求，具有理想层面。尽管儒家理想层面归根到底以现实的层面为基础，但在很大程度上又突破和超出了现实的层面。综观儒学思想体系，其理想追求主要体现为几个方面。

1. "大同"的社会理想

儒家的社会理想表现为追求完善的崇高的社会目标，天下为公的"大同"社会，是儒家文化传统中的最理想社会或人类社会的最高阶段。儒家的

―――――――――

① 贺麟：《儒家思想的新开展》，《思想与时代》1941 年 8 月。

"大同"社会理想在《礼记·礼运》中被描述为：

> 大道之行也，天下为公。选贤与能，讲信修睦。故人不独亲其亲，不独子其子；使老有所终，壮有所用，幼有所长，矜、寡、孤、独、废、疾者皆有所养。男有分，女有归。货，恶其弃于地也，不必藏于己；力，恶其不出于身也，不必为己。是故闭而不兴，盗窃乱贼而不作，故外户而不闭，是谓大同。

学界对于大同是否属于孔子思想一直存在不同看法。但从思想史的角度来对大同社会本身作出分析，我们完全有理由相信，大同之世堪称是代表了孔子的社会理想。[①] 孔子心向往之的"大同"世界，类似于陶渊明所谓"桃花源"的理想境界。

大同社会的基本特点：全民公有的社会制度，选贤与能的管理体制，讲信修睦的人际关系，人得其所的社会保障，人人为公的社会道德，各尽其力的劳动态度。"天下为公"的"大同"社会，所呈现的是一派安定祥和的气象，人人相亲相爱，是一幅理想化的社会景象。孔子"大同"所赞颂的内容如经济发达、社会文明、生活共同富裕等，并非宣扬复古，而是用托古方法来宣扬自己的社会理想。

与"大同"理想社会相对应，"小康"是只能满足百姓基本需要的社会。其主要特征为《礼记·礼运》所言：

> 今大道既隐，天下为家，各亲其亲，各子其子，货力为己，大人世及以为礼。城郭沟池以为固，礼义以为纪；以正君臣，以笃父子，以睦兄弟，以和夫妇，以设制度，以立田里，以贤勇知，以功为己。故谋用是作，而兵由此起。禹、汤、文、武、成王、周公，由此其选也。此六君子者，未有不谨于礼者也。以著其义，以考其信，著有过，行仁讲让，示民有常。如有不由此者，在埶者去，众以为殃，是谓小康。

---

① 李翔海：《生生和谐——重读孔子》，四川人民出版社1997年版，第88页。

"小康"社会是孔子主张的较低的政治目标。小康社会，"天下为公"变成"天下为家"了。在天下为家的总原则下，一切社会现象都与大同世界相反。人们各亲其亲，各子其子，货为己藏，力为己出，没有人人为公的社会道德，也没有各尽其力的劳动态度。出现了财产私有，君主世袭。与这种贫富不均、贵贱不等相适应，产生了一系列的典章制度、伦理道德，来规范君臣、父子、兄弟、夫妇等人伦关系。这种社会显然没有"大同"世界完美，但是有正常秩序，有礼、仁、信、义等伦理道德，所以称为小康。

孔子的"大同""小康"社会理想对中国后世影响深远。后来不同历史时期，不同阶段的思想家提出不同内容的憧憬蓝图和奋斗目标，这种思想对进步思想家、改革家也有一定启发。近代维新派领袖康有为撰写了《大同书》，民主革命的先行者孙中山也以大同理想鼓舞中国的革命者，把实现"世界大同"宣扬为自己的最终理想。此外，马克思主义的社会主义、共产主义思想，无疑也是在继承了包括"天下为公"在内的人类一切优秀思想文化成果的基础上提出来的。大同思想在儒学的长期熏陶下，已经成为中国人对理想社会的共识。

2."为政以德"的政治主张

"为政以德"是儒家"治道"的基本理念。儒家"治道"讲求的是通过德治而使整个社会达到理想境地，儒家不仅主张统治者要德治、仁政，而且十分重视为政者的道德修养，认为衡量一个领导者是否合格的根本标志，就在于其是否具有优良品德。倡导"为政以德"是儒学的一大传统，其中内含着中国传统行政伦理思想的精髓。

"为政以德"是孔子提出的，"为政以德，譬如北辰，居其所而众星共之"。[①] 针对春秋时期的列国混战，"礼乐崩坏，天下无道"的社会情况，为变天下无道为天下有道，孔子提出了"为政以德"的政治思想，倡导"以德服人"的治国方略，试图为统治者开辟一条治国平天下的政治路线。

儒家强调德治的安邦定国功能。孔子继承并发展了周代德治传统，从修己以安人、修己以安百姓出发，反复申说德治是一种安邦定国之术。孟子

---

① 《论语·为政》。

还认为当权者必须以善养人，因为"以善服人者，未有能服人者也；以善养人，然能服天下。天下不心服而王者，未之有也"。① 儒家倡导"以德服人"的治国方略，认为"以力服人者，非心服也……以德服人者，心悦而诚服也"。② 综观儒家的德治思想主要包括几个方面。

第一，为政者的道德修养与自觉。为政者的言行对社会大众起着示范作用，"政者，正也。子帅以正，孰敢不正？"③ "君子之德风，小人之德草，草上之风，必偃。"④ 君子的道德追求具有强烈的感化力量，为政治国不外以德化民。儒家强调统治者要自我约束，要重视自律。修身乃一切之根本，乃治国安邦之基础，执政者只有严于律己、勤于正己，"欲而不贪"，具有高尚的道德品质，才拥有了治人的条件。

儒家强调从政为官者的道德行为之调控功能。如果各级为政者都能够依德而行，自觉地用道德去教化民众、约束民众，就能够促使广大民众按照社会道德去调节自身的社会行为，进而使人际关系和谐化，社会秩序化。有鉴于此，儒家要求从政为官者处处表率，以促使民众的行为走向有序化、合理化。儒家的德治理念某种程度上也会导致人治主义。

第二，富而后教的民本原则。孔子的德治主义把富民置于为政的十分重要之位置，他认为，施行"德治"就要给百姓带来实惠，检验为政者"修德"的标准就是看民众是否安居乐业。为了实现富民的政治理想，孔子要求统治者多予少取，要施惠于民。他认为，为政的首要任务是"足食""足民"，然后再"庶之""富之"。孔子提出的富民思想在其德治思想体系中具有鲜明的伦理政治意义，构成了其民本思想的重要一环。

第三，德主刑辅的治民方法。孔子的"为政以德"除了对君主的自身道德提出了更高的要求，以及满足民众最基本的生活需要外，更主要体现为以道德原则对民众进行必要的管理上。在统治方法上，儒家主张道德教化高于法律强制。孔子将礼义约束、道德感化和行政命令、法律强制的作用进行

---

① 《孟子·离娄下》。

② 《孟子·公孙丑上》。

③ 《论语·子路》。

④ 《论语·颜渊》。

了对比，强调"导之以政，齐之以刑，民免而无耻；导之以德，齐之以礼，有耻且格。①孔子认为，在施政方针上统治者如果只依赖于政令驱使与刑罚强制，其结果只能使老百姓免于刑戮而无羞耻之心，这是治标不治本。反之，若实行道德教化与礼制规范，则能使老百姓心有廉耻而行中规矩，这是治本之道，国家可以长治久安，这是孔子所追求的德治的理想境界。②

应该指出的是，儒家也不否定法的作用。如孔子言："宽以济猛，猛以济宽，政是以和。"③宽为德治，猛为法治，宽猛相济乃德治与法治相结合。当然，孔子及儒家的侧重点放在德治上，即西汉董仲舒所谓的德主刑辅。可以说，这更贴近社会现实，也比较真实地反映了儒家德治的实际。④

儒家德治特点就是侧重人治但不排斥法治。儒家既主礼治、德治，必重人治。人治是从礼治、德治派生出来的。礼治要求维护等级制，就是要突出统治者特别是最高统治者个人的作用。德治内含有要求统治者以身作则，充分发挥其道德感化作用的意蕴，因而儒家竭力主张人治。

虽然儒家的德治传统存在不可忽视的消极因素，诸如，由于过分强调伦理道德的作用以至于把为政治国简单化为修身治家。尽管如此，不可否认，从中国传统社会发展的实际情况而言，儒家德治主张不绝如缕，它对于改良封建政治、促进经济发展与社会稳定起了一定的积极作用。

3."内圣外王"⑤的君子人格

儒家学说博大精深，但其基本精神可归结为"内圣外王之道"，即内具德性外具事功。内圣（内在德性）要通过外王（外在事功）去显现、去证

---

① 《论语·为政》。

② 陈寿灿、傅文：《儒家德治的思想内涵、历史价值与现代意义》，《人文杂志》2005年第2期，第128—132页。

③ 《左传·昭公二十年》。

④ 陈寿灿、傅文：《儒家德治的思想内涵、历史价值与现代意义》，《人文杂志》2005年第2期，第128—132页。

⑤ 关于儒家"内圣外王"思想的研究，可主要参看程潮《儒家内圣外王之道通论》，湖南人民出版社2005年版；朱义禄《儒家理想人格与中国文化》，复旦大学出版社2006年版；钱耕森《中国儒家"内圣外王之道"与二十一世纪》，载《国际儒学研究》第五辑，中国社会科学出版社1998年版；汪建华《论"内圣"和"外王"的统一与矛盾》，《船山学刊》2000年第3期等论著。

实，而外王最终是为了"积善成德"，通达君子圣人境地。儒家既没有"为德性而德性"，也没有"为事功而事功"。在儒家看来，事功效果是人内在德性的显现之承载，为表达德性的方式与途径。儒家的理想人格，就是通过外在事功实现而表达，并达到内在德性的成圣境地的。

儒家"内圣外王之道"在其长期的发展演变过程中形成了极其丰富的思想内涵。其一，人格理想，可用"立德""立功"来表达。"立德"即通过心性修养，增进德智，以达圣贤境。"立功"即身任天下，利济群生，以实现社会理想。"立德""立功"是密不可分的。"立德"是"立功"的前提与基础，功业必须合乎道德。"立功"是"立德"之目的与归宿，道德必须发为功业。但人生有穷达顺逆之时，得志时，既要"立德"又要"立功"；失意时，"立功"难成，但须转而"立德"。这即是儒家所谓"穷则独善其身，达则兼善天下"。其二，政治要求，可用"修己治人"来表达。它要求统治者推行仁政，以民为本，爱民尚贤，顺应民心；端正自己的品行，做天下人的表率，用自己的人格力量来影响天下，由修身达到齐家，由齐家达到治国，由治国达到平天下。做到这些，才可称得上"圣王之治"。①

儒家"内圣外王"的特征主要有二。其一，从价值意义言，儒家"内圣外王"体现了自我价值与社会价值的高度统一。"内圣"关联着"外王"，"外王"体现着"内圣"。其二，从政治意义言，儒家"内圣外王"体现了道德与政治的直接统一。儒家提倡修齐治平，对于统治者来说，其身正不令而行。只有先成为一名道德家，才能成为一个合格的政治家。对于从政为官者而言，必须事君以忠诚，持身以正，恤民以仁。道德与政治的统一，也就是由"内圣"直接开"外王"。"内圣"是"外王"的必要条件，"外王"是"内圣"的自然延伸和必然结果。②

儒家"内圣外王"思想对中华民族产生了极其深远的影响。儒家主张积极入世，"内圣外王"理念彰显了一种自强不息、积极有为的精神。这种

---

① 钱耕森：《中国儒家"内圣外王之道"与二十一世纪》，载《国际儒学研究》第五辑，中国社会科学出版社 1998 年版，第 244—260 页。

② 钱耕森：《中国儒家"内圣外王之道"与二十一世纪》，载《国际儒学研究》第五辑，中国社会科学出版社 1998 年版，第 244—260 页。

精神两千余年来一直影响着中华民族。由"内圣"而言，儒家要求每个人都要努力使自己成为一个有德行的人。由"外王"而言，仅仅让自己成为一个有德行的人还不是目的，还要以自己的才能报效国家，奉献社会。这也正是内圣外王思想的时代意义所在。

4."致中和"① 的理想境界

谈论儒家思维方式时，最应提到"中庸之道"。宋儒把"中庸之道"解释为：不偏不倚，致中和。在思考问题时，力求中和、持平稳定、注意协调两方面的关系，既反对过火，又反对不足，这种思维方式使中华民族形成了一种稳健笃实的民族性格。

"中和"可谓儒家文化的最高境界，它包括人与人、人与社会、人与宇宙的和谐。"中和"一词始见于《中庸》："致中和，天地位焉，万物育焉。"一般而言，"中"即适度、有节、无过无不及；"和"即和谐，是有差别的统一、多样性的统一。"中"是"和"的前提，只有适度、有节，才能达到和谐；"和"则是"中"之目的，只有和谐、统一，"中"才有意义。"致中和"，指人的道德修养达到不偏不倚，不走极端，十分和谐的境界，也就是符合"中庸"的标准，也是中庸的境界。它已经积淀为中华文化的一种精神，凸显于中国传统的天人观、文化观、人格观、政治观、价值观和信仰。

中道观念由来久远，孔子以前的古文献中有诸多"中"的记录。"清华简"《保训》篇被整理出来，根据该篇内容，李学勤先生认定其为"周文王遗言"。其中较为引人注目的是周文王临终前给太子发所讲的有关上古圣王"求中""得中"，进而"用中"的故事。尽管《保训》篇"中"字的含义，学界众说纷纭，但毋庸置疑，《保训》篇里，"中"是个高度浓缩的概念。

先秦典籍，"中"字多被视为标准或法度，如《尚书·大禹谟》："人心惟危，道心惟微，惟精惟一，允执厥中。"这也是儒学著名的"十六字心传"。朱熹注解道："'人心惟危，道心惟微，惟精惟一，允执厥中'者，舜

---

① 关于中和、中庸等思想的研究，可参见程静宇《中国传统中和思想》，社会科学文献出版社 2010 年版；文选德主编《中国传统文化之"中"与"和"思想研究》，湖南人民出版社 2015 年版；张立文《和合学（上下卷）》，中国人民大学出版社 2006 版等论著。

之所以授禹也。尧之一言，至矣，尽矣！"①此后，汤、文、武、周公则成为儒家心目中的"传中""得中""用中"的先圣楷模。

孔子继承发展了前人的中道思想，他强调"时中""用中"，要求人们随时选取适中的标准，随具体情况采用适当的方法。《论语·先进》云："夫人不言，言必有中。"《尧曰》有"允持厥中"之说。

当然，孔子并非仅仅继承了经典文献中有关"中"的思维方式，他对如何用"中"也有自己的思考。其一，孔子对用"中"作了权衡与变通的思考。他强调"毋意（猜疑），毋必（必定），毋固（固执己见），毋我（自私之心）"。②这恰当地概括出孔子处理问题的思维方式。其二，孔子将"中"赋予了"时"的观念。以中庸为标准，并根据不同形势而"时中"，这是君子与小人之间重要的差别之一。比如，孔子虽积极地寻求入仕，但坚守着自己的标准，"君子之于天下也，无适也，无莫也，义之与比"。③孔子并没有规定天下的事情要怎样做，不要怎么做，只要做得合理、恰当就可以。

孔子的中庸观念，既是思想方法，又是道德行为的准则。其中庸原则，反对过犹不及，强调中和、和谐，用"叩其两端"来把握事物之对待，反对固执一端而失之偏激或片面，这成为儒学的主要思想方法，同时中庸也是儒学的道德原则。正如《论语·学而》所言："知和而和，不以礼节之，亦不可行也。"儒家的中庸思想，至《中庸》一书的出现则更加系统化。

子思《中庸》着重继承并发挥孔子"中庸"的思想，强调"和而不流""中立而不倚"。"中庸"主要是强调适度，认为凡事都有一个度，"过"和"不及"都不合乎事物的标准，都会损坏事物的稳定性。其间尤为强调勿太过，主张凡事都不要过度，以免适得其反。

《中庸》通过"中""和"及"中和"的解释构建起儒家的世界观和方法论，在"中和"的基本观点与"致中和"的根本原则之基础上建立起儒家思维方式。中庸和谐可以被视为儒家的最高理想与境界，它不仅包含人类与自然的"天人合一"、人与人之间的"和为贵"，而且也包括人自身的和谐。汉

---

① 《四书章句集注·中庸章句序》。
② 《论语·子罕》。
③ 《论语·里仁》。

代以后，历代思想家都认同这种观念，继承并努力实践这种观念。

儒家倡导思想与言行都应"依乎中庸"①，从而使中庸成为人们安身行事的最高标准：对待一切事情都要不偏不倚，既不可超过，又不可不及，做到中和。这种"过犹不及"的处世之道，在二千多年的历史长河中，已浸润到中华民族的气质与性格当中。做事不走极端，着力维护集体利益，求大同存小异，保持人际关系和谐，是中国人普遍的行为准则。

（二）儒学的根本精神②

儒学着重探讨人生的根本意义与价值，不懈追求理想道德境界与完善人格，其首要之义就是确立人的道德主体性，儒学的理性首先是道德理性。儒学以人文精神去教化天下民众，确立道德主体性的人文主义精神，修身为本的道德精神，自强不息的进取精神，居安思危的忧患精神，和而不同的文化精神。儒学的这些根本精神作为中华民族精神之表现，在中国社会的长期发展中，产生了深远的影响，发挥着重要的功能。

1. 以人为本的人文精神③

所谓人文精神，就是"以人为本"的"文化"精神。儒家学说是围绕人来立论的，以人为出发点，又以人为终极关怀。

首先，儒家提倡人贵论，肯定人的价值。中国学者向来把天、地、人并列，称为"三才"，《尚书·泰誓》言："惟人，万物之灵。"这是中国思想家一直宣称的"人为万物之灵"的最早表述，也是人贵论的一种说法。《孝

---

① 《礼记·中庸》。

② 关于儒学基本精神研究，可主要参考汤一介《儒学的特质和基本精神》，《淮阴师范学院学报》（人社版）2002年第1期，第1—7页；李晓东《中国儒家思想的基本精神》，《宿州教育学院学报》（人社版）2008年第1期，第13—15页等论文。

③ 关于儒家的人文精神可参见韩星《儒家人文精神》，陕西人民出版社2012年版；杜维明《关于儒家的人文精神》，载《儒家思想与未来社会》，上海人民出版社1991年版；宫志刚《儒家人文精神及现时代意义》，《北京科技大学学报》（人社版）1997年第1期，第26—29、39页；冯虞章《试谈人文精神》，《清华大学学报》（哲学社会科学版）1998年第2期，第3—5页；曹金祥《儒家思想的人文精神及其现代意义》，《理论月刊》2003年第12期，第61—63页等论著。

经》载孔子语："天地之性，人为贵。"《荀子·王制》也提出过人最为天下贵的观点。这些思想都围绕"人"的问题而立论，充分肯定人在天地之间的位置与作用，而与宗教信仰所宣传的"来生""天堂""地狱"等说法大相径庭。

早期儒家的人贵论思想，不仅得到后世儒者的广泛认同，而且被后儒进行了创造性的发展。西汉董仲舒认为人"超然万物之上而最为天下贵"。①东汉王充指出，人之所以可贵，在于他有知识、有智慧。这就精辟地概括了儒家人本思想的精髓。宋代朱熹、清代戴震也有类似的论述。后来的进步思想家，基本上都继承、发展了这种思想。人本思想的确立，不仅有助于人们合理地对待人与神的关系，增强人的主体意识，而且有助于抵制宗教神学。

在儒家看来，人之所以为贵，就在于有道德，并能"参天地之化育"，孔子、孟子、荀子以及宋儒皆强调此点。因此，儒学人文思想的主要内容和特点，可看作是以礼乐为中心的道德教化。而礼乐之教的意义，则在于让具体生命中原有的情感、欲念得到提升，使之达到道德理性化，这是儒家人文主义的深刻内涵。②

儒学发展到宋明理学时期，人文主义传统得到更加强化。张载及二程、朱熹、陆九渊、王阳明等理学家都反对灵魂不灭论，否认鬼神的存在，高扬人的主体性，肯定精神生活的价值，强调道德理性对于个人境界的提升和社会发展的极端重要性。他们强调人拥有了"仁"的境界或道德自觉，便可实现"为天地立心，为生民立命，为往圣继绝学，为万世开太平"③。这是北宋大家张载的名言。当代哲学家冯友兰将其称作"横渠四句"。这四句名言每句开头都有一个"为"字，可简称"四为句"。"四为句"开显了儒家的广阔胸怀，即为世界确立文化价值、为人民确保生活幸福、传承文明创造的成果、开辟永久和平的社会愿景。这涉及社会与民众的精神价值、生活意义、学统传承、政治理想等内容。这种以人为中心、以道德为本体的思想，是对

① 《春秋繁露·天地阴阳》。
② 汤一介：《儒学的特质和基本精神》，《淮阴师范学院学报》（哲学社会科学版）2002年第1期，第1—7页。
③ 《张子语录·语录中》。

儒家人文主义的发展，它深刻反映出儒学的基本精神与一贯传统。

其次，宣扬人的价值，坚持人格尊严。《论语·子罕》载孔子言："三军可夺帅也，匹夫不可夺志也。"人人都有较三军之帅更为坚强的意志，是不能轻易改变的。因为具有独立意志，也就具有独立人格。正如《孟子·告子上》所言：

> 生亦我所欲，所欲有甚于生者，故不为苟得也；死亦我所恶，所恶有甚于死者，故患有所不辟也。……一箪食，一豆羹，得之则生，弗得则死。呼尔而与之，行道之人弗受；蹴尔而与之，乞人不屑也。

所谓"所欲有甚于生者"指人格尊严；所谓"所恶有甚于死者"指人格屈辱。孟子称"所欲有甚于生者"为"义"，其义指坚持自己的独立人格，同时亦尊重别人的独立人格。

儒家的人文精神至少应包括以人为本的精神，自尊、自爱、自重的精神，相互尊重、平等相待的精神。其一，自尊、自爱、自重的精神。即人尊重、重视自己，自己积极向上、奋发图强的精神。儒家的人文精神肯定人贵于物，即肯定人的价值，就在于具有知觉意识、道德观念，因之人是尊贵的、伟大的。这就是说，遵守道德规范，自尊、自爱、自重才是每个人的价值所在。其二，相互尊重、平等相待的人文精神。这包括善于理解他人，同情他人的精神；公平公正、诚实守信的精神；严于律己、宽于待人的精神；统筹协作、注重团结的精神；肯于奉献、助人为乐的精神。简言之，这就是指尊重自己，也尊重他人，人与人之间相互尊重、平等相待的精神。

总之，儒家文化，充满着人文精神，尊生重生，尊重人格，且注重如何做人，怎样做人，高扬生命意识。它对提高中华民族的整体素质，塑造中华民族的心理结构具有不可估量的历史作用。

2. 厚德修身的崇德精神

儒家哲学首先是一种成德之教，其核心是成就德性、成就人格。"德"是儒家思想的出发点和归宿。儒家之"德"，一是指人的内心本性、品德，包括忠、孝、仁、义、信、温、良、恭、谦、让等；一是指人的外在行为，包括礼等。中华民族在几千年的文明史中，创造了许多美好的传统道德。"厚德载物"作为中华美德的一种概括，历来成为仁人志士崇尚的最高道德境界。

"厚德载物"出自《易传·坤卦》"地势坤，君子以厚德载物"。一个有道德的人，以深厚的德泽育人利物。所谓"厚德"即"大德""高德"，即最高尚的道德；所谓"载物"之"物"，不仅是专指万物而言，而且首先是指一切人而言。想要载物必须有厚德，做人首先要强调进德、厚德，不断提高自身的道德修养。只有增加了内涵，具备了崇高道德与精深学识，践行仁、义、礼、智、信等道德规范，才能成为君子，才能具有强烈的责任感与使命感，亦才能够关心人、爱护人，以正直和与人为善的态度来处理好人与人之间的关系，兼容并蓄。

儒家重视修养君子人格。《论语·学而》云："入则孝，出则弟，谨而信，泛爱众，而亲仁。行有余力，则以学文。""行有余力，则以学文"之前，讲的都是德性修养问题。可见对儒家来讲，为学之道，德性成就是首要的，知识技艺并非为学之首务。儒家贵人，强调人的道德性，遵守道德规范，就是每个人的价值所在。儒家肯定人作为道德主体具有平等性、同一性，认为"人人皆可为尧舜"。有鉴于此，修身就是成人、成圣过程中的主要环节与手段。

儒家道德修养的突出特点是强调道德主体的主观自觉性，注重向自我内心去发掘和探求。孔子提出"为仁由己，而由人乎哉"①的说法，可见道德完善和发展并不是依靠外界力量的约束，而在于自我锤炼与涵养。孔子论述的"仁"，也并不是高不可攀、远不可及的，只要个体本身努力去追求，就会达到仁的理想境界，正所谓"仁远乎哉？我欲仁，斯仁至矣"。②孔子"为仁由己"的命题是通过克己的修养方法实现的，当颜渊问仁时，孔子就答曰："克己复礼为仁。"

儒家塑造的理想道德人格就是圣人与君子。对于圣人，孔子认为能做

---

① 《论语·颜渊》。

② 《论语·述而》。

到"博施于民而能济众"就可堪称圣人，"内圣外王"是儒家道德人格的理想模式。这种道德人格形象落实到现实世界中，应是具有高度的社会责任感与忧患意识，以经世济民为己任。如子路问君子。孔子回答"修己以安人"，"修己以安百姓"，正己是为了正人，修己是为了安人。因而儒学可以概括为"修己安人之学"。

儒学高度重视伦理道德理性，强调教育要"德教为先""以德化人"。其"三立"为"太上有立德，其次有立功，其次有立言"，[①] 这将"立德"放在了首位。儒家把人的道德品质视为实现其社会理想的首要条件。他们明确把修身与平天下联系在一起，将人格造就视为最终实现建功立业的出发点与先决条件。这就把人格完善与道德修养提升到崇高地位。

总之，儒家的道德精神突出道德主体地位，强调向内用力的精神，充分肯定了人自身的价值，肯定了人的主观能动作用，从而鼓舞了人们追求理想人格的勇气，坚定了人们实现道德理想的信心。儒家重德、尚德的道德精神对中华民族的价值观念、心理结构都产生了巨大而深远的影响。

3. 自强不息的进取精神

刚健有为精神是儒家思想的基本精神之一，也是中国人的积极人生态度的最集中的理论概括与价值提炼。从孔子、孟子、荀子、《易传》，到宋代的张载、二程、朱熹等，无不强调自强不息、刚健有为的精神。[②]

自强一词最早见于《周易·乾卦·象辞》"天行健，君子以自强不息"。这教导人们，要像自然天体不休止的运行一样，刚健不息，奋发图强，积极有为。儒家刚健有为、自强不息的思想，深入人心为全社会接受，不仅对于知识分子，而且对于一般民众也产生了强烈的激励作用。

首先，不懈地进德修业。儒家强调，个人要通过自觉奋发努力，不假外力，来完善自身。实际上，儒家所谓"自强"是对君子提出的要求，君子人格就是自强所要达到的目标。

儒家的自强包括了自尊、自信等精神，自尊、自信是自强的体现，同

---

① 《左传·僖公二十四年》。

② 李晓东：《中国儒家思想的基本精神》，《宿州教育学院学报》（人社版）2008 年第 1 期，第 13—15 页。

时自强又需要有强烈的自尊心、自信心。"所谓'自尊',是人们对自身价值的自我确认,是对自己人格的自我尊重。"① 儒家将自尊作为人们立身处世不可缺少的品质之一,尤其看重人格尊严。孟子认为,为讨好他人而卑躬屈膝、牺牲人格,这是最可贱、最痛苦之事。即使面临生死关头,人也不能丧失自尊。荀子也强调,人应当尊重自己的人格,无论境遇怎样,都要坚持自己的操守。只有自尊自重的人,才能树立自信心,并激发其自强不息、奋发向上的精神。

除了自尊自信之外,儒家认为,一个人要想成为真正的人,实现人生价值,既有利于自己又有益于国家;既能独善其身,又能兼善天下,就必须不断向学,积极修持,进德修业。《周易》强调"君子进德修业,欲及时也,故无咎"。② 这就是说,君子整天勤勉不倦,不断地警惕自己,及时改过,才不会发生过错,招致灾祸,从而能够做到德业双修,取得成功。因而"君子"要"刚健笃实""与时偕行""自昭明德""日新其德",如此方可"万事亨通",最终成为圣贤。

后世儒家对《周易》"乾乾进德修业"的思想进行了发挥。北宋张载强调:"圣人神其德,不私其身,故乾乾自强,所以成之于天耳。"③ 明代理学家薛瑄进一步对"自强不息"的"进德修业"思想进行了论述,其一生读书、讲学的笔记《读书录》中有诸多经典名言,如"天德流行不息者,刚健而已,人虽有是德而不能无间断者,由有私柔杂之也,故贵乎自强不息"④;"天之不息以刚,君子法天之不息亦以刚"⑤。这是强调天德流行不息,运行不止,刚健有为,人亦应当效法天,而自强不息,积极进取。

其次,积极入世,建功立业。儒家提倡修齐治平,"治国平天下"是修身目的。儒家要求人们直面现实,去改造自我与改造社会,而不畏惧任何艰难险阻;要求人们锲而不舍,知难而进,奋发进取,依靠主体的力量,通过

---

① 罗国杰:《中国传统道德·名言卷》,中国人民大学出版社 1995 年版,第 362 页。
② 《周易·乾卦·文言》。
③ 《横渠易说·上经·乾》。
④ 《读书录》卷一。
⑤ 《读书录》卷五。

主体的实践，完善自我，改进社会。①

儒家强调个人的社会责任，提倡为社会、为国家作出贡献，具有一种以天下为己任的博大胸怀和强烈的历史使命感。例如，孔子周游列国，希望运用自己的政治主张拯救天下。孟子也到诸侯国去游说，祈求实现"舍我其谁"的远大抱负，"如欲平治天下，当今之世，舍我其谁也"。② 这种张扬自我，饱含着以天下为己任的豪情，体现了个人对社会的整体责任，成为传统社会的一种人格榜样。

儒家非常注重入世，主张自强不息、建功立业。当一个人通过学习和实践完成道德修养并具备了治家经验后，就要积极入世，投身仕途，通过努力实现儒家的政治思想。正是由于儒家的这种入世品格和刚健精神，才激发了"国家兴亡，匹夫有责"的担当意识。③

儒家都大力提倡刚健有为的精神。孔子所谓"杀身成仁"，孟子所谓"舍生取义"，就是一种令人敬仰的大无畏精神，也可以视为儒家自强不息的"有为"论在道德与政治上的表现。孟子认为无论社会环境多么恶劣，人都要奋发向上，成为顶天立地的大丈夫。在严峻的考验面前，"杀身以成仁""舍生而取义"，培养一种坚定无畏、至大至刚的"浩然之气"。这虽皆是针对培养道德情操而言，但儒家的入世情怀，以天下为己任的远大抱负，确是养成了中国历史上一代又一代志士仁人为寻求真理、正义而不畏强暴、不怕牺牲的精神。④

总之，儒家的自强，作为激励人们积极进取、奋发图强的一种精神力量，它不仅指通过自己不懈努力，不断完善、充实、提高自身的精神、品德，以实现君子人格；而且亦指不断改革进取，应时以变，以开创治国、平天下之势。它不是要求人闭门修身，而是让人积极进取，积极投身到社会生

---

① 参见邵汉明《儒家文化精神及其价值的现代透视》，《光明日报》2001 年 10 月 9 日。

② 《孟子·公孙丑下》。

③ 曹金祥：《儒家思想的人文精神及其现代意义》，《理论月刊》2003 年第 12 期，第 61—63 页。

④ 汤一介：《儒学的特质和基本精神》，《淮阴师范学院学报》（哲学社会科学版）2002 年第 1 期，第 1—7 页。

活中去。

4.居安思危的忧患精神

忧患意识，是一种清醒的防范意识与预见意识，源于自觉的危机感、紧迫感、责任感、使命感，表现为坚强意志和奋发精神。忧患意识是中华民族自古以来的精神传统之一，体现的是一种居安思危的高超智慧。

忧患意识作为一种文化传统，渊源至深。《易经·系辞下》言："作《易》者，其有忧患乎?"忧患意识是儒家文化的重要组成部分，经孔子与孟子的系统论述后，在社会实践中，不断得到后儒的发展。现代新儒家徐复观认为中国文化的深层特质在于"忧患意识"，他认为"忧患的本身，即是'人的自觉'的最初表现"。① 徐复观用"忧患意识"来概括与揭示中国文化所具有的理性自觉，认为"忧患意识"构成了中华民族的集体心理，成为中国人精神的核心。这种忧患意识，实际是蕴蓄着一种坚强的意志和奋发的精神。② 只有自己担当起问题的责任时，才有忧患意识。

首先，人生忧患是儒家忧患意识的体现之一。孔子有强烈的人生忧患，"德之不修，学之不讲，闻义不能徙，不善不能改，是吾忧也"，③ "人无远虑，必有近忧"。④ 这是对人们缺乏道德修养的深切忧虑。孔子忧虑的是何以立身处世，"君子病无能焉，不病人之不己知也"，⑤ "不患无位，患所以立。不患莫己知，求为可知也"。⑥ 这种内在的人格世界即是以"仁"为代表，孔子把"仁"作为最高的道德标准与道德境界。就"仁"自身而言，它是人的一种自觉的精神状态，也是忧患意识的深层表现。

孔子的忧患意识后来经过历代儒者的阐发，成为儒家思想的核心价值理念之一。就修身而言，孟子强调"君子有终身之忧，无一朝之患"。⑦ 他

---

① 徐复观：《中国古代人文精神之成长·中国人的生命精神》，华东师范大学出版社 2004 年版，第 174 页。

② 徐复观：《徐复观文集》（三卷），湖北人民出版社 2002 年版，第 33 页。

③ 《论语·述而》。

④ 《论语·卫灵公》。

⑤ 《论语·卫灵公》。

⑥ 《论语·里仁》。

⑦ 《孟子·离娄下》。

强调了"生于忧患，死于安乐"①的真理，认为忧患以生，逸豫亡身。孟子认为，有的人之所以有很高的德行、智慧、本领、知识等，乃是因为他经常有灾患的伴随，因而"其操心也危，其虑患也深，故达"。②这就是说，人能从危难处警惕，从忧患处深虑，做事就能通达。

儒家的人生忧患是一种积极人生态度，体现出一种责任感。现代新儒家牟宗三说："中国人的忧患意识绝不是生于人生之苦罪，它的引发是一个正面的道德意识，是德之不修，学之不讲，是一种责任感。"③同时，忧患是一种"超前意识"，是对事物未来状态的一种预测，意在让人去勇敢积极地面对它，以有备无患。

其次，忧国忧民是儒家忧患意识的重要体现。儒家把个人的命运同整个社会的命运紧密联系起来，忧虑的是国家与百姓的存亡生死之道，体现的是对于国家和人民命运前途的深切关怀。儒家忧道之不行、德之不顾，忧国运之衰、民生之艰。忧道、忧国、忧民是儒家忧国忧民之忧患意识的主要体现。

其一，忧"道"。儒家的"道"，简言之，就是儒家所倡导的以"仁义"为核心来经国济世所遵循的道理。正如孔子所言："君子谋道不谋食。耕也，馁在其中矣；学也，禄在其中矣。君子忧道不忧贫。"④中国传统士大夫无论身处顺境，抑或逆境，大多能够"心忧天下"，古往今来这种事例不胜枚举。

其二，忧"民"。忧"民"主要表现为儒家对民众疾苦的关注，指出民众是国家的根本，要求仁人志士为解决民众的困苦而奋斗。

春秋战国时期，社会动荡，民不聊生，忧"民"成为儒家的重要主题。这表现出儒家对民生的关注和对社会的责任。《孟子·梁惠王下》云："忧民之忧者，民亦忧其忧，乐以天下，忧以天下，然而不王者，未之有也。"这就充分表明了儒家忧"民"的民本思想，这一真理，成为古圣先贤与传统士大夫的共识。

---

① 《孟子·告子下》。

② 《孟子·尽心上》。

③ 牟宗三：《中国哲学的特质》，上海古籍出版社 2007 年版，第 16 页。

④ 《论语·卫灵公》。

两宋时，由于内忧外患不断，儒家忧"民"意识特别浓重。正如范仲淹《岳阳楼记》所言："居庙堂之高，则忧其民；处江湖之远，则忧其君。是进亦忧，退亦忧；然则何时而乐耶？其必曰：'先天下之忧而忧，后天下之乐而乐矣!'"范仲淹的忧民是对先秦以来儒家忧民传统的继承和发扬，倡导的是先天下而忧患，后天下而快乐。这体现出一种主人翁意识和历史责任感。

其三，忧"国"。这要求治国者应有居安思危意识，志士行事要以国家利益至上为原则，要为国家的兴亡而奋斗。

儒家经典《周易·系辞传》言："易之兴也……危者使平，易者使倾，其道甚大，百物不废，惧以终始，其要无咎，此之谓易之道也。"朱熹一言以明旨："危惧故得平安，慢易则必倾覆，《易》之道也。"其中最重要的两句为"危者使平，易者使倾"，这就是最高的帝王领导学，使不平的能够平，使要倾倒的国家社会不要倾倒。这其中的道理、学问、方法，"其道甚大"，太多了。这段话实质上论述了国家兴亡与是否有忧患意识的重大关系，这是儒家忧"国"的萌芽。

宋代由于受到外族入侵，儒家忧"国"意识特别突出，表现为一种忧国至上、以身报国的牺牲精神。如陆游《病起书怀》言："位卑未敢忘国忧。"《新五代史·伶官传序》载欧阳修言："忧劳可以兴国，逸豫可以亡身。"明末清初顾炎武《日知录》卷十三《正始》曰："保国者，其君其臣肉食者谋之；保天下者，匹夫之贱与有责焉耳矣。"这就是所谓"天下兴亡，匹夫有责"。

儒家的忧患精神是对国家民族关怀的博大情怀；是面临危难、困境而不屈服、不畏难的积极参与、敢负责任的担当精神；是救民族于危亡、救人民于水火而敢于牺牲的奉献精神；是居安思危、处兴思亡的辩证理性精神。[1]儒家忧国忧民的忧患意识，对于古往今来的仁人志士胸怀天下、奋发进取、为理想而不懈追求传统的形成，产生了十分积极的影响。

总之，忧患意识就是"安不忘危"意识，它是中华民族自古以来的精神传统之一。这种忧患意识正是中华民族居安思危，自强不息，挫而复起，

---

① 参见张立文《儒学的人文精神》，《光明日报》2000年2月22日。

穷且弥坚的精神动力之所在，正所谓"艰难玉成""殷忧启圣"。① 在一定程度上说，正是忧患意识，才使中华民族历经磨难而不衰，始终屹立于世界民族之林。

（三）儒学的基本特性②

儒学作为中国传统文化的主流，其理论形态随着时代变化而不断演进，影响着中国几千年的文明与发展。儒学具有持久不衰的生机与活力，有着不断进步的发展前途，是由其本质特性决定的。儒家学说的一些基本特性决定了其对中国传统社会秩序化的积极意义。

1. 重人伦与耻感的伦理特征

传统中国是一个伦理型社会，中国传统文化是一种伦理型文化（崇德型文化），儒家伦理观在中国社会的绵延中占据了核心位置。所谓"伦理"，就其在中国的词源含义来看，便是人际关系事实如何的规律及其应该如何的规范。③

儒家重视人伦之德，认为在人伦关系中，每个人都有其一定的责任。这一定责任的完成就叫"义"，即道德原则。中国传统伦理体系中的"人伦"最集中、最典型的表现形式为"五伦"，即孟子所谓"父子有亲，君臣有义，夫妇有别，长幼有序，朋友有信"。④"五伦"几乎可以囊括中国传统社会的所有人际关系，符合中国传统的伦理道德规范体系的要求。儒家"五伦"思想在封建社会的历史大背景下，适应了当时社会政治、经济、文化的发展水平，在引导人们正确处理人与国家、人与家庭、人与他人关系问题上，具有价值导向的教化功能，在传统社会发挥着重要作用。

---

① 冯天瑜：《从元典的忧患意识到近代救亡思潮》，《历史研究》1994 年第 2 期，第 109—117 页。

② 关于儒学基本特质，可主要参考刘太恒《论中国传统道德的基本特征》，《郑州大学学报》（哲学社会科学版）1999 年第 4 期，第 3—5 页；唐叶萍《浅谈儒家学说的基本特征》，《船山学刊》2008 年第 2 期，第 91—93 页；滕文生《儒学文化的特性与前途》，《人民日报》2016 年 2 月 18 日等论文。

③ 王海明：《伦理学方法》，商务印书馆 2003 年版，第 3 页。

④ 《孟子·滕文公上》。

　　儒家伦理思想体系中，不仅规定了各种伦理道德规范，而且蕴含着丰富的耻感思想，视耻感为人之为人的基础性德目，特别强调耻感在个人立身处世、人际交往中所起的重要作用。

　　孔子是以违背仁与礼为耻的。他认为仁与荣密切相关，强调"苟志于仁，无恶也"。① 孟子首次以仁作为区分荣辱的根本尺度，"仁则荣，不仁则辱"。② 一个人一生追寻仁、做到仁，就会获得荣誉；反之，则是耻辱。

　　就耻的具体表现而言，在处理个人与他人关系时，孔子侧重于依据人的外在行为，从肯定与否定两方面来界定耻。其一，从肯定意义上对"耻"进行了界定，言行不一、表里不一就是耻。如孔子强调"君子耻其言而过其行"，③ 主张人与人交往应该正直、坦诚，不能口是心非、表里不一。其二，从否定意义上对"耻"进行了界定。孔子主张不以过为耻，提倡"过则勿惮改"；④ 不以谦卑为耻，认为"敏而好学，不耻下问，是以谓之文也"。⑤

　　孟子在继承孔子耻感思想的基础上，把羞耻心与道德必然地联系起来，强调"羞恶之心"是德行之端、道德之源。如果一个人丧失了羞耻之心，就会为所欲为。孟子强调"耻之于人大矣"，⑥ "不耻不若人，何若人有？"在他看来，耻心还是一种激发人们不甘落后、奋发向上的内在精神动力。

　　儒家重视"有耻且格"的教化结果，要求人们"行己有耻"，即人出言行事应有知耻之心。因而不仅儒家的理想人格有耻辱感作为精神基础，儒家理想的政治社会也是人人有耻且格的无讼状态。这也充分说明"耻"和"德"的内在联系。

　　儒家把羞耻感的问题纳入个人修养范畴，认为是否有羞耻心是君子与小人的根本区别。也就是说，君子知耻，小人不知耻。孟子把"羞恶之心"作为与生俱来的人的内在规定性，视之为人之所以为人的依据，是人人皆有

---

① 《论语·里仁》。
② 《孟子·公孙丑上》。
③ 《论语·宪问》。
④ 《论语·学而》。
⑤ 《论语·公冶长》。
⑥ 《孟子·尽心上》。

的至善天性，强调"无羞恶之心，非人也"。朱熹亦强调："耻者，吾所固有羞恶之心也。有之则进于圣贤，失之则入于禽兽，故所系甚大。"① 一个有羞耻心者，不做羞耻之事，则是有德之人；一个没有羞耻心的人跟禽兽还有什么区别？可见羞耻之心对于人是至关重要的。

一个人，要有"知耻"之心，因为"有耻"是人内在的道德底线，是人之为人的标志。一个人也许缺乏智慧，也许无大作为，但却不能无耻，无耻就如同孟子所谓"非人也"。南宋理学家陆九渊也认为"耻存则心存，耻忘则心忘"。试想，如果一个人无耻，那就无所顾忌。"有耻"是建立其他德性的良心基础。

明代晚期著名思想家、哲学家吕坤生活在物欲横流，"羞耻心"缺失的嘉靖、万历时代，社会道德体系到了崩溃之边缘，他深感痛心，其探讨人生哲理的笔记合集《呻吟语》针对各种社会弊病，在修身养性方面提出了自己独到的见解和认识。《呻吟语·治道》指出："五刑不如一耻。"在他看来，再残酷的刑罚，也不如让人懂得一个"耻"字，这就强调了教育人懂得廉耻比重刑重罚更加重要。如果人知道什么叫羞耻，什么事该做，什么事不该做，就能明辨是非。人贵有"羞耻之心"，知羞是善的开端，无耻是恶的开始。吕坤的《呻吟语》等一系列著述，都希望重新唤起人们心中的羞耻心，重建社会道德。

《中庸》强调"知耻近乎勇"，知耻虽然不等于勇，但只要奋发努力就已经"近乎勇"了，而且知耻是需要勇气的，只要有了羞耻之心，就能激发自己做行为上的调整，以促进理想人格的形成。后人把这句话改成"知耻而后勇"，则更具积极性与主动性。历史上许多志士仁人，为了洗雪国耻家恨，卧薪尝胆，奋发努力，终于干出了一番大事业。

总之，儒家道德不仅仅是通过教义去教导人，而且还通过耻感来自律，通过身体力行来体验教化人，通过修己而最后达人。知耻的作用不仅仅在于成就道德，另一方面它可以使人产生奋斗雪耻，成就一番事业的动力。

---

① 《朱子语类》卷十三。

2. 与政治相结合的政治特征

儒学自从产生以来，就与政治紧密结合，密切关注并回答时代的课题。对于儒学与政治的紧密结合，可以主要从两个方面来理解。

首先，儒家关注时代课题。春秋时期，社会制度发生变革，政局动荡。如何使社会秩序稳定下来，是当时人们普遍关注的时代问题。孔子以恢复"有道"的社会局面为己任，提出了以"中庸"为最高原则的思想方法，建构了以"仁"为核心的思想体系，用"仁学"来充实"礼治"，主张社会改良。战国时期，如何巩固新兴的封建制度，是迫切需要解答的时代课题。孟子提出"仁政"学说，荀子提出"隆礼重法"主张，皆力图拯救乱世，使社会秩序化。

后世的历代儒家莫不密切关注现实政治。西汉董仲舒从维护封建大一统，抬高王权的社会政治需求出发，构建了一个以宣扬君权神授、天人感应为中心的庞大思想体系，从"天"上为"王道之三纲"寻找根据。宋明理学家们，不管是张载、二程，还是朱熹、陆九渊、王阳明，都从"天理"高度，来论证封建等级制度、道德规范的合理性与永恒性，要求人们自觉遵守封建的等级制度与道德规范。

回答时代课题与解决现实问题，向来是儒家学术研究的目的所在。这反映了他们具有强烈的社会责任感、历史使命感与务实精神。正是这种精神，使得儒学思想与社会政治紧密结合。

其次，儒士是政治担当的主要承载主体。因为儒家思想的主要代表人物，大都是一身而二任，既是思想家，又是政治家、社会活动家。他们一方面从事理论研究，另一方面又直接从政治国理民。其理论研究往往围绕着时代课题而展开，是直接为当时的社会政治服务的。他们怀着强烈的社会责任感，力图从世界观的高度，寻求根本的治国良方。①

"学而优则仕"是传统儒士的理想，这种理想不但影响到个人的政治生命，同时也对个人的人生价值与人生作用有着重大影响。但如果远离政治

---

① 刘太恒：《论中国传统道德的基本特征》，《郑州大学学报》（哲学社会科学版）1999 年第 4 期，第 3—5 页。

中心，真正的儒家还是能够一如既往地呈现政治担当的精神。正如荀子所言："儒者在本朝则美政，在下位则美俗。"① 对于经历过宦海沉浮的儒士政治家而言，仍不乏可贵品质之人。例如，范仲淹在政治得意、失意之间所谓"居庙堂之高则忧其民，处江湖之远则忧其君"。可见，现实的地位与身份只能影响传统儒士们政治参与的形式与作用而已，却不能影响其政治关怀的热情。

儒家具有兼济天下的抱负与深沉的忧世态度，使他们关心社会，留心时事。儒家的国家与民族利益的至上性，强烈的社会责任感与奉献意识，对本民族的前途与人民冷暖的倾心关注，对本民族的由衷自豪与自信等，对世人时时刻刻起着激励与警策的作用。

3. 以群体为本位的整体特性

儒家文化是一种尚群的文化，在人与社会的关系中，其价值观念显示出一种明显的整体性特征。注重群体和人际关系，把人看作是群体的分子，认为人是具有群体生存需要、有伦理道德自觉的互动个体，每个人的命运都和群体息息相关。"群体本位"思想及其延伸是中国传统文化的核心，群体本位思想是建立在家族血缘群体基础上的，它强调以群体为中心，以群体利益为核心利益，个人只是群体的组成部分，强调个人对家族、国家等群体的责任、义务、贡献。

在"家国同构"的中国传统社会，以血缘关系为纽带，人们对父母尽孝，对国家效忠，儒家将对父母的孝与对国家的忠结合在一起，从而使皇权与宗法制度统一起来。这样，既强调权威，又强调角色，使外在的社会与内在的价值之源合为一体，便体现出华夏民族"群体本位"思想的基本特征。其实，儒家伦理道德就是为了论证个体必须服从整体，个人必须归属于群体关系，只有在这个特定的关系中才能明确自己的责任和义务。

血缘结构的群体人际关系是中国传统社会人际关系的根本性基础，其他各种群体人际关系，归根到底，都是这一基础在社会和国家层面的衍生与放大。在传统中国人看来，血缘关系是人际关系中最重要的关系，君臣如父

---

① 《荀子·儒效》。

子，朋友如兄弟，可见君臣、朋友等非血缘关系均可由此推出，个人在这种群体人际网络中，几乎没有"自我"的空间与余地，中国人习惯于将个人称为角色而不称个体，就是因为其具有群体生存需要，是有伦理道德自觉的主动的个体。儒家伦理的核心——以家族为基点的群体本位，是千百年来贯穿于中国道德价值观的主线。

儒家伦理的群体本位奉行人伦至上哲学，推崇社会人伦、等级、义务，具体可概括为以下几方面：

第一，以宗法血缘关系为纽带，将个体置于宗法整体的等级关系网上。儒家伦理的群体本位思想用"五伦""三纲六纪"的道德理论论证个体必须服从整体，个体必须归属于群体关系中，只有在群体中个体才能体会到个人的存在感，个人利益、个人价值都以群体为存在条件，儒家严格按照长幼、尊卑、亲疏的等级标准去处理人际关系，即所谓"君君，臣臣，父父，子子"。个人的存在变成了宗法关系网络上的一个纽结，任何个体性存在都是这个网络上的一分子、一个环节。

第二，家族本位是中国传统伦理的基本精神。人们同家族荣辱与共，始终以振兴家族为己任，重视自己对于家族的责任与义务。个人代表的不仅仅是当事人自己，更代表整个家庭的兴衰荣辱。衣锦还乡、光宗耀祖不仅被当作个人的一种荣耀，更是一种使命。个体的人生价值与亲人、家族息息相关。这种深受家族本位影响的价值观和人生观，使得家族成员之间互相甘愿牺牲自我。这种重家庭、重亲情的价值观念也赋予中国文化特别浓重的人情味。

第三，乐群利群的基本价值取向。儒家提出"明分使群"，要求建立"群居和一之道"。① 荀子言："力不若牛，走不若马，而牛马为用，何也？曰人能群，彼不能群也。"② 在他看来，人与动物的本质区别就在于人能群，而动物不能群；换言之，人与动物相比，其优越性不在自然生理的力量，而在于其结合在一起的整体社会力量。这是儒家的乐群思想，但要乐群就必须

---

① 《荀子·荣辱》。
② 《荀子·王制》。

"利群"，利群就是要维护群体利益，即发挥道德作用，将群体利益置于个人利益之上，使小我之私服从大我。实质上，儒家伦理道德的群体价值取向，无非就是要求人们在个人利益与社会整体利益发生矛盾冲突之时，应当牺牲个人利益，维护社会整体利益。其实，"忧以天下，乐以天下"就体现了儒家关于群体的基本价值取向。

"礼治"是儒家贯彻"群体本位"的基本途径。儒家"礼治"极力推崇群体本位观，将个体组织在固定的社会等级秩序中，又通过灌输礼治思想，抹杀个性，进而维护群体秩序。"礼治"要求"克己复礼"，用群体的"礼"压抑和限制个体的自由、个体的意志、个体的发展。规定按长幼尊卑亲疏的等级名分去处理人际关系，同时遵循相应的礼仪、制度，从而促使人际关系的和谐化、社会的秩序化。

重义轻利是儒家群体意识的价值取向。儒学道德精神的基本价值观是一种兼顾个人与他人、平衡个人与社会、倡导和谐公正平等的合理群体主义。

儒家强调的群体本位影响中国传统文化的特征，中华民族对统一性和整体意识的诉求是非常突出的，素以重视整体利益，鄙弃极端个人主义而著称于世。整体精神要求一切从国家和整体利益的原则出发，"见利思义""先义后利"，反对"见利忘义"。整体精神表现在政治上就是维护国家的统一；表现在文化上就是"和而不同"，兼收并蓄；表现在伦理价值上，就是以身、家、国、天下利益递升服从，正确认识个人、家族与国家的关系，正确认识局部与全局的关系，顾全大局，必要时牺牲个人利益，保护整体利益为价值取向。集体主义是中国传统文化的重要价值观，它在维护族群团结与国家统一方面起着重要的历史作用。

4. 重实际与稳定的实用特性

以儒家为主体的中国传统文化，具有鲜明的务实事、戒空谈的经世致用特点，李泽厚将这一特点概括为"实用理性"，"关注于现实生活，不作纯粹的抽象的思辨，也不让非理性的情欲横行，事事强调'实际''实用''实行'，满足于解决问题的经验论的思维水平，主张以理节情的行为模式，对人生世事采取一种既乐观进取又清醒冷静的思维态度"；"重人事关系，重具体经验"。① 实用理性，就是非常关注现实的、此岸的价值，以解决社会、人生的实际问题为出发点和归宿。实用理性可谓儒家文化的基本精神之一。

首先，经世致用，贵在务实。实用理性精神在孔子、孟子、荀子以及后儒的思想和言论中多有体现，例如，《论语·宪问》记载，子贡问君子。孔子曰："先行其言而后从之，君子耻其言而过其行。"君子对说大话做小事或者说空话不做事的行为感到羞耻。孔子反对知而不行或"言而过其行"的人，希望人们少说多做，而不要多说少做甚至只说不做。孟子强调："知者无不知也，当务之为急"；"尧舜之知而不遍务，急先务也。"② 即后人所说的"急用先学"。

儒学向来提倡经世致用。所谓经世致用，就是要坚持将儒学的道德要求和思想主张应用于个人的修养和国家、社会的治理，也就是儒家所倡导的"修身、齐家、治国、平天下"和"实干兴邦"。西汉武帝"独尊儒术"，就是要把积极进取、致用为上的儒家学说确立为治国理政的主导思想。正是由于儒学作为中国传统文化的主干，充分发挥了治国理政、开物成务的实践功能，才不仅成就了它对中国文明发展不断作出重大贡献，而且保证了它不断从社会实践中吸取养分，不断丰富和发展。这也是儒学能够长久保持旺盛生命力的一个法宝。③

其次，实事求是的思维方式。早在《汉书》中，班固就称颂河间献王"修学好古，实事求是"。④ 唐人颜师古注为"务得事实，每求真是也"。在儒学发展过程中，实事求是精神是一以贯之的。"实事求是"这一命题原本是儒家实用理性思维方式的经典表述。关怀人生，关注现世，求真务实，这是儒家文化的一个显著特色。

明清实学派彰显了传统儒学的"经世致用"精神。实学者无不有强烈

---

① 李泽厚：《论实用理性与乐感文化》，载《实用理性与乐感文化》，三联书店 2008 年版，第 1—54 页。
② 焦循：《孟子正义·尽心上》。
③ 参见滕文生《儒学文化的特性与前途》，《人民日报》2016 年 2 月 18 日。
④ 《汉书·河间献王刘德传》。

的社会问题意识，正如顾炎武《日知录》卷首所言："事关民生国命者，必穷源溯本，讨论其所以然。"这就是"实学"之博大胸怀，"实事求是"之真内涵。在这样的思想原则指导下，清代实学思潮才具有"务当世之务""勇于任事""致力创新""注重调查""引古筹今"的特点。①

"实事求是"可以说是明清实学的时代精神。明代思想家吕坤认为，"实学"之"实"为"民生国计"的"实务"。②明朝末年东林党领袖高攀龙认为，"实事"为"通事务、谙时事"，③他还强调"学问必须躬行实践方有益"。④戴震作为清代实学的代表，对"实事求是"作出了前无古人，后启来者的崭新定义："举凡天地人物事为，求其必然不可易。"⑤"天地人物事为"其实就是今天所谓"客观存在的事实"，也就是实事求是。

清朝末年，在西方文化的冲击下，儒家学者更加重视经世致用。首先是魏源好经世致用之学，主张关心社会现实，提出"贯经术、政治、文章于一"的思想和"以经术为治本"的方针。鸦片战争以后，魏源开始提倡向西方学习，将经世的重点转向于"师夷长技"。其后便是以儒学治军的曾国藩提出"理学经世派"，力求在理学的外衣下发挥实事求是的精神。⑥

"经世致用"作为儒学悠久的传统思想，提倡学术要面向现实，服务现实。每当社会面临危机之时，进步的知识分子往往以此为号召。近代经世思想及其学术学风的导向，为有识之士探索救国救民的真理提供了积极的思想底蕴，对西学的引进和传入有着积极的促进作用。

再次，力行意识与实践品格。儒家提倡积极的人生态度，强调人们应当投身现实、奋发进取，儒家是力行主义者，如孔子《论语·宪问》强调："士而怀居，不足以为士也。"作为有理想有抱负的知识分子，应当走向社会、服务于社会，否则，贪图安逸，饱食终日，无所用心，就是"士"之耻

---

① 中国实学研究会主编：《实学文化与当代思潮》，首都师范大学出版社2002年版，第275—278页。
② （明）吕坤：《去伪斋文集·自撰墓志铭》，江苏巡抚采进本。
③ （清）高廷等辑：《东林书院志》卷五，清光绪七年刻本。
④ （清）高廷等辑：《东林书院志》卷六，清光绪七年刻本。
⑤ 胡适：《戴东源的哲学》，安徽教育出版社1999年版，第27页。
⑥ 参见朱昕旻《实事求是与儒家实学精神》，见 www.jinchutou.com/p—23452329.html。

辱。《中庸》曰："力行近乎仁。"儒家所谓"力行"不仅指道德修养和道德践履，而且也指社会政治实践。道德修养或道德实践即通过修身或自我改造以达其"内圣"目标；社会政治实践即通过事功或社会改造以达其"外王"目标。"内圣"有赖于"立德"，即注重人的自我身心修养以挺立道德人格；"外王"有赖于"立功"，即在社会上成就一番大事业以挺立政治人格。所以《大学》在强调"修身齐家"的同时，紧接着便讲"治国平天下"，儒家特别强调实践的重要性。其君子"自强不息"就是要求人们直面现实，锲而不舍，知难而进，发奋进取，完善自我，改进社会。

从中国历史来看，儒家的力行意识及其所体现的务实倾向和刚健自强精神，对于中华民族品格的形成产生了重要影响，中国人形成了崇尚身体力行的价值取向。崇尚身体力行，以实干著称的利国利民者，自古至今，代不乏人，史不绝书。如北宋的范仲淹、王安石、明代的张居正等人就是领导社会变革的著名实学家。他们的变革从不同程度上推动了中国社会的向前发展。

总之，重视现实生活、学以致用，形成了儒家文化之实事求是的思想方法、身体力行的价值取向、经世致用的治学传统。儒家文化突出的现实精神，对于陶冶中华民族性格，形成务实的生活态度，起了重要作用。与其他民族相比，中国人立身行事讲究脚踏实地，从实际出发，实事求是。治国安民重视现实的民情，解决现实问题，并以历史经验教训为鉴。日常生活则从家庭人伦和自己的职业出发，重视道德实践，踏踏实实地做人，在现实中履行自己的义务，实现自己的价值。因此，中华民族的性格总是显得实实在在，脚踏实地。

不可否认，儒家思想源于家国一体的中国传统宗法社会，是小农经济下的血缘文化、亲情文化，它本身也存在着鲜明的局限性。一是保守有余创新不足。孔子主张"述而不作，信而好古"，强调继承前人的传统为主，少有新的创造。这种根深蒂固的保守思想，在一定程度上压抑了人们的创造性，使得各种新生事物难以出头与发展。二是等级观念压抑了人的个性与创造性。"礼"是儒家思想的一个特色，体现了尊卑等级意识。在各种"礼"的规范下，人往往被培育成循规蹈矩、千人一面的谦谦君子，往往限制了人们的个性与才能的发挥。三是过分注重人际关系。儒家过分注重家庭、社会的各种人际关系，引导人们把精力投放到人际关系上来，势必影响人们业务能力与办事效率的提高。四是过分注重道德而轻视法律的作用。儒家文化是道德文化，治理国家，特别强调人们的道德素质，因而往往将道德看得比法律更根本、更重要，这导致法律精神不足。五是"中庸"方法论，不利于培养人们敢闯敢干、改革创新的精神。"中庸"追求一种恰到好处的"适中"，这无疑与敢闯敢冒、改革创新是相矛盾的。

尽管儒家文化有其历史局限性，但毋庸置疑，儒学反映了中国传统社会的自然经济状况，也反映了中国历史演变的独特之处，是一笔宝贵的遗产。在现代社会、现代生活中，我们仍然能够从儒家文化里汲取许多有益的智慧与养分，以服务于现代文明建设。

三、儒家文化的地位与影响

儒学是中华文化的主体，对中华传统文化的影响是全方位的。儒学成为中华民族的精神支柱，起到了塑造国民精神的作用，亦有益于解决当今人们在精神层面的危机，促进和谐社会的建设。

（一）儒学的地位与贡献

古往今来，儒家学说之所以被强调，是与其特殊价值和意义分不开的。

1. 儒学的地位

儒学成为中国文化的主流，是由儒学的基本精神、历史发展，客观地确定的，而不是什么人的一厢情愿。传统中国社会是伦理本位的社会，而儒学则是中国人的生活方式、行为方式、思维方式、情感方式和价值取向的结晶。

儒学在中国传统文化中的地位，学界有不同看法，归纳起来，大体有四种观点：其一，大多学者认为儒学是中国文化的代表，是中国传统文化的主流，儒学对中国文化的塑造和影响是无与伦比的。如钱穆说："儒家思想形成中国民族历史演进之主干，这是无疑的。……儒家思想是中华民族之结

晶，是中国民族文化之主脉。"① 张岱年亦说："儒家学说是中国传统文化的
主导思想，这是众所周知的历史事实。"② 其二，中国文化是以道家为主干或
主体的。如鲁迅曾说："中国文化的根柢全在道教。"③ 陈鼓应与白奚合著《老
子评传》说"道家思想在中国哲学史上居于主干地位"，"哲学的主干"不同
于"文化的主干"，两者不应该混淆。其三，中国传统文化是儒道互补为主
体的多元结构。如冯友兰指出："中国思想的两个主要趋势道家和儒家的根
源，它们是彼此不同的两极，但又是同一轴杆的两极。"④ 赵吉惠认为："中
国文化的发展，不管在形态上发生过怎样的流变，其内在的构成始终是以儒
道两家思想为主体的。"⑤ 其四，儒道佛三教鼎立说。⑥ 不少学者以儒道佛三
教并立与合流为基本线索，阐述中国传统思想文化的发展历程。他们认为，
魏晋以降，儒道佛三家成为三大主流学说，其中以儒为主体，以道、佛为辅
翼，互相渗透，互相推动，他们的合流影响着中国文化的全局，其他各教各
家皆不能与之比拟。

　　总体而言，儒家学说是中华主流文化，是凝成中华民族精神的主流。
儒学提倡德化社会、德化人生的思想对中国人产生了极其深远的影响，成为
华人世界共同的文化心理基础。儒家思想不是建立在对彼岸世界或来世的憧
憬上，也不是建立在抽象的理论上，而是建立在此世界的世俗、人情中，落
实在可知可感的心灵上。从这个意义上说，儒家思想在中国历史上的主体地
位和巨大作用是其他任何思想都无法取代的。儒家文化在中国传统文化中的
主体地位，决定了中国传统文化的发展趋势，它已经超越时代、历史，升华
为引领整个民族的民族精神，成为整个民族精神信仰的文化底蕴。直至今
日，儒家文化仍具有一种积存深厚的民族文化认同的凝聚力，起着中华民族

① 钱穆：《儒家之性善论与其尽性主义》，载《中国学术思想史论丛》卷二，安徽教育出版社 2004 年版，第 1 页。
② 张岱年：《儒学与中国传统文化》，《文史知识》1988 年第 6 期，第 7—10 页。
③ 鲁迅：《致许寿裳》，《鲁迅全集》第 11 卷，人民出版社 1957 年版，第 353 页。
④ 冯友兰：《中国哲学简史》，北京大学出版社 1985 年版，第 2 页。
⑤ 赵吉惠：《儒学命运与中国文化》，陕西人民教育出版社 1991 年版，第 120 页。
⑥ 以上观点参考韩星《儒学与中国文化——2006 年 8 月 12 日在西安市图书馆的公益演讲》，来源于中国孔子网。

团结和国家统一的重大作用。

2. 儒学的贡献

儒学在中国传统文化中有着极其重要的作用，中国传统文化精神通过儒学体现，在悠久的历史发展过程中，形成了优秀的儒家文化价值理念，"以儒治世"被历代统治者所推崇。"以佛治心，以道治身，以儒治世。"明白地道出了中国传统文化中儒家文化的特殊社会功用。汉代以后，儒家思想一直在官方意识形态领域占据正统地位，对中国官学文化发生着广泛而深刻的影响。

儒学和以儒学为主干的中国传统文化具有重要的思想价值。对此习近平同志概述道：

> 包括儒家思想在内的中国优秀传统文化中蕴藏着解决当代人类面临的难题的重要启示，比如，关于道法自然、天人合一的思想，关于天下为公、大同世界的思想，关于自强不息、厚德载物的思想，关于以民为本、安民富民乐民的思想，关于为政以德、政者正也的思想，关于苟日新日日新又日新、革故鼎新、与时俱进的思想，关于脚踏实地、实事求是的思想，关于经世致用、知行合一、躬行实践的思想，关于集思广益、博施众利、群策群力的思想，关于仁者爱人、以德立人的思想，关于以诚待人、讲信修睦的思想，关于清廉从政、勤勉奉公的思想，关于俭约自守、力戒奢华的思想，关于中和、泰和、求同存异、和而不同、和谐相处的思想，关于安不忘危、存不忘亡、治不忘乱、居安思危的思想，等等。中国优秀传统文化的丰富哲学思想、人文精神、教化思想、道德理念等，可以为人们认识和改造世界提供有益启迪，可以为治国理政提供有益启示，也可以为道德建设提供有益启发。①

由此可见，儒学以及以儒学为主干的中国传统文化中蕴含着中国特色的思想

---

① 参见习近平《在纪念孔子诞辰 2565 周年国际学术研讨会暨国际儒学联合会第五届会员大会开幕会上的讲话》，《人民日报》2014 年 9 月 25 日。

价值，应结合当今的时代条件加以继承和弘扬，使之为消除社会现代化中存在的弊端，为解决社会现代化带来的难题服务。

儒家对于中华民族精神的形成作出了伟大的贡献。例如，儒家先哲所倡导的"天下为公"的无私奉献精神，"见利思义"的以义制利精神，"自强不息"的积极进取精神，"革故鼎新"的改革变通精神，"仁者爱人"的博爱大众精神，"厚德载物"的宽厚包容精神，"克勤克俭"的勤劳俭朴精神，"致中和"的尚中贵和精神，"居安思危"的民族忧患精神，"杀身成仁""舍生取义"的英勇献身精神，"富贵不能淫、贫贱不能移、威武不能屈"的人格独立精神等。这些都是儒家先哲概括出来的。它们都属于中华优秀民族精神的重要内容，是儒家对构建中华民族精神的创造性贡献。

儒学对于巩固中华民族的团结，起了巨大的积极作用。儒学被中国各民族所共同接受，成为中华文化的主体，在形成中华民族这个特定的共同体过程中，发挥了其他文化不可替代的凝聚作用。今天儒学仍是团结海峡两岸各民族的精神力量与文化纽带。

以儒家文化为主体的中国传统文化不仅为亚洲文明也为世界文明进步作出了重大贡献。在当今世界，儒学的思想价值可以用来为实现各国各地区共同发展、维护世界和平、建立以合作共赢为核心的世界新秩序、促进和改善全球治理服务。和平与发展是世界的主题。中华民族所特有的和平基因，应该生发、传承、发扬开来，为人类的幸福和安宁，为世界的文明和进步作出更多贡献。

（二）儒学与东亚文化圈

东亚作为一个地理概念，大体包括中国、韩国、日本、新加坡等国家。这一区域在文化传统上与儒学保持有深厚的渊源关系。东亚各国和地区虽然经济与社会状况风采各异，但在历史上都与儒家文化有着十分密切的联系，同属儒家文化圈，并渗透着儒家文化所特有的精神品质。东亚文化圈亦称儒教文化圈，特指在历史以至于现代，接受儒家文化重要影响并且成为某种民族精神主导的那些区域或国家。

20世纪六七十年代，在东亚地区，日本、韩国、新加坡等国快速崛起并且成功地转变为现代化国家。东亚地区自古以来深受中国儒家文化的影响，在以儒家为主的各种文化浸润下，东亚地区形成了一套不同于西方的价值观体系，于是这种以儒家思想为主的，对东亚模式起着决定作用的价值观，被称之为"东亚价值观"。

以儒家文化为核心的东亚价值观的主要特征有三：一是强调集体而非个人。东亚儒家文化更倾向于强调群体。群体是指家庭、家族、企业等。二是强调协调和稳定。在群体成员间，群体之间发生矛盾时，强调协调解决，重视固有秩序的稳定。三是重视人际关系。儒家文化总的来说是以调节人和人之间的关系为核心的。儒家文化的"仁、义、礼、智、信"所说的都是人际关系。

儒学文化促进了东亚经济的起飞和现代化，在一定程度上抵御了西方文化思想的消极影响。儒学文化思想对东亚资本主义的迅速发展的积极作用主要表现为：东亚经济的起飞是在西方发达资本主义国家充分显示其弊端、价值观念和道德沦丧的情况下起飞的，东亚一些国家比较成功地利用了儒学思想在抑制个人主义、巩固血缘亲情和家庭伦理、协调人际关系、遏制物质欲望无止境的追求等方面的作用，形成了有利于经济发展的良好的文化和道德氛围，经过吸收和革新的儒学思想和主张变成了化解经济起飞相伴生的消极方面所采取的一种文化政策。

纵观日本、韩国、新加坡和中国的台湾、香港等东亚国家和地区的现代化经验，充分说明了现代化要根植于本国本地的文化传统。这些国家和地区经过对儒家传统文化进行适应现代化的转化、改造，从而使儒家文化不同程度地对现代化和经济的发展起到了促进的作用。儒家文化倡导忠诚、责任感、献身精神、集体主义等价值观，无疑对东亚地区的社会和经济的协调发展创造了有利的条件。

总之，在多元文化竞争共存、互相融会沟通的世界文化格局中，随着中国与东亚儒家文化圈经济实力的大大增长，儒家文化对于经济与社会发展的促进作用也将日益为人们所认识。

（三）儒学的世界传播与影响

1. 儒学在世界的传播

首先，儒家思想在东亚的传播，以朝鲜与日本的儒学传播为典型。历史上朝鲜是中国以外儒家思想传入时间最早、传播领域最广、接受儒家思想影响最深的国家。自秦汉时期儒家思想传入朝鲜半岛后，逐渐成为朝鲜封建社会的正统思想。孔子在韩国也被尊为"大成至圣文宣王"，韩国不仅拥有儒教学会、儒教文化研究所等机构，而且在许多所大学里还设有专门研究儒家思想的学科。亚洲金融风暴过后，韩国挖掘儒家思想的精髓，把传统文化融入现代生活之中。

儒家思想在大和时代进入日本，儒家思想逐渐融入日本人的思维方式、行为情感及生活方式之中，成为日本民族性的重要组成部分。幕府统治建立后，积极推广儒家价值理念，提高儒学的地位。德川家康时期，朱子学成为官学，《论语》等儒家典籍被大量刊行。《论语》被称为"最上至极宇宙第一书"。明治维新后，日本在向西方学习的同时，明确规定"道德以孔子为先"。日本在把《论语》作为道德教化的经典依据时，并将其应用于经商之道。日本商业之父涩泽荣一把其成功归功于《论语》，写成《论语和算盘》一书。其"《论语》加算盘"理论，被日本工商界奉为实业指南。

其次，儒家思想在西方的传播，以欧美为典型。根据英国学者李约瑟的记载，儒家思想在公元 2 世纪即传到欧洲，虽然欧洲人当时并没有看到真正的儒家著述，但西汉人张骞出使西域时所表现出的不畏艰险、永不放弃、效忠国家的精神，给欧洲人带去了震撼与敬佩。后来，欧洲人马可波罗游历到中国，他在中国一边经商，一边游历名山大川，写下了《马可波罗游记》，介绍这个被儒家思想浸润的富裕的国家，让整个欧洲为之疯狂。德国唯心主义哲学家莱布尼兹是较早接触儒家思想的一位西方学者，早在 1676 年，他就已经读过儒家书籍。莱布尼兹认为，在政治、伦理方面，中国远胜于欧洲。耶稣会士来华传教本来是为了宣扬基督文化，但同时将儒家思想传播到了欧洲，并掀起了热潮。耶稣会解散后，由于在华传教事业的衰落，欧洲的迅速发展以及中国自身的封闭等原因，儒家思想在欧洲的传播处于衰落状态。到 19 世纪上半叶，由于两次世界大战的影响，中国的儒家思想在欧洲又有复兴之势，翻译家也翻译了不少儒家作品，但其所产生的影响并不大，难与18世纪相媲美。

美国人对儒家学说的认识大约是从19世纪开始的。美国传教士来到中国后，先读儒学著述，后办教会学校。在两种思想结合过程中，儒家思想不胫而走，传到了美国。1844年，美国学者爱默生说："孔子是中华文化教育的中心，是哲学上的华盛顿。"这点燃了美国人对孔子的热望，从此，美国各地相继成立了各种形式的研究机构，开始致力于孔子思想与东方哲学的挖掘。

2. 儒学对世界的影响

除前述东亚儒教文化圈之外，儒家思想传入西方之后，对西方社会也有其深远的影响。这主要表现为三个方面：一是宣扬儒家的道德情操，为西方的政治体制改革做准备。二是羡慕并推广中国农业文明，其代表人物是被尊为"欧洲的孔夫子"的法国重农学派的弗朗斯瓦·魁奈。三是间接影响了法国大革命。儒家思想影响了法国的一批思想家，如伏尔泰、魁奈等，从而在无形中或无意中从某个思想角度推动了启蒙运动和法国大革命。在法国大革命时期的"人权宣言"中写道，"自由是属于所有人的，做一切不损害他人权利之事的权利，其原则为自然；其规则为正义；其保障为法律；其道德界限则在下述格言中——己所不欲，勿施于人。"

20世纪后半叶，迎来了西方《论语》译介与研究的兴盛与拓展期。《论语》对西方的思想文化也产生了重大影响。孔子及其《论语》中揭示的社会理性与人伦道德生活法则，是欧洲启蒙运动时期知识分子的追求目标。孔子在《论语》中提出的一系列政治法则和解决社会问题的思路，成为欧洲思想界竞相学习、研读的范本。

1945年联合国制订的《世界人权宣言》中提到的"人各赋有理性、良知，诚应和睦相处，情同手足"，无不体现了《论语》中"四海之内，皆兄弟也""仁者爱人"的价值内涵。1974年，美国成立了由各国政要参与的孔子文教基金会，开始推动世界尊孔运动，在世界范围内推广孔子思想，希冀从孔子的智慧中找到解决当代人类生存发展困境的答案。

儒家的仁爱忠恕之道，"己欲立而立人，己欲达而达人""己所不欲，勿施于人"的思想，早已成为世界上所有《人权宣言》《世界伦理宣言》中的黄金规则。以上原则与儒家自尊尊人、和谐相处之道，在今天的国家、民族、宗教、文化间的交往对话中，越来越受到重视。儒学经创造性转化与创新性发展，在现代世界有助于促进自然、社会、人生的协调和谐发展，克服人类与族类素质的贫弱化。儒学智慧对解决今天的世界性难题可以提供更多的启示。

3. 儒学价值观的全球性

儒学在中西对话中向世界贡献与世界共享的价值观。任何制度、体制和规范的设计，环境的营造和公民的素质、精神状态都离不开思想、理念、价值和信仰的支撑。儒学可以向世界提供经现代诠释和创造性转化的一系列价值观，如"仁爱""天下为公""大同理想""协和万邦""忠恕之道""天人合一""和合""包容""中和""泰和""和而不同""中庸之道"等思想理念都具有全球性，可以在世界程度的被宣扬被接受。

儒家"仁爱"价值观体现了人与人和谐相处、互尊互爱互助的崇高道德。仁爱，是儒家思想的核心内容，这一思想贯穿于其政治、教育、伦理、文化主张的诸多方面，尤其是在做人的问题上。如果社会成员人人如此"爱人"，整个社会就会安定太平。这是孔子"仁"说的基本内容和基本精神。这种价值理念对于协调国际矛盾和冲突，建立平等和谐的国际新秩序和友爱共荣的人际新关系具有重大的意义。

儒家"诚信"价值观体现了实事求是、尊重客观实际和守信、守礼、守法的精神。儒家诚信观就是以要求人们在思想情感、行为上都诚实无欺、讲究信用为基本含义。儒家诚信观念是社会和谐、世界和谐的重要要求。

儒家"中庸"价值观推行"中道"，强调的是不走极端，体现了公正、务实、协调的精神。中庸思想启发人们对影响、决定、形成事物的各种因素全面考虑择善从之。在处理各种矛盾的时候，中庸思想要兼顾两面拒绝非此即彼的态度，对于国际社会的安定、平和无疑具有积极意义。

儒家和谐思想有益于构建和谐世界。"和而不同"的基本精神就是独立自主和互相尊重，亦即"和为贵"。在儒家看来，如果一味追求"同"，不仅不能使事物得到发展，反而会使事物走向衰败。这种价值观对正确处理民族、国家之间以及不同文明或文化传统之间的关系，化解冲突和矛盾构建和谐世界，改变对抗性思维，树立求大同存小异、共处竞争观念具有普遍的规范指导意义。发扬此种精神，将其进一步提升为"爱其所同，敬其所异"，既有助于维护民族团结和社会稳定，也有利于维护世界和平。

　　总之，儒家价值观体系中的仁爱、诚信、中庸、和谐这些价值观念，经过数千年文化变迁和社会实践证明，是有利于人类生存发展及社会进步的精神财富，它们不仅对当代中国社会具有积极的影响，而且在世界多元文化中也扮演着道德人文主义的角色，对于人类社会的和谐稳定、人类素质的全面提升、人类的永续性发展，对于当今构建和谐社会与和谐世界有着极其重要的借鉴价值。

第二章　儒家文化与传统政治

儒家文化从政治制度来看，其本质是一种以等级为标志的君主专制政治，它强调君权，但儒家所强调的君权，是一种施行"王道"，强调民本、德治、仁政的君权。仁政德治是儒家伦理政治思想的核心，它作为一种社会理想，是通过君主修己教人，在每一个体德性完善的基础上实现天下和谐的理想社会状态；它作为一种治国方略，提倡富民以发展经济、教化以提升精神境界，以促进物质与精神文明。为了实现仁政德治，儒家设计了一系列具体实践途径，如"正己""举贤""富民""教民"等，其中展现出儒家文化特有的人文精神与积极入世精神。儒家的政治思想①作为中国传统政治思想的主流，它深刻影响着中国传统政治，对现代政治文明建设亦具有现实的借鉴意义。

一、民为邦本思想的内涵与现代价值

民为邦本是儒家政治理论的基石。儒家认为，民众是国家的根本，对国家的盛衰兴亡起着决定性的作用，要求执政者重视民心民意，为政以德，制定政策要考虑到民众的利益与愿望。儒家民本思想对中国古代政治学说和君主政治的实际运作都产生了深刻影响。

---

① 关于儒学的政治思想方面的研究论著，可以主要参考皮伟兵《和为贵的政治伦理追求（和视域中的先秦儒家政治伦理思想研究）》，上海三联书店 2007 年版；王杰《先秦儒家政治思想论稿》，人民出版社 2011 年版；傅永聚、任怀国《儒家政治理论及其现代价值》，中华书局 2011 年版；安靖如《当代儒家政治哲学》，江西人民出版社 2015 年版等。

（一）儒家民本思想的发展

儒家民本思想的形成有一个历史发展的过程，它是古代社会政治实践的总结。从孔子的"爱民"到孟子的"民贵君轻"、荀子的"君舟民水"，再到汉唐以来的形形色色的民本论，民本思想被不断充实、丰富。

民本思想最初产生于西周时期，周人提倡"敬德保民"。周人鉴于夏朝与商朝的灭亡教训，强调"天惟时求民主"，[①] 这种看法实际上是把民意作为天命转移的根据。周人的高明之处就在于在这一基础上进而提出了"敬德保民"。这标志着出现了冲破神本的樊篱，走向人本、民本的新时代之曙光。

儒家主要从民众的地位与作用出发，提醒执政者要重民贵民。《尚书·五子之歌》指出："民可近，不可下；民惟邦本，本固邦宁。"这是劝说统治者要重视民众，因为正是民众构成了国家的根本，只有民众安居乐业，国家才会稳定安宁。西周统治者主张通过"保民"而求得社会的长治久安。为了实现"保民而王"的政治目的，西周统治者还提出了"显民""恤民""惠民""裕民""明德慎罚"等思想原则。

战国时，随着社会变革的纵深发展，儒家民本论也有了较大发展。孟子强调："民为贵，社稷次之，君为轻。"[②] 他将民置于君主和国家之上，其"民贵君轻"的理论在历史上影响甚大。荀子认为"天之立君，以为民也"，[③] 虽然将君主的起源归之于天，这是一种陈腐的观念，但将立君的目的归之于"为民"，则是一种非常进步与富有新意的观念。荀子强调爱民是统治者的大节之一，"故君人者，欲安，则莫若平政爱民矣"。[④]

至西汉初年，贾谊在总结秦亡历史教训时则提出了"民无不为本"的思想。《新书·大政上》曰："闻之于政也，民无不为本也。国以为本，君以为本，吏以为本。故国以民为安危，君以民为威侮，吏以民为贵贱。此之谓民无不为本也。""民无不为本"，即无不以民为本，国家政事无论哪方面都应以民为本。这就集前代"保民""重民""贵民"思想之大成，明确提出了

---

① 《尚书·多方》。
② 《孟子·尽心下》。
③ 《荀子·大略》。
④ 《荀子·王制》。

"民为政本"的观点。此后，民本思想流传不衰，后世略有作为的封建统治者亦不断为之补充新的内容。

明清时期，一些思想家将"民无不为本"思想发展为初步的民主思想。黄宗羲《明夷待访录·原君》指出："古者以天下为主，君为客，凡君之所毕世而经营者，为天下也。"在他看来，古代是以天下为主人，君主为客人，君王一生所努力做的事，都应该是为了天下。这就强调，君主只是天下的公仆而已，民众才是君臣们为之服务的主人。

儒家之所以主张以民为本，是因为他们认为民众是国家的主体，民心向背决定了国家的盛衰兴亡。孟子就强调，国家兴亡在于是否得民，人和则国昌，人散则国衰，即"天时不如地利，地利不如人和"。① 儒家还认为得民心者得天下，失民心者失天下。荀子意识到君民关系如同舟与水的关系，"君者，舟也；庶人者，水也。水则载舟，水则覆舟"。② 这是比喻民众的力量足以推翻一切暴君。贾谊则强调民众的力量是不可战胜的，"自古至今，与民为仇者，有迟有速，而民必胜之"。③ 有鉴于此，他提醒统治者，一定要善待邦本之民。

既然民众是国家之本、君主之本、官吏之本，就要爱本安本，就必须千方百计消民怨、得民心、顺民意。为了赢得民心，孔子告诫统治者，"为政以德，譬如北辰，居其所而众星共之"。④ 这就是说，执政者对民众有了爱心，实行德政，民众自然也就像群星朝北斗那样爱戴执政者。否则，就会像荀子所谓"有社稷者而不能爱民，不能利民，而求民之亲爱己，不可得也"。⑤

儒家指出，天子不能违背天意，天意就是民心。儒家提倡执政者心中要有民众，要爱民安民，"忧民之忧""乐民之乐"，对民众要"恭俭礼下"，因为"治国之道，爱民而已"。⑥

---

① 《孟子·公孙丑下》。
② 《荀子·强国》。
③ 《新书·大政上》。
④ 《论语·为政》。
⑤ 《荀子·君道》。
⑥ 刘向：《说苑·君道》。

儒家对怎样爱民的问题论述颇多，汉代刘向《说苑·政理》的一段话可谓最具有代表性：

> 利之而勿害，成之勿败，生之勿杀，与之勿夺，乐之勿苦，喜之勿怒。此治国之道，使民之义也，爱之而已矣。民失其所务，则害之也；农失其时，则败之也；有罪者重其罚，则杀之也；重赋敛者，则夺之也；多徭役以疲民力，则苦之也；劳而忧之，则怒之也。故善为国者，遇民如父母之爱子，兄之爱弟，闻其饥寒为之哀，见其劳苦为之悲。

这就是说，爱民体现在为政举措上，要利民富民。概括其要义有三：一是使民以时。正如孔子所言"道千乘之国，敬事而信，节用而爱人，使民以时"。[①] 因为中国传统社会是以小农经济为主的农业社会，"使民以时"也就是刘向所说的不使"农失其时"。二是轻赋敛徭役。统治者减轻民众负担的赋税徭役，是利民富民的有效措施。孔子曾经感叹过"苛政猛于虎"，他强调统治者应当"节用"，孟子主张"取于民有制"，反对统治者横征暴敛可谓历代儒家的共识。三是除害兴利。刘向所谓"利之而勿害"，用现代通俗的话说，就是为民除害兴利办实事。刘向在《说苑》中曾举过大禹治水的例子，说大禹"疏河以导之，凿江通于九派，洒五湖而定东海，民亦劳矣，然而不怨苦者，利归于民也"。这是赞美大禹为民除害兴利的爱民之举。

综观儒家民本思想，其目的就是为了维护统治秩序，但也客观反映了广大人民的利益，在中国历史上有其进步性与积极意义。

（二）儒家民本思想的积极作用与历史局限

1. 儒家民本思想的进步性与积极作用

民本、重民，作为儒家的政治思想，是历代王朝的基本政治原则之一，对中国古代君主政治的实际运作都有着深刻的影响。自从儒学在汉代获得"独尊"地位之后，儒学就成为国家意识形态，为政治统治服务，历朝历代

---

① 《论语·学而》。

的不少君主与大批士大夫既是儒家学者，同时又是执政者。因而儒家民本思想的直接积极意义就体现在历代的政治生活中，它使历代统治阶层认识到民众是国家的根本。儒家学者把民众视为邦国之本，把君和民的关系比喻为舟与水的关系，水可载舟，也能覆舟，希望统治者能够爱惜民众，让民众安居乐业，统治阶级与被统治阶级之间能够和睦相处，这是封建统治长治久安的政治需要。君与民，统治者与被统治者，本来是一个矛盾的两个方面，为了获得民心，稳固自己的统治地位，统治者就必须努力实行仁政、德治，大力发展社会生产，促进经济发达，尽量减轻赋税，以满足广大民众的基本生活需求，让人民安居乐业。

"民为邦本""民为君本""民贵君轻"作为儒家民本思想的内容，奠定了人民在国家和社会发展中极其重要的地位。"民惟邦本，本固邦宁"是儒家政治思想最核心的价值，儒家这种以民本为核心价值的德治思想，表现出了极大的进步性与人民性。尽管儒家的民本与现代意义上的民主相去甚远，但它无疑体现了古代的政治文明，有着深刻的社会历史意义。综而观之，儒家民本思想的进步性与积极意义主要可概括为几个方面。

首先，肯定了民在社会中的价值。"民为邦本"即民众是国家的基础、根本，这个思路来自儒家学者对国家、君主、臣民之间相互依存与制约关系的认识，是他们在充分总结历代兴衰的基础上，以及充分体会广大民众疾苦的过程中所得出的宝贵经验。儒家告诫统治者，要使得统治长治久安，就必须清醒地认识善待人民的重要性。

在长期的政治统治过程中，统治阶级也逐渐认识到民心向背是维持社会稳定的基础。儒家"民贵君轻"的主张，民水君舟的比喻，时刻给统治者以警醒，使统治阶级不敢过分欺压广大民众，以免激起民愤，颠覆自己的统治。儒家的民本思想，虽然与西方的民主思想有着本质的区别，但在中国传统社会中，毕竟儒家思想的这种体民心、察民情、解民意，以民和、民生为本，在客观上也要求了统治阶级必须实行亲民政策，对被统治阶级实行仁政与德政，善待广大农民，确保农民基本利益不受侵犯。毋庸置疑，这其中的积极意义是显而易见的。

其次，缓和阶级矛盾，维护传统社会的政治稳定。儒家"民惟邦本"

的观念就是承认"民"是社会与国家物质财富的主要创造者，如果缺少了广大民众的劳动创造，民生也就无从谈起。爱民、重民思想体现了统治阶级对民众地位与作用的清醒认识，促使统治者实行"仁政""德治"。民本思想是封建王朝统治合法性的基础，它对统治者有一定的劝导与制约力量，历代思想家与政治家倡导君主要为政以德，勤政爱民，官吏要廉洁自律，为民做主，在一定程度上起到了缓和阶级矛盾，维护社会安定的作用。

综观古代中国的政治统治之现实状况，民本思想就像一根中轴线，历代统治者的政策措施都围绕这根轴线波动。[①] 当统治者能够充分认识到民众的重要作用，实行的政策与这根中轴线比较接近之时，社会矛盾、社会冲突就会比较淡化，阶级矛盾就会相对趋于缓和，民众的生活条件就会有所改善，社会也就比较安定。与此相反，当统治政策偏离这根中心轴线较远之时，社会矛盾、社会冲突就会比较突出，阶级矛盾就会比较尖锐、激化，其后果就是往往导致人民起来造反，社会动荡不安。

历史事实证明，"治"有利于生产力的发展，促进社会的稳定与进步，对人民有利；相反，而"乱"则破坏生产力，妨碍社会的稳定与发展，对人民不利。古代那些重视以民为本的统治者，在其统治期间大都获得了较好的政绩，社会发展比较平衡，社会矛盾也相对不突出；与此相反，则会引起社会极大的动荡。

再次，促进传统小农经济的稳定发展。儒家思想比较注重民众的物质利益，倡导的一些富民经济措施，能够保护小农经济，促进了社会经济的发展。中国古代是农业社会，是以一家一户为生产单位的自给自足的自然经济，它以农业经济与家庭手工业相结合为特色。对于这种传统经济模式的发展，孟子曾提出了相应的建议，如"五亩之田，树之以桑"，让人民"养生送死无憾"等，他充分认识到人民生活有保障，社会才能安定发展。孟子主张"取于民有制"，以减轻人民负担。宋代大儒程颢与程颐兄弟认为，社会财富是依靠"民"来创造的，因而社会稳定的根本出路就在于"劝农桑"，

---

① 参见王文贵《中国传统民本思想及其与社会主义民主之异同》,《理论与改革》2000 年第 1 期，第 26—28 页。

以确保民富国强。儒家认为要解决当时国用不足、衣食不丰的唯一办法就是大力发展农业生产。毋庸置疑，儒家提出的经济措施对稳定古代社会秩序、促进社会经济发展起到了显著的作用。汉至清代，凡统治者能够采取惠民减负经济政策的朝代大多比较繁荣。

此外，"民惟邦本"的思想也成为历代士大夫精英的政治信条，哺育了一大批关心人民疾苦的思想家、文学家与政治家。儒家民本思想也是历代有理想有抱负的士大夫们用来规谏统治者实行善政、仁政的理论依据，还是进步思想家用以反对封建专制和经济剥削的重要思想武器。

总之，儒家民本思想对统治者具有一定的劝导和制约力量，历代思想家倡导君主要"为政以德"，勤政爱民，各级官吏要廉洁自律，为民做主，造福于民，在某种程度上起到了缓和阶级矛盾，维护社会安定的积极作用。封建统治者把民众视为邦国之本，希望民众能够安居乐业，这是基于期望封建国家长治久安的政治需要。儒家的民本思想重视民众在国家与社会中的地位与作用，在一定程度上维护了民众的权益，具有积极的历史意义。虽然儒家的民本思想与现代国家权力属于人民的民主思想有着本质的区别，但儒家重民贵民、爱民安民、利民富民的思想与做法，也为当代的"以民为本"提供了历史的借鉴。

2.儒家民本思想的历史局限性

不可否认，虽然儒家民本思想在中国古代为社会的稳定发展发挥过重大作用，但它根本不能与现代民主思想同日而语，其历史局限性是显而易见的。儒家民本思想生存于一个以小农经济为基础、以专制王权为核心、以宗法关系为纽带的中国传统社会，这就决定了它必然由重民而转向崇君。传统儒家的民本思想把政治理想实现的希望寄托在统治者身上，期望统治者能够良心发现，惠顾民众，儒家只是从道义上发出重民的呼喊，却缺乏制度上的保障。

就儒家民本的历史局限而言，主要体现为以下几个方面：

首先，儒家民本是对民主的否定。虽然儒家民本思想强调"民"是国家之基础，也是一种带有人民性的政治学说，但其主旨还是解决君主的天下如何得以长治久安的问题，如何更加有益于君主的治国治民。有鉴于此，传统儒家民本思想始终围绕着"君"这个中心，是以君为本位的。儒家民本思想总体而言还是站在统治者的立场，是以"君为民主"作为理论前提与政治基础的。儒家"民为邦本"论虽然承认了"民"在政治中的重要作用，但并没有承认"民"的政治地位，"民"始终处于一种消极被动的地位，只能是通过统治者的惠民利民政策在物质上得到某种程度的满足，而不能从根本上改善其政治地位，因而民主也就无从谈起了。

儒家民本思想作为封建专制主义的产物，虽然有利于提醒统治者实行德政、仁政以惠民利民，有利于减轻社会矛盾、协调阶级矛盾，但它始终无法逾越为封建专制主义服务的圈子。所谓"民惟邦本，本固邦宁"，不过是儒家对古代专制君主的提醒与劝诫，绝非实际意义上的民主观念。有鉴于此，儒家"民本"与现代"民主"的基本含义在本质上是不同的。儒家民本思想中虽然也有对民众的同情、怜悯，但是其出发点仍然是君主，不可能产生出赋予民以权力的民主思想内容。换言之，表面上是民本，实质上是君本。君是主体，而民始终是被动接受的客体。因此，儒家民本思想包含着"为民做主"的含义，而现代民主思想则包含着"由民做主"的含义。儒家民本思想导出的仅仅是统治者的治民之道、得民之道、保民之道。

其次，儒家民本是对平等观念的漠视。历代儒家宣扬民本思想，目的就是为君主专制的长治久安服务，因而向来受到有政治远见的君主之青睐。然而，在君主专制统治与官吏特权皆不容挑战的中国传统社会，儒家这种民本思想既缺乏制度保障，也缺乏物质保障。儒家把君与民区分为轻重，这本身就有悖于人人平等的本来意义，因为人人平等是无所谓轻重贵贱之别的，一切社会差别、等级都是人为的、非民主的。有鉴于此，儒家民本、重民思想的实质不是由民作主，是人治而不是法治，其民本所谓对民众的重视，是被当作统治者的恩赐自上而下的，此"民"并不是当家作主的国家主人。

总之，儒家民本思想始终在"重民"层面上发展，无法超越自身完成向民主思想的转变。其历史局限性及其成因同时向我们昭示：建设中国特色的社会主义民主政治，不能仅仅停留在儒家"重民"的层面，满足于"为民作主"，而必须在治国方式、民主精神等方面进行全方位的改革，才能确保实现人民当家作主的政治权利。

3. 儒家民本与当代"以人为本"的不同

产生于古代社会的儒家民本思想与我国社会主义新时代所提倡的"以人为本"思想存在着明显的区别。

首先，儒家民本之"民"与现代"以人为本"之"人"有着根本差别。儒家民本思想中的"民"是指处于封建统治最底层的农民，是统治者维护自己统治的基础。儒家民本思想的"民"是具有阶级性的，是封建社会中的被统治阶级，完全是封建统治阶级的附庸。传统"民本"的实质就是"君本"，就是把广大的劳动农民作为维护自己长久统治中的一环，但农民却不能同封建统治阶级一样享有同样的政治权利。

现代"以人为本"中提到的"人"是指社会主义社会中的公民，是国家的主人，每个公民都享有各项基本的政治权利。当代中国的国体是人民民主专政的社会主义国家，人民既是国家的统治者，又是国家制度的维护者，"以人为本"就是以最广大的人民为根本，对我国所有的公民公平对待，让其享受平等的权利与义务。当代"以人为本"的本质，不是为了维护执政党的持续统治，而是为了最终实现人的自由而全面的发展。

儒家"民本"是以维护封建统治秩序为前提的，其实质上却又阻碍实现真正的以民为本。尽管儒家民本思想在中国古代为社会稳定发挥过重大作用，但其局限性也是显而易见的，因为儒家民本思想是在肯定当时君主专制统治的前提下倡导重民，是要向君主献策，把爱民、重民、惠民、利民作为巩固君主统治地位的手段。由于其阶级利益是与广大人民群众的利益根本对立的，这就决定了封建统治者不可能真正做到重民爱民。中国古代的专制统治者是不可能也从来没有将民本作为治国主导思想的。维系中国古代社会的思想基础是君权至上的君本思想。即使是历史上有的"明君"从维护与巩固政权统治的根本利益出发，也只是带有理想主义色彩的对民本思想进行过极其有限的实践，这就使得儒家民本思想在很大程度上成为仁人志士的一种良好愿望。

其次，儒家民本与当代"以人为本"的目的不同。传统民本思想的形成本身就带有强烈的阶级性与目的性，其根本目的是维护封建统治的长治久安，维护统治阶级的利益。虽然儒家民本思想认为得民之道的关键在于惠民利民，让广大民众获得物质利益，保障其最基本的生活，但广大民众作为被统治阶级依然要受到统治阶级的残酷剥削。不可否认，相对于统治者施行暴政而言，儒家"民本"的统治思想具有明显的双赢性质，统治者为了长治久安，也会稍微关心民生，重视民意，保障人民的基本利益。统治者也懂得民心向背关系着国家兴亡，"暴其民甚，则身弑国亡；不甚，则身危国削"；"桀纣之失天下也，失其民也，失其民者，失其心也。得天下有道：得其民，斯得天下矣"。① 在重民、惠民政策实施以后，民众获得了最基本的利益，相应地也会承认统治阶级的统治地位，封建统治才能够得以稳固发展。儒家民本思想立足于统治阶级的仁政，希望统治者有良好的德行，明显带有一定的局限性。

现代社会的"以人为本"思想虽然也有其目的性，但是其目的与儒家民本思想是根本不同的，中国共产党是全体人民的政党，广大人民的最根本利益就是党的最高目标与最终目的。"以人为本"思想是党提出的发展策略之核心，是在深刻理解马克思主义的基础上，根据我国国情提出的科学发展理论，把最广大人民的根本利益与社会成员的个人利益统一起来，坚持以人民群众为本，最充分地满足个人利益，保证个人利益，实现人的全面发展。

再次，儒家民本与当代"以人为本"对民众的态度不同。在中国古代社会，广大农民始终是处于被统治的地位，任何统治政策之目的都是维护统治者的统治与利益，儒家即使认识到了民众是社会的基础，其民本思想也无法避免这种维护专制统治的局限性。儒家民本思想在一定意义上站在了统治阶级的立场，为统治阶级提供了指导思想与统治方略。为了维护统治阶级的江山社稷，为了使封建统治得以长治久安，善待农民只是一种必要的手段与方法而已，其对农民的善待是极其有限的，虽然农民的生活环境比统治者实施暴政时会稍微好些，却永远无法享受到与统治阶级同等的社会权利。

当代"以人为本"的根本目的是为了实现最广大人民的共同和全面发展，"以人为本"中所提及的"人"就是最广大的人民群众，同时也包含了执政者。党和国家的根本目标同人民群众的利益是一致的，这也就决定了执

---

① 《孟子·离娄上》。

政者必然会全心全意满足广大人民群众的利益。在对待人民群众的态度上也始终强调了社会公平、人人平等，强调了对弱势群体给予尊重与关爱，强调依法治国，人民群众共同享有所创造的劳动成果，按劳分配，人民群众也享有相同的权利与义务。

（三）儒家民本思想的现代转换

任何现代的新思想，如果与过去的思想文化完全没有关系，就好像无源之水、无本之本，绝不能源远流长、根深蒂固。儒家民本思想经过现代转换，可以为现代政治文明建设服务。

1.转换儒家民本为当代执政为民

要想转换儒家的"民本"思想为现代的以人为本，就要先认清二者的区别，当代的"以人为本"是在儒家政治伦理思想基础上的发扬和光大，但必须从它的本来意义上"扬弃"它，要通过这个形式获得新内容。只有这样才能真正地做到合理借鉴，把儒家民本思想中的精华成分提炼出来并加以浓缩，进而为当代的"以人为本"服务。

儒家民本思想虽然有意识地强调了君主权力，但在长期的封建政治体制与君主专制的统治下，所谓"民本"思想，既不包含广大民众的话语权，更不包含其政治权力，因而广大民众根本不可能成为社会真正的主体。儒家"民本"思想的根本目的，就是为了维护封建专制政权的利益。而当代社会的"以人为本"明确了其思想的核心，确定了人民群众是社会活动的主体，是社会主义社会的主人。在建设中国特色社会主义的过程中，符合维护好、实现好、发展好最广大人民群众的根本利益，中国共产党以落实党的宗旨为最高目标；尊重群众，把民众的根本利益和社会发展紧密联系起来，这也是我们党现在工作的出发点与落脚点。

中国共产党一直以"立党为公，执政为民"为指导方针，积极组织人民行使其自身应有的权力，实现权力体制的民主化，真正做到"以人为本"。总体而言，当代的"以人为本"理念对于儒家的民本思想既有发扬又有摒弃。

当代"以人为本"的执政理念，弘扬和改造了传统民本思想治国方略中的合理成分，成为对传统民本思想超越和升华的更新境界。儒家认识到民众是国家的根本，主张统治者决策时应当认真听取民众的意见，把民心、民欲作为政治实践的指导思想，要接受来自民众的舆论监督。儒家强调君主的权力来自民众，君主理应按照民意行使手中的权力。而当代"以人为本"的执政理念就是对中国古代"为政贵民"思想的扬弃。例如，把传统"民为邦本"思想，以及从统治阶级利益出发的重民爱民惠民思想，扬弃为从人民利益出发的"为民执政"思想，依靠人民支持与保证人民当家作主的"由民作主"思想；将基于所谓政治施恩让步的"让民监督"转变为政府主动的"由民监督"思想。

儒家民本的重民意思想对于加强我国执政党自身的建设，具有重大的借鉴意义。中国共产党人把传统儒家的民本、重民意识发展为党的工作方法与领导方法，这就是从群众中来到群众中去的群众路线，由此相应地形成了党的密切联系群众的独特作风。我党的这种工作作风，是将人民群众的社会实践与根本利益作为出发点，已经大大超越了传统的民本重民思想。如果社会主义国家权力不是用来为广大人民群众谋取福利，而是被某些人用来谋取个人私利或小集团之利益，就会丧失民心，失去人民的拥护，最终被人民推翻。我党提出的"以人为本"正是把人民的根本利益放在了首位，只有执政为民，中国共产党才更加赢得人民群众的信赖和拥护，执政地位才能得到巩固，从而提高了执政能力与执政水平。

2.继承儒家民本理念，促进现代民主进程

民主作为近代社会的产物，它不仅指在自由、平等、正义等基本原则的基础上，建立起来的以"主权在民"为基本特质的社会政治制度，而且也指为保证这种制度的实现，按照少数服从多数的原则所建立起来的活动规则与程序。完善民主与法制是现代政治文明的首要任务，它不但关系着现代中国社会的稳定与政治活力，也从政治层面反映了中华文明发展的水平。

儒家的民本、德治作为农业文明的产物，是为统治阶层的利益所设计的一种政治伦理学说，它不仅与现代民主制度、原则是无缘的，甚至还是根本对立的。有鉴于此，像现代新儒家那样认为儒家人文精神可以自发"转出"现代民主，其实是一种不切实际的想法。然而，这并非意味着儒家的民本、德治理念在现代民主建设中属于无用之学，更不意味着当代民主政治不需要传统道德文化的观照。儒家的民本、德治思想，对当代的民主生活仍然具有现实的借鉴价值。

儒家"民本"虽然没有制度上的保证，没有人民主权与公民权利的观念，但它至少在观念上肯定了"民"的价值与基本利益。尽管当代民主不仅仅限于此，但显然也包括这些内容。在社会主义制度下，既然由人民当家做主，各级行政官员都是为人民服务的，那就应该在政治生活中真正实行"以民为本"，而绝非"以官为本"。孟子所谓"民贵君轻"，虽然在传统社会只是停留在观念上、口头上，但它在理论上则确定了执政者、政府、人民之间应有的地位与关系。我国现代社会主义政治应该充分体现"民为贵"的价值理念。

儒家的"民贵"思想中潜藏着民主思想萌芽。即便是民主思想的萌芽，它仍然代表着中国早期"民主意识"，直至慢慢发芽成长为真正的民主思想。当代我国社会主义社会，广大人民成为国家主人，成为创造历史的真正动力，这种思想理论虽然也来源于马克思主义，但儒家民本思想显然是这种观点的"民族土壤"。由此可见，儒家民本思想是有利于社会政治发展的一种积极的、有生命力的思想。

儒家民本思想，对于我们如何更好地建设社会主义政治文明，确保人民当家作主人，具有重要的历史意义。顺应民意、民利应该作为我们党制定一切政策，进行一切工作的出发点与归宿，执政党应充分地认识到为政之根本在于民心。

在发展社会主义民主，建设社会主义政治文明的过程中，我们应该大力弘扬传统儒家民本思想中的积极因素，高度重视广大人民群众当家作主的基础地位。为此，我国需要不断深化政治体制改革，积极推进社会主义民主的制度化、规范化与程序化，保证人民群众在理性的、合法的政治参与中，逐步实现自己当家作主的目标。具体而言，需要坚持和完善人民代表大会制度等中国特色的民主政治制度，丰富各种民主形式，保证人民依法实行民主选举、民主决策、民主管理、民主监督，确保广大人民群众的主人翁地位，真正达到以民为本，让广大人民群众当家作主，成为国家社会的主人。当下，儒家民本思想在社会主义政治民主建设过程中，仍然能够彰显其积极的现实意义。

其实，无论在过去、现在和未来，民主都是管理社会的手段，是工具而非目的。社会主义不能没有法律制度与程序，但目的则在于协调群体与个体的关系，使群体价值与个体价值都能充分实现。儒家的民本、德治理念根本没有法律制度来保证，基于历史的限制，儒家一般也不尊重个体的政治权利，这种传统必须剔除。但儒家强调群体价值、群体利益，则是应当肯定的。一种民主制度与民主程序，如果不能够维护群体利益，而只是少数政客谋取私利的工具，那它绝不是现代文明的表现。我们中国共产党的民主集中制就是一种既能够体现民主制度与民主程序，又能维护群体利益的社会主义特色的民主政治制度。

总之，传统儒家民本思想是以"人治"为前提，以小农经济为基础的，只是包含了若干"民主"思想的萌芽，它与真正的民主思想是截然不同的。社会主义民主政治最本质的特点是人民当家作主；一方面人民赋予政府各级领导者以管理的权利，另一方面又要求政府和各级管理者必须全心全意地为人民服务。从这个意义上说，儒家"民本"思想虽然不能直接"转出"现代民主，但却为我们今天确立起人民当家作主的观念，以及树立领导干部的公仆意识都提供了可资参用的精神资源。与此同时，即使当下我们已经建立起来的民主制度与民主程序，也需要有传统道德对其进行人文与情感的观照。当代的社会主义民主制度必须蕴含着优秀的文化基因，凝结着健全的伦理关系、价值关系及其评价尺度，它才能产生出良性的社会效应。

二、仁政惠民思想的历史经验

儒家以民为本，主张统治者实行仁政，宽厚待民，施以恩惠，从而让广大民众能安居乐业。这就强调王者富民，实现民众利益是政治统治的首要任务。儒家仁政惠民思想，重视民众利益论，对历代统治者产生了深远影响，颇富现代意义。

（一）孔孟仁政富民思想

儒家政治伦理学说中，"仁政"乃是其核心部分。而"仁政"、德治与惠民、利民是密切相关的。儒家以民本思想为基础，提出了系统的利民、惠民、富民的思想主张。他们认为民富是社会稳定的基础，要富国，必先富民。儒家这些思想和主张对中国传统社会政治经济思想的发展产生了极为深远的影响。

德惟善政，政在养民是儒家所倡导的政治理念。早在孔子之前，大禹就提出了"德惟善政"的思想。《尚书·大禹谟》云："德惟善政，政在养民。水火金木土谷（即所谓'六府'）惟修；正德利用厚生（即所谓'三事'）惟和。"这就是说，满足人民物质生活的需要，使人民丰衣足食，这是德政的根本，养民富民为治国之首。"德惟善政，政在养民"一句中所谓的"善政"，与后来儒家所主张的"德政""仁政"是同一意思。孔孟儒家在继承前人思想的基础上，提出了较为系统的仁政富民思想。

首先，富民乃"政之急"。孔子将"养民""富民""安民"看成从政者的首要任务加以强调。在国家与社会的诸多事务中，儒家认为民生是最紧迫之事。鲁哀公问政于孔子，孔子答道："政之急者，莫大乎使民富且寿也。"① 正因为富民是最为急切的，所以儒家常常将民生置于优先的位置来认知与讨论。如子贡问政于孔子，子曰："足食、足兵，民信之矣。"② "足食"就是指民生，意为国家治理的关键是要安排好人民的生计，要让人民吃饱穿暖，保障人民的基本生活。在孔子看来，为政者实行惠民政策，"因民之所利而利之""择可劳而劳之"，方能"惠而不费，劳而不怨"。③ 孟子继承孔子的"仁学"思想，将其扩充发展成包括政治、经济、社会、思想等各个方面的施政纲领，就是其"仁政"学说。

其次，民富为安民致治的前提。儒家认为现实的经济利益决定人们的意识，即所谓的"恒产决定恒心"，孟子对此有充分的阐述："无恒产而有恒心者，惟士为能。若民，则无恒产，因无恒心。苟无恒心，放辟邪侈，无不为已。"④ 此处的"恒心"，既指人的道德意识，也包含人们的社会认同与依

---

① 《孔子家语·贤君》。
② 《论语·颜渊》。
③ 《论语·尧曰》。
④ 《孟子·梁惠王上》。

礼循则的秩序观念。在孟子看来，此"恒心"与社会治乱密切相关，缺乏"恒心"，社会就会陷入无序和混乱。孟子在此提出了一个重要观点，那就是财产与道德的关系。孟子重视对民众的教化，但他并非站在空中楼阁上发表空论，而是主张给予老百姓产业之后才具备教化的基础。如若不然，缺乏基本生活保障的民众就会铤而走险，做违法犯罪之事。正所谓"夫腹饥不得食，肤寒不得衣，虽慈母不能保其子，君安能治其民哉！"① 在缺吃少穿的状况下，君主是无法正常治理百姓的。

正因为此，儒家主张保证民众的基本生活。孟子提出，若"制民恒产"，使每户有百亩之田、五亩之宅，家家栽种桑树，又饲养鸡、豚、狗、彘之畜，就会人人安居乐业，社会自然稳定和谐。"是故明君制民之产，必使仰足以事父母，俯足以畜妻子，乐岁终身饱，凶年免于死亡。然后驱而之善，故民之从之也轻。"② 有鉴于此，儒家认为富民有着迫切的现实合理性与必要性。孟子告诫统治者要"重民""保民"，使民"有恒产"，才能赢得人民的拥戴。他主张民有恒产，即作为生产资料的土地，以保证人民的生存权利；主张薄赋轻税，减轻民众的负担，提倡政府要有救济灾民的措施；主张按农业生产的规律，不妨碍农作的农时，同时提出对自然资源的合理使用，勾勒出一幅男耕女织的农村自然经济的图画。荀子还在"富民""保民"基础上进一步提出富国强国的任务，并认为富民与强国之间具有内在的一致性，"下贫则上贫，下富则上富"，因而"裕民以政"才会富国强国。荀子强调："故王者富民，霸者富士，仅存之国富大夫，亡国富筐箧、实府库。筐箧已富、府库已实，而百姓贫，夫是之谓上溢而下漏，入不可以守，出不可以战，则倾覆灭亡可立而待也。"③ 荀子告诫为政者："不富无以养民情，不教无以理民性。"④ 足见儒家把"富之"与"教之"作为民生的两项基本内容，强调了富民对于治国的极其重要性。

再次，富民是善政之标志。在儒家政治理念中，人民生活的品质是判

① 《汉书·晁错传》。
② 《孟子·梁惠王上》。
③ 《荀子·富国》。
④ 《荀子·大略》。

定社会治理好坏，政权善恶的一个重要标准。换言之，能够让民众安居乐业、生活富裕的社会，就可谓好社会或理想社会。例如，孟子认为，"王道"社会就是能让人民生活无忧的乐土，"使民养生丧死无憾也。养生丧死无憾，王道之始也"；① 能让人民过上丰衣足食的富裕生活，也就达到了理想的"圣人之治"。宋代名臣范仲淹的《陈十事》对此阐发道："此言圣人之德惟在善政，善政之要，惟在养民。养民之政，民先务农。农政既修则衣食足，衣食足则爱体肤，爱体肤则畏刑罚，畏刑罚则盗寇自息，祸乱不兴。是圣人祸乱不兴之德发于善政，天下之化起于农亩。"简言之，"善政"就是给人民好处或造福于民的政治。因而儒家深信：理想的社会，治理良善的社会，必然是民富的社会。

儒家把富国裕民作为安邦兴邦之本，从总体上反映了社会发展的客观要求与人民的根本需要，也抓住了治世之道的精髓，为历史上各朝代的从政者所重视。②

（二）儒家仁政富民思想的进步性与局限性

1. 儒家仁政富民思想的进步性

首先，富民惠民作为儒家仁政德治思想的要略，它有利于防止暴政，缓和社会矛盾。儒家求富，不只是追求国库的充实，更重视的是民众财用充足，他们认为，只有先民富而后才能真正实现国富，"百姓足，君孰不足"，"裕民则民富，民富则田肥以易，田肥以易则出实百倍……如是则国富矣"。③ 对于那种横征暴敛求国富以供自己挥霍享受，不顾百姓贫困饥饿的统治者，孟子进行了尖锐的批判："庖有肥肉，厩有肥马，民有饥色，野有饿莩，此率兽而食人也。"④ 儒家重视民众的物质利益，倡导的一些富民经济措施，促进了生产发展，维护了社会的安定。中国传统社会是小农自然经济下

---

① 《孟子·梁惠王上》。
② 龙静云：《仁政：先秦儒家政治伦理的核心及其借鉴价值》，《道德与文明》2000年第3期，第44—47页。
③ 《荀子·富国》。
④ 《孟子·梁惠王上》。

的农业社会，孟子提出了为民治产的经济政策，让民有"恒产"，并提出了相应措施，从而让人民"养生送死无憾"等，充分认识到人民生活有保障，社会才能安定兴盛。儒家所提倡的"薄赋敛""取于民有制"的思想，减轻人民的负担，不仅有利于保障人民的基本生活，亦有利于缓和社会矛盾。

其次，促进社会秩序稳定与经济发展。儒家要求从政者"因民之所利而利之"，[1]实行"养民也惠"的经济方针。由此，孔子主张把"仁者爱人"的人文关切与安顿民众的生养结合起来，强调统治者要做到利民、惠民、养民，就必须"节用而爱人，使民以时"。[2]孟子把"制民之产"作为实施"仁政"的经济措施之一，认为民众有"恒产"才有"恒心"。在中国传统社会，大凡有远见的统治者，大都能够体察民情，关心民生，因而采取一些轻徭薄赋、休养生息的政策。虽然儒家这种利民惠民设想在中国古代的治国理政中未必得到真正的贯彻实施，但不可否认，它也作为一种政治伦理意识，成为许多开明国君与有识之士的共识，促使他们努力寻求发展生产与改善民生的措施，这无疑有利于社会的发展与进步。宋代大儒程氏兄弟认为，社会财富是依靠"民"来创造的，因而解决政权巩固、社会稳定的根本出路就在于"劝农桑"，以确保民富国强。他们认为要解决当时国用不足、衣食不丰的唯一办法就是大力发展农业生产、通过"劝农桑"以稳民心、励民志，实现富民、强国之目的。显而易见，儒家提出的经济措施对于促进传统社会经济的发展与社会秩序的稳定都起到了重要的作用。中国历史上，有一个明显的历史规律，凡是统治者能够采取惠民减负经济政策，注重民生的朝代多处于繁荣发展时期。

当然，发展生产以解决民众衣食之需是儒家民本思想的重要内容。在中国古代自然经济占主导地位的情况下，所谓的发展生产多数是指发展农业生产，因而重农思想不仅是儒家，也是中国古代的基本经济思想。

再次，对执政者的素质与能力提出了更高标准。儒家反对暴政虐民，要求统治者实行德政，体察民情，关注民生，减轻剥削，要"节用而爱

---

① 《论语·尧曰》。

② 《论语·学而》。

人，使民以时"，①"择可劳而劳之"，②"博施于民而能济众"。③儒家主张在剥削上贯彻"取于民有制"的原则，"薄赋敛"可谓儒家对统治者的一贯要求。儒家的惠民、养民等"利民"经济理念，总体而言，虽然属于传统民本思想的范畴，但从其关心民生而言，更类似于一种经济伦理，是儒家仁政、德治的内容。儒家的仁政、德治在将政治与伦理相结合的基础上，又纳入了"利民"的经济要求，这无疑对执政者的素质与能力提出了更高的标准。

2. 儒家仁政富民思想的局限性

虽然儒家的仁政惠民思想有利于防止暴政，促进小农经济的发展与社会的长治久安，但其局限性也是显而易见的。

首先，儒家惠民思想往往被伦理道德绑架，需要依赖专制君主的仁德。在"家国一体"模式下，政治伦理化是中国古代政治的根本价值取向，政治与伦理道德始终混为一体。中国传统伦理型政治文化最集中的体现就是政治道德化，即以道德替代法律，道德与政治混同，也就是把政治目的、政治秩序、政治权力等归结或者赋予为一种道德观念，从而使政治受到道德的控制，同时又把道德的社会功能引申到政治生活的方方面面，从而扩大道德的政治功能。④有鉴于此，儒家的惠民思想，如果想从思想观念层面实现向制度层面的转变，并能够顺利有效地实施，就必然而然以统治者自身的道德表率为依托，而一旦统治者的个人道德堕落或者自上而下导致的官风腐化开始蔓延，统治阶层的道德表率效应消失，惠民思想的制度基础就会动摇甚至崩塌。显而易见，惠民思想的主体与客体之间的这种恶性互动尤疑使得其实施的空间受到挤压。⑤有鉴于此，在君主专制的中国传统社会，依靠统治者自身道德素质来维系的"爱民、安民、恤民、养民、富民"之慧民政策自然是

---

① 《论语·学而》。

② 《论语·尧曰》。

③ 《论语·雍也》。

④ 张富良：《中国传统伦理型政治文化的德化功能》，《黑龙江社会科学》2014 年第 6 期，第 31—34 页。

⑤ 闫忠杰：《中国传统民本思想的作用及局限性》，《金田》2013 年第 4 期，第 105 页。

十分脆弱的，君主个人的道德表率效应有多么强大，同时就意味着儒家惠民思想付诸实施的制度依托有多么脆弱。

其次，儒家的重民、惠民主张是恩赐式的。统治者是儒家所谓仁政利民的主体，治国应当以民为本，注重民生、民情、民心、民怨、民利，然而，以君主为主体的统治阶层所制定的各种利民政策实质上是虚伪的，并不是发自其内在的爱民利民之真实情感，统治阶层之利民目的无非就是孔子所谓"惠则足以使人"。[①] 因而治民、使人，其实就是儒家利民惠民之目的。儒家的惠民思想是在承认专制君主权威至高无上的前提下，来观照"民"之为"邦本"的。儒家对民众的巨大力量有着清醒的认识，认为民众的暴力革命是历代统治王朝覆灭的原因。因而他们提出重民主张，规劝统治者要重视民生，体察民情，安抚民心，爱惜民力。然而，无论如何，君主是重民、惠民的主体，仁政是重民、惠民的措施。惠民、利民政治的主动权始终掌握在专制君主手中，只是自上而下的恩赐而已。

再次，儒家主张统治者应当重民、惠民、富民、利民，其主要体现为理论层面，缺乏实际操作的实践性。儒家仁政惠民思想的直接目标是维护"民"的利益，其最终目的是维持封建统治秩序的长治久安。儒家认为天意是民意的体现，因而君主处理政事必须以天意为准，以民意为根据。君主的职责就在于爱护民众、施行仁政，而"薄赋敛，省徭役，以宽民力"就是施行仁政、爱护民众的具体措施。虽然儒家的重民、惠民思想中包含着对民意的同情与尊重，但根源于封建专制下的儒家德治仁政思想从来都是从统治阶级的根本利益出发的。儒家所谓"不忍人之政"是从统治阶级的长远利益着想的，是一种对下层民众的可怜与居高临下的恩赐，其目的无非就是为了更好地"牧民"。而儒家的仁政惠民思想要求君主"以民为本""养民""爱民"，提倡"圣君""贤君"政治，这在客观上造成了民众对"圣君"的期待与崇拜心理，使民众相信只要君主具有宽厚仁德，就能保障他们的利益，从而产生了依附心理。这自然使民众缺乏个人的价值追求，放弃争取自身利益的权利，丧失了应有的权利意识。

---

① 《论语·子罕》。

（三）儒家仁政惠民思想的现代启示

儒家提出的仁政惠民思想虽然有其明显的历史局限性，但对今天的国家执政理念仍不乏现实的借鉴意义。

首先，对民生建设与小康社会建设的现实借鉴意义。儒家关注民众利益，强调治国者必须满足人民群众的基本物质生活需求，使民众富裕，才能管理民众。这就要求执政者必须尊重民众追求富裕的社会心理，坚持富民、利民，尊重、爱护、保护广大民众的利益与劳动积极性，这样才能赢得其拥护，有益于社会的长治久安。儒家要求为政者必须大力发展社会经济，增加民众的物质财富，对于当下的民生建设无疑具有现实的借鉴价值。

民生问题在不同的历史时期有着不同的表现。富民是民生的基础，强调当今民生发展的首要任务仍在于如何使民众富庶，只有民富才能本固邦宁，建设小康社会就是要解决民众的就业、医疗、教育、住房等民生问题。在改革开放初期，我国面临的主要民生问题是城乡居民的衣食之忧，因而丰衣足食是当时的主要目标。经过 40 多年的改革开放，居民生活水平有了大幅度提高，目前，良好的教育、稳定的就业、公正的收入分配、健全的社会保障、优美的生活环境、自由平等的发展空间等，日益成为城乡居民的普遍愿望，也成为当下改善民生的主要内容。有鉴于此，早在党的十七大报告中，就把实现"学有所教、劳有所得、病有所医、老有所养、住有所居"作为社会建设的主要目标。

儒家求富，不只是追求国库的充实，更重视民众财用的充足，他们把国富与民富做了区分，并强调只有先民富而后才能实现国富。儒家将民富视为国富的前提这一价值取向在当代仍有现实意义，对于今天而言，这就意味着，在全面建设小康社会的过程中，我们不能只根据经济增长率、国民生产总值、进出口总额等一些指标来判断是否达到小康，而要注重观察国家的富裕是否给广大人民群众带来了实实在在的生活实惠。

其次，儒家的仁政惠民思想可以转换为"发展成果由人民共享"的现代执政理念。如儒家主张节约用度、轻徭薄赋、制民之产，是对已有的社会财富进行分配的方案，其主要目的是减少统治集团所拥有、所享受的社会财富份额，让更多的民众来分享，这与"发展成果由人民共享"的现代执政理念有着相通之处。

当代中国，各种社会资源在不同社会群体之间分配不均的问题是比较突出的，尤其一部分弱势群体分享的社会财富太少。正如党的十七大报告中所指出的那样："人民生活总体上达到小康水平，同时收入分配差距拉大趋势还未根本扭转，城乡贫困人口和低收入人口还有相当数量，统筹兼顾各方面利益难度加大；协调发展取得显著成绩，同时农业基础薄弱、农村发展滞后的局面尚未改变，缩小城乡、区域发展差距和促进经济社会协调发展任务艰巨。"针对这些问题，我国政府正在采取各种有效措施加以改进，通过建立合理有序的收入分配格局与覆盖城乡的社会保障体系，实施积极的就业政策等措施来协调利益分配关系，保证发展成果的普惠性，确保民生水平的提高。①

再次，党的群众路线是对儒家利民思想的继承与超越。儒家利民思想是我国传统文化沉淀的精华，也是当前我国执政党的群众路线教育实践活动的源头活水。探讨传统儒家利民思想，对于深入开展党的群众路线教育实践活动有现实意义。

儒家利民思想中的"民"是指农民，其地位是被动的、是被压迫的政治客体，而专制君主具有最高的政治主体地位，正如典型的"君舟民水"理论。而现代中国的"公民"是社会主义社会中的一员，是具有独立政治地位的主体。我们执政党提出的"以人为本"就是为了尊重人全面发展的诉求，使所有国家公民都能享受平等的权益，人是作为国家、社会的主人而存在的，实现人的自由全面发展成为衡量价值导向的标准。儒家利民思想这种身份的不平等导致统治者不会真正地知晓民心与民意。而党的群众路线"以人为本"理论的提出，群众的政治地位发生了重大改变，即从客体地位转换到主体地位。人民将作为国家的主人来管理国家、关注国家的未来发展，实现人的全面自由与解放。

儒家的重民惠民思想，尤其是历代的重民惠民政策，是从统治阶级根

---

① 王利民：《儒家的民生思想及其现代意义》，《人民论坛》（中旬刊）2010 年第 5 期，第 236—237 页。

本利益出发的，而不是从广大人民的真实利益出发的。因而一旦统治者的统治得以巩固时，或者只顾其利益而放弃人民利益时，他们往往就会毫无顾忌地横征暴敛，盘剥百姓，以致最后自取灭亡。而中国共产党则吸取了儒家重民惠民思想中执政者应当体恤民情的合理因素，不再有阶级的利益冲突，不再把"利民"当作一种手段，"利民"作为共产党人的唯一宗旨与出发点，发展成了全心全意为人民服务的崭新思想。党的一切政策和领导工作、党员干部的言论行为都必须以人民群众的根本利益为最高标准，坚持从群众中来，到群众中去，关心群众疾苦，倾听群众心声，始终做到全心全意为人民服务。

三、德治教化思想的现代启示

"以德治国"作为儒家的政治理念，从政治层面上讲，即强调治理国家以德为先。儒家德治主张体现了怀柔精神与开明思想，因而被誉为王道政治。作为传统，儒家的德治主张不仅因其主导了古代中国的政治运作，在治国安邦中发挥了重要作用；而且依赖于文化传承影响现实生活，对当代的"以德治国"也具有现实的借鉴价值。

（一）儒家的"德治"思想

所谓"德治"，就是以道德作为治理国家的主要手段。"德治"是儒家社会治理思想的核心语最典型特征，儒家认为治国驭民要以德为核心。就儒家的"德治"思想而言，主要体现为几个方面。

1. 为政以德，实行德政

儒家"德治"理论体系，其核心内容之一就是极力提倡"为政以德"。前述民本、仁政惠民都是"为政以德"的体现。

中国的"以德治国"思想渊远流长，最早可以追溯到西周初的周公。周朝建立之初，最高统治者反思历史教训，得出的结论是"皇天无亲，惟德是辅；民心无常，惟惠之怀"。[①] 这就是说，"天"只会辅佐有德之人。"德"

---

① 《尚书·周书·蔡仲之命》。

被周公提到治国安邦的高度来认识，"以德配天""敬德保民"遂成为治国的重要方略。

春秋战国时期，中国传统的德治思想在儒家的大力发展下，形成相当完备的行政伦理体系。孔子明确提出了"为政以德"的主张，他还指出了德治与法治区别："道之以政，齐之以刑，民免而无耻；道之以德，齐之以礼，有耻且格。"① 这就揭示了德治不同于法治的特点，阐明了"为政以德"的独特作用。

儒家强调以德治国，民众才会心悦诚服。孔子提出"为政以德"，就要"尊五美，屏四恶"。所谓"五美"，就是"惠而不费，劳而不怨，欲而不贪，泰而不骄，威而不猛"。② 尊五美的为政之道，体现了孔子仁政治国思想，为政者要使天下百姓人心归服，就得不断修养道德，勤勉为政，克制私欲，宽以待民，减少赋税，实行富民政策，节用爱民，使民以时。统治者关心爱护人民，为人民多办实事，让广大民众受益，自然就会得到人民的拥戴。这样才会出现"其身正，不令而行"的局面。所谓"四恶"，就是"不教而杀谓之虐，不戒视成谓之暴，慢令致期谓之贼，犹之与人也，出纳之吝谓之有司"。③ 在孔子看来，不经教化便加以杀戮叫作虐，不加告诫便要求成功叫作暴，不加监督而突然限期叫作贼，同样是给人财物，却出手吝啬，叫作小气。这是子张向孔子请教为官从政的要领。孔子这里所讲的"五美四恶"是其政治主张的基本点。由此可见，孔子对德治、礼治社会有自己的独到主张。孔子反对苛政与暴政，主张"宽猛相济"，这也体现了儒家中庸的为政原则。孟子继承了孔子德治思想，继续阐发道："以不忍人之心，行不忍人之政，治天下可运之掌上。"④ 荀子把德治进一步发展为礼治："礼之所以正国也，譬之犹衡之于轻重也，犹绳墨之于曲直也，犹规矩之于方圆也，正错之而莫之能诬也。"⑤ 荀子强调以礼治国。其实，在儒家看来，礼是德的外在

① 《论语·为政》。
② 《论语·尧曰》。
③ 《论语·尧曰》。
④ 《孟子·公孙丑上》。
⑤ 《荀子·王霸》。

表现，礼治的实质仍是德治。

后世儒家与历代统治者继承并发扬了先秦儒家"以德治国"思想。唐太宗即位之初，即确定了"专以仁义诚信为治"① 的方针，这就是对先秦儒家德治思想的继承与实践。唐太宗确立了以仁义为治的治国方针，使儒家德治的一系列思想在贞观年间都得到了较好的践行。贞观之治确实是实践儒家德治思想所取得的历史成果，它充分证明了儒家德治思想具有强大的生命力与现实应用价值。正是因为唐太宗在思想、政治、道德、法律诸领域严格执行了先秦儒家的德治路线，从而取得了贞观之治的盛世局面。②

虽然道德不属于政治范畴，但不可否认，道德在社会控制系统中发挥着巨大作用，它能使社会产生良性发展。因而从这个意义上讲，道德与政治又密切相关。这正所谓"'以德治国'要充分重视和发挥道德在社会政治理想形成过程中的重要作用，通过提高人们的道德觉悟，使全社会形成共同的理想信念"。③

2. 为官以德，正己率下

"为官以德"亦是儒家"德治"理论体系的核心内容之一，这就是儒家所强调的官德问题。对于为政者，儒家向来强调要德才兼备，主张提高执政者的政治品德，通过执政者的严于律己、率先垂范，给民众树立榜样，在全社会带出一种良好风气。

首先，以德配位，率先垂范。儒学向来重视修身，正如《大学》所言："自天子以至于庶人，壹是皆以修身为本。"儒家将为政者的修身视为治国平天下的基础。《中庸》载孔子言："知所以修身，则知所以治人；知所以治人，则知所以治天下国家矣。"在孔子看来，一个从政为官者知道怎样修养自己，就知道怎样管理他人，进而就知道怎样治理天下国家了。

其一，儒家主张为政者要以德配位。古人云"有德配位"，就是强调为政者的德性与其职位相匹配，否则就是"德不配位"。荀子强调："德不称

---

① （唐）吴兢：《贞观政要·仁义》，明成化九年内府刊本。
② 陈寿灿：《从贞观之治看先秦儒家德治思想的具体实践与历史价值》，《哲学研究》2002年第9期，第45—50+80页。
③ 陈升：《对以德治国的含义及其学理的探讨》，《道德与文明》2001年第5期，第4—7页。

位，能不称官，赏不当功，罚不当罪，不祥莫大焉。"① 即品德与地位不相称，能力与职务不相称，奖赏和功劳不相称，处罚和罪过不相称，没有比这更不好的。这是强调官员从政道德的重要性。

汉代以来，儒家仍然强调为政者以德配位的重要性。东汉张衡《应闲》有名言曰："不患位之不尊，而患德之不崇。"即不要担心职位不够高，而应该想想自己的道德是否完善。东汉王符也强调"德不称其任，其祸必酷"。② 德行不足以适应所承担的重任，遭受的灾殃必定是严酷的。这些言论强调的都是为政者修身立德的根本作用，代表了儒家文化中经典的"政德观"。其实，为政者的道德表现与民心息息相关，不重视道德建设，直接后果就是作风不正，进而演化为腐败盛行，必定失去民心。这种传统思想是一以贯之的，直到近现代，孙中山先生也曾强调，有了很好的道德，国家才能长治久安。

其二，儒家主张为政者要率先垂范，给百姓作出表率。孔子认为，为政者行善，百姓就会在其感召下趋向于善。"上好礼，则民莫敢不敬；上好义，则民莫敢不服；上好信，则民莫敢不情。"③ 可见领导者的思想作风对广大群众所产生的"上行下效"的心理效应。《论语·颜渊》云："子欲善而民善矣。君子之德风，小人之德草，草上之风必偃。"孔子把为政者的品德作风比作"风"，把百姓的品德作风比作"草"，为政者的品德作风对广大百姓有着重要的引导与影响。

战国时代的孟子、荀子继承了孔子的这一思想。孟子强调："吾未闻枉己而正人者也，况辱己以正天下者乎？"④ 这就是说，自己立脚不正，却要去纠正别人，是不可能的。荀子认为"君子洁其身而同焉者合矣"，⑤ 他还强调："君者仪也，民者景也，仪正而景正"；"上公正则下易直矣。"⑥ 儒家的

---

① 《荀子·正论》。
② 《潜夫论·忠贵》。
③ 《论语·子路》。
④ 《孟子·万章上》。
⑤ 《荀子·不苟》。
⑥ 《荀子·君道》。

这些言论无不说明为政者自身端正可以产生上行下效的积极影响，这对于保证良好社会风气的形成无疑是至关重要的。

其次，立身持正，克己奉公。"正人先正己"，以身作则是儒家一贯的倡导。公正自古就被视作为官的基本美德。孔子认为，修身立德对于执政的最高统治者及其各级官吏尤其重要。从政为官者必须修养心性，端身正行，要求别人做到的，自己首先做到，这样才能治理好国家。《论语·颜渊》载季康子问政于孔子，子曰："政者，正也。子帅以正，孰敢不正?"又曰："其身正，不令而行；其身不正，虽令不从。"孔子把政解释为处事公正、行为端正，这是对政字的准确、深刻的理解。

后世儒家也强调为政者修己正身的重要性。唐代《贞观政要·君道》云："安天下，必须先正其身。"如果想安定天下，必须先端正自身。儒家始终将道德与政治之间直接关联。无论官居何位，权力多大，必须重视自我修身。宋代王安石《洪范传》曰："修其心治其身，而后可以为政于天下。"君主要先修心治身，充实德行，而后才能理政治国平天下。对于从政为官者而言，个人修养水平至关重要，可以说是安邦治国的基础所在，先有修心治身的道德，后有经世治国的政德。

公正首先表现在用人上，正如《吕氏春秋·去私》所谓"内举不避亲，外举不避仇"，也就是要做到不因亲友而不予重用，不以私仇而排斥人才。儒家主张在为人处事上，要公正没有私心，所谓"偏险在于多私"。也就是说，要做到公正与公平必须出于公心。为政者的公私之心对于政治的重要性，南宋朱熹有着深刻认识："一心可以丧邦，一心可以兴邦。只在公私之间尔。"①在他看来，一种心可以导致亡国，一种心可以使国家兴盛。这两种心只是公与私之间的一念之差而已。可见，当政者是否具有公心，关乎国家兴亡。有了公心，可以使国家兴盛；没有公心，一切从私心出发，会使国家灭亡。

需要指出的是，执政者要想廉洁奉公，不徇私情，办事公正，就必须正确处理公私矛盾。在公与私问题上，儒家强调立公废私，《礼记·礼运》强调"大道之行也，天下为公"。"天下为公"，贵在一个"公"字，其旨意

---

① 《四书章句集注·论语章句集注》。

在提倡克己奉公，在于提倡以公德战胜私欲，强调人们对社会、国家、民族的义务与责任感。

再次，公忠体国，勤于政事。①"忠"是中国传统政德、官德。在"忠"的问题上，自古以来存在着"公忠"与"私忠"的区别。对社会、民族、国家利益的忠就是公忠，对某个小团体或某个人的忠则是私忠。"公忠"以"公"为前提，体现了忠德的真正价值。《礼运》所谓"天下为公"，就是公忠体国的最高境界。《左传》就有"以私害公，非忠也"的说法。公忠一直是儒家所倡导、推崇的道德规范。"忠"只有在忠于国家和民族的意义上才是完整的，也是更为高尚的。

尽心尽职是忠的体现。《论语·学而》云："为人谋而不忠乎？"这是强调为别人做事应当尽心竭力。忠有"敬"的含义，汉代许慎《说文解字》释忠为"敬也"。"敬"是与"忠"共融互渗的主要道德概念。近代维新派代表人物梁启超在《敬业与乐业》中说："凡做一件事便忠于一件事……便是敬。"此忠与敬皆体现了尽心尽职的职业道德。尽心竭力既强调竭尽心意、坦荡有为，又强调倾尽全力、为人效力。为政者，爱岗敬业、勤政为民、奉献自我是其本分。

儒家向来重视从政者勤政敬业的职业道德。"肃肃宵征，夙夜在公"，②就提倡夜以继日地勤于政事公务。《论语·颜渊》记载，当子张问政时，子曰："居之无倦，行之以忠。"孔子对为政者提出了勤勉为公、不厌倦懈怠的要求。这是儒家的为官之道。明人《初仕要览》强调："为政在勤，政不勤则百事怠。"晚清名臣曾国藩《劝诫委员四条》说："勤之道有五：一曰身勤，二曰眼勤，三曰手勤，四曰口勤，五曰心勤。五者皆到，无不尽之职。"可见，"勤"乃为官者的本分。随着社会的变迁和经济的发展，从政为官的标准与要求也在发生变化，但勤政始终是好官的重要标准之一。

从政为官者的勤于政事不仅是为官之本，也是为政之本。正如清代李文耕所言："官不勤则事废，民受其害。教化本于身，能对百姓，然后可以

---

① 关于勤政问题，可以参考周灵方主编《公务员职业道德培训丛书》之李建华、李建国著《勤政论》，华夏出版社2013年版。
② 《诗经·召南·小星》。

教百姓。"① 为官者都是社会精英，其言行举止具有很大的社会示范性，对社会风气的好坏具有很大的影响作用，应是"勤"的先行者。为官者要树立"勤"的理念，才可能在"勤"字上有所建树。

综上，儒家官德学说的内涵比较丰富，它曾经规范和指导着历代统治阶层，从上至皇帝下至州县小吏的从政之道，并规范着我国各族人民的思想与精神，深深地影响了中国传统社会的历史进程。

3. 德主刑辅，注重道德教化

就道德与法律对治国的作用而言，儒家主张"德主刑辅"，就是要求统治者治国必须以礼义教化为主，以刑事惩罚为辅。儒学虽然缺少法律价值的自觉，但并非完全否定法的作用，而是批评单纯的"任法"，提倡道德、法律协同作用。

儒家对礼法关系的论述，可以反映其德主刑辅的思想。孔子提出"重德轻刑"的观点颇具代表性，"道之以政，齐之以刑，民免而无耻；道之以德，齐之以礼，有耻且格"。② 如果用这段话来证明孔子只讲德礼，反对政刑，实是误解。春秋末期的统治者试图以刑杀威吓人民来减少犯罪，维护统治秩序，从挽救时弊出发，孔子主张宽猛相济："猛则民残，残则施之以宽。宽以济猛，猛以济宽，政是以和。"③ 孔子多讲"宽"政与"弛"道，对"猛""张"则采取保留态度，对一味主张刑杀、诉诸"猛"政者予以抨击。当然，他不是一概反对刑杀，只是反对"不教而诛"。孔子总结历史的与现实的经验，提出重德轻刑主张，这在古代社会，不失为一种比较开明与人道的主张。

荀子从"人性恶"出发，强调治国要"礼法相济，表礼法里"。他认为："治之经，礼与刑，君子以修百姓宁。"④ 这主张以礼义教化为主，辅之以法律强制。在荀子看来，礼治与法制相结合比单纯的礼治或单纯的法制为好，礼义教化可以"化性起伪"，防患于未然，收到"赏不用而民劝，罚不

---

① 《清史稿·循吏三·李文耕传》。
② 《论语·为政》。
③ 《左传·昭公二十年》。
④ 《荀子·成相》。

用而民服"①的效果。他认为，正常情况下，应该以礼义教化为主要治国手段，把法的内容以礼的形式表现出来，化人性之恶为善，防止社会动乱。但礼治离不开法治，为政者需要礼法并用，"明礼义以化之，起法正以治之，重刑罚以禁之，使天下皆出于治，合于善也"②。这种以"治"促"和"的方法，有助于治国水平的提高。

后世儒家学者也深刻探讨了礼法关系问题，其议虽有差别，但在礼法关系上却有一种共识，即德刑并用，礼法结合。西汉贾谊与董仲舒最具代表性。贾谊强调礼法二者对治国来说皆不可缺少。他论述了礼法作用，"礼者禁于将然之前，而法者禁于已然之后"。③即礼的作用主要在事故、灾祸等发生之前，而法的作用主要在事故、灾祸等发生之后。"禁于将然之前"的礼，其贵在能够绝恶与未萌，而起教于细小，使民从开始就见善则迁，畏罪而离，不知不觉而自动地从善避罪。但礼的作用，见效比较慢而难，所谓"礼之所为生，难知也"。与礼相比，法"禁于已然之后"，法产生的效用比较快，所谓"法之所用易见"。贾谊强调，法是必要的，但行法必须合乎礼，即要依礼行法。

董仲舒认为礼是维持社会秩序的行为规范，德教又是维持礼的力量，但礼与德又都离不开法。他比较详尽地论证了礼法关系与德刑关系，概括出了"德主刑辅"的法律思想。"古者修教训之官，务以德善化其民，民已大化之后，天下常亡一人之狱矣。"④为了论证德主刑辅的合理性，董仲舒还运用"天人感应"学说，以阴阳四时比喻德刑的不可偏废。"天道之大者在阴阳，阳为德，阴为刑；刑主杀而德主生。……以此见天之任德而不任刑也。……刑者不可任以治世，犹阴之不可任以成岁也。为政而任刑，不顺于天，故先王莫之肯为也。"⑤董仲舒的刑德观，在汉代具有代表性，他虽重德教，但也不忽视刑法的作用，而是"厚其德而减其刑""以刑辅德"。西汉刘

---

① 《荀子·非相》。
② 《荀子·性恶》。
③ 《汉书·贾谊传》。
④ 《汉书·董仲舒传》。
⑤ 《汉书·董仲舒传》。

向也认为："教化所恃以为治也；刑法所以助治也。"① 他把刑德看作是治国的
"二柄"。可见，西汉时期，礼法结合、刑德并用的主张，逐渐发展为明确的
德主刑辅思想。

儒家德主刑辅思想对以后两千多年的中国社会产生了巨大影响，"以德
治国""以礼教治天下"几乎是每个朝代所标榜、所推崇的，一直到近现代，
真正意义上的法治社会在中国依然没有形成。

德治与教化是密不可分的，强调德治的儒家向来重视道德教化的作用。
孔子强调"政者，正也"，政治就是一种道德活动，统治者"其身正，不令
而行"。孟子强调"以德服人者，中心悦而诚服也"，② 这是通过从政为官者
言传身教等形式来实现的伦理风化。

儒家不仅对各级官吏提出严格的道德要求，也十分重视对百姓进行道
德教育。"善政不如善教之得民也。善政民畏之，善教民爱之。善政得民财，
善教得民心。"③ 这就是说，用行政手段，只能使老百姓害怕，而用道德教化
却能得到老百姓爱戴；用行政手段，只能得到老百姓的财物，而用道德教化
却能争得民心。

汉朝大一统重建之后，在意识形态上更是强调政治的教化本质。汉初
贾谊强调："道之以德教者，德教洽而民气乐"④；"教者，政之本也。……
有教，然后政治。政治，然后劝民也。民劝之，然后国丰富也。故国丰且
富，然后君乐也。"⑤ 在此，贾谊把德教提高到了"政之本"的高度，把德
教视为治国富国的一项根本措施。董仲舒也强调"教，政之本也"，⑥ "圣人
之道，不能独以威势成政，必有教化"。⑦ 他指出："质朴之谓性，性非教
化不成。……是故王者上谨于承天意，以顺命也；下务明教化民，以成性

---

① 《汉书·礼乐志》。
② 《孟子·公孙丑上》。
③ 《孟子·尽心上》。
④ 《汉书·贾谊传》。
⑤ 贾谊：《新书·大政》。
⑥ 《春秋繁露·精华》。
⑦ 《春秋繁露·为人者天》。

也。"①"夫万民之从利也，如水之走下，不以教化堤防之，不能止也。是故教化立而奸邪皆止者，其堤防完也；教化废而奸邪并出，刑罚不能胜者，其堤防坏也。古之王者明于此，是故南面而治天下，莫不以教化为大务。"② 由此可见，董仲舒十分强调教化民众的必要性与重要性。东汉《白虎通·三教》言："教者，所以追补败政，靡弊溷浊，谓之治也。"这将教化视为补败纠偏、革除不良社会习俗，从而达到天下大治的重要措施。《三教》还强调"民有质朴，不教不成"。这里的"教"就是指统治者教化民众的活动。"民有质朴"是指五常之性，但只有经过教化才能成德。儒家主张广开渠道，通过多种形式宣传伦理道德思想，在全社会范围内形成严密的道德教化网络，以期使人们逐渐形成一定的信念、习惯、传统，用来约束自己的行为，保证社会的秩序化。

宋代理学家在政治理论上更将这种重视道德教化的传统思想发挥到了极限。程颢认为："百姓安业，衣食足而有恒心，知孝悌忠信之教，率之易从，劳之不怨，心附于上，固而不可摇也；化行政肃，无奸宄盗贼之患，设有之，不足为虑，盖有奸灭之备，而无响应之虞也。"③ 事实上，儒家所提倡的德教与德化并无多大差别，其最终目的都是为了治国安民，维护封建统治秩序。

综上，传统儒家深深懂得，如果统治集团与广大民众道德缺失，即使统治阶级的能耐再大，也难以实现其治国方略。只有普天之下的人都具有了较高的道德素质，才能实现治国平天下。这是儒家德治思想强调道德教育的关键所在。

（二）儒家"德治"思想的历史局限

尽管儒家德治主张在传统中国的政治实践中曾经发挥过重要的意识形态作用，树立了一个理想的目标，在实际中也确实具有一定的约束作用。然而，一个真正意义上的法治社会，必须有一套完整的、刚性的行为规范起作

---

① 《汉书·董仲舒传》。
② 《汉书·董仲舒传》。
③ （北宋）程颢、程颐：《二程文集》卷五《为家君应诏上英宗皇帝书》，江西巡抚采进本。

用，那就是健全的法律体系与法律至高无上的权威。但儒家的"德治"思想，主张"德主刑辅"，重视道德教化，所推崇的却是道德原则与规范的优先性。毋庸置疑，儒家德治理念有其明显的历史局限性。

1. 导致重"人治"轻法治

首先，儒家把国家治理寄托于德、位一体的专制君主身上。儒家重德走向了极端，有道德至上之嫌。在儒家看来，"道德至高无上，它不仅可以指导行政，而且可以代替行政"。① 儒家把行政看作是道德的延伸，以道德涵摄行政，以为只要通过统治者的道德修养，就可以达到齐家、治国、平天下之目的。将行政置于道德领域的思维习惯，在实际行政运作中必然会造成严重的不良后果。正如学者林存光所言："如果权力成为道德的尺度，道德也就完全由政治权威来实施，这不仅是排斥个体良知的表达，而且会造成社会普遍的道德失落感，以致对道德自觉的冷漠或逃避责任。"② 显而易见，将政治与道德紧密结合，泛道德化，不仅会导致人们对从政为官者虚妄的道德期望，还会导致权力监督制约机制的薄弱或缺乏，在某种程度上反而会造成权威的恶性膨胀。

儒家德治的前提是统治主体即最高统治者以及各级官吏必须是有德之人，他们应当率先垂范。然而，令人遗憾的历史现实是，皇位世代相袭，皇权至高无上，根本无人能对其进行有效的监督与制约，仅靠儒家道德说教期望专制君主能够自觉地提升个人道德修养，加强自我约束，无异于痴人说梦。

在德治理念下，社会上行下效，最高统治者的德行，决定了其下各级官员乃至整个社会的道德状况，而这个状况又是德治实行的社会基础，一旦皇帝无德昏庸，那么必然导致各级官吏的堕落，社会的混乱。在集权主义的政体下，把治国理想寄托于专制君主一人身上，而缺乏制度的制约，是无法真正规范专制君主之德行的，更无法追求一个和谐有序的安定社会。

2. 造成道德政治化与政治道德化

儒家德治思想的首要缺陷是把政治问题当成道德问题来解决。众所周

---

① 黄仁宇：《万历十五年》，三联书店 1997 年版，第 52 页。
② 林存光：《儒教中国的形成：早期儒学与中国政治文化的演进》，齐鲁书社 2003 年版，第 43 页。

知，政治与道德是不同领域，政治活动是通过权力主体之间的互动展开的，而道德活动是纯粹个人主观行为，因而政治与道德有着根本的区别。

以德治为统治的根本大法是汉代以来的传统。"以孝治天下"是汉代德治思想的主要体现，汉朝皇帝谥号中都有"孝"字就是明证。清代诗人沈德潜的《古诗源》卷二《汉诗》评价道："首言'大孝备矣'，以下反反复复，屡称孝德。汉朝数百年家法，自此开出。"这一认识是很有见地的。汉代将孝纳入律法，"不孝入律"始于汉初，就体现了道德的政治化。"以孝治天下"是一种统治手段、政治策略。"道德政治化"虽然有利于道德的社会普及化，但也导致了道德的异化。①

政治道德化的直接意图是希望化干戈为玉帛，是希望通过个体的自觉来消解权力与利益的冲突。这种把政治问题与道德问题放在一起加以解决的方式，其本身就意味着逻辑上的混乱。试图发挥个体道德的自觉性与修养的无限性，从而真正解决政治纷争问题，必然体现为某种不切实际的乌托邦性质。②

道德政治化与政治道德化是互为存在，彼此相依的。道德本身乃是一种向善或仁爱之举，但政治本身有时可以是为善的，有时却可能是为恶的。在利益的调节过程中，政治因为不太可能照顾到所有人的利益要求，事实上往往对某些人显得不够道德。如果将道德活动政治化，就是在为善的行为中注入了可能为恶的因素。人们可能以道德为幌子，而实际上却行罪恶勾当。换言之，道德政治化，往往会导致政治利用道德的单纯而别有他图。道德本身是一种为高尚理想而从事的活动，而政治本身是为了解决现实纠纷而存在的艺术，道德政治化就难以避免地出现实用主义倾向。这样一来，道德变成了虚伪，从而被政治化所摧毁。③

---

① 马新：《论孝在中国传统社会中的异化》，《孔子研究》2004 年第 4 期，第 47—54＋127—128 页。

② 汪轩宇：《试论儒家德治思想基础、特征及其局限》，《行政与法》2013 年第 7 期，第 71—75 页。

③ 汪轩宇：《试论儒家德治思想基础、特征及其局限》，《行政与法》2013 年第 7 期，第 71—75 页。

3.导致道德的功利化与虚伪化

首先，促进了道德的功利化。在中国封建社会，孝德与忠德与政治整合，孝与忠被纳入律法，"不孝入律""不忠入律"，严惩不孝不忠者；同时统治者还大力褒奖孝悌、忠君之人。这无疑导致了道德的功利化特征。西汉司马相如指出："事行甚忠敬，居位甚安佚。"① 这就鲜明地体现出忠君伦理的功利性特征。传统社会忠君孝亲的好处是显而易见的。对于古代士大夫而言，功名在于此，利禄在于此。人们尤其是士大夫们如果忠君孝亲，就有机会被举荐入仕，升入更高的阶层，而个人荣辱与家族密切相关，个人发达会带动家族振兴。有鉴于此，古代士大夫以忠孝之行换取上天福报的想法，实质上缺乏对孝子、忠臣真诚情意的体会。可见由道德功利化所带来的流弊也是显而易见的。

再次，导致道德作伪现象的出现。儒家"为官以德"思想，在人才选拔上，存在重德轻才的倾向，有些沽名钓誉的士大夫为了得到德行方面的美名，挖空心思，曲意逢迎，往往导致出现道德作伪的现象。道德作伪的危害主要表现有二：其一，专制统治者将自己标榜为道德权威，对"道德楷模"们进行歌功颂德，并加官晋爵，而当道德利益化之时，道德就会被自上而下地"玩弄"，道德也就失去了固有的导向功能。其二，在专制统治者的道德高压之下，人们在表面上都会尽力去符合统治者的要求，而压抑自己的本性，人人都会戴着面具将自己伪装起来，从而形成一种虚伪的社会风气。②

总之，儒家的德治思路在某种程度上偏执于人的道德修养，重自律、轻他律，重人治、轻法治，忽略、轻视制度建设。儒家认为君主、官吏的言行具有莫大的示范作用，相信通过道德熏陶教化出来的大丈夫，能够做到先义后利、廉洁奉公，进而杀身以成仁，"舍生而取义"。然而，人性有求利的本能，历史实践证明单靠道德是难以约束的。道德力量不能被过分夸大，还必须对权力予以监督和制约，才能避免官吏与政权走向腐败。由于几千年来一直未能走出这个误区，导致中国德治理论发达，而法治理论不足，政治文

---

① 《汉书·司马相如传下》。

② 夏从亚、徐营：《不可忽视儒家德治思想的负面影响》，《理论学刊》2009 年第 7 期，第 82—84 页。

明进步缓慢，治乱兴衰周而复始。①

（三）儒家"德治"思想的现代启示

儒家"以德治国"思想，是与一定的社会历史条件相联系的，从根本上说，是为维护君主专制统治服务的，我们对之既不能全盘否定，也不能不加分析地简单移植，而是应当运用马克思主义的立场、观点和方法对之进行具体分析，抛弃其糟粕，继承其精华，在新的时代形势下，借鉴儒家德治思想中具有普遍价值的合理因素并进行创造性之转化，使之为现代政治文明服务。

道德教化，就是教导人们在社会中做人、处事的基本道德与行为准则，而且内化为自身的自觉，养成道德习惯与稳定的道德心理。德教，就是中国古代在实施以德治国方略中逐渐总结出来的一种统一广大民众思想认识的有效方法与手段。这种探索，不仅在形式上渐趋完善，而且在内容上与时俱进，为当代中国治国实践提供了借鉴。

1.扬弃儒家德主刑辅思想，坚持德教与法治相结合

社会的稳定发展本身需要多种手段的综合使用。法律是维系社会稳定的重要屏障，但道德更直接体现着人们的价值取向，且具有更深刻、广泛的影响，几乎渗透于社会关系的各个角落与个人的灵魂深处。社会主义是法制社会，同时也是道德社会。依法治国与以德治国，是我们党和政府治理国家的两种不可或缺的基本方式。

"礼法并用"是儒家行政伦理的基本原则与外在保障。对于礼法关系，尽管儒家高估了德礼的政治功用，而将法理解为不得不用的惩罚工具，强调德主刑辅。尽管这与现代法制社会是背道而驰的，但从另一角度看，儒家礼法并用、德主刑辅思想恰恰可以提醒我们要"以法治国"与"以德治国"互相补充，在加强法治建设的同时，注意发挥道德在治国中的重要作用。扬弃儒家"礼法并用""德主刑辅"思想，明确德与法结合的内在机理，确立法治的主导性权威，坚持依法行政与以德行政的融合，是当下行政伦理建设的

---

① 　周溯源：《儒家德治思想缺陷解读》，《人民论坛》2005 年第 10 期，第 94—96 页。

根本原则。

法律与道德的功能是互补的。法律作为一种外在的强制，要求社会成员无条件地遵守，并以必要的强制机构与惩罚措施保证其实施，因而相对于道德规范而言，法律规范对人们行为的调控作用要有效得多。法律具有比道德更为明确具体的表达形式。它以特殊规范的形式，科学合理的程序，较为清楚地划分了合法、非法的界限，易于遵循且带有权威性的具体行为准则。法制或法治是首要的与基本的社会政治治理方式，在国家治理与行政领域中具有主导性权威。

道德在本质上是自律的，依靠的是社会舆论、内心信念等形成的心理压力来促使一个人去做道德所要求之事，这就从根本上决定了它不可能成为社会调控系统的中心。道德作为通过内化的价值取向来规范个体自身行为的一种自律力量，对于那些本身具有羞耻感与道德心的人才能奏效。如果个人置社会舆论的评价于不顾，社会舆论对其行为就不具有约束与导向的功能。用"道德"来治理国家固然重要，但其前提是个人都要有非常高的道德素质。

毋庸置疑，法治在国家治理和行政领域中占据主导地位。我们承认法治的主导性权威，但这并不意味着对德治的否定与忽视。法治建设必须以一定的道德为前提和基础。在法治社会中，法与道德都存在着价值、规范和秩序等不同的表现形态，各有其发挥作用之处。"德治""法治"的内在价值关系应当是价值资源的互补关系。作为对行政权力的两种规范战略，"法治"是"德治"的基本前提，"德治"是"法治"的内在保证，两者不可偏废。法律与道德，对人类社会都具有重要的价值。

儒家德治思想追求的是综合治理，其中道德教化又居于主导地位。现代社会是法制社会，法律调节主要是一种依靠预先规定的事后不利后果为威慑的调节，它是一种最有效的调节手段。然而，相对人类本身具有的更为丰富的发展需要来讲，单纯的法律调节是远远不够的，尤其是在文明高度发展的现代社会，仅仅把社会善恶标准定格在合法与违法之上还远远不够。有鉴于此，儒家德教说是着眼于道德教育之于预防犯罪的重要作用而言的，它对现代法治仍具有借鉴价值。

儒家德治思想是我国依法治国和以德治国相结合治国方略的思想渊源，

但二者有本质不同。儒家虽然重视道德教育，但其根本目的是为了维护君主专制统治；而当下，我们加强社会主义道德建设，其目的是为了提高全民族的道德素质与文明程度。儒家政治虽主张德刑兼施、德法合治，但始终认为德治比法治更重要；而在当代中国，德治与法治是相辅相成、缺一不可的。

儒家"为政以德"思想，虽然存在着轻视"为政以法"的弊端，然而，它仍是一笔宝贵的历史财富。随着改革开放的深入与市场经济的发展，社会上出现了极端个人主义、拜金主义的唯利是图者，他们为了追求物质利益，往往突破其道德底线。针对这类道德败坏者，必须依靠法律加以严惩。这就必须依法治国，实现社会主义民主的制度化、法律化。与此同时，也要坚持以德治国，为社会主义现代化建设提供良好的道德环境。

社会主义是法制社会，同时也是道德社会，既要依法治国，也要以德治国。在当下的政治生活中，"以德治国"与"依法治国"并不矛盾，完全可以相互补充，并行不悖。法治有制度化的优势，能使人消极地不为恶，却不能激励人积极地为善。德治虽然不能像法治那样制度化，却有法治所不具备的感召力，能在健全人格、稳定社会、发展经济等方面发挥巨大作用。如果离开德治片面地强调法治，将导致极端的惩罚主义；如果离开法治片面地强调德治，将流为不切实际的说教。"以德治国"与"依法治国"有如车之两轮、鸟之两翼，二者相互配合，共同促进人类的精神文明与物质文明的发展。

2. 扬弃"为政以德"思想，强化权力道德建设

权力道德亦称"官德"，即掌握权力的"官员"应该具备的职业道德。所谓权力道德，就是指权力支配者行使权力过程中所表现出来的一种特殊职业道德，是权力支配者在权力运作和行使过程中所产生的道德意识、道德规范以及道德行为实践的总和。① 它既表现了社会对领导干部运用权力所提出的道德规范，又反映领导干部在权力过程中所追求的价值目标、道德人格与精神境界。权力道德是领导干部道德素质的主要内容，是领导干部职业道德的核心。权力道德修养是新时期领导干部道德修养的首要课题。确立科学明智的权力观是领导干部权力道德修养的根本前提，树立为人民服务的思想是

---

① 参见张民省《领导干部应加强权力道德修养》，《前进》2004 年第 2 期，第 46 页。

领导干部权力道德修养的基本原则，严格自律是领导干部权力道德修养的关键。

儒家"为政以德"之"德"，主要是指从政为官者在政务活动中所遵循的道德原则与规范，所体现的道德行为、道德精神，并非现代意义上的政治道德。儒家所谓"为政以德"，就是要求从政为官者以道德精神开展政务活动，以便作出表率，起到感化与引导作用，以促进社会的稳定发展。

儒家重视"官德"对民众的引导作用，仍具有现代借鉴意义。儒家非常重视榜样在道德教化中的作用，"上有好者，下必有甚焉者矣"。①"上行"则"下效"，在上位者的言行对于普通民众确实具有极大的引领与感染力。传统中国的德治与政治是密切相关的，政德状况决定了社会状况，而最高统治层尤其国君的品德又决定了政德状况。中国历史已经证明，统治者如果重用有"德行"的君子经国济邦，则国泰民安、国运昌盛；反之，统治者如果重用无德小人，则政治昏暗、吏治腐败，最终导致王朝的衰亡。历史事实说明，官德建设是以德治国的关键。

当下，对于政德建设应当既重视官员的私德，更应重视制度的道德。儒家重视个人私德，十分强调官员个人道德修养与廉洁自律，注意榜样示范作用，却比较忽视制度道德。作为个体道德的私德不同于制度，它并不能解决一切问题。因为对于个人而言，既具有良知、向善的一面，又具有饮食男女与功名利禄的本性。因而只注重官员私德，是有其明显局限性的。儒家与统治者过分强调官员"私德"，往往掩盖了制度的不道德。因为如果把人们的注意力吸引到从政为官者的个人道德上，腐败的君主专制体制就会被忽略了，老百姓只是期盼贤明的君主，而非一个优良的社会制度。有鉴于此，制度道德在中国传统社会相对缺失。

毋庸置疑，制度道德的功能是个人道德所无法比拟的。因为制度道德体现了分配社会基本权利、义务的基本框架与规则，它对于社会与个人都能产生根本性的影响，因而其影响面明显比个人道德广大。当代社会的廉政建设虽然离不开个人的廉洁自律，但更需要制度道德的完善，二者需要有机结

① 《孟子·滕文公上》。

合起来，才能抑制腐败现象。从政为官者需要遵守有关的伦理规范，这关系到公共权力运作的社会效果问题。否则，如果行政主体在伦理上得不到有效的规约，把公共权力作为谋取私利的手段，则不仅会造成社会物质利益的损失，而且会造成社会秩序的混乱，甚至可能危及政权的稳定。有鉴于此，进一步加强行政法制的建设，把行政主体履行职责应具备的起码行政道德法律化、制度化，是加强行政伦理建设的需要，也是中国社会转型期行政伦理发展的内在要求。

3. 借鉴儒家官德思想，加强现代官德建设

人无德不立，官无德不为。儒家提倡的"为政以德""为官以德"虽有其历史局限性，但其对为政者的官德要求，对当代政德、官德建设皆有现实借鉴价值。

首先，以德配位，以德正己。儒家注重对为政者的道德要求，主张以德配位，确立了修身、正己、立德为人的思想。在儒家看来，修身正己立德正是为官理政的出发点与落脚点。治国先治吏，治世先治官。历朝盛世、治世，无不是靠一批批清正廉洁的官员来支撑的，因而古代把官员修身立德置于非常重要的位置。儒家的从政理念和政德思想，孕育了无数的好官勤吏、清官廉吏，他们的高德义行和道德风范流芳千古，这对当下的官德建设仍有借鉴价值。

儒家向来重视为政者的道德品质，强调以德配位，可以转化为当下对从政为官者的道德要求。习近平同志在《之江新语·做人与做官》一文中引用了张衡的话"不患位之不尊，而患德之不崇"，告诫广大党员干部"人无德不立，官无德不为"的道理。一个领导干部的能力有大小、职务有高低，但在道德品行上应该用同一个标准来衡量。我们要把"讲道德、有品行"与实际行动统一起来，把做人、做事的过程看作是完善自我人格的过程，古人讲"德之不厚者不可使民"就是这个道理。

古往今来，为政者皆需要以德正己、严以修身。严以修身就是要加强修养，坚定理想信念，提升道德境界，追求高尚情操，自觉远离低级趣味，自觉抵制歪风邪气。作为领导干部，首先要提高自身的品德修养。正如儒家所谓"修身、齐家、治国、平天下"，为官者要做到以德为先，修身养

性，才能更好地治国、平天下，进而提高为人民服务的本领。对于为官者而言，严以修身是严以用权、严于律己的基础，是做到谋事要实、做人要实的根本。

中国共产党是执政党，党员干部应当率先垂范，引领良好的政风、民风。作为领导干部，在国家建设与发展中负有更大的责任，更要"以德正己"，以自己的人格魅力激励、带动群众。党的干部道德人格的高低优劣，直接关系到党组织的凝聚力与民众的向心力。当下加强官德建设是十分必要的，而儒家的官德思想无疑能够促进党员干部以德正己、以德正人。当下的党员干部都应以史为鉴，从中国传统文化中汲取"德"的养分，注重强化人性修养与德行修养，"常修为政之德，常思贪念之害，常怀律己之心"，必须发挥对社会的垂范作用，要做好人民的公仆，就先要做好道德的表率！

其次，以德立公，克己奉公。在公私关系上，中国传统道德倾向于扬公抑私。一心济世救民的儒家，更加看重公私问题。公有"公家"之义，也有"公正"之义。公与私的最关键区别是所指利益对象与范围的差别，"公"即意味着广泛的普遍利益，而"私"则指个别的私人利益。事实上，公与私是任何人群与社会都会面临的问题。为官者应当以"德"立"公"，正如儒家提倡的"奉公尚忠"，以公德战胜私德，从而确立一种对社会、国家和民族的责任感。

当代社会，公心对于从政为官者尤其重要。从政为官者从走上岗位的第一天起，就面临着公与私的考验。执政者手中掌握着公权力，掌管着公共资源，公私分明、秉公用权，是起码的政治道德与为政操守。只有一心为公，事事出于公心，才能有正确的是非观、义利观、权力观。因此，习总书记给领导干部提出了更高的要求，他强调，领导干部就是要讲大公无私、公私分明、先公后私、公而忘私，只有这样，才能坦荡做人、谨慎用权，才能光明正大。

再次，忠于职守，勤政廉政。无论任何历史时期，"勤"都是从政为官的重要标准之一。勤政是一种职业态度，它表明为官者承担着职业责任，指为官者自觉完成岗位职责的心态。勤政也是将职业责任化为职业行为的品德。这种品德一经形成，勤政就变为各级官员的自觉行动，因而勤政是为官者自觉勤恳履行岗位责任的一种高尚品德。

在其位谋其政。用好用正手中的权力，认真履行自己的岗位职责，全心全意为人民服务，是为官者的最基本的道德。权力意味着责任。人民设官授权，当然要求任职当权之人，担当责任，自觉为人民谋利益。勤政就是要"俯首甘为孺子牛"，以高度的责任感与强烈的事业心，立足自己的岗位，埋头苦干，扎实工作，敢于创新，开拓进取，真抓实干，干出实绩。

综上，在任何时代、任何社会，国家政治是否清明，在很大程度上取决于从政为官者的道德。对于从政为官者而言，如果不立德、不修德、不践德，就不可能做到为民、务实、清廉，就不可能做到风清气正。有鉴于此，我们党始终强调领导干部的个人修养，自觉陶冶道德情操，把"做官"与"做人"统一起来，把"立言"与"立行"统一起来。唯其如此，领导干部做人做事才会有强大的人格魅力和道德感召力。

第三章　儒家文化与传统经济

　　儒家文化博大精深，包含着丰富的经济思想，在长期的实践过程中，逐渐形成较为完备的理论体系。在经济领域内，儒家提倡义利并重、诚信经营、道德管理。儒家经济思想虽然不可避免地有其历史局限性，其与现代市场经济有异质冲突，但也有相通性，经过扬弃、创造转化，可以发挥儒家文化在规范经济秩序方面的特有作用，使其成为促进现代市场经济健康发展的因素。

一、经济活动的义利并重原则

　　义与利是人类社会历史悠久的话题。"义"是中国传统文化中重要的价值观念之一，义利之辨是儒家思想中的重要内容。对义利关系的不同论说，体现了学者不同的价值取向。儒家认为"义者宜也"。[1] 如果人们的求利活动符合社会道德规范，不侵犯他人或其他社会集团的利益，这就是"宜"，就符合"义"的原则，否则就是"不义"行为。"义"实际上就是注重整体利益、道德诉求；"利"则强调个体私人利益，因而义利之辨是一种道德与利益何者为重的抉择。在义与利孰先孰后、孰轻孰重的问题上，儒家"重义轻利"，提倡"见利思义"，反对"见利忘义"。当下市场经济下，正确处理好义利关系是迫切需要解决的问题，以儒家义利观为指导，吸取精华，对现代社会人们价值取向具有重大启发意义。

---

① 《礼记·中庸》。

（一）"以义为上"与市场经济的利益关系

在义利关系上，儒家提倡"义以为上"，其关键不在于是否讲利、求利，而在于是否"放于利而行""惟利是求"。实践经验一再告诉人们，一味追求个人利益会引起各种社会问题，激化社会矛盾，于人、于己不仅无益而且十分有害。

1.儒家"义以为上"理念

儒家所言"轻利"，并非不重视利，而是反对"见利忘义""因利害义""保利弃义"。尽管孔子"罕言利"，但并不否定人们的合理之利，而是肯定了合理之利的正当性。如孔子认为"富与贵，是人之所欲也"①，"富而可求也，虽执鞭之士，吾亦为之"②，他一点都不掩饰自己"求富"的观点。实际上，"义然后取"才是孔子所强调的原则。可见，在孔子看来，只要是不违背道德而理应得到的利益，完全可以心安理得地获得，即可以安享"以其道得之"的富与贵。

面对义与利的选择，儒家始终强调以义为重，主张"君子义以为上"。孔子自述"不义而富且贵，于我如浮云"③，他强调"君子义以为质"，"义"作为一种内在价值得到了充分的肯定。重义与重利是孔子区别君子与小人的标准，"君子喻于义，小人喻于利"。④ 这是指在处理义利关系时，义应是一种当然的准则，不能抛弃，否则就会落入唯利是图的境地。有鉴于此，从根本而言，遵从义就体现了仁道价值。任何图利行为如果离开了对义的要求，就会发生质的变化。孟子也强调重义轻利，"义，人之正路也"。⑤ 如果人们采取正当手段求利，走正路致富，这就是"义"。反之，用歪门邪道谋利，通过不正当途径致富，就是"不义"。

到了汉代，董仲舒强调"正其谊不谋其利，明其道不计其功"⑥的义利

---

① 《论语·里仁》。
② 《论语·述而》。
③ 《论语·述而》。
④ 《论语·里仁》。
⑤ 《孟子·离娄上》。
⑥ 《汉书·董仲舒传》。

观。他继承了先秦儒家义主利从的贵义贱利思想，并赋予其一层神秘色彩。他认为，义与利是上天赋予人的两方面属性，二者对人的作用不同，他倡导义重于利的义利观，义重于利是天意，因而应该讲求重仁义而轻财利，要求人们不应因目光短浅而"皆趋利而不趋义"。在董仲舒看来，"利者，盗之本也"①，百姓忘义而求利，不利于社会的稳定统治。有鉴于此，在上位者必须通过教化来规范百姓的经济行为。为了形成贵义贱利的社会风气，他强调统治者必须起模范示范的表率作用，做到"贵孝弟而好仁义，重仁廉而轻财利"。②董仲舒的"贵义贱利论"，是针对当时封建官僚士大夫的贪婪、嗜利，为了防止社会矛盾激化，维护统治秩序稳定，期望通过贵义贱利的义利准则来规范社会不同阶层的经济行为与经济活动，以保证社会经济的正常运行。

宋代，朱熹在继承孔孟、董仲舒等先儒义利思想的基础上，强调了义理的重要性，把儒家的"义"更加神圣、绝对化。其义利观是一种以所谓"天理"为核心的贵义贱利思想。他认为"义"是人天生的，是"天理"的自然要求，人们求利的欲念是因为受了外界事物的蛊惑而产生的。人们如果按照"天理"所规定的伦理纲常之要求行事，不抱求利之心，事情也会无往而不利；反之，以求利之心去行事，就会事情还没办好，自己先受到损害了。

总之，历代儒家在义利面前，一向主张先义后利、义以为上，这是儒家处理经济问题的基本道德原则。

2. 儒家"义以为上"的合理性

首先，重义对丁调整社会利益分配不均、缓和社会矛盾，起到了一定积极作用。一般而言，大凡私有制社会，往往富者愈富，贫者愈贫，两极分化到了极点又常常会导致社会的急剧动荡，不利于社会安定。专制君主们穷奢极欲，无限榨取民脂民膏，儒家试图找到一条合理的解决途径来"调均"社会利益，缓和社会矛盾，以求"财不匮而上下相安"。③有鉴于此，儒家提出重义轻利的义利观，旨在劝诫包括统治者在内的富者、贵者"义以为

---

① 《春秋繁露·天道施》。

② 《春秋繁露·为人者天》。

③ 《春秋繁露·度制》。

上"，节制贪欲。换言之，儒家讲义利之辨，具有约束统治者的无限贪欲、解民于倒悬之深意。同时，儒家认为正义明道、以道义为重才是治国兴邦之上策，因而治理国家不应急功近利，甚至保利弃义。从这一意义上来说，儒家极力主张"重义轻利"无疑有其合理因素。

其次，重义对于人们在面对义利冲突时正确处理义利关系、确立"尚义"向善的价值目标，产生了重要影响。儒家重义的义利观其着眼点即在于以义制利、以义导利，通过对道义的张扬，来规约、引导人们以正当手段去谋取物质利益，从而使道义原则成为调整人与人之间利益关系的价值尺度。儒家一再提醒人们"见利思义"，隋代大儒王通《中说·魏相》强调"见利争让，闻义争为"，即要求人们在面对义利冲突时，舍小利而顾大义，并力倡"义为利本"及道德理性的至上性原则。这无疑有利于整个社会确立"尚义"向善的价值目标，进而起到弘扬社会正气及稳定社会秩序的作用。

再次，儒家"重义轻利"的思想，承认"义""利"存在的客观必然性，承认物质利益是人类赖以生存的物质基础与必要条件，作为一般意义上的价值评判标准，自然也成了商业价值的评判标准。这种"重义轻利"的商业价值评判标准，在中国历史上产生了积极的影响。这在物质水平低下的古代中国，无疑能够引导民众的利欲之心，使其保持在社会运行所允许的范围之内。

儒家重义轻利的价值追求，不仅在中国古代，即使在今天仍有着极为重要的现实意义。面对市场经济的冲击，如何既坚持"义以为上"的主导，又达成客观效果的义利双赢，更是在市场经济条件下儒家义利观的现代转化，应当认真面对的极富挑战性的时代课题。

3. 儒家"义以为上"的局限性

首先，具有重义轻利的极端性。儒家义利观的"重义"倾向走向极端，便会发展成为"道德决定论"。由于儒家重视道德修养，过分强调义与道德价值，在很大程度上忽视了对"利"的获取，从而有"道德决定论"之嫌疑，对此宋明理学更加明显。如程颢认为"天下之事惟义利而已"[1]，朱熹

---

① 《二程遗书》卷十一。

强调"义利之说，乃儒者第一义"。① 儒家义利观过分强调了"义"的重要性，就难免会有"贱利"倾向，其弊端是显而易见的，很大程度上阻碍了社会生产力的进步与商业的发展。中国传统社会"重农抑商"，就体现出这点，人们羞于谈利、求利，必然不利于社会生产力的不断发展。正如有的学者所言："儒家义利观重视道义的价值，这一点是正确的，但它往往把道义的重要性提高到不适当的程度，由先义后利发展成为崇义斥利，看不到包括个人物质利益在内的社会物质生活状况对于人们精神面貌的决定作用，因而仍属于历史唯心主义的思想观念。"② 当然，就义利关系而言，重义是必要的道德前提，但轻利显然是一种非正常的观念，正当的利非但不能轻视，反而应当重视起来。儒家某些极端重利轻义的思想观念，无疑具有一定的历史局限性。

其次，有将义利对立的消极性。儒家尤其是宋儒有片面强调义利对立的理论倾向，使义利之间出现不可调和的紧张。其实，先秦儒家的义利关系论，早已透露出将义与利对立起来的倾向，如孔子所谓"君子喻于义，小人喻于利"的说法；孟子断言圣人与强盗的区别只在于义利之间。前述先秦儒家强调道德价值高于物质利益，也必然具有一种贬低物质利益的倾向。后儒则有过之无不及，进而"讳言利""耻言利"，这就在一定程度上使义利间的关系出现了紧张。宋以后，程朱理学的义利对立主张则更加明显，如程颢强调："出义则入利，出利则入义。"③ 这就是说，义利二者的关系如水火之不相容，有义则无利，有利则无义。王阳明甚至断言："一有谋计之心，则虽正谊明道亦功利耳。"④ 即使是在"正谊""明道"的前提下也不能存有功利之心，这必然导致义利之间出现不可调和的紧张。可见，对于义利关系，理学家是以一种极为简单的思维方式来对待这个重大问题的。他们将义与利完

① （南宋）朱熹：《与延平李先生书》，见《晦庵先生朱文公文集》卷二十四，四部丛刊本。
② 黄亮宜：《社会主义义利观：面向21世纪的价值选择》，河南人民出版社2002年版，第50页。
③ 《二程遗书》卷十一。
④ （明）王阳明：《王阳明书信：1513年与黄诚甫书》，载《王阳明全集》上册，上海古籍出版社2011年版，第181页。

全对立起来，已经不能用"重义而轻利"来概括。理学家主张"去利而存义"，将义利对立，其消极性是不言而喻的。

再次，强调"重义轻利"，漠视经济发展。儒家重视道德修养，崇尚理想人格，引导人们在道德上不断超越自我，强调在保障基本物质生活条件的基础上，人们应转向个人的道德修养，儒家这种思想理念必然促使中国传统社会中最出类拔萃的人大都追求道德修养，从而轻视科学发展与商业经营。此外，在儒家重义轻利、重农抑商思想影响下，广大士人大都以勤奋读书为荣，以科举入仕为贵。显而易见，这种士人理想必然会导致中国传统经济发展缺乏一种强大的精神动力，这也促使中国古代经济裹足不前。

现代市场经济是以社会生产力与科学技术的发展，以及高度发达的商品经济为基础的，其直接目的就是通过商品交换来追求利益的最大化，而且市场经济中的"利"首先是承认与提倡个人的利或私利，鼓励人们通过竞争达到自己的目的。另外，现代市场经济是一种外向经济，要求人们具有一种不断地向外扩散、开拓和追求的意识。显然，儒家的"重义轻利"，在某种程度上漠视经济的发展，不利于现代市场经济的发展。

4."以义为上"对市场经济的启示

尽管儒家"重义轻利"的义利观与现代市场经济确实存在着一些异质因素，但毋庸置疑，作为异质因素而存在的儒家义利观完全可以在一定条件下与现代市场经济相互融通、相辅相成，从而引导和规范市场经济朝着更加健康的方向发展。

承认求利是人之常情，肯定了"利"对于人民生活的重要意义。企业作为当代市场经济中的一种经济组织，求利是其经营行为之目的，如果缺乏利润，企业就无法维持正常的生存与发展，那经营活动也就毫无意义，这样市场经济也就没有了发展余地，因而正当的求"利"在市场经济中是合情合理的。

强调对"利"的追求要以"义"为衡量标准。随着市场经济的迅猛发展，生产、流通领域必然要最大限度地追求经济利润，这也是推动市场经济发展的动力之源，本来无可厚非。在市场经济发展的初期，有些人总是把经济活动与道德行为对立起来，过分地强调"利益驱动"原则，凸现个人与局部利益，认为搞市场经济就是搞坑、蒙、拐、骗，只要能够获利，就可以不择手段，大发不义之财，变得唯利是图。这种见利忘义的卑劣行径不仅败坏了社会风气，而且也严重影响了社会主义市场经济的正常、健康发展。要使市场经济从无序走向有序，除了采取法律制约手段之外，继承与弘扬儒家"义以为上"的义利观念，也是一剂对症良药。儒家反对"不义而利"，提倡"以义驭利""因义成利"①，对于引导人们在市场经济中正确地去求利无疑具有重要的现实指导意义。

众所周知，市场经济是一种法制经济，但市场经济在一定程度上也是一种道德经济。市场经济需要道德规范。市场经济的发展，虽然不能单以道德为评价尺度，然而经济行为也不能脱离道德评价。运用道德理念来规范经济行为，正是道德的一项重要社会功能，也是市场经济有序发展的内在要求。儒家"义以为上"的思想可以矫正市场经济下"见利忘义"的时弊，其现实意义是不言而喻的。

总而言之，市场经济要顺利持续地发展，就应该有一个良好的秩序，而要建立一个良好的市场道德秩序，无论是企业还是商业经营者讲"义"都是极其重要的。我们必须正视儒家义利观的合理因素，深入发掘传统"重义"精神的当代经济价值，实现其价值重构与现代转换。

当下，我们需要从儒家"重义轻利""义以为上"的思想转向现代"平等互利"的思想。在儒家看来，"先义后利"是人们应遵循的道德规范之一，在义和利发生冲突时，要把"义"放在首位，这对古代经济活动具有重要的规范作用。但如果将儒家"重义轻利""义以为上"观念照搬到现代社会，就未必符合现代国情。在现代市场经济下，人们能够平等交换各自的劳动成果，而利益就成为人与人之间平等交换的纽带，因而正确的利益观是维护社会主义市场经济正常运行的重要条件。要确立社会主义的利益观，必须在对传统义利观全面而系统的反思和梳理的基础上，增加符合现代社会发展的新元素，不仅要发扬儒家义利观的精髓，还要弘扬社会主义公平公正、平等互

---

① 唐凯麟、曹刚：《重释传统：儒家思想的现代价值评估》，华东师范大学出版社 2000 年版，第 89 页。

利的经济思想，从而促进社会主义经济的可持续稳定发展。

（二）"义以生利"与构建现代企业义利观

在义利关系上，儒家不仅主张重义轻利，也强调"义以生利"。[1] "义以生利"即道义用来产生利益，或者说道德追求产生物质利益。

1. 儒家"义以生利"与"义利统一"观

先秦儒家提倡"义以生利"。荀子认为："以义制事，则知所利矣。"[2] 只有以义制利，使人人向善的方向发展，才能保证国家与社会的稳定，从而使整个社会、各行各业，以及身处各职分的个人都得到真正的利益。儒家"义以生利"的思想，明确表达了道德追求对物质利益的生成与制约作用，是儒家义利观的核心。

宋明时期，儒家发展出"极端利他主义"思潮，同时也受到儒家内部"合理利他主义"之批判。[3] 例如，南宋永嘉学派集大成者叶适主张功利、道义并立论，讲求实际功利是贯穿叶适思想的基本价值准则。他以"合理"驳斥"极端"，其《习学记言序目》卷二十三《汉书三》云："'仁人，正谊不谋利，明道不计功。'初看极好，细看全疏阔。古人以利与人而不自居其功，故道义光明。……既无功利，则道义者乃无用之虚语尔。"叶适开宗明义，指出道义、功利实为表里，不能偏执。他认为离开私利讲公利，是虚，离开小利讲大利，同样是虚；正确的做法是兼顾私利、小利而讲公利、大利。叶适提出要"义利并立"，结合"事功"讲"义理"。他以实际功效作为衡量人们活动与行为的价值标准，这一认识显然击中了程朱理学的切身之弊端，其"义利并立"的看法非常具有合理性。

清初思想家颜元继承、发扬了先秦儒家义以生利、义利统一的义利观，他反对将义利关系视为如水火之不相容，对董仲舒与宋明理学的义利之辨的贵义贱利义利观做了尖锐的批判。他强调："以义为利，圣人平正道理

---

① 《左传·成公二年》。

② 《荀子·君子》。

③ 参见张耀南《论"大利"之作为"中华共识"——兼及"西式功利主义"与中国"大利主义"之比较》，《清华大学学报》（哲社版）2010 年第 4 期，第 75—88 页。

也。……义中之利，君子所贵也。后儒乃云'正其谊，不谋其利'，过矣！宋人喜道之以文其空疏无用之学。予尝矫其偏，改云：'正其谊以谋其利，明其道而计其功。'"①"正其谊""明其道"就是讲公利、大利，"谋其利""计其功"就是讲私利、小利。两者之间并非是对立的，而是"以"与"而"的关系，两者是可以兼顾的。这被学者称为"义利双行"，实则就是一种"合理利他主义"。②

义利并不对立，在正谊、明道的前提下，必须谋利计功，求取义中之利。颜元认为，谋利计功是人之活动的普遍特征，道德不是空话而是存在于人们谋利计功的行为之中，"正谊便谋利，明道便计功"，因而"义中之利，君子所贵也"。这些观点实际上继承了先秦儒家"富贵乃人之所欲"，君子"义然后取"的义利观中的合理成分，比较好地将义利统一起来，可以说是向早期儒家义利观的复归。

儒家这种"义以生利""义利统一"的义利观，不仅对于传统社会的经济活动有指导意义，而且对于今天的社会主义经济建设，也有现实的借鉴价值。

2."义以生利"与现代市场经济发展

当代市场经济追求的是效益，而经济效益的获得与各个因素密切相关。一个秩序化的社会，道德是必需的，没有道德约束的市场经济，只能把市场搞乱。从这个意义而言，我们今天仍然必须提倡"义以生利"。

首先，"义以生利"的管理价值观使市场经济的竞争规范化。市场经济体制下，一些企业由于受物质利益的驱动，采用种种不道德的手段进行经营，以损害其他厂商与消费者利益的行为来赚取不正当的利益，这种不正当的竞争行为严重地扰乱了市场秩序，破坏了企业与企业之间的友好关系；与此同时，也必然令消费者失望，最终是"搬起石头砸自己的脚"，损坏了自己的信誉，失去了自己的招牌，何谈追逐利润。正如孔子所谓"放于利而行，多怨"。故而这种只顾"利"而忘"义"的自私自利的竞争行为在市场

---

① 颜元：《四书正误》卷一，《颜元集》，中华书局 1987 年版，第 163 页。

② 张耀南：《论"大利"之作为"中华共识"——兼及"西式功利主义"与中国"大利主义"之比较》，《清华大学学报》（哲学社会科学版）2010 年第 4 期，第 75—88＋160 页。

经济条件下是十分不可取的。

其次，"义以生利"的管理原则能够互惠互利。市场经济下，企业与企业之间、企业与社会和消费者之间是一种共生的关系，只有双方互惠互利，企业才能最终获益。因此，企业管理者必须树立高尚的经营理念，并把它落实到具体的经营行为中去，要以对社会、对消费者负责的态度，自觉遵守市场规范与国家法律，并以符合道义的经营行为参与市场竞争，这样才能给企业获得更多的利润，这就是儒家所谓的"义以生利"。"义以生利"强调遵守义，在"义"的准则下能有条件获取更大的利。在市场经济活动中，如果每一个经营者在追逐个人私利时，能够同时注重满足社会需要的公利，为社会的发展贡献力量，这就既能促使社会进步，又能为个人利益的获得营造更好的和谐环境、创造更好的条件，在个人与社会这样互惠互利的过程中，受益最大的还是经营者自身。①

其实，互利合作，是一般市场经济运行的内在法则，是商品等价交换法则提升到经济道德层面的一种精神。在市场经济活动中，每一个市场主体在追求个人正当物质利益的同时，会给他人利益，乃至集体、社会利益带来一定程度的实现，从而获得互利共进，但是双方都必须处在相互平等的基础上。在一般市场经济运行中，人们在追求自利的同时需要彼此之间的互利，"互利"无疑成为实现个人利益的手段。即使在资本主义市场经济条件下，除了遵循弱肉强食的丛林法则外，在某种程度上也是认同互利的。毋庸置疑，任何时代、任何社会，互利既是人性所需，也是自利实现的一个必要条件。

再次，"义以生利"促进企业重义与履行社会责任。企业作为社会主义市场经济的主体，不仅要创造物质财富，而且要自觉履行社会责任。在建设社会主义和谐社会的进程中，经济应当与社会协调发展，企业应当与社会互利共赢。有鉴于此，重义、义利统一的经营管理理念、社会责任感，对于企业的发展自然发挥着重要的作用。只有企业履行社会责任，才有利于树立其自身的良好形象，增加其无形资产；只有企业履行社会责任，使企业与社会

---

① 叶世昌：《儒家义利观和现代企业管理》，《管子学刊》2001年第1期，第72—75页。

之间形成良性互动，才有利于营造企业可持续发展的良好外部环境；只有企业履行社会责任，才能使其产品和服务获得更大的市场份额，提高企业的经济效益。

总之，儒家"义以生利"的管理价值观虽然产生于古代社会，但它的价值与意义、作用却超越了时代的局限，它的导向作用仍适用于当今市场经济体制下的社会道德建设。在管理过程中遵循"义以生利"的价值观，不仅能为企业自身创造更多的物质财富，同时也能促进市场经济体制中价值观的完善，有助于推动我国经济建设和社会发展。

二、诚信为本的经营准则

自古以来，"诚信"作为儒家伦理的基本规范，既是人际交往中最基本的道德准则，也是经济活动的道德准则。儒家诚信观强调内在守信的根本，表里如一才是诚信的本质，同时守信必须以信约合乎道义为前提。儒家的诚信准则对当今社会仍然有普遍的指导意义，是弘扬社会主义诚信价值观不可或缺的资源。它更是现代管理、市场运行中处理人与人之间、人与企业之间、企业与企业之间、企业与社会公众之间关系最重要的行为准则。特别是在现代市场经济条件下，诚信是一个企业生存和发展的根本。

（一）诚信为经济活动的基本规范

古往今来，诚信是经济行为与经济活动的基本规范，也是社会经济正常发展的重要原则。社会主义市场经济离不开诚信，特别是在经济全球化条件下，诚信度已经成为所有市场主体实现持续快速发展的决定性因素之一。

1. 儒家诚信无欺的商业道德

"信"是儒家的"五常"（仁、义、礼、智、信）之一。《说文》解释："信，诚也。"唐代孔颖达注疏《礼记·礼运》的"讲信修睦"为："信，无欺也。""信"包含着"诚"。孔子开办私学，始终用"文、行、忠、信"四方面的内容来教育弟子，"信"是其中之一。孔子认为，"信"是一个人必须具备的德行，其学生子张请问"仁"时，孔子回答说："能行五者于天下为仁矣。"子张进一步请问具体内容，他解答道："恭、宽、信、敏、惠。"① 可见孔子把"信"作为五德之一，并强调"信则人任焉"。孔子将不讲信用者称为小人，他认为一个人如果不讲信用，是无法立身处世的，"人而无信，不知其可也。大车无輗，小车无軏，其何以行之哉？"② 譬如牛车没有套牛的横木，马车没有套马的横木，车子怎么可以行走呢？这就强调"人无信不立"。可见，诚信对于人的极其重要性。

诚信是经商之略，在商业活动中，经济利益的获取必定牵涉到义利之间的关系，它是任何人在社会生活中都不能回避的现实问题，也是诚信道德在现实生活中必须要面对的问题。我国古代有"信者储也"的说法，从字形结构上而言，"储"是由"信"和"者"会意而成，意为只有那些诚实守信者才能积聚更多的财富。③ 诚信是人生取之不尽的财富，只有诚信才能获得别人的信任与事业的成功。

在经济活动中，儒家强调诚信的重要性。在儒家看来，在商业活动中只有把诚实守信、以诚正己、重承诺、守合约，作为立人与立业之本，才能获得别人的信任，维护与扩大自己的信誉，因而儒家的商业道德强调在商业活动中必须以诚信为宗旨。《孔子家语》中有"贾羊豚者不加饰"之语，意谓从事商业经营活动不能销售假货劣货，不能违反职业道德。儒家之所以反对商人做假，就是因为这种行为违背了"己所不欲，勿施于人"的诚信之德。"布帛精粗不中数，幅广狭不中量，不鬻于市。"④ 这就是说如果布帛的升缕度数达不到精布、细布或粗布的要求，其宽窄不符合规定，就不能拿到市场上去卖。对于商业道德，孟子也指出："虽使五尺之童适市，莫之或欺。布帛长短同，则贾相若。麻缕丝絮轻重同，则贾相若；五谷多寡同，则贾相若。"⑤

---

① 《论语·阳货》。
② 《论语·为政》。
③ 李保强：《试论孔子"信"伦理观念的教育价值》，《孔子研究》2001 年第 5 期，第 22—28 页。
④ 《礼记·王制》。
⑤ 《孟子·滕文公上》。

就是要求人们在商业活动中做到价格公平合理、童叟无欺。儒家这些言论无不强调在商业活动中要诚实守信，杜绝以假乱真、以次充好、欺行霸市的行为，真正做到不欺己、不欺人。这就是经商诚信的基本要求。由此可见，对于诚信的经商之略，早在先秦儒家思想中已得到充分的肯定，后世儒家亦莫不如是。

"诚信"交易历来是中国商品经济的优良传统，"诚信"也是商人在经济活动中普遍奉行的商业伦理。在商业往来中的诚信，有时它体现为"童叟无欺"的商业美德，有时它体现为"绝不以次充好"的郑重承诺。纵观那些经营长久、为人称道的店铺、企业，无一不是以德为本、以信为先。数百年来，货通四海、名动天下的晋商、徽商，尤为重视诚信经营。以经营盐业、票号闻名于世，崇尚"诚通四海，信达天下"的山西晋商，特别重视商品质量和服务，力求做到"货真价实，童叟无欺"。古往今来的许多例证表明，以"诚"待人，能吸引新顾客；以"信"待人，能招来回头客。无论从事哪个行业的商家、企业，只有自觉自律，讲求诚信，才能声誉日隆，蓬勃发展。

2. 诚信与现代市场经济发展

诚实守信是人与人之间最普遍、最基本的行为规范之一，也是与商品交换和市场经济紧密联系的伦理与经济范畴。诚信，历来是中国"良贾"的传统美德，也是儒家推崇的商业伦理。"信"作为一种巨大的无形资产，对商业的兴旺发达起着决定性作用。

首先，市场经济需要诚信无欺的商业道德。儒家认为，诚信是经商之略，是事业成功的保证。儒家并不反对人们在经济活动中对利益的正当追求，但认为如果人们对利益无羞耻争夺、只求利而不求义的话，其结果就会造成社会道德的沦丧以及社会诚信的缺失。这对现代社会依然具有重要的现实借鉴价值。

市场经济下的商业经营活动必须诚信无欺。儒家诚信观能够为当下发展工商经济和进行贸易往来提供精神引导，为建构职业道德注入生命活力。儒家所谓"贾羊豚者不加饰"，意谓从事商业经营活动的人员不售假货劣货，不违反职业道德。儒家反对商人做假，主张"童叟无欺"，这种诚实无欺与"信"德是一致的。现代商业经济活动的实践证明，经商虽然以获利为目的，但只有在价值理念上以诚信为导向，才能实现交换双方的互利互惠，达到经营者长期立于不败之地的目的。与此相反，如果整个经营和交易活动皆充斥着欺诈、蒙骗，不仅不能换来经济的发展，而且还会让整个社会陷入冷酷无情的境地。有鉴于此，我们从儒家诚信观念中汲取合理的营养成分，对构建新型的商业道德将大有益处。

诚实与守信既是社会道德的准则，也是经济活动的基本道德准则。诚信的要求就是诚实无欺，恪守信用，它是规范商业人际交往关系的基本法则。"商业领域信用准则的确立会对市场经济的信用理念的确立起到关键的作用。"[①] 信用不仅是商业伦理的基本要求，而且是商业能够立足市场的根本。诚实守信可谓商业的生命，不讲信用就会失去市场、失去效益，有了良好的信誉才会赢得效益，因而信誉至上是商业的立足之本。对于商业而言，诚信是一种无形的财富，而这种无形财富所带来的经济效益与社会效益，是有形资产所无法比拟的。市场越发达，竞争越激烈，商业就更应树立诚信的价值观。诚信为本，以"信义"打造商业企业及商业工作者的外部形象，才能在激烈的市场竞争中获取更多的投资与收益。

其次，市场经济需要企业诚信经营。市场经济已经进入诚信时代，诚信已成为市场经济的基本条件和必备的道德理念。无论企业的目标如何确定，企业的策略如何谋划，对于企业经营者而言，诚信经营所建立的良好企业信誉是必不可少的。当下，我国的部分企业经营者不够重视诚信道德，导致出现不少失信问题，如制造假冒伪劣产品、广告宣传夸大其词等欺骗消费者。在商品生产与经营活动中失信的后果是极其严重的。如果企业失信于员工，必然人心涣散，战斗力薄弱，不堪一击；失信于合作伙伴，必然形象受损，处境尴尬；失信于消费者，必然市场萎缩，遭遇生存危机；失信于社会，则必然四面楚歌，难挽败局。有鉴于此，在市场经济条件下运行的企业，诚信则是其生存发展的最高原则。

为更好地发展社会主义市场经济，企业的经营者和职工必须明确树立企业生存信用至上的思想。用优秀的企业文化引导人，用外在的信用机制管

---

① 苏盾：《中国传统诚信观与当代市场经济》，中国社会科学出版社 2006 年版，第 170 页。

理人，加大对企业信用意识的宣传与教育。通过各种形式对企业管理者和职工进行诚信教育，大力倡导诚实守信的职业道德，在企业中形成良好的道德气氛，这样才有利于企业的健康发展。[①]就企业诚信的作用而言，大体可归纳为以下几个方面。

其一，企业诚信经营能够赢得忠诚的顾客，提高产品的市场占有率。随着市场经济的发展，企业的竞争焦点必然从产品竞争转移到品牌竞争、信誉竞争，如何赢得顾客的信任，将成为企业制定经营战略考虑的重点内容。古往今来，那些老字号、世界名牌，凭借什么在激烈竞争中脱颖而出、立于不败之地？靠的不是广告，而是信誉。今天的市场经济时代，企业经营者更应当从质量上、信用上下功夫，不能投机取巧，专门从广告宣传上做文章，这样才能维持长久。企业通过诚信经营，树立良好的企业外部形象，从而使顾客信任自己，从信任企业到信任企业的品牌与产品。诚信企业只要拥有了众多这样的忠诚顾客，就可以最大限度地赢得市场，提高市场占有率。

其二，诚信经营能够增强企业的凝聚力。企业发展需要凝聚力，在凝聚力中最重要的就是员工对管理者的认可度，而决定员工对企业管理者认可度的一个重要因素就是管理者是否关心、信任员工，如果管理者在企业内部实行信任管理，尽可能地关心、信任员工，那么员工相应地就会尊重、信任管理者，愿意与其同甘共苦，共创佳绩。只有这样，才能双方互相信任，进而促进企业形成内聚力，消除内部矛盾冲突，减少企业的管理成本，从而推动企业发展。

其二，企业诚信经营能够赢得合作者的信任与支持。市场经济下，企业之间互相合作是必然的，企业要生存发展，要提高自身的竞争力，就必须依靠合作伙伴的信任与支持。例如，企业的发展需要供应商、经销商、银行、政府部门等各方面的支持与合作。而合作关系的建立和发展是以诚信原则为基础的。诚信有助于使合作的各方意识到合作关系的潜力，当合作方都通过诚信经营而相互信任时，各自才能更好地为对方服务。因而从某种意义

[①]　张彩凤：《儒家诚信观与当代社会诚信建设》，硕士学位论文，青海师范大学，2010年，第26页。

上讲，以"诚信"为基础的合作，更为高级、持久、深入，也更有效益。

此外，诚信经营能够使企业得到更加持久的发展。诚信意味着企业的信誉，意味着企业的生命。诚信经营能够使企业在消费者心目中树立起良好的口碑，这是企业的无形资产，它是企业持续发展的后劲。企业信誉作为一种无形资产，与企业技术创新等硬件方面的优势一起造就企业强大的市场竞争力。如果一个企业不守信誉，也许会获得一时的发展，但绝不可能保持长久的繁荣。古往今来，品牌的创立都离不开诚信的原则。一旦丢掉了诚信，失去了信誉，品牌当然也就不复存在。失信，无疑就是企业的最大失败。

在我国社会经济诚信的构建中，企业诚信建设居于特殊而重要的地位。企业不仅是社会诚信体系建设的参与者，而且是构成这一体系的重要主体，因而其诚信状况如何，直接影响着经济诚信建设。因为市场经济既是法治经济又是信用经济，企业诚信状况又直接影响着社会主义市场经济的健康发展，进而影响着社会的繁荣与稳定。有鉴于此，加强企业诚信建设，对于构筑我国社会诚信体系和提高当前我国社会的诚信度，进而保障社会经济的健康发展，都具有非常突出、非常重要的意义。

总之，古往今来，那些以诚取信、以信制胜的商业、企业经营之成功经验值得我们深思与借鉴。当代社会，诚信意味着企业、商业具有良好的信誉，它虽然不像物质产品那样给企业、商业带来直接的利润，但它是企业、商业的一种资源，是企业、商业经济发展的一种无形推动力。诚信经营，讲究信誉，有利于企业、商业在激烈的市场竞争中不断提高竞争力，占据有利的市场位置，从而能够维持其长久的生存与发展。

（二）诚信为发展市场经济的保障

现代社会，缺少诚信的保障，市场经济的资源配置优势就会迅速消失，只有增强社会诚信意识，改善经济社会发展环境，才能保障经济社会秩序。

1. 诚信是市场经济的基本原则

诚实守信是人与人之间最普遍、最基本的行为规范之一，也是与商品交换和市场经济紧密联系的伦理规范。随着交换关系的复杂化，日益扩展的市场关系便逐步构建起彼此相连、互为制约的信用关系链条，维系着错综复杂的市场交换体系和正常有序的市场经济秩序。

市场经济的内在本质，就是要求交换双方都必须以诚实守信为条件，构成互相信任的经济关系。假如有一方不守信用，等价交换关系就会遭到破坏。可见，没有诚实守信，就没有交换和市场；没有诚实守信，就没有经济秩序，经济活动就难以健康发展。诚实守信既反映了不同商品生产者之间的经济利益关系，同时也体现了人们共同的社会经济生活中应该普遍遵守的伦理与行为准则。

历史与现实表明，市场经济愈发达，就愈要求人们普遍地诚实守信。现代市场经济下，信用交易范围不断扩大，并渗透到社会生活的每一个方面。如果说，中国传统社会，在一个较小社区范围内的交易活动，还可以用宗族关系、邻里关系、社会舆论来支持和维护信用，那么，当下发生在国内、国际市场上的现代交易活动，就必须有切实可行的信用道德与信用制度作为保证。社会一旦失去诚实守信，市场经济就根本无法运转。有鉴于此，诚信是市场经济的保障。

对于诚信是市场经济的保障，大体可从三方面进行理解。其一，市场经济中的债权债务关系是最普遍的经济关系，通过信用手段、合理地寻求投资与筹资渠道，是市场经济的基本运行规则。因而经济越发展，以信用为链条的债权关系就越紧密，而诚实守信就越成为经济正常运转的必要条件。其二，市场经济的任何发展，都必须以信用活动作为前提。因为市场经济体系中的所有组成部分都需要通过信用活动来借贷或融资，进而得以扩大生产规模，更新设备、改进工艺技术、推销劳动产品等。这既使得信用成为现代资本运作的灵魂，也使得诚实守信成为经济发展的伦理道德支撑。其三，市场经济中的任何经济部门都离不开信用活动。从信用关系存在的范围来分析，它已经渗透到整个社会的方方面面，不管是个人、企业、政府，还是金融机构、社会团体都概莫能外。信用交易是现代经济活动中最主要的交易形式，信用关系也成为无所不在的经济关系，就使诚实守信行为成为市场经济必需的伦理道德行为。

2. 诚信为市场经济良性运转的前提条件

市场经济是以等价交换为特征的经济形态，是一种合同与契约经济，是一种以有各种利益需求的人为主体的实践活动与关系。根据马克思主义的经济学观点，商品交换关系中的各个市场主体，都具有为他性、服务性与为己性、谋利性相并存的伦理二重性，互惠互利、诚实守信、公平竞争自然成为市场经济内在的道德律令与"游戏规则"。① 信用就体现了这种道德律令，是实现市场主体间商品、货币及劳务等价交换的保证和前提条件。只有各个市场主体之间讲究信用，才能保障市场经济的良性运转，信用无疑是市场经济良性运转的前提条件；反之，没有信用这个前提，市场经济就不可能正常运转。市场经济既是竞争激烈的经济，也是最讲信用的经济。在一个市场经济活动中的主体只有积极、主动地以诚信的态度参与竞争，才能谋得生存、求得发展。这是市场经济的本质特征，也是市场经济推动社会发展的内在动力。

诚信是保障市场经济秩序健康运行的根基，诚信作为一种道德操守，表现为对市场经济中的各项规则，包括协议、承诺等的自觉遵守，是市场交易中道德规范的起始点，是市场经济秩序得以维护和保障的重要前提，失信败德，不仅会造成市场经济关系的扭曲与市场交易成本的增加，而且败坏社会风气，扰乱正常的市场经济秩序。

就诚信道德规范对市场经济的作用而言，大体可概括为二点：一是促进作用。诚信是市场经济的基础，是市场交易的基本规则，是市场经济有序发展的重要支柱。在市场经济行为中，遵守诚信道德规范必定"双赢"，利人利己。诚信是符合市场经济发展规律的道德规范，它始终对市场经济起促进与推动作用。二是引导作用。建立与完善市场经济，必须有以诚信为核心的一系列道德规范与其相适应，将人们的思想与行为导入相应的市场经济秩序中，以维系其健康与良性运转。

总之，诚信是市场经济健康发展的内在需要。在市场经济健康发展的过程中，诚信不仅是市场主体必备的道德品质，还是市场交换得以顺利进行的基本条件。市场主体只有坚守诚信才能使经济活动遵守市场规则，从而保证追求利益的合理性、合法性，从而有效避免假冒伪劣与欺诈行为的产生。与此同时，诚信还能规范交换双方之间的相互关系，减少信息成本与不确定

---

① 参见周中之、刘方《诚信的道德价值》，《伦理学研究》2003 年第 1 期，第 12—15 页。

性，把阻碍经济合作的因素降到最低，从而保证市场交换的顺利进行。市场经济离不开诚信，特别是在经济全球化条件下，诚信度的高低已经成为所有市场主体实现持续快速发展的决定性因素之一。当下要健全"统一、开放、竞争、有序"的现代市场体系，所谓"有序"的核心内容就是讲诚信。然而，不讲诚信、欺骗欺诈已成为制约社会主义市场经济健康发展的一大障碍，阻碍市场经济秩序的正常发展，这是人们必须正视和解决的，这也充分说明诚信是市场经济有序发展的保障。

三、以德治企的儒商精神

"儒商"一词始于何时已难以确证，最早把儒、商这两个概念结合起来大体源于明清之际。"儒商"在自己长期的商业实践中，把中国传统文化特别是儒家文化同商品经济法则互补整合，形成了一种具有东方特色的商业文化精神——儒商精神。其内涵大致包括以经世济民、创家立业为基本价值取向的商业价值观；以勤奋自律、团结合作为特征的工作伦理；以义利统一、诚信为本为基本原则的商业道德；以"商道"与"世道"相结合为核心的经营之道；以人为本、以和为贵的管理思想；以稳健求实、温和儒雅为特色的经商风格等。其核心是义利统一，它集中地体现了儒和商相结合的本质与特征。实现中华民族的伟大复兴，就必须在大力发展社会主义市场经济过程中对传统儒商精神进行创造性地传承，创新性地发展。[①] 儒商精神与新时期商业道德、现代企业管理之间有着内在的联系，对于传统儒商精神，我们应当剔除其糟粕，吸收其精华，转换其合理因素为现代经济建设服务。

（一）儒商管理伦理的现代启示

儒商管理伦理就是儒商在管理过程中，以儒家伦理准则与道德精神来处理人与人之间的关系，这就是儒商管理不同于西方企业家管理的重要特

---

① 参见唐凯麟《传统儒商精神是当代中国企业家的源头活水》，2016 年 12 月 17 日，见 https：//www.sohu.com/a/121843168_488495。

色。儒商的管理伦理具有鲜明的儒家文化特色。提倡以人为本，注重伦理道德的儒家，有着丰富的管理伦理思想，诸如仁者爱人、中庸之道、身正令行等。这些管理思想构成了儒商精神的内容特质，不仅促进了传统儒商的商业发展，对现代商业经营者亦有现实的借鉴价值。

1. 以人为本：儒商管理的前提

"以人为本"是儒商管理的一个基本理念。儒商以人为本的管理思想，主要表现为把人作为企业成败的关键，注重人才，善用人才，注重调动人的积极性。在儒商看来，商业经营活动固然离不开资本，但这些因素都是人所创造的，也只有在人的有效利用下才能发挥其功用，因而他们通过尊重人的价值与需求，来充分调动人的积极性，以提高其工作效率。

首先，儒商注重招揽人才，尤其注重发挥人才的作用。儒商用人有两大特点，一是用人不疑，对人才充分信任，放手让人去做。儒商信奉儒家诚信道德，强调彼此间的信用，而非制衡方式的运用。对人才采取的是不用则已，用则不疑，让他们充分发挥自己的聪明才智。二是以诚相待，对人才给予物质上的厚报，精神上的尊重，情感上的关心，使其能够毫无后顾之忧，全身心地投入到工作中。

其次，儒商以人为本的管理原则，表现在不仅重用少数人才，而且关注全体员工，努力创造各方面的条件，发挥每一个员工的积极性，使大家团结一心，同心协力去谋求发展。儒商受儒家群体观念的影响，强调群体力量，提倡每个人同心协力、团结合作去创造佳绩。

再次，儒商以人为本，也表现在不仅注重人的作用，而且注重关心人，即关心员工的利益与要求，尊重其人格，帮助其成长。儒商不仅仅满足于支付额定的工资，而且努力从各方面给员工以精神上、情感上的关心与满足；通过对员工的关心与满足，使员工有一种情感上的归属感，从而加倍努力地工作。

总之，注重人、以人为本是儒商经营管理的一个根本理念，也是区别于西方商人管理思想的一个重要特征。西方商人的管理思想，虽然也重视人才，就其总体而言，是一种以制度为本的管理思想。西方管理中，制度是决定因素，管理首先在于建立一套严密完备的制度，然后运用制度来规范人的行为，调节生产过程中人与人、人与物的组合关系，保障生产经营的有效进行。

毋庸置疑，儒商以人为本的管理方式有其合理因素。它抓住了经营中最根本的因素，以比较符合人本性的方式来调动人的积极性、主动性，因而往往能够以较少的成本，创造出更高的经济效益。经济活动说到底是人的活动，商品的价值是人之劳动创造的，经营的效益也是人能动作用的结果。因而只有充分重视人的价值，发挥人的作用，才能创造出最佳的经济效益。

2. 仁爱和谐：儒商必备的道德品质

"仁爱"是儒家管理思想的中心观念。儒商把儒家仁观念引入到管理中，提倡一种"仁和"管理。在孔子思想中，"爱人"是"仁"的基本要求，"己欲立而立人，己欲达而达人"为"仁"的基本内涵，"克己复礼为仁"。这些关于仁的言论中，爱人之训最为简明，立人、达人之训最为完备，克己复礼之训则说明仁与礼之联系。孟子继承发展了孔子的仁，把孔子仁爱管理思想发展成为管理原则，其"爱人者人恒爱之，敬人者人恒敬之"的名言时常被儒商当作管理的座右铭。大部分儒商都能在管理实践中努力贯彻"仁"的精神，关心爱护自己的职工。

儒商的"仁爱"管理，首先体现在企业经营管理之目的，不是片面地追求企业利润最大化，而是要充分关心爱护职工，尽力为职工提供一个良好的工作环境与生活环境，增强职工在情感上对企业的认同感、向心力。

管理者以仁爱待人，有益于树立职工爱企业如家的思想意识。在企业中，领导爱职工，就会赢得职工对领导、企业的爱，如果树立起职工爱企业如家的思想意识，企业内部成员间就能保持亲密的感情联系，使其和谐，形成强大的内聚力。要使职工产生爱企业如家的意识，塑造企业似家的环境，其关键就在于使企业内各种人际关系像家庭一样可亲、可信。这样，职工才有可能对企业产生家的情感，用对待家的态度来对待企业。只有儒家仁爱的管理思想才能做到这一点。

仁爱的管理方法，表现的是对人的价值的尊重，对人的尊严的维护，是相互关心与爱护。因此，仁爱可以填平人们心理上、情感上的等级鸿沟，使上下级关系正常化，从而达到"四海之内皆兄弟"的融洽人际关系。在今天市场经济下的企业领导者，要想使自己的企业人际关系协调，内部团结一致，产生凝聚力，在市场竞争中独占鳌头，立于不败之地，就必须弘扬儒家仁爱的管理思想，这样才会赢得人心，才会战无不胜。

3. 中庸之道：儒商管理的原则

儒家管理思想十分崇尚中庸。"中"是儒家管理的恰当标准，超过这个标准叫"过"，达不到这个标准叫"不及"，过与不及都有失偏颇，处理事情要合乎"中"这个标准，就是"执中"。儒家管理思想讲求中庸，要求遵守一定的管理标准界限，反对"必""固"，认为不宜不顾条件而专守某一固定标准。即《论语》所谓"子绝四：毋意、毋必、毋固、毋我"，"无可无不可"。可见，管理者处事接物要看实际情况，要有一定的灵活性。儒家中庸思想中包含了时中与权变两种成分，包含着丰富的辩证法。

现代企业管理离不开中庸原则。例如，在调动职工积极性问题上，有两个对立的倾向：一是物质刺激，利益刺激；二是强调思想教育，道德教化，精神激励。这两种倾向各自都有其局限性，单纯的物质激励与精神万能都是"过"与"不及"，是极端而不是"中"。而这对矛盾的"中"，就是"精神激励和物质激励的有机结合"。在新时期中国企业管理的改革中，我们必须避免守旧、封闭、排外的"不及"和全盘西化的"过"两种极端行为。要想建设中国式的现代企业管理，必须把握好"中"这个标准，将传统与西化两者有机结合起来。在企业管理实践中，如企业用人、生产、决策目标的选择标准、计划管理、企业组织问题、企业经营等，也无不存在着两个极端，为避免"过"与"不及"两种极端化的出现，必须以中庸原则指导这一系列问题。因此，儒家中庸思想从方法论意义上为现代管理主体提供了借鉴，对企业管理水平的提高具有积极作用。

4. 身正令行：儒商的人格影响力

儒家德治思想十分重视领导者的人格影响力，强调管理者应是有德有才之人。儒家认为，在上位者如果自己身正，其所管辖下的各级管理人员以及民众就没有不正的。所谓"身正"就是在上位者的道德人格，它具有重要的影响力。

儒商以德治企的管理，坚持以身作则，注重管理者自身的品德行为，不仅以命令，而且以自身的行为来引导、带动、影响下属与职工，以求得最佳的管理效果。古往今来，不少儒商首先注重"正心修身""正心诚意"，修养好个人品行，然后推己及人，以德服人，进行有效的管理。如中国著名爱国实业家卢作孚认为，只有管理者本身以身作则，才会在下属和职工中树立起威信，只有有了威信，管理才可能卓有成效。

儒商以身作则的管理原则主要体现为两点：一是强调管理者要注重自身的品行修养，以良好的人格道德形象去感召、引导他人。儒商信奉"以德服人"原则，一般都非常注重自己的品德修养，努力使自己在德、才、行等方面都能给下属做榜样，他们以诚信待人的作风，感召着员工的忠诚精神；以公正廉直的处事原则，使员工心悦诚服地愉快工作。二是管理者要求职工做到的，自己先身体力行，率先垂范，带领大家去完成工作任务。

在西方企业管理中，虽然也不乏以身作则者，但就其总的管理原则而言，强调的是分工明确，各司其职。上层决策，发号施令，下层具体执行。上下之间除了一种理性化的分工合作关系外，不存在道德上的上行下效关系。而儒商则有着非常自觉的以身作则、率先垂范的意识。它不仅要求管理者做好自己的工作，还必须为下属作出榜样。

儒商以身作则的管理作风是受儒家道德思想影响而形成的一种传统。这正如孔子所谓"其身正，不令而行"，"修己以安人"。儒家这种在上位者应率先垂范观念，在中国传统社会影响深远，对儒商管理理念也有着重大影响。应该说，儒商这种以身作则、修己安人的管理方法是卓有成效的。它首先在于树立了管理者的威信，从而使管理者的意志能较容易地为部属所自愿遵从。其次，管理者的模范行为有着巨大的示范功能与促动力量，它不仅能引导部属按管理者的要求去工作，而且能够使他们心悦诚服，从而大大提高了部属工作的自觉性与积极性，提高了管理效益。

5. 齐之以礼：儒商管理的约束机制

为进一步使行为规范化，儒家管理思想强调礼，主张"克己复礼"。从孔子论仁和礼的关系看，仁的内容，是内在的精神原则；礼的形式，是外在的行为规范。内容决定形式，仁决定礼，而礼不能脱离仁，礼的思想内容应该是仁。这样，孔子的礼就有了人道主义的色彩。

儒家以仁率礼，内仁外礼，对现实管理很有启示。礼，是人们行为的规范，在组织管理中，它相当于今天的规章制度和礼仪。在实际管理中，如果要实践仁的管理方法，就应当把规章制度、礼仪等转到仁的轨道上来，以仁的原则去制订、培植。只有如此，才会让职工不把规章制度看成一种外在的强制，使职工自觉接受，自觉执行。这样的规章制度，才真正具有了强大的生命力。

仁与礼有相互辅佐的功能。礼，作为人们的行为准则，体现了社会对人的外在约束。仁，是修己、爱人的内在自觉。对于一个企业、组织而言，如果只有仁而没有礼，就有可能导致人人都按自己的标准行事，致使上下等级界限模糊，管理秩序混乱。与此相反，如果只有礼而没有仁，只靠强制而缺乏仁爱，就会加深等级鸿沟，导致矛盾激化。有鉴于此，仁与礼的有机统一，才能使一个企业、组织在等级与仁爱之间求得和谐的统一。

企业管理者对职工除了有仁爱之心外，还要教育职工树立社会公德、遵纪守法，遵守企业的规章制度。管理者通过对职工进行企业理想、精神，职业道德的教育，提高职工的道德自律和行为自控；通过厂规、纪律实行他控。自控与他控，在企业管理中是缺一不可的。为了达到企业内部的和谐、协同与行动的一致，除了通过道德的自律和自控之外，就必须要用纪律进行他控或强控。古代的礼具有自控尤其是他控的功能。现代社会，进行他控的是规章制度，它规定职工在工作过程中的行为规范，当然这种他控也是应该以道德的自律为基础的。

总之，以德治企是儒商管理方式的一个突出特点，就是管理者以诚待人，以德服人，以仁德之举去感化、引导职工，使职工能够心悦诚服，尽心竭力地工作，从而实现高效管理的目的。这种以诚待人、以德服人的伦理化管理可以说在儒商经营的企业中非常普遍。奉行以德治企的儒商不仅仅把员工当作企业的劳动力，而是把他们当作一个企业大家庭的成员来对待，关心员工的生活福利，帮助员工解决各种困难，促进员工的发展。儒商这种以德治企的管理方式的结果是使职工以德报德、全心全意为企业效力，从而极大地降低了企业的管理成本，提高了企业的效率。①

①　张大红：《儒商伦理与现代中国企业家精神》，博士学位论文，湖南师范大学，2003年，第26页。

不可否认，儒商的道德管理也存在着局限性，这主要就是表现在有时过于强调道德作用，往往会导致忽视了规范企业制度的建立，使企业管理规范化、制度化不够完善。如果说一个比较小的家族企业，规范化的制度也许并非不可或缺的话，那么一个大规模的现代化企业，规范化的制度体系则是必不可少的，一旦缺乏规范化的制度体系则必然变得混乱和缺乏效率，因此，儒商的以德治企必须与以法（制度）治企有机结合起来，才能真正提高企业效率，实现企业管理的最优化。

（二）儒商经营伦理的历史经验

儒商经营伦理是指儒商在商业经营活动中所形成的处理与外部关系的伦理准则。儒商经营伦理一方面受商品经济的客观要求所制约，具有商业道德的一些共同性质；另一方面它又受儒家文化的深刻影响，表现出一种鲜明的不同于西方商业道德的特点。这些特点构成儒商经营伦理的独特价值，是儒商经营成功的重要条件之一。儒商经营伦理的基本特征是重信贵和、公平互利。

首先，真诚守信。诚信是儒商经营伦理的首要原则。儒商的真诚守信，主要表现在商业交往中要诚实不欺，诚恳相待，货真价实，认真负责。

在商品交换中有诺必承，讲求信用是儒商的诚信表现。甚至为守信用，牺牲利益也在所不辞。值得一提的是，儒商的信用是一种发自内心的道德承诺、人格保证。它往往不需要契约的约束，只要口头作出了承诺，就以人格担保去义无反顾地执行。儒商的守信用往往是出于一种应该守信的道德信念，这种信用不会因一时一地的利益得失而改变。儒商的诚信还包括在经营中对合作伙伴的信任。他们从儒家性善论出发，强调以心换心、将心比心。自己以诚信待人，也相信别人必以诚信回报。

儒商遵守诚信原则，是基于商品经济法则的要求。商品经济是一种交换经济，也是一种契约经济，它是通过一系列正式、非正式的承诺关系来达成交易，实现经营价值的。因而信守承诺，遵守契约就是对经营者的基本要求，也是经营者取得成功的重要条件。讲究信用，维护了商品交易的正常秩序，创造了良好的经营环境，从而也就有利于商业、企业经营的正常进行。

同时，诚实守信也有利于儒商之间进行合作，增强了相互间的市场竞争力，有利于经营的成功与发展。①

其次，公平互利。儒商经营伦理在处理交换中的利益分配关系上，提倡买卖公平，注重互利交易。商业上的买卖公平，主要是处理主顾关系上的道德要求，它要求经营主体必须保障商品价格与商品效用的一致性，同时对顾客即交易对象也必须一视同仁。中国商业中有句谚语："货有高低三等价，客无远近一样看。"表达的就是这样一种交易平等观。儒商在商业经营中，始终把买卖公平视为最基本的伦理准则，努力在利润与公平之间寻求平衡。儒商经营的原则是薄利多销，一视同仁，从而获得更多的顾客以增加利润。

公平是商品经济的一个客观要求，是价值规律的外在表现。有些商人不能在公平与谋利之间达成平衡，一味地片面去追求高价，牟取暴利，到头来必将受到价值规律的惩罚。而儒商则比较好地解决了这一矛盾，求利而不贪利，公平以求生财，公平交易，合理取利，使经营顺利畅达。

与买卖公平相联系，互利也是儒商在商品交易中的另一个重要伦理准则。儒商在经营中不是仅仅追求个人的利益，也努力保障交易对方的利益，这样才不会"物滞不行"，从而获得更大的利益。

应该说，儒商注重公平互利的伦理原则，反映了商品经济、市场经济的内在要求。买卖公平是价值规律的等价交换法则之体现，互利则是商品生产作为一种交换经济，其价值实现的相互依存性的要求。儒商经营的公平互利原则，实际上就是儒家处理人际关系的思想在商业经营中的运用。儒商平等地顾及他人，表现在商业活动中也就是买卖公平，互利共生。公平互利促进了商品流通的畅达，有利于商业信誉的提高和经营的扩大，从而促进经营的发展。

再次，贵和尚礼。"贵和"，或称"和气生财"，是中国传统商业经营的一个基本理念，也是一种重要的道德准则。儒商的"贵和"不仅在于通过它可以获得良好的经营成效，更在于它是一种伦理信念。"和"的精神贯穿在

---

① 张大红：《儒商伦理与现代中国企业家精神》，博士学位论文，湖南师范大学，2003年，第48页。

儒商处理各方面的关系和事情之中。儒商的"贵和"原则主要体现为三：一是对待顾客的和气态度。"贵和"表现为对顾客的尊重，尊重顾客的人格尊严和消费、交易权利。"贵和"也表现为对顾客的礼让，"和气生财"正是这样一种内在的真诚、尊重与外在和蔼、谦恭的统一。二是处理经营中各方关系的协调原则。儒商特别注意以"和气"态度去处理各种业务之外的社会关系，努力去营造一个企业发展的良好和谐的外部环境，从而保障、促进企业的顺利经营与更大发展。三是在商业竞争中提倡一种合作精神。儒商虽然也积极参与竞争，但他们注重把"和"精神引入市场竞争中，一方面注重用正当的方式参与竞争，力求减少竞争对人对己的伤害，在竞争中追求"双赢"而不是你死我活。合作的精神实质就是一种互利精神，一种共同发展的精神，在商品经济、市场经济中具有重要的伦理价值。儒家重视"和谐"，儒商自觉地信守和谐的原则，以谦和恭敬的态度去处理商业活动中的人与事，以创造良好的经营氛围与条件，促进事业的发展。

总之，"贵和尚礼"是儒商所信守的基本处事方式与职业道德，是儒商精神不同于西方商业精神的一个重要特点。儒商讲"贵和尚礼"虽然也包含着生财的功利目的，但它更是一种发自内心的道德情感，以及处理人际关系的一般准则，因而儒商强调买卖不成仁义在，和气仍然要讲。

"贵和尚礼"作为一种职业道德与处事方式，在商业经营中的作用与意义是十分突出的。其一，"和气"创造了一种经营的良好氛围，促成了商品交换参与者之间的良性互动，从而促进了生意的成功与经营的扩大。其二，"贵和"精神促进了商品经济主体之间的合作，而合作正是商品经济、市场经济发展的根本动因之一。特别是在现代市场经济条件下，市场主体之间的依存度越来越大，因而人们对合作的要求也就越来越强烈，合作带来的效益也就越来越大。

（三）传统儒商精神的现代审视

儒商伦理产生于中国传统社会，要使其在现代中国市场经济中发挥作用，就必须对其进行改造与转型，就需要立足于现代社会主义市场经济的发展，运用现代理性精神与价值观对其进行审视，分析其优劣得失，去其糟粗、取其精华，进行现代转换。

1. 传统儒商精神的优越性

儒商精神是儒商处理商品交换关系时，自觉地把儒家精神与商品经济法则结合起来，它具有某种对商品经济的超越性。这在儒商精神的核心"义利统一"原则上得到最充分体现。"利"是商品经济的客观要求，"义"则是对商人行为的规范与升华。儒商精神一方面肯定"利"的合理性，另一方面又强调"以义取利""富而好德"，强调以一种自觉的道德理性来引导与规范对利的求取。儒商精神这种自觉性正是现代市场经济所需要的。现代市场经济已经完全不同于早期自发的市场经济，不能只靠市场价格这只"看不见的手"来自发调节，而必须运用法律、政策、伦理等自觉理性方式来引导与调控，这样才可能使市场运行得到优化，真正实现效用的最优化。①

儒商伦理最有价值之处，是它合理地解决了义利关系等商人伦理的基本问题，提倡并坚持义利统一原则。在商品经济中，如何处理利益与道义的关系，是每个商人都不可回避的基本问题。儒商能够较好地协调利益与道德的关系，一方面强调"见利思义""以义驭利"，强调在合乎道德的基础上获取利益；另一方面又注重"义以取利""因义成利"，使道义成为获取利益的条件，通过信誉来获取更大利益。儒商这种注重义利统一传统对于现代中国企业家精神的构建具有现实的借鉴价值。如何解决义利关系问题，仍然是现代中国企业家伦理的基本问题，而坚持义利的协调与统一，仍然是现代中国企业家伦理必须坚持的基本原则。

儒商伦理能够把不同的伦理精神协调统一起来。如儒商伦理提倡群体精神，又承认个人利益与作用；儒商精神承认竞争的意义，又注重合作与和谐，提倡"和气生财"；强调稳健，又注重趋时而变；注重物质利益，又提倡超然态度；强调人的作用，注重诚信原则，等等。儒商注重从对立统一和整体联系中去认识和处理商业活动中的价值关系与伦理问题，因而较少片面性，更具有适应性。

① 参见唐凯麟《传统儒商精神是当代中国企业家的源头活水》，2016 年 12 月 17 日，见 https://www.sohu.com/a/121843168_488495。

2. 传统儒商精神的局限性

不可否认，传统儒商精神毕竟是在过去的社会历史条件下形成的，其局限性也是明显的。它与当代社会主义市场经济条件下所要建立的企业家精神是不同的。传统儒商精神涵盖了社会主义市场经济以前的不同时期的儒商精神，其基本精神是在传统商品经济中形成的。这就决定了它与社会主义市场经济所需要的商人精神有着较大距离，存在其局限性。①

第一，传统儒商精神在价值取向上的局限性。儒商价值观虽然包含着"济世利民"理想，但其价值观的核心或现实追求，是家族与个人的利益，"光耀门庭"是儒商最普遍、最根本的价值追求。传统儒商无不具有创家立业、光宗耀祖的抱负，这种观念使其在事业上尽心尽力。而儒商这种以家族为本位的价值观与当代社会主义市场经济所追求的强国富民的价值目标存在着较大的差别。

儒商价值精神主要是义利统一原则，就抽象意义而言，义利统一也是社会主义市场经济的价值精神。但当下市场经济价值精神的"义"与传统儒商精神之"义"的具体内涵却存在着较大差别。社会主义市场经济的价值精神是由社会主义生产目的所决定的，其根本要求是促进社会生产力的发展，实现广大人民的共同富裕。传统儒商精神强调"济世利民"，其商业经营活动有着一种理性而高远的目标。儒商不是把经商仅仅看成一种单纯的牟利活动，而是当作成就功名、光宗耀祖、济世利民的活动。这自然也包含扶贫济困、服务社会的价值内涵，但总体而言仍停留在个人或家庭的利益上。就一般而言，传统儒商精神是在为自己与家族的基础上去为社会尽点力。社会主义市场经济的价值精神则要求在以社会与人民利益为根本目的前提下来实现个人的利益与价值。有鉴于此，传统儒商的价值精神必须经过升华与重构才可能与社会主义市场经济的价值要求相一致。② 由此可见，传统儒商精神在价值取向上与社会主义市场经济的价值原则存在着不一致性。

---

① 参见唐凯麟《传统儒商精神是当代中国企业家的源头活水》，2016 年 12 月 17 日，见 https://www.sohu.com/a/121843168_488495。

② 参见唐凯麟《传统儒商精神是当代中国企业家的源头活水》，2016 年 12 月 17 日，见 https://www.sohu.com/a/121843168_488495。

　　第二，传统儒商精神在伦理理念上的局限性。传统儒商伦理面对的社会背景是商品经济不发达，社会化程度不高，又笼罩在儒家"亲亲""尊尊""爱有差等"的差序伦理氛围下，因而关系亲疏远近自然影响到传统儒商伦理。有鉴于此，传统儒商在管理、经营中尤其重视利用亲缘关系，相较于陌生人，他们更加信任身边亲属、朋友等比较亲近的人。换言之，儒商伦理在一定程度上是一种特殊伦理，其伦理选择可能因人而异。而现代市场经济需要的是一种普遍伦理，是一种彻底排除了亲缘关系，对所有市场主体一视同仁的伦理准则。因此，就伦理理念而言，传统儒商伦理与现代市场经济的道德精神是存在较大差异的。

　　第三，传统儒商精神的一些经营理念已经不适应现代市场经济的要求。传统儒商精神源于中国古代的商品经济活动，而无论从性质与规模而言，传统社会的商品经济与现代市场经济都有着根本的区别。近现代以来，在有些民族资本主义企业与海外华人企业中，尽管儒商精神逐渐开始与现代市场经济相结合，但其企业主体大都仍然为家族式的，其经营理念也较多地保留着传统儒商特色，其与当代社会主义市场经济也存在着某种差距。例如，传统儒商的家族式组织、管理方式所具有的保守性、不规范性，与当代市场经济下的企业制度是不相适应的。家族式的经营理念如果不能在更高层次上得到扬弃，就会阻碍现代企业在更加社会化、更加国际化方面的发展。①

　　第四，传统儒商精神崇德轻法亦与现代市场经济管理大相径庭。传统儒家所认同的价值观念、行为准则等属于非正式制度约束，这种约束往往是无意识的、潜移默化的，主要依靠道德约束与习惯来维持，比较持久。随着社会变迁，商品经济发展，传统儒商这些所谓的非正式制度与市场经济发展所要求的正式制度环境自然是不相适应的，这就导致儒商原有的家族制度约束出现了低效率或无效率，与此相配套的商业法规也不能及时颁布。在现代市场经济条件下，离开正式制度，即法律规范，仅仅依靠道德自觉，商业发展是难以为继的。在当代法治社会，市场经济下的商业发展的良性循环，呼

---

① 参见唐凯麟《传统儒商精神是当代中国企业家的源头活水》，2016 年 12 月 17 日，见 https://www.sohu.com/a/121843168_488495。

唤正式制度与非正式制度的完美结合。①

最后，传统儒商伦理缺乏某些现代市场经济的重要伦理理念。如现代市场经济伦理尊重和维护人们的财产权利，财产权利不可侵犯是现代市场经济伦理的根本基础，这也是市场经济道德的一个根本原则，令人遗憾的是，这种理念在儒商伦理中基本没有体现出来。再如，维护主体自由也是现代市场经济道德的重要规范，而在儒商伦理中也鲜有涉及。足见由于历史局限，传统儒商伦理与现代市场经济伦理存在着鲜明的差异，它漠视甚至缺失一些现代市场经济的重要伦理理念。

总之，传统儒商精神具有与现代市场经济相适应的一面，也有不相适应的一面，既有合理性，也有局限性。站在发展社会主义市场经济的高度，用现代眼光去对它进行一番具体分析、辨别、清理，弄清其优劣、利弊所在，是重构儒商精神的基本前提。毋庸置疑，从儒家文化影响下的儒商发展来看，儒家文化所提倡的"仁""义""信"等思想与儒商伦理中的"以人为本""取财有道""诚实守信"伦理是相通的，这也是传统儒商成功的深层次原因，对于处于激烈竞争与社会转型并存环境下的现代企业如何保持稳定快速发展有借鉴意义。

3. 从传统儒商精神到当代企业家精神

当代中国，社会主义市场经济的发展需要培育一种新型企业家精神，这种企业家精神只能是在继承传统儒商精神基础上的创新。传统儒商精神具有优良特质，它不仅曾经促进了中国传统商品经济的发展，而且也促成了现代海外华人企业辉煌的创造。同时，它与当代中国企业家精神亦有着某种程度的内在契合性，正是这种契合性为现代企业家精神继承传统儒商伦理提供了精神基础。

首先，在价值取向上，传统儒商精神与当代中国企业家精神具有一定契合性。尽管儒商价值观的某些因素与当代企业家精神的要求并非完全一致。但不可否认，儒商的一些基本价值特征，与当代中国企业家精神是具

---

① 薛勇民、王晋丽：《儒家伦理文化与晋商伦理》，《甘肃社会科学》2016 年第 4 期，第 49—53 页。

有内在契合性的。儒商精神的核心要义是"义以生利，利以平民"，既强调超越个人功利的终极目标，又强调救世济民的远大抱负。传统儒商的这种价值取向，与社会主义市场经济下的企业家精神所注重的对国家、社会应有的责任意识无疑是相通的。传统儒商群体，尤其是明清以来的晋商、徽商等儒商，以及近代以来的儒商，大都具有"济世利民"的情怀与商业理想，通过转换，这完全可以成为现代中国企业家应该弘扬的精神。对于当代中国企业家而言，不仅应当追求企业利益最大化，更应当具有社会责任感、使命感，把企业经营与民族振兴、国家强盛、人民富足联系起来。从某种意义而言，这就要在新的历史条件下弘扬传统儒商的"济世利民"精神。

其次，在管理伦理上，儒商能够为当代中国企业家提供有益的借鉴。儒商在管理上注重儒家伦理的运用，提倡以德治企，尽管有其历史局限性，但其与当代社会主义市场经济下的企业文化建设思路是基本一致的。儒商管理强调以人为本，注重"仁""和"，这不仅与现代企业管理理念有着内在一致性，也可以克服现代西方管理理念的不足，如儒商把"以人为本"与"以仁为本"结合起来，就具有更为健全的价值。儒商提倡"贵和"，也是对现代西方管理理论片面强调竞争意识的补正，儒商的管理理念对于当代企业管理具有重要的现实借鉴价值。

再次，在经营伦理上，儒商能够为当代中国企业家提供重要启示。"义利统一"是儒商经营伦理的基本原则，强调以义取利，"君子爱财，取之有道"。显而易见，这些原则对于现代中国企业家而言，都是应该遵循的基本原则。每一个企业家也必须认识到，企业在经营中只有坚持先义后利，以义求利，才有发展前途。作为当代儒商，不但要把企业经营的智慧变成利润，创造更多、更好的物质产品，提供更多的就业机会，而且以此方式来服务和造福社会，为人类做贡献。

此外，儒商的工作伦理精神更值得现代中国企业家继承与弘扬，如儒商精诚敬业精神、自强不息精神、贵群合作精神等，无疑都是当代企业家需要具备的基本精神品质。

总之，随着全球化的发展与中国经济的崛起，"儒商"概念逐渐得到了全球商界更大的认同。儒商既有儒者的道德与才智，又有商人的财富与成功，是儒者的楷模、商界的精英。继承和弘扬传统儒商的优良精神，对于培育当代中国企业家精神，具有十分积极的意义。我们期望用传统儒商精神重建新时代商业文明。

第四章　儒家文化与传统社会

　　构建和谐社会，是人类世代追求的美好理想，也是古今中外思想家、理论家不懈探索的一个重要问题。儒家认为，宇宙间一切存在都处于矛盾对立统一之中，和谐是最佳的秩序。"中庸"是儒家处理一切关系的原则，"和而不同"是儒家的社会理想。儒家把中庸之道视为一种至高的境界，作为指导处理人际关系、政治关系和社会关系的实践原则与方法。儒家主张"和而不同"，其"和"是指对立面的统一，是差异中的一致，是通过各方面的相互补充、相互协调来达到总体的和谐。儒家文化具有比较丰富的社会和谐思想，它对于构建社会主义和谐社会仍然具有现实的借鉴意义。

一、儒家理想人格与人的全面发展

　　一个人的理想追求、价值观念、生活情趣、社会品位，无不受到自身品格的支配。而人格与"品格"有相通性，是指在特定历史环境中由其行为所反映的精神面貌。儒家理想人格的实质是一种道德型理想人格，对中华民族性格的形成和发展产生了深远的影响。建设社会主义和谐社会与实现人的全面发展是互为前提、互动共生的历史过程。人的全面发展可以从多个角度进行不同描述和规定，但人的全面发展的核心内容是指综合素质的发展，主要指人的品德、能力、身体的发展。儒家的理想人格理念对于当代人的全面发展仍然具有现实的借鉴价值。

（一）儒家君子理想人格理念

儒家创造了伦理型的价值体系，追求一种理想人格。儒家认为，只要是人，都有人格，而且本质上是平等的，人们皆应以"修身为本"，以达到较高层次的人格。众所周知，儒家的理想人格有不同说法，如"圣人""贤人""仁人""志士"等。但"君子"是其最典型的理想人格，对于君子人格的基本特征和崇高价值，从先秦孔孟到宋明理学家们都做了比较充分的论述和高度评价。就儒家君子理想人格的内涵而言，主要包含几个方面。

1. 仁、智、勇"三达德"

"仁者不忧，知者不惑，勇者不惧。"[①] 在儒家看来，成君子者，非仁、智、勇三德不可，仁爱、智慧、勇敢是君子应有的三种基本品德。智的最高修为是不惑，仁的最高修为是不忧，勇的最高修为是不惧。仁、智、勇三德融为一体，其中仁是中心，智者知仁，勇者行仁，也就是说，只有智、勇才能达仁，并且由此构成一个笃信好学，守死善道、杀身成仁的理想人格。

在儒家塑造的"君子"中，"仁者不忧"之"仁"几乎包括了所有德目。儒家对"仁"极为重视，可以说是津津乐道，不厌其烦。儒家之"仁"的丰富含义主要有四：一是妥善处理人与人之间的关系，二是以"忠恕之道"修身，三是克己复礼，四是爱人。儒家仁的核心就是"仁者爱人"。人与人之间难免产生矛盾，"忠恕之道"就是妥善处理人际关系的方法。儒家还主张"为仁由己"，强调修养仁德的自觉性，使自己的行为符合社会规范。实现天下太平是儒家最高的政治理想，而要实现天下太平，就要妥善处理人与人之间的关系，就要从自我修身做起，做到"爱人"止。这一自我修身，既以"爱人"为目的，又以"爱人"为出发点，既须"忠恕"以"爱人"，又须"复礼"以"爱人"，无论是"忠恕"，还是"复礼"，皆须"克己"，通过自我约束，遵循道德准则，从而使人际关系和谐化。这是孔子"仁"说的基本内容与基本精神。在儒家看来，以"爱人"作为人与人之间关系的纽带，人际关系就可以和谐融洽；如果整个社会都建立在人人"爱人"的基础上，那社会自可安定太平。

---

① 《论语·子罕》。

孔子的仁爱思想对后世儒家产生了深刻影响。近代康有为的《大同书》，谭嗣同的《仁学》，以及孙中山的思想学说中对仁都有反映。儒家的仁近似于道，具有崇高境界。毛泽东曾经把仁解释为："仁象现在说的'亲爱团结'。"① 他在《为人民服务》一文中，特别强调革命队伍中人与人之间的"互相关心、互相爱护、互相帮助"。可见儒家之"仁"极具现代意义。

儒家所谓"智者不惑"之"智"指才慧。在儒家看来，人只有具备完整的知识结构，才能有完善的理想人格，因而理想人格的培养，必须要充实个人的学养。"智"，在儒家理论体系中占有重要地位。儒家的智也指理智德性，如西汉扬雄《法言》释义为"智，烛也"，可见"智"起码具有分辨、升华、引领等方面的意蕴。孔子堪称这方面的楷模，他一生好学、乐学，以知识来充实自己，与时俱进，才成为古今无人可比拟的文化巨人。

儒家所谓"勇者不惧"之"勇"指一个人的气质、胆略。从整个儒家哲学而言，谈勇并不多，但它却是达仁成君子的重要一条。"勇者不惧""见义不为，无勇也"。② 如果一个人胆小怕事，无论如何也成就不了大事业。有胆量者会无所畏惧、不折不挠，一往直前，勇敢无畏。士君子之勇则不然，士君子是儒家的理想人格，具有较强的道德观。儒家的"勇"是一种仁义之心，"仁者必有勇，勇者不必有仁"③，没有"勇"就不能为仁为义，就不能达到理想的人格境界。

儒家提倡勇担道义的担当精神。荀子认为："彼正身之士，舍贵而为贱，舍富而为穷，舍佚而为劳，颜色黧黑而不失其所，是以天下之纪不息，文章不废也。"④ 他所赞扬的"通士""公士""直士""悫士"等都把道义视为人生第一要，都体现了勇担道义的担当精神。荀子强调："义之所在，不倾于权，不顾其利，举国而与之不为改视，重死持义而不挠，是士君子勇也。"⑤ 足见他始终怀着强烈的勇担道义的使命感。

---

① 中央文献研究室：《毛泽东书信选集》，中央文献出版社 2003 年版，第 147 页。

② 《论语·为政》。

③ 《论语·宪问》。

④ 《荀子·尧问》。

⑤ 《荀子·荣辱》。

"见义勇为"更是儒家强调的美德，体现了舍生忘死、救人危难的大义气节，它作为中华民族的传统美德，自古以来就为人们所称颂和赞美。古往今来，"见义勇为"对于维护社会稳定，弘扬社会正气，提升社会道德水平具有重要意义。

2. 文质兼备

"文质彬彬"是儒家所主张的君子人格，它包括"文""质"两个要素。"质"指内在的道德品质，其内容仍以"仁义"为主；"文"指对古代文化典籍的知识素养，高度的文化修养与文雅、庄严的风度仪容，以知识、礼仪、风度为内容。在儒家看来，君子人格的素质应该是仁义道德（质）与知识文化素养（文）二者的完满统一，因而儒家反对只具备某一方面素质而忽视另一方面素质的片面性，正所谓"质胜文则野，文胜质则史"。① 换言之，仅有仁义道德的"质"而缺乏礼乐修养的"文"，尽管朴实，但未免显得干瘪、贫乏，不配成为君子；反之，仅有礼乐修养的"文"而缺乏仁义道德的"质"，也会显得华而不实、虚伪，同样不配成为君子。在文与质两种素质结构中，儒家比较注重内在的"质"，即道德品质，强调"文"要为"质"服务，主张"君子学以致其道"②"学道则爱人"③"文以会友，以友辅仁"。④

3. 历史使命感与自强、自尊、自重精神

《易传·象传》有句名言："天行健，君子以自强不息。"正因这种自强不息精神效法天地自然，人应效法天地，永远不断地前进，不允许半途而废。儒家这种自强的人格精神，对中国传统士大夫的人格精神有着极大的影响。

儒家具有强烈的社会责任感。孔子强调"君子忧道不忧贫"⑤，曾子认为："士不可以不弘毅，任重而道远。仁以为己任，不亦重乎！死而后已，不亦远乎！"⑥ 这些言论，皆说明儒家自任天下之重。当然，儒家所自许的天

---

① 《论语·雍也》。
② 《论语·子张》。
③ 《论语·阳货》。
④ 《论语·颜渊》。
⑤ 《论语·卫灵公》。
⑥ 《论语·泰伯》。

下重任，实际上只是要致古代君主于尧舜，致传统国家于太平。儒家这种自重精神对中国古代的仁人志士产生了重要影响。

儒家的自尊、自重，是建立在人格自觉和道德自律的基础之上的。这种自尊自重，既不是矫情造作，也不是狂妄自大，是儒学人格思想的组成部分。孟子强调养浩然之气，做一个"富贵不能淫，贫贱不能移，威武不能屈"的大丈夫。《礼记·大学》还有所谓"自知""自爱""洁身"，都是自尊、自重的意思。儒家强调有自尊心的人总是"不降其志，不辱其身"，宁愿饿死，也不自屈人格。儒家倡导自尊、自重，并非清高，也非骄傲，实在是出于维护人格尊严的需要。

4.厚德载物，中庸贵和

儒家不仅主张君子自强不息，也主张"厚德载物"，《易传·象传》称："君子以厚德载物。"儒家要求仁人君子应胸怀广大，具有包容一切的大度雅量。待人接物时，要谦虚谨慎，注重礼仪，遇到问题首先要"求诸己"，反省自身原因，而不是责备他人。遇到不同意见时，君子应"和而不同"，与他人保持一种和谐友善的关系，但在对具体问题的看法上却不必苟同于对方，丧失自己的原则。儒家还把"执两用中"的思维方式作为君子人格的一个必备条件，要求君子按照"中庸"原则进行思维，"君子中庸，小人反中庸"。儒家既反对过，又反对不及，认为这两者都是失度的，即过犹不及。儒家倡导君子以"用中"的方法把"中庸"之道贯彻到自己的处事和修养中去，做到"周而不比""群而不党""泰而不骄""矜而不争"等，这就强调了"中庸"作为君子最基本的思维方式的重要性。

总之，"君子"寄托了儒家的理想人格，荟萃了传统国人的优秀品质，几乎变成了中国传统道德的化身。尽管它有其历史局限性，但儒家塑造的"君子"形象，在旧的传统文化道德中树起了一个榜样，其积极影响却是十分深远的。

（二）儒家理想人格的历史局限

儒家的君子人格，由于时代局限，也明显地打上封建道德的烙印，在一定程度上束缚人们的个性发展，在人格培养方面存在着消极影响。

　　首先，重义轻利的君子理想人格取向造成了对人性的抑制。在儒家君子人格中，重义轻利是一个重要的价值取向。如孔子所谓"君子喻于义，小人喻于利"；董仲舒所谓"仁人者，正其谊不谋其利，明其道不计其功"。①这种重义轻利的人格取向引导人们普遍重视道德追求，让人们在心理上鄙视那些追求个人利益者，从而不能清楚地认识到人的需要是生产的内在动力，是人格形成的推动力，这往往会抑制了人的正常需求与人性的发展。

　　其次，道德本位的价值取向，造成了君子理想人格的片面性，其重要表现就是重德轻智。儒家理想人格是"智""仁""勇"三者的统一，具有德才兼备的意蕴。但这三者的地位，"仁"是核心，正所谓"仁者安仁，知者利仁"；②"仁者必有勇，勇者不必有仁"。③在儒家"仁义礼智信"之"五常"中，"知"只排在第四位，并且主旨在于学习古代的圣人之道、礼乐文章等，很少涉及自然科学知识。由此可见，在儒家对君子理想人格的设定中，科学知识的地位被明显淡化了。尽管儒家强调德才兼备，道德与才能并重，但实际上是以德为先，这无疑就促使人们普遍用道德价值来判定人生价值，将道德成就置于人生价值的首位，把科学知识的获得置于次要的、甚至可有可无的地位，从而导致了传统中国人知识的弱化与缺失。显而易见，儒家重德轻智的人格取向压抑了自然科学的发展。

　　再次，中庸的思维方式与求中求和的模式，某种程度上造成了传统理想人格的保守性。儒家讲究"和为贵"，认为一个道德高尚者在与人相处时应该讲求礼义，"君子无所争"，于是在社会生活中，人们广泛提倡委曲求全、与世无争的处事原则，在人格上难免表现出某种保守性。中庸之道被儒家视为圣贤之道，是儒家思维方式与最高的道德标准，通过不偏不倚，执守中道，进而实现人与人，人道与天道的和谐。然而，不可否认的是，中庸之道在某种程度上是一种否认和排斥竞争的简单协调观念，有时只能维持表面上的统一，解决不了深层的内在矛盾，因而中庸的人格模式也会造就人们排斥竞争的心理与行为。

---

① 《汉书·董仲舒传》。

② 《论语·里仁》。

③ 《论语·宪问》。

以上儒家君子理想人格的局限性是客观存在的事实，这与现代社会主义新时期、新形势下所要求的人的全面发展是不相符合的，需要我们正确地认识。

（三）儒家理想人格与人的全面发展

尽管儒家理想人格有其局限性，但它也充分显示了其道德力、知识力、意志力、凝聚力，而这些都是人的全面发展不可或缺的动力，也是不可否认的积极因素。当下，我们应当批判地继承儒家理想人格，赋予其新的时代内涵，对其进行改造创新，使之重放异彩，有力地推动当代中国人素质的提高，有力地促进人的全面发展。

1. 对儒家理想人格进行现代转换的必要性

首先，辩证地看待儒家理想人格。儒家理想人格，从本质而言是传统社会的产物，是为君主专制服务的。今天，我们面临着促进人的全面发展、建构社会主义理想人格的历史任务，应当结合历史的实际，对其进行具体的分析。有些人格思想，如自强不息、文质兼备等，除去其中的时代性内容以外，还有超时代的普遍适用的内容，是任何时代、任何社会的人都需要具备的优良素质。现代中国人是传统中国人的延续，用传统儒家理想人格中的积极因素，作为当代人格建构的营养，因其独具的亲和性而更易于被吸取，能够收到良好效果。

其次，在批判、创新中继承儒家理想人格的合理因素。随着时代变迁，理想人格的标准与内容也必然要有所变化。我国要建设有中国特色的社会主义，要着眼于促进人民素质的提高，也就是要努力促进人的全面发展。这种高素质的、全面发展的人所体现的理想人格，必须具有几个特点：一是全面性。当代理想人格既应有优良的思想道德素质、科学文化素质，又应有优良的身体素质、心理素质，在道德、智力、意志、情感等各方面都要全面发展。二是主体性。当代理想人格应当确立自己在生活实践中的主体地位，自尊、自强、自立、自重、自律。在市场经济条件下，我们更应强调自尊自立，自强不息，勇于拼搏，成为"强大"的人。三是创造性。当代理想人格应当勇于竞争，具备创新意识，不迷信权威，拥有开拓精神。四是开放性。

当代理想人格应当视野开阔，乐于接受新事物，不断补充新知识，勇于推陈出新，与时俱进。有鉴于此，如果以当代理想人格的标准来衡量儒家理想人格，可以发现二者之间确实有着较大的差异，因而必须对儒家理想人格中的积极因素进行改造，并结合新的社会实践进行创新。

2. 儒家理想人格对当代理想人格的启示

儒学的价值观与人格思想，作为一份养料，对当代人格重塑具有重要作用。毋庸置疑，无论时代怎样变化，在人的道德修养、人格形成上，儒学的道德自觉论都必定会发生重要作用。要重塑当代理想人格，明智的做法就是，发扬儒学理想人格的合理因素，培养"真、善、勇、美"齐备的时代新人，使他们具有爱集体、爱人民、爱祖国、爱自然的高尚道德情操。综观儒家的价值观与人格思想，对当代理想人格重塑的积极意义主要有几个方面。

首先，儒家人生价值观对塑造当代理想人格具有借鉴意义。儒家肯定了人的价值，认为人有自觉意识、道德观念，是尊贵的。强调人遵守道德规范，自尊、自强是每个人的价值所在。儒家从人具有道德观念出发，强调每个人在社会中所扮演的角色，尽职尽责，尽到自己对社会、对他人的道德与义务。儒家的人生价值观肯定了人的社会属性与尊贵，要求人们自尊自强，具有积极的合理意义。它对当代理想人格的重塑仍然具有启发作用，自尊即自我尊重，指既不向别人卑躬屈膝，也不允许别人的歧视、侮辱，这是一种健康良好的心理。自强，即自己努力向上，自我勉励，奋发图强，这是现代人在竞争社会所需要具备的素质。

其次，儒家社会价值观对塑造当代理想人格具有积极意义。社会价值观主要体现在社会秩序的观念和理想上。儒家向来视稳定为理想的社会秩序，但这种稳定是以群体为本位，将个体消融于群体之中，物质生活消融于精神生活之中而实现的。群体意识就体现了儒家的社会价值观，儒家特别重视群体、整体的秩序化与和谐稳定。但现代社会给人提供了行使权利，争取利益，独立发展的机会。为了保持社会秩序化，就应将儒家的稳定观念升华为社会的有序理念。这种理念以国家至上、社会为先为基点，以关怀扶助、尊重个人为旗帜，以求同存异、协商共识为目标，使每个人在各扬所长、各尽所能的基础上，维护社会的共同秩序和族群的团结。

　　社会价值观还体现在对社会规范的立场与选择上。当代社会是市场经济高度发达的社会，是以发展为保障的。现代化发展所形成的日渐周密和精细的社会分工，将每个行业、每个人都纳入了社会的大流通中，使一切个体行为都具有了特定的社会功能，社会公德必然相伴而生，并且形成一个完整的体系，成为社会成员的共同社会价值认同。儒学有深厚的道德理念和自我内修的道德形成机制，尽管儒家道德多属私德的范畴，但是它对当代社会公德体系的形成与培养，对提升人们的公德意识，仍将起到极为重要的深层作用。

　　再次，儒家实践价值观对重塑当代理想人格具有积极意义。儒家强调人对天地有一种内在的道德责任感，这使其在价值观念上形成了一种"为天地立志，为生民立道，为往圣继绝学，为万世开太平"的入世开拓精神，产生了一种"先天下之忧而忧，后天下之乐而乐"的高度社会责任感。儒家这种个人对社会的整体责任，作为一种人格的榜样，在中国历史上感染了无数的仁人志士，他们表现出了令人敬佩的济世救民的献身精神。儒家不仅从宏观上肯定了人的社会责任感的价值取向，而且还从微观上说明了人的道德责任感：正是从国家利益出发，儒家提倡治国平天下。具体而言，强调"执事敬"，做到办事严肃认真，对工作尽职尽责。儒家这种人生和道德的价值取向，不仅对中华民族性格和民族精神有着重大影响，而且对培养现代人的社会责任感与担当精神皆有现实的借鉴意义。

　　总之，重塑当代理想人格，必须以儒学的基本价值观为基础，进而吸收人类一切思想文明的优秀成果。新时期的新人只有树立较为完美的道德人格，才能通过积极进取、努力拼搏，开创更加美好的未来。当然，儒学的重德传统理应与更广泛意义上的爱智精神结合起来，才能有益于培养德、智、体全面发展的具有开拓精神的时代新人。

二、促进人际关系和谐的历史经验

　　人际关系是社会关系的最一般表现形式，社会有序需要良好的人际关系，良好的人际关系是社会有序和谐的最坚实基础，也是社会稳定的前提。

儒家强调"人和"，将"和"视为处理人际关系的一个重要准则，追求人与人之间的和谐，是儒家伦理思想的基本价值取向和基本精神。在人与人的关系上，儒家文化重视建立融通的人际交往与和谐的人际关系，提倡成己成人，宽和处世等贵和尚中的和谐友爱精神。儒家人际和谐思想对当代人际和谐仍然具有现实的借鉴意义。

（一）儒家人际关系和谐思想

儒家文化中蕴含着相当丰富的思想内容，其中包含了人际关系的思想，如先秦儒家的"五伦"，汉儒的"三纲六纪"等，这些人际关系思想曾经对中国传统社会的有序和谐起了维系作用。

1. "五伦""三纲"的人际思想

儒家重视协调人际关系，儒家所提供的人际关系理论，是中国漫长封建社会人际关系的主要指导原则和规范，它在塑造中国人的人格、行为，限定人与人之间的相互关系、交往方式，维护社会稳定等方面都曾起过重要作用。

"五伦"是先秦儒家对人际关系的总结。儒家对人际关系早就有清晰的认识，"何谓人义？父慈、子孝、兄良、弟弟、夫义、妇听、长惠、幼顺、君仁、臣忠十者谓之人义。"[1] 这里所说的是人与人的关系，就是所谓"人伦"。在人伦之中，每个人都有其一定的地位，一定的责任，这一定责任的完成就叫"义"。孟子又在继承前人的基础上，将人伦关系归纳为"五伦"："父子有亲，君臣有义，夫妇有别，长幼有序，朋友有信。"[2] 即君臣、父子、夫妇、兄弟、朋友五种人伦关系。

"三纲五常"是汉儒董仲舒对人际关系的归纳与规范。董仲舒从"贵阳而贱阴"的阳尊阴卑理论出发，对"五伦"观念做了进一步的发挥，提出了"三纲"说。"君臣父子夫妻之义，皆与诸阴阳之道。君为阳，臣为阴；父为阳，子为阴；夫为阳，妻为阴。王道之三纲，可求于天"。[3] 董仲舒认为，在

---

① 《礼记·礼运》。

② 《孟子·滕文公上》。

③ 《春秋繁露·基义》。

人伦关系中，君臣、父子、夫妇这三种关系是最主要的，而这三种关系存在着天定的、永恒不变的主从关系：君为主，臣为从；父为主，子为从；夫为主，妻为从。"三纲"皆取于阴阳之道，阳永远处于主宰、尊贵的地位，阴永远处于服从、卑贱的地位。董仲舒以此确立了君权、父权、夫权的统治地位，把封建等级制度、政治秩序神圣化为宇宙的根本法则。

董仲舒虽然提出了"三纲"说法，却并没具体阐发，东汉《白虎通》对此进行了阐发。"三纲者，何谓也？谓君臣、父子、夫妇也。六纪者，谓诸父、兄弟、族人、诸舅、师长、朋友也。故《含文嘉》曰：'君为臣纲，父为子纲，夫为妻纲。'又曰：'敬诸父兄，六纪道行，诸舅有义，族人有序，昆弟有亲，师长有尊，朋友有旧。'"① 汉代将"君为臣纲""父为子纲""夫为妻纲"伦理推向社会，使其观念深入人心，成为人们的行为准则，因而汉代是封建伦理定型的历史时期。

"三纲"封建伦理在汉代定型之后，后世儒家也从理论上更加将"三纲"发扬光大。宋代理学家强调："三纲之要，五常之本，人伦天理之至，无所逃于天地之间。"② 这就认为"三纲"是天理流行，是万世不变的伦理道德规范。可见宋代已将"三纲"系统化、理论化，达到了登峰造极的地步。

总体而言，中国传统社会是靠人伦关系联结在一起的，中国传统人伦关系的准则可大致概括为"三纲六纪"。"尊尊""亲亲"原则的相互融合，使人伦关系形成一个严密的整体，维持着传统社会的稳定。

2. 儒家人际和谐理念

儒家"五伦""三纲六纪"人伦道德规范之目的无非就是促使人伦关系有序化，从而促进整个社会的有序化与和谐化。此外，儒家为了协调一般的人际关系，亦提出了独到见解。

首先，"和为贵"的人际和谐理念。儒家重视人际关系，主张"和为贵"，提倡人与人之间和睦相处，主张差异共存与矛盾和解，并形成了诸多协调人与人之间关系的伦理规范。

---

① 《白虎通·三纲六纪》。
② （南宋）朱熹：《晦庵先生朱文公文集》卷一三《癸未垂拱奏札二》，四部丛刊本。

　　儒家"贵和"理念主张在待人接物时要宽宏大量，与人为善，能容人，当冲突发生以后，则主张要尽量采取和解的方式处理。《易传》云："坤厚载物，德合无疆。含弘光大，品物咸亨。"①"君子以厚德载物"。②大意是大地广袤深厚，涵养万有，无所不包含，无所不载持，万物承受其恩德，皆顺畅亨通。有德行的贤人君子也应当像大地那样，具有宽厚的心怀。而唯有宽厚，才能兼容万事万物，与人友好相处。故孔子曰："宽则得众。"③孟子云："君子莫大乎与人为善。"④

　　儒家从宽厚品质引发出一些为人处事的原则，有益于避免人际冲突。一是不以恶意猜测人，即所谓"君子不先人以恶，不疑人以不信"⑤，强调人与人之间应当保持基本的信任。二是主张善于师人长处，而非嫉妒他人，正所谓"见贤思齐"，"己善，亦乐人之善也；己能，亦乐人之能也"。⑥三是不能求全责备，勿言人短，责人勿刻。孔子云："攻其恶，无攻人之恶。"⑦他主张人们要善于反省、检讨自己的毛病，而非指责别人的短处。他反对抓住别人的缺点不放，主张"成事不说，遂事不谏，既往不咎"。⑧荀子云："与人善言，暖于布帛。"⑨就是说有益的语言能给人很大的鼓舞与安慰。四是不念旧恶，以直抱怨。孔子曾赞叹伯夷与叔齐"不念旧恶，怨是用希"；⑩曾子认为别人如有非礼和侵犯，君子不应同他一般见识，要"犯而不校"。⑪

　　当然，儒家所谓与人"和"是其原则性的。其一，"和"的对象应当有选择。《论语·卫灵公》强调："道不同不相为谋。"《易传·序卦》则提

①　《易传·象辞·坤》。
②　《易传·象辞·冲》。
③　《论语·阳货》。
④　《孟子·公孙丑上》。
⑤　《大戴礼记·曾子立事》。
⑥　《大戴礼记·曾子立事》。
⑦　《论语·颜渊》。
⑧　《论语·八佾》。
⑨　《荀子·荣辱》。
⑩　《论语·泰伯》。
⑪　刘海龙：《传统"和"文化与和谐社会》，博士学位论文，中共中央党校，2007年，第56页。

出"物不可以苟合而已",反对一味地苟且取和。荀子对此也态度鲜明,他主张人要有个人的看法,不轻易与别人同流合污,"不动乎众人之非誉,不治观者之耳目,不赂贵者之权势,不利便辟者之辞;故能处道而不贰,而不夺"。① 显而易见,儒家所谓的人"和"是有一定原则与条件的。其二,"和"中亦有斗。儒家强调对于那些"不耻不仁,不畏不义"② 的恶人,绝不能手软。

应该指出的是,儒家所谓"和"中之"斗"有其独特性。一是强调以比较柔和的方式进行斗争,主张以理服人,而绝非激烈的冲突,以力服人。二是和谐与斗争的地位不同,以和为主,以斗为辅,和谐是目的,斗争是手段。三是斗的结果是和解。正如张载《正蒙·太和》所言:"有象斯有对,对必反其为。有为斯有仇,仇必和而解。"矛盾的对立必然导致斗争,通过斗争,使矛盾得以解决,从而达到和谐。③

其次,以仁爱为处理人际关系的总原则。"仁"是儒家处理人与人之间一切关系的总原则。儒家认为"立爱自亲始",血缘相亲相爱完全是人之天性的自然流露。"仁"建立在一定的血缘关系基础之上,以人"爱亲"的天性自然为根据。因而孔子在充分肯定血缘亲情的"爱亲"基础上,又进一步向外扩展,强调"爱人""爱众"。在儒家看来,"爱亲"是"仁"的起点,"爱人"才是"仁"的目标。由于血缘之"亲"与非血缘之"人"属于同类,因而从"爱亲"到"爱人"就具有逻辑上的必然性。

孔子的"仁"学将血亲之爱扩大、延伸,升华为人际关系的普遍原则。他把亲情之爱推广开来,主张"泛爱众",就是爱一切人、所有人,即爱父母、爱兄弟、爱朋友、爱众人。儒家的"仁"就由亲情之爱转化成了人与人的一般关系的准则。"仁者爱人",正确处理人与人之间关系,这是使整个社会得以有序、正常运转的保证。

儒家不仅主张以仁爱来处理人与人之间的一切关系,还提出了"推己

---

① 《荀子·正名》。

② 《易传·系辞下》。

③ 刘海龙:《传统"和"文化与和谐社会》,博士学位论文,中共中央党校,2007年,第56页。

及人"的为仁方法。孔子为了将"爱亲""爱人"的差序之爱升华为每个人道德修养的基本准则，提出了一种"推己及人"的思维方式。所谓"推己及人"，就是"将心比心""换位思考"，设身处地为别人设想。具体而言，"推己及人"的思维方式主要体现在两个方面：其一，"推己及人"的积极表现形式是"己欲立而立人，己欲达而达人"的"忠"，这是强调"尽己为人"。其二，"推己及人"的消极表现形式是"己所不欲，勿施于人"的"恕"。这是强调应该宽恕待人，切勿将己所不欲施于他人。儒家"推己及人"，就是主张在处理人际关系时要用自己的心思去推测别人的心思，设身处地替别人着想。然而，儒家反对在道德修养方面，用要求自己的标准去要求他人。儒家主张严于律己，宽以待人。

再次，以"五常"和谐人际关系。儒家"五常"提倡仁爱、重义、循礼、尚智、诚信等，是处理人际关系的基本准则。

其一，仁爱。对于儒家以仁爱为处理人际关系的总原则，前已述及。儒家"仁"的内涵非常丰富，是一个既宏大而又切实的生活准则，是处理人际关系最重要的理念。以孟子为例，他认为"仁"是人所固有的恻隐之心的发展，"恻隐之心"即是同情心，人都有同情心，发展扩充固有之同情心，即可达到仁。孟子还认为人都有所爱，把这种爱加以扩展，将爱心也给予本来不爱的事物，这就是"仁"，即"仁者以其所爱，及其所不爱"。[1]可见，孟子主张的"仁"是由近推远，是同情心的发展，也可以说是爱之扩充。后儒充分继承与发挥了先秦儒家的"仁爱"思想，并加以发扬光大。[2]儒家的"仁"既是修身养性的道德规范，也是实践活动的行为规范。只有实际有益于人，才能称之为"仁"。这正如《论语·宪问》所言，"克伐怨欲不行"固然难能可贵，但因为实际上无助于人，就不算"仁"。"仁"还有身体力行，要实现"仁"就必须要真诚实在地去做。践行仁德，真诚地以仁心去爱人，自然十分有益于人际关系和谐。

其二，重义。儒家非常重视"义"德，认为人的行为须合乎当然的准

---

① 《孟子·尽心下》。

② 刘海龙：《传统"和"文化与和谐社会》，博士学位论文，中共中央党校，2007年，第57页。

则，应该做就做，不应该做就不做。凡事要先问应当不应当，不可顾念个人私利。孔子把"义"当成立身之本，是行为的最高标准。朱熹《四书集注·孟子集注》云："义者，心之制、事之宜也。"这是说，义是正当与否的度，是判断是非善恶的标准与人们行为的价值准则。儒家认为，要实现人与人之间关系的和谐，必须正确处理义与利的关系，做到"重义轻利""以义制利""义以为上"。这就要求人们切勿因个人利益而破坏他人、社会利益。这也是人际交往的基本准则。

其三，循礼。儒家非常注重礼，认为礼是人之所以为人以及立身行事的根本，人若不懂礼、不守礼，就难以立身处世。孔子一再强调礼的重要性，强调"不学礼，无以立"。①虽然礼的内涵非常丰富，广义的礼包括典章制度及行为规范，然而，就讲礼貌、重礼仪、尚礼让等狭义的礼而言，对于建立和谐的人际关系无疑是十分重要的。

其四，尚智。"智"即知识、智慧，如果说仁爱是一种美好的心理愿望与行为，那么拥有智慧方有助于实现仁爱，某种程度上可以说，"智"是实现仁爱这种心理愿望的工具。孔子常以"仁""知"并举，认为"仁者安仁，知者利仁"②，仁者安于仁，智者则知仁为利而行之。汉儒董仲舒则指出："莫近于仁，莫急于智。……仁而不智，则爱而不别也。智而不仁，则知而不为也。"③爱人为"仁"，有先见之明为"智"。有"仁"而无"智"，虽然爱人却不能明辨祸福利害，行为的结果可能反倒伤人。仅"智"而不"仁"，虽然能知晓祸福却漠然无动于心，不能收到实际效果，可见"仁""智"皆是必不可少的。"智"本身是一种品德，又是其他品德得以实现的条件，也是建构和谐人际关系必不可少的工具与手段。

其五，诚信。"信"是个人立身处世的基本前提，也是人际交往应遵循的最基本准则。人与人的各种交往关系，构成了基本的社会关系，诚信是建立人与人之间和谐关系的前提条件。所谓诚信，就是人与人相处时应当诚实不欺，言行一致，恪守信用，信与义统一，这样人与人之间的承诺才有了可

---

① 《论语·季氏》。

② 《论语·里仁》。

③ 《春秋繁露·必仁且智》。

靠的基础，人与人之间才能友好地合作。与朋友交往，应该信守诺言，以诚相待。同理，凡人与人交往，都应该说话算话，信守承诺，不欺诈、不虚伪、不掩饰。只有如此，才能达到人际关系的融洽与和谐。

总之，人际关系是社会关系的最一般表现形式，良好的人际关系是社会和谐最坚实的基础。儒家十分重视人际关系和谐问题，提出了一系列人际和谐的伦理道德标准，促进了传统社会的人际和谐，有益于古代君主专制统治的稳定发展。

（二）儒家人际关系思想的局限

儒家人际关系理论是与封建等级观念以及对人际关系的一些错误认识并存的。"五伦""三纲六纪"人际关系说作为宗法等级社会的产物，除了朋友关系之外，其他人伦关系强调的都是尊卑上下等级之序，侧重强调"义务"，尤其是下对上的义务，基本没有涉及权利问题，其历史局限性是显而易见的。

1. 重视家庭亲缘关系

儒家强调人伦关系，其人际关系是"亲缘"关系的扩展。"家国一体"是中国古代社会的基本结构。儒家人际关系的构建就是家庭关系模式的推衍，社会道德也是家庭道德的放大。家庭亲缘关系提供了一个模式，将家庭辈分关系扩展到社会等级关系，从有辈分关系的个人群体一直扩展到社会整体。个人是微不足道的，作为社会单位，家庭、家族，每个人都对其全部亲属承担着责任。在儒家看来，人际关系是"亲缘"关系的扩展，"家和"才能进而"天下和"。

就儒家"五伦"人际关系而言，其中父子、兄弟、夫妻三伦为家庭关系，是由家庭关系向外扩大到社会关系。在价值取向上，"五伦"存在着自我中心与家族本位的矛盾。"五伦"设计中，以家族为本位，家族伦理法则成为整个社会伦理关系的法则。然而，在具体处理人伦关系，调节个体行为时，它又是以自我为中心的。一方面，在逻辑上，"五伦"重视家族或家族亲人关系，是一种家族式的自我中心主义；另一方面，在现实的道德生活中，"五伦"又总是以各种不同的对象与自我的关系作为调节自己行为的准则。这两种价值交错在一起，成为世俗伦理生活中要么产生极端的家族式的或封建式的集体主义，要么产生极端的、粗陋的利己主义的重要理论原因。①

儒家人际关系理论，呈现出比较明显的"熟人"与"生人"，"自己人"与"外人"的矛盾。不论"五伦"还是"三纲"，均是以自我为中心与出发点设计出的不同的社会伦理关系，其有一个特点，那就是都与自我有着各种直接或间接的关系，尽管这些关系的疏密、远近不同，但皆是与自己有关的"熟人"。而与自己完全无关的"生人""路人"却不包含在内。因此，我们看到了一个以自我为圆心的同心圆所组成的伦理生活圈。只有这个同心圆内的"熟人"或"自己人"才相互关照显得温情脉脉。"自己人""熟人"与这个同心圆之外的"外人""生人"在世俗伦理生活中是两个不同的范畴，并由此导致出人的截然不同的情感意向与行为选择。②

显而易见，儒家人际关系理论体现了特殊主义。"五伦"也好"三纲"也罢，都要求人们在不同场合，甚至在同一场合中按照个人的"伦份"，即相对地位的差异充当各种角色，作出各自的选择。儒家人际关系基本局限于与自己有直接关系的人之范围，而排斥与自己没有直接关系的人。有鉴于此，在某种程度上讲，儒家人伦关系缺乏一种普遍的社会人伦意识。

2. 人伦关系体现了权威主义、不平等性

儒家人伦关系呈现纵向性的特点，主要是幼者对长者、下级对上级的义务。个人之间的道德义务呈现出不平等特征，这是由于中国传统社会的等级性与个体依赖性所决定的。

先秦儒家的"五伦"相对而言是一种双向对应关系，其中的父慈子孝、君礼臣忠、夫妇有别，虽然对道德主体的双方都有规范，但是父子、君臣、夫妇双方的地位却是不平等的。正因为原始儒家德性精神中"五伦"设计的权威主义特点，才为汉代董仲舒向极端权威主义的"三纲"过渡提供了伦理前提。所谓道德权威主义，是以对他人的统治，以他人的服从为目的，它本

---

① 樊浩：《儒家人伦关系设计的特点与内在矛盾》，《社会科学家》1990 年第 3 期，第 52—57 页。

② 樊浩：《儒家人伦关系设计的特点与内在矛盾》，《社会科学家》1990 年第 3 期，第 52—57 页。

质上是一种片面的义务关系，即使权威主体履行了一定的道德义务，这种行为本身只是手段而不是目的。①

"三纲"片面强调臣、子、妇尽单方面的忠、孝、贞的绝对义务，决定了中国封建人伦道德的单向要求。"三纲"要求关系的一方绝对遵守其位分，实行片面之爱，履行片面义务，避免了人伦关系陷入循环报复的不稳定关系中。然而，这种单方面义务的实行，应该建立在个体自愿选择的基础上，否则它就会在实践领域蜕变为政治专制的装饰。

"三纲"伦理在汉代定型后的负面影响是不可回避的。它过分地强调臣忠、子孝，强调父权、君权，在有利于家庭稳定与君主专制的同时，也造成了子女的愚从与臣下的愚忠。父权与君权的结合，随着封建社会的演变而不断加剧，发展到登峰造极的地步，"君叫臣死，臣不得不死；父叫子亡，子不得不亡"是对中国传统社会臣民道德的形象描述。皇帝是臣僚誓死效"忠"的对象，家长是子孙苦心尽"孝"的对象。为了使臣民安于自己的道德角色，历代统治者以血缘宗法的温情面纱笼罩在这种奴性道德、服从型道德上，"资于事父以事君而敬同。贵贵尊尊，义之大者也"。② 在"亲亲""尊尊""贵贵"等貌似温情而合理的说教下，从心理上与行为上将其变成愚忠愚孝的忠臣孝子。

3. 压抑个性发展

由于古代中国是一个以血缘宗族关系结成的宗法社会，因而"礼"所调节的人际关系是特殊的"人伦关系"，儒家人伦关系体现的是"差序伦理"，它有亲疏、远近、厚薄的区别。对这种人伦关系中的个体要做具体区分，在社会的伦理网络与伦理秩序中，不同的主体"伦"之不同，其"分"也就不同；人伦地位之不同，个体的伦理权力与伦理义务也就不同。即使同一个主体，在不同的人伦关系中，因其身份、角色不同，其义务与权力不同，所遵循的行为准则也就不同。"礼"维护的就是尊卑、贵贱的上下等级

---

① 樊浩：《儒家人伦关系设计的特点与内在矛盾》，《社会科学家》1990 年第 3 期，第 52—57 页。

② 《礼记·丧服四制》。

关系，以此形成有序的社会。①

儒家人际关系理念中，个体自我在纵向上要服从于尊贵者、长者、在上位者，而在横向上要服从于群体。儒家人伦关系的和谐又是通过整体至上主义来达到的。传统社会，中国人一出生就处于家族小群体的各种关系之中，个人缺乏独立人格观念，只能在与他人的关系中界定自己，难有"自我"意识。个人受到层层义务之束缚，立身行事，以至言谈举止都必须遵循固定准则，他必须克制自己，谨小慎微，以家族利益为上。父母、家庭、家族包办了一切事务，个体自我毫无自由选择的权力。儒家以牺牲个人利益来实现群体利益，强调个人对群体的服从，无疑压抑了个性的发展。可见，儒家人伦社会的"和谐"境界是通过维护等级名分，个体绝对服从群体来实现的。② 这种和谐不是真正的和谐。

（三）儒家人际和谐的现代启示

人与人之间的和睦相处是社会文明的重要标志，也是社会和谐稳定发展的基础。随着社会的发展进步，人与人之间的联系交往会愈加频繁，人际关系也更加重要，要实现社会的和谐发展就必须借助于良好的人际关系。儒家强调"和""与人为善""己所不欲，勿施于人"，倡导仁爱、宽容，这对于当下处理好各种利益关系，形成良性互动的和谐人际关系、创造良好的社会环境与氛围非常有益。

要想转换儒家人伦关系为现代人际和谐服务，必须以平等观念取代等级观念。传统人伦关系的等级观念是根深蒂固的，它体现在人际关系的各个方面，无论"五伦"还是"三纲"，都是等级观念的充分体现。儒家有关人际关系的各种伦理规范也是建立在等级观念的基础之上的。当代社会，必须在继承儒家人际关系之合理伦理规范的同时，清醒地认识其封建等级观念，用平等观取代这种落后的、过时的等级观，为现代社会的人际关系和谐服务。③

---

① 汪怀君：《儒家人伦思想的精神意蕴》，《船山学刊》2005 年第 2 期，第 64—66＋77 页。
② 汪怀君：《儒家人伦思想的精神意蕴》，《船山学刊》2005 年第 2 期，第 64—66＋77 页。
③ 刘海龙：《传统"和"文化与和谐社会》，博士学位论文，中共中央党校，2007 年，第 67 页。

1. 儒家"和为贵"对人际和谐的启示

儒家"贵和"思想有其合理的人际道德理念，对于当代和谐人际关系的建立具有很好的规范与调节作用，有利于构建社会主义和谐社会。

儒家"和为贵"的价值观体现于各种各样的人际关系之中。家庭成员之间应和睦相处让家庭和谐；家族、亲戚之间应和谐相处让亲族和睦；君臣、上下之间要"和而不同"，互补互济；人与人之间，要做到长幼和、朋友和，实现人我和谐；人与社会群体之间，提倡"善群""利群""乐群"，实现群己和谐。

在人际关系中，儒家主张"和为贵"，提倡人与人之间和睦、团结、协作，追求人与人之间的和谐。孔子的理想人格是善于以宽厚处世，协和人我。在"和为贵"价值观的影响下，儒家也有"五常"等一系列旨在实现人际和谐的道德准则，能够比较有效地避免过激或对抗行为，减少人际摩擦与社会内耗，有益于社会的和谐稳定。当代市场经济下，利益多元化，提倡"义以为上""和为贵"，对于营造宽容、和谐的社会氛围，实现人与人的和谐共处，具有重大的现实意义。①

儒家"和而不同"的观点，充分尊重个体的差异性，同时追求整体的和谐性，有利于形成良好的人际关系。人的工作与生活，小到家庭，大到整个社会，总是处于一定的和谐之中，而在当代社会价值观多元化下，人们的个性得到了前所未有的发展与张扬，讲究和谐的同时，人们总是有着爱好、性格、利益的差异。儒家所谓"致中和"，就是以"和"为目标，在团体中每个人都应该遵守道德的规范，各处其位、各得其所，严格要求自己，不可放纵自己的言行与欲望，应当尽到个人的责任、义务，避免影响他人的利益与感情。"和而不同"，强调求同存异，因为在团体中，差异与分歧是十分正常的，要达到团结和谐，不是取消不同意见，而是善于在不同意见中发现共同之处，发挥个体不同的长处，和谐相处。②

---

① 刘海龙：《传统"和"文化与和谐社会》，博士学位论文，中共中央党校，2007 年，第 68 页。

② 武东生：《"和而不同""推己及人"与团结友善》，《道德与文明》2002 年第 2 期，第 52—55 页。

毋庸置疑，继承儒家"和为贵""和而不同"的传统价值观，对于建立和谐的人际关系能起到很好的导向作用。体现在日常生活中，就是要以正确的态度来对待人的个性发展之要求，积极引导人之个性的发展与丰富。同时，我们也要在注重个性、注重差异的基础上，求得"不同"基础上的和谐，保持良好的人际关系与生活秩序，促进社会主义和谐社会的构建。①

2. 忠恕之道促进团结友善

与人为善、关爱他人，能够促进人际和谐。人只有拥有了一颗仁爱之心，才能善待他人。儒家不仅大力倡导"仁爱"，还指出了施行仁爱的方法，即"忠恕之道"。"忠"是积极方面，是尽己之力以助人；"恕"是不以己之所恶施于人，是消极方面。

"忠恕"之道是人际关系和谐的"黏合剂"。在复杂的社会关系中，作为个体的人，在处理复杂的人际交往关系过程中，应当遵循儒家的"忠恕之道"，推己及人，以行为主体自身的利益与需求推断他人的利益与需要，进而以此为行为取舍的标准，凡属自己所需要、追求的，同时也要努力去满足他人；凡属自己厌恶的、否定的，就一定不能施于别人。换言之，推己及人，就是由己推人去实行。例如，一个人尊重并孝敬自己的父母，就应该以此对待所有年长的人。退一步讲，则至少应做到"己所不欲，勿施于人"，不要将自己所不愿之事强加于他人身上。忠恕就是以身为度，以己量人。这是一种以己为本位的行为模式，但它不同于个人本位，在此模式中，己只是行为的出发点、标准，而绝不是目的，行为的目的是利他的，旨在构建一种和谐友善的人际关系。尽管"忠恕"之道有其理想化的一面，在某种程度上也有其局限性，因为它既不可能普遍实现，且每个人自己的想法也未必完全是正确的；但不可否认，儒家"忠恕"思想所包含的与人为善等美德，对和谐人际关系有着重要的影响。

现代社会，人际交往频繁而复杂，而且每个人都面临着更多、更为广阔的与人交往的机会。以宽广的心胸与家人和睦相处，与朋友建立友谊，团结同事共同进步，相对来说，似乎比较容易；而对于陌生人，要真正做到亲

---

① 刘·：《儒家和谐思想的现代价值》，硕士学位论文，山东大学，2010年，第37页。

善友好则不那么容易。有鉴于此，儒家提倡"四海之内皆兄弟"，"推己及人"的忠恕之道，显然有利于促进人与人之间的亲善友好。

"推己及人"的原则不仅适宜于人际交往，还应该成为民族与民族之间、国家与国家之间、人类与自然之间友善相处的原则。在处理国与国之间的关系时，本着相互尊重与友善的态度，就应该做到相互尊重主权与领土完整、互不侵犯、互不干涉内政、平等互利、和平共处；还要尊重各国人民自己的选择，保持一个和平的国际环境以求得全人类的共同发展和进步。①

3."五常"与人际和谐

儒家倡导的"仁义礼智信""五常"作为传统社会处理人际关系的道德准则，对于当下构建和谐的人际关系有着重大的参考价值。

其一，仁爱。儒家主张"仁者爱人"，以"仁"作为处理人与人之间的关系的准则，反映了古人追求和谐的人伦关系，以及尊重他人的利益、价值、意志与愿望的人本主义精神。它符合时代要求的新的人伦价值含义，对于维护社会主义的道德秩序、改善人际关系、构建社会主义和谐社会将有重要意义。日常生活中，人们将待人宽厚、富于同情心的品格称作仁德，将宽人慈爱、热心助人的好心人称作仁人君子。"仁"为两人并立，反映了人与人之间的团结、和睦、亲善、友好的关系，与对立、分裂、敌视、猜忌、攻击等相对立。以"仁爱"处理人与人之间关系的根本要义在于讲求仁德、相互间的友爱，无疑有利于人际关系和谐。②

其二，重义。"义"是指人在与他人交往中的思想与行为适宜，恰到善处。任何人总是生活于一定的社会，处于特定的社会关系中，个人与他人、个人与社会之间的利益关系既有统一的一面，又有冲突的一面。儒家主张在处理人际关系时个体必须积极履行道德义务，这对克服人们在交往过程中出现的唯利是图、见利忘义、损人利己的思想与行为，促进和谐人际关系的形成具有积极意义。

---

① 武东生：《"和而不同""推己及人"与团结友善》，《道德与文明》2002 年第 2 期，第 52—55 页。

② 武东生：《"和而不同""推己及人"与团结友善》，《道德与文明》2002 年第 2 期，第 52—55 页。

其三，循礼。儒家认为礼是人之所以为人以及立身行事的根本，人若不懂礼、不守礼，就难以做人，难以立足于社会。对于人际交往而言，讲礼貌、重礼仪、尚礼让是非常重要的。人们通过礼节、礼貌可以表达人与人之间的友好，通过礼让可以避免一些不必要的争端。文明友好的礼仪可以帮助人们规范言谈举止，学会待人接物，赢得他人尊重，可以在和谐的交往中获得长久的友谊。毋庸置疑，日常生活中讲礼貌、重礼仪、尚礼让，对于建立和谐人际关系具有重要意义。

其四，尚智。"智"本身是一种品德，又是其他品德的基础与源泉，是道德得以实现的条件，也是建构和谐人际关系不可或缺的工具与手段。因为没有智慧就既不能认识道德的内涵与价值，也不能顺利地加以实践，道德就会变成僵死的教条，甚至可能走向其反面。在儒家"智"的道德规范中，一个重要内容就是对人对事的认识要讲究不偏不倚的"中庸"认识法。同时，对于道德的认识亦是如此。同样，社会主义和谐社会的发展也要求个体重视智慧、崇尚道德，强调文化修养、人文素养培养的重要性。个体只有不断学习更新知识能力与自我道德修养能力，才能达到智商与情商的和谐发展，从而促进和谐人际关系的建立。

其五，诚信。"信"是人与人交往应遵循的最基本准则，建立人与人之间的和谐关系，诚信是必不可少的。不仅与朋友交往需要"言而有信"，以诚相待，而且在广泛的社会生活领域里，倡导诚信的交往理念，亦有助于人与人之间、个人与社会之间的协调发展。而和谐的人际关系也有助于人的全面发展与社会秩序的稳定。因此，诚信是实现人际关系和谐的基础，也是社会安定与发展的基础。

总之，人与人之间的和睦相处，是社会文明的重要标志，也是社会和谐稳定发展的基础。现代社会，人际关系的冷漠、甚至某种程度的紧张，一定程度上限制了个人的全面发展，破坏了人际交往的生态，妨碍了社会的和谐。而儒家强调"和""与人为善""己所不欲，勿施于人"，倡导仁者爱人、严于律己，宽以待人，这对于处理好各种利益关系，形成良性互动的和谐人际关系、创造良好的社会环境与氛围无疑是非常有益的。

三、政通人和对构建和谐社会的启示

和谐社会是古今中外人类社会恒久的生活理想与价值追求。儒家所憧憬的"大同"社会境界，其突出特征是，在政治、经济、文化和社会生活诸领域表现出和谐的整体氛围与价值取向。在现实社会中，儒家所期望的是"政通人和"，使政事通达、人心和顺，亦体现了鲜明的和谐社会意蕴。社会和谐是中国特色社会主义的本质属性，是国家富强、民族振兴、人民幸福的重要保证。儒家的社会和谐观对当代中国和谐社会的构建有着现实的启示意义。

（一）大同、小康对构建和谐社会的启示

儒家所追求的理想社会，是安定和谐的治平之世。儒家高举着一面"大同"社会理想的旗帜，在这面旗帜的指引下，中国人数千年来坚持不懈地追求一个"天下为公"的理想国。

孔子的"大同"社会理想前面已有论述，不再赘述。它对中国后世影响深远。近代维新代表人物康有为在《大同书》中，再次勾画出了一个"公天下"的理想社会："大同之世，天下为公，无有阶级，一切平等。"伟大的民主革命先行者孙中山继承了儒家传统道德文化，在提出了"忠孝、仁爱、信义、和平"的"新八德"同时，念念不忘"天下为公"这一传统思想。时常把《礼运》篇中的"大同"全段文字抄送友人。其"三民主义"的理想、目标、思想体系之基本精神，都浓缩在"天下为公"四字中。

"天下为公"的道德理想，是中华民族传统美德思想体系中的一个重要组成部分。马克思主义的社会主义、共产主义思想，无疑也是在继承了包括"天下为公"在内的人类一切优秀思想文化成果的基础上提出来的。

1. 儒家大同社会与现代和谐社会的差异

大同理想与和谐社会之间虽然有着传统文化上的内在传承关系，有着华夏儿女共同存在的对理想社会的价值取向，但农耕文明时期的社会理想与经济全球化背景下的社会理想毕竟有着本质的差异。

首先，儒家"大同"之世是一个公有制下的淳朴农业社会，反映了小农经济时代的"均贫富"思想。这种思想一直贯穿于中国古代社会，这点从历代农民起义所提出的"等贵贱""均贫富"等口号中可见一斑。由于"均贫富"思想排斥市场规则，固守宗法体制的传统价值取向，在观念上已成为发展经济、富国强民的障碍。和谐社会绝不是以经济上的绝对平均主义来求得和谐，而是要改变不科学的社会财富观念，更加合理分配和使用财富。[①]

其次，儒家"大同"理想有着天真的道德理想主义色彩。在公有制下，社会成员团结友爱，真诚相待，互助互济，根本没有犯罪的可能，因而也就完全没有必要建立法制体系。事实上这在私有制下是根本行不通的，只有法制健全、管理有序，社会才能安定，老百姓才能安居乐业，社会才能和谐。

再次，儒家"大同"理想是立足在单一的华夏本土文化、文明的基础之上，而当今的和谐社会却必须要建立在经济全球化、多元文化、文明共存的基础之上。面对新的历史条件，我们不能"抱朴守拙"，必须要摒弃狭隘的民族主义思想，处理好传统文化与现代文化、外来文化与本土文化的关系，勇于并善于吸取世界上的一切优秀文化成果，促进我国社会主义社会的和谐发展。

总之，构建和谐社会是一项前无古人的历史伟业，需要我们全方位、多角度地去思考。将儒家"大同"理想与当代和谐社会理念相比照，我们能更清楚地认识当代构建和谐社会在整个历史进程中的重要意义，清醒地认识到其中的艰难性与复杂性，应当增强历史责任感与文化自信心。与此同时，既要避免盲目乐观，又要消除消极意识，更加坚定构建和谐社会的信念，在儒家"大同"精神激励下，力争在我国早日建成繁荣稳定、公平正义、人民幸福、充满活力的和谐社会。[②]

2. 大同、小康对构建社会主义和谐社会的启示

"和谐社会"，指社会系统中的各个部分、各种要素处于一种相互协调

---

① 宋思伟、孙建成：《儒家大同思想与当代和谐社会理念》，《山东社会科学》2009 年第 12 期，第 58—60 页。
② 宋思伟、孙建成：《儒家大同思想与当代和谐社会理念》，《山东社会科学》2009 年第 12 期，第 58　60 页。

的状态。儒家的大同、小康社会理想与当前和谐社会构想有其相通之处，这些相通之处能够让我们更好地理解和谐社会的传统文化渊源。

首先，"大同"对构建和谐社会的启示。儒家理想的大同社会与当今要构建的和谐社会都是以人为本的社会。《礼记·礼运》所谓"人不独亲其亲，不独子其子；使老有所终，壮有所用，幼有所长，矜寡孤独废疾者皆有所养"，说明儒家关注的就是社会个体的福祉。造福大众、德济百姓向来是儒家成圣之标准，由此儒家学说也被称为积极入世的学说。当代构建和谐社会就是要运用政策、法律、经济、行政等多种手段，统筹各种社会资源，综合解决社会协调发展问题，以期给社会成员造就一个有利于生存、生活、发展的良好的社会环境。① 显然，在人本问题上，"大同"社会与构建当代和谐社会有着某种相通之处，可以资借鉴。

大同社会是稳定的、有保障的社会。在大同社会中，每一个社会成员都能感觉到不被社会所忽视、所遗弃。这充分反映了在大同社会，人们生活稳定，衣食无忧，各方面都能够得到保障。社会保障是每一个渴望美好生活的社会成员的基本诉求。目前，我国已进入全面建设小康社会、加快推进社会主义现代化的新的发展阶段。所谓全面的小康社会，是要从政治、经济、文化等各方面满足城乡发展需要。党的十六大报告中，从经济、政治、文化、可持续发展的四个方面界定了全面建设小康社会的具体内容。具体就是六个"更加"：经济更加发展、民主更加健全、科教更加进步、文化更加繁荣、社会更加和谐、人民生活更加殷实。然而，社会的转型，经济的快速发展，势必出现贫富差距、城乡差距等明显的社会问题，也势必造成一部分人失去资源优势，成为缺乏竞争力的弱势群体。有鉴于此，要实现全面建设小康社会与构建社会主义和谐社会的宏伟目标，我国就必须不断健全与完善社会保险、社会救助、社会福利等社会保障体系。

其次，"小康"对构建和谐社会的启示。小康社会区别于大同理想社会的根本特征，就在于必须通过"礼"的规范来维持一定的社会秩序，实现对

---

① 宋思伟、孙建成：《儒家大同思想与当代和谐社会理念》，《山东社会科学》2009 年第 12 期，第 58—60 页。

社会良好的政治治理。

和谐是人和社会生存与发展的最高的终极价值目标，历史经验证明，社会进步必须以一个稳定祥和的社会秩序为基础；另外，社会利益分配公平，人与人之间诚信友爱，社会风俗祥和淳美，是人们世代追求的价值目标与社会理想。

和谐包含着理想境界与善治状态两个层次。从社会生活的内容而言，和谐既包含着社会政治治理的内涵，也包含着人际关系和谐、社会风气祥和、人与自然协调等道德内涵。从和谐的现实层面而言，应当从社会治理的角度尽量减少社会冲突，努力消除社会中的不和谐现象，在利益的占有与分配方面实现公平正义；社会建立在民主与法治的基础上，实现社会的安定有序，从而为社会的可持续发展提供良好的社会环境。①

既然和谐区分为两个层面，其实现的途径与凭借的力量也有所差别。其一，从善治状态的实现层面而言，必须主要依靠国家体制，既要追求效率又要兼顾公平，正确处理社会各阶层的利益关系，把发展与稳定结合起来。当前更要努力解决影响社会和谐的突出问题，如贫富悬殊、分配不公，社会失信、以权谋私、司法不公等，为实现和谐社会克服负面的干扰。其二，从理想境界的实现层面而言，精神、道德的和谐，则要依靠全体公民的努力与建设。社会诚信、人际友爱的社会风尚的形成，要依靠社会中所有人的共同努力。在建设和谐社会的过程中，既要认识到这两个层次的区别，又要关注其相互联系。当前首先要消除社会中存在的不和谐、不稳定的因素。②

社会主义和谐社会是一个物质文明发达、全社会共同富裕的社会。解决所有社会矛盾与社会问题的关键还是要靠发展。在财富匮乏的社会中必然潜伏着诸多不稳定因素，难以形成社会和谐。只有提升综合国力，让人民群众得到实惠，才能长期保持安定团结。经济发展是一切社会发展进步的基础。物质文明不仅决定着政治文明建设的方方面面，而且制约着教育、科

---

① 肖群忠：《"小康""大同"与"政通人和"——传统社会政治理想对当代和谐社会建设的启示》，《齐鲁学刊》2005 年第 6 期，第 13—18 页。
② 肖群忠：《"小康""大同"与"政通人和"——传统社会政治理想对当代和谐社会建设的启示》，《齐鲁学刊》2005 年第 6 期，第 13—18 页。

学、文化发展水平以及人们的思想道德水平。只有坚持以经济建设为中心，大力发展社会生产力，才能满足人民群众日益增长的物质文化需要，为构建和谐社会奠定坚实的物质基础。[①]

总之，构建社会主义和谐社会，需要不断有效协调各方面的利益关系，保证基本的公平与正义，使人们普遍分享增长与发展的收益，完善社会主义制度，而儒家的大同、小康社会理想无疑对当代和谐社会的构建有着现实借鉴价值。

（二）"政通人和"对社会和谐的启示

"和"不仅是儒家的核心价值观之一，也是中国传统文化的核心价值观念之一，所谓"政通人和""和谐社会"就是这一思想的延伸。北宋范仲淹《岳阳楼记》有"政通人和，百废俱兴"之语。所谓"政通"就是实现良好的治理，从而达到"善治"；而"人和"主要指人际与社会和谐。前述和谐社会的现实与理想两个层次的内容从横向上看，体现为政治治理层面的"政通"和社会伦理面貌方面的"人和"。有学者认为这两个方面也正是当代和谐社会的实质内涵与实现表征。也就是说，当代和谐社会建设的内容主要是社会治理层面的"政通"：政治治理清明、通达、有效，实现对社会的"善治"；而社会伦理面貌方面的"人和"是和谐社会的主体基础和体现。和谐社会其实质都是人的和谐。[②]

1. "政通"对社会和谐的启示

首先，政治清明对当代社会和谐具有现实意义。政治清明，在传统社会首先是指政治上坚持民为邦本，惠民利民，尽量不做扰民害民之事。此外，还要尽量处理好各阶层的利益关系，保持社会的公平。儒家这种政治理念对于当下的和谐社会建设具有借鉴意义，这就是在追求富裕与效率的同时要尽量顾及阶层、城乡、干群之间的公平问题，尽量缩减差别，关注弱势群

---

① 参见王炳林、徐艳华《正确认识全面建设小康与构建和谐社会的关系》，《光明日报》2005 年 8 月 3 日。

② 肖群忠：《"小康""大同"与"政通人和"——传统社会政治理想对当代和谐社会建设的启示》，《齐鲁学刊》2005 年第 6 期，第 13—18 页。

体，只有这样，才能实现建设和谐社会的目标。

"仁政"是社会和谐稳定的前提。儒家主张"博施于民而能济众"是"仁者爱人"的至高境界，这是以人为本、执政为民的政治理念的体现。执政者应当以民为本，重民爱民，首先解决广大民众的基本生活问题，让民众丰衣足食，安居乐业。这就要求从政为官者以人为本，扎扎实实为民众办实事、谋福利，以勤政爱民的实际行动，构建和谐社会。

构建和谐社会，必须加快社会主义政治文明建设。社会主义政治文明是建设政通人和、民富国强社会的政治保障。其一，为了建设政通人和民富国强的社会，实现中华民族的伟大复兴，必须进一步加强和改进党的领导。其二，发展社会主义民主。我国是社会主义国家，一切权力属于人民，人民当家作主，是社会主义民主的核心与本质，也是人民群众的积极性、主动性、创造性得到充分调动的历史新时期，也是政通人和、社会比较和谐的时期。其三，加强社会主义法制建设。建设社会主义法治国家，实现党的领导、人民当家作主和依法治国的有机统一，是实现政通人和、民富国强的最重要的政治保障。

反腐倡廉是当代政治文明建设的重要一环。由于市场经济体制的刺激与导向，当下有少数领导干部私欲膨胀，贪污腐败、以权谋私、执法犯法，从根本上损害了人民群众的利益，严重损害了党和政府的形象，妨碍了我们构建社会主义和谐社会。有鉴于此，我们应该不断加强党的执政能力建设，加强党的干部队伍建设，加大反腐倡廉的力度，严厉打击和制裁贪污腐败。

政治文明的最终目标是建立和平有序的安定社会。当下，执政者只有施行仁政，体恤百姓，取信于民，提升广大人民的道德水平，形成良好的社会风气，选用德才兼备的有用人才，才能促进经济发展与推动社会进步，才能真正推动社会主义和谐社会的建设。

其次，维护公平公正对当代社会和谐具有现实意义。公正、公道是儒家的美好愿望。儒家以天道公正来推演并转化为人事的公正，如《易经·无妄》阐发天道不妄，守持中正。只有了解与把握儒家的公正理念，才能有针对性地加以创造性转化。

儒家公正理念的含义主要有二：其一，"公正"是一种社会价值理想与目标。《礼记·礼运》之"天下为公",是指一种为全天下人谋福利的崇高价值目标和理想社会。它要求个体必须服从整体,同时肯定个体在群体中应该得到"公道""公平"的对待。儒家的价值目标是"公正"而非"偏私"、不正。其二,儒家"公正"也指执政理念与为政之要。孔子的"其身正,不令而行"就是讲这个政治原则,"政者,正也"是治国之道,不仅要求领导者要"正身"作表率,还有法令、政策的公平。要实现"公正",前提是出于"公心",《朱子语类》卷二十六《论语八》强调"惟公然后能正",唯有出于公心处事,才能无偏无颇,才能有公道和共同意志。

当下,我们要想对儒学公正思想进行现代转化,就必须认清其历史局限性。儒家的"公正"是出于"各得其分,各得其所"的正名分、合礼仪而形成的秩序化状态。儒家认为通过礼制就能实现各得其分、各得其所的秩序化的社会和谐。在古代中国,身份、等级是客观的存在,礼制的价值无非就是促使人们遵守上下尊卑的规范,使社会有序化。用现代公平正义观来审视儒家传统"公正",它当然远非现代意义上的"正义"。儒家"公正"观是对"礼"的宗法等级结构的维护,因而我们必须对儒家这种"公正观"进行反思与批判。儒家的公正思想是维护等级与特权的,在传统社会,这个"公"首先是要维护君王的权威,这样的"公"和民族、国家、臣民黏合到了一起,实际上代表着皇权的最大之"私"。①儒家公正观的另一个缺陷是以伦理道德来代替法治,往往容易导致权力的腐败。

尽管儒家公正观有其历史局限性,但我们也不能将儒家公平正义与现代公平正义完全对立起来,儒家的公正观对于现代公平正义仍然具有借鉴意义。作为价值理念的儒家公正观讲求民生、道义的公正与良知,它可以抑制人们对财富的无度欲望,可以抑制一些掌握公权力的人损害甚至牺牲一部分公民的权益的行为。②

维护公平正义是建设政通人和、民富国强社会的基本要求。当代的公

---

① 参见邵龙宝《中西比较视域中的儒学公正思想及其现代转化》,《上海师范大学学报》(哲学社会科学版) 2012 年第 5 期,第 29—36 页。

② 邵龙宝:《中西比较视域中的儒学公正思想及其现代转化》,《上海师范大学学报》(哲学社会科学版) 2012 年第 5 期,第 29—36 页。

平正义就是指社会各方面的利益关系得到妥善协调，人民内部矛盾与其他社会矛盾得到正确处理，社会公平与正义得到切实维护和实现。当下实现和维护公平，重点要解决好社会成员收入不均、贫富悬殊的突出问题，需要借鉴传统儒学公平正义观的有益成分。

2."人和"对社会和谐的启示

儒家学说十分看重"人和"，正如孟子所谓"天时不如地利，地利不如人和"。儒家的"人和"观念，对于今天的和谐社会建设仍然有着积极的借鉴价值。

首先，现代"人和"要求不断提高公民的个体素质，做到"心身和谐"。人只有具备较高素质才会有心身和谐，否则就会有诸多的心理冲突，导致心理失衡。现代公民素质体现在"人和"上，需要具备较高的道德素质，良好的心理素质，能够正确认识自己与他人、环境的关系，能够正确对待成功与失败、顺利与挫折，这样才能心态平衡，达到心身和谐。这种修身处事皆合宜得体的品质与行为方式，及其圆融温和的性格是人际和谐、社会和谐的主体德性基础。

其次，现代"人和"要求人们树立平等意识，具备公共生活伦理与职业道德精神。传统儒家之人际、社会和谐是建立在等级意识和制度的基础上的，而平等精神则是现代人际关系的基础，要求人与人之间相互尊重彼此的人格、才智、个性。个人在精神生活、道德修养等方面的多元性、个性应当受到尊重、保护。但在当代社会公共生活中，要求每一个公民都要遵守基本的公共生活伦理，这是现代公民必须具备的道德素质。现代社会的群际和谐，从深层意义而言，要求公民主体具有良好的职业道德素质，使社会群际之间产生一种良好的互动，进而有益于社会和谐。同时，全社会要提倡一种友善求和的精神，形成一种和谐的社会风气。在人际交往中，要有仁爱忠恕之心，要与人为善，对人的善意是实现人际和谐的一个前提。当前首先要培养和倡导"与人为善"的道德情感与态度。实践证明，这种建立在友善他人基础上的合作精神、亲和能力，在现代社会中是各种需要分工合作的事业成功的保障，也是社会祥和、人际融洽的基本条件。

再次，努力实现人与自然的和谐。这不仅是儒家"民吾同胞，物吾与也"

的仁爱思想的题中之义，这更是现代经济与社会可持续发展的需要。人与自然的和谐是和谐社会的重要体现，人与环境的和谐反过来又最终使人类受益。

总之，和谐社会的实质内容与建设目标应体现在"政通""人和"两个方面。就"政通"与"人和"的关系而言，有学者认为，公平正义、民主法治、安定有序这三个方面属于"政通"，而诚信友爱、充满活力、人与自然和谐相处属于"人和"。"政通""人和"可谓一种并列关系，"政通"体现着和谐社会的政治治理层面的内涵，"人和"体现着和谐社会的社会风气、整体风貌方面的道德内涵，二者之间也可以是一种递进的关系。换言之，只有"政通"才能"人和"，政治治理是基础，"人和"是结果；政治是基本的现实要求，而"人和"不仅是一种现实要求也是一种理想追求。另外，"人和"局面又可以推动"政通"，两者相互推动。[1] 建设和谐社会是当代中国新的社会治理与发展目标。建设当代和谐社会需要从传统儒家思想资源中汲取智慧，引以为鉴。

---

① 肖群忠：《"小康""大同"与"政通人和"——传统社会政治理想对当代和谐社会建设的启示》，《齐鲁学刊》2005 年第 6 期，第 13—18 页。

第五章　儒家文化与生态文明

　　根植于农业社会的儒家思想，比较重视生态保护问题，提出了"天人合一""民胞物与""取物有节"等一系列见解，形成了其系统的生态保护思想。[①] 随着科学技术与工业文明的发展，人类从大自然中获取了巨大的社会财富，生活水平日益提高。但它引发了环境污染、资源匮乏等严重的生态环境危机，直接危害着人类自身的生存。要解决这一社会问题，除了制定与实施各种生态环境保护法律外，更需要从道德上建立与完善生态伦理学，以新的人道主义来转变人的价值观念，增强全人类的环保意识，重建人类与自然的良性互动、协调发展的关系。虽然儒家不可能提出现代意义的生态伦理学，但其思想体系中包含着极为丰富的朴素的生态伦理观念，对于现代生态保护仍有积极的借鉴意义。

一、儒家天人相通的生态思想

　　"天人关系"主要指的是人与自然的关系。在天人关系上，儒家主张"天人合一""天人和谐"。在儒家看来，人类与自然界中的万物都是同根同源的，虽然它们各行其道，但相互之间应该共存共荣，而不能彼此敌视，互相残害。"天人合一"思想虽然没有明确指出处理人与自然关系的具体方法

---

① 关于儒家生态思想的研究论著，可参考张立文主编《天人之辨：儒学与生态文明》，人民出版社 2013 年版；乔清举《儒家生态思想通论》，北京大学出版社 2013 年版；吴洲《中国古代哲学的生态意蕴》，中国社会科学出版社 2012 年版；俞田荣《中国古代生态哲学的逻辑演进》，中国社会科学出版社 2014 年版等。

与操作手段，但从整体的高度，告诫人们自然与人乃一荣俱荣、一损俱损之关系。儒家"天人合一"观蕴含着生态和谐思想，是一种极高明的智慧，蕴含着丰富的可持续发展思想。

（一）儒家"天人合一"的生态理念

儒学不仅追求社会人际的协调与和谐，而且追求人类与自然界的协调与和谐。"天人合一"的确包含人类与自然协调、平衡与一体化的意蕴。

儒家主张"天人合一"①，认为人与自然环境的关系不是征服与被征服，改造与被改造的关系，把人类社会放在整个大生态环境中加以考虑，强调人与自然环境息息相通，和谐一体，其自然保护意识十分明显。

儒家"天人合一"思想阐述了人与自然的和谐统一关系。孔子虽然没有明确提出过"天人合一"，但其思想中却包含这一命题。"天何言哉！四时行焉，万物生焉。"②这就明确肯定了自然界的生命意义。孔子心目中的圣人是尧、舜，尧、舜之所以伟大，就在于法天而行。孔子肯定了天之可则，即肯定了人与自然的可则，人与自然可以统一。这实际上就是天人合一的思想。后世儒家进一步发展了孔子的这种思想。孟子言："夫君子所过者化，所存者神，上下与天地同流。"③《中庸》云："万物并齐而不相害，道并齐而

① 儒家各种类型的"天人合一"观，大体可归纳为几种：一是"天人相通"说，二是"天人相交"说，三是"天人相与"说，四是"天人同体"说，五是"天人一气"说，六是"天人一理"说，七是"天人一心"说。总之，"天人合一"可以说是中国哲学家们的共识，虽然对于这一命题的内涵之理解不尽相同，但是注重保护自然生态环境却是其异曲同工之处。"天"在儒家哲学中有多重含义。任继愈先生认为："据中国哲学史的记述，春秋战国以来，天有五种含义：（1）主宰之天；（2）命运之天；（3）义理之天；（4）自然之天；（5）人格之天。"，参见任继愈《试论"天人合一"》，《传统文化与现代化》1996年第1期。关于儒家"天人合一"思想的研究，可以主要参考张世英《天人之际——中西哲学的困惑与选择》，人民出版社1995年版；蒙培元《人与自然》，人民出版社2004年版；季羡林《"天人合一"方能拯救人类》，《东方》1993年创刊号；任继愈《试论"天人合一"》，《传统文化与现代化》1996年第1期，第3—6页；方克立《"天人合一"与中国古代的生态智慧》，《社会科学战线》2003年第4期，第207—217页；曾繁仁《中国古代"天人合一"思想与当代生态文化建设》，《文史哲》2006年第4期，第5—11页等论著。

② 《论语·阳货》。

③ 《孟子·尽心上》。

不相悖";"致中和，天地位焉，万物育焉。"这些言论都把万事万物的发展变化看作相互联系、和谐、平衡的运动。可见，儒家不是把天、地、人孤立起来考虑，而是把三者放在一个大系统中做整体的把握，强调人与自然的协调、和谐。

为了解释人与自然环境的相互依存关系，儒家强调人是天地即自然的产物，人不能脱离自然环境而独立存在。《易传·序卦》云："天地氤氲，万物化醇；男女构精，万物化生。"即天地有秩序地创生万物，创生了人及人类社会。在这个意义上，儒家认为，天地与万物构成一个和谐的大家庭。"天"是这个大家庭的父亲，"地"是这个大家庭的母亲，万物与人是天地的子女。儒家以人观天，将自然现象人文化，使宇宙秩序与人类秩序合而为一，强调人与自然的共存并生。

儒家认为人与自然具有感通性。汉儒董仲舒系统地阐述了这种思想，将其概括为"天副人数"说。他认为"天亦有喜怒之气、哀乐之心，与人相副，以类合之，天人一也"。[1] 这无非是说天是放大了的人，人是缩小了的天，天与人具有高度的一致性、相似性。从整体上看，天人相应、天人一体的思想始终是儒学的主流。

儒家学者认为，人与自然形貌上的相似，尚不足以反映人与自然的内在关联，人与自然关系的本质是二者之间存在着感通性。这是说天地不断运动变化所产生的一些征兆对人具有某种暗示意义，天人之间构成了一息息相通的信息交换网络。《易·贲卦·象传》言："刚柔交错，天文也；文明以止，人文也。观乎天文，以察时变；观乎人文，以化成天下。"可见，人与天地的关系并不是认识与被认识、改造与被改造的关系。儒家学者并不十分重视天文、天地变化、天之象等现象本身，而是关注这些现象背后所隐含的人文意义与价值，以便趋吉避凶。正是由于人与天有着如此密切的对应关系，故而儒家强调，人应法天效地，最终实现与天合一。这正如《周易》所言："夫大人者，与天地合其德，与日月合其明，与四时合其序，与鬼神合其吉凶。先天而天弗违，后天而奉天时，天且不违，而况于

[1] 《春秋繁露·阴阳义》。

人乎!"①

当然,儒家所谓的天人合一,主要是指道德价值上的合一,与天地合其德就是要像天地那样生生不已,与四时合其序就是要像春、夏、秋、冬的交替那样井然有序,永无止期。这里的"合"主要是顺合,是人经过道德修养所达到的"从心所欲,不逾矩",是人的主观境界与自然规律的高度契合。可见,儒家"天人合一"思想所反映的主要是一种古朴的生态哲学。

儒家倡导仁爱,其仁爱除了包括亲情之爱、人类之爱外,还包括对自然万物的同情与热爱,也就是儒家所谓"天地万物一体之仁"。儒家以"天人合一"为最高境界,认为天地之大德是"生",人的大德是仁,天人不二,故生就是仁,仁的含义也就是"生"之意。朱熹《仁说》言:"天地以生物为心者;而人物之生,又各得夫天地之心以为心者也。故语心之德,虽其总摄贯通,无所不备,然一言以蔽之,则曰仁而已矣。……盖仁之为道,乃天地生物之心,即物而在。"这样,以生释仁,以仁为生,就包含惜人、惜物,使之生生不息、长养茂盛的含义,基本上与爱怜恻隐、成人成物的古意相同。儒家以生释仁,按照"天地万物一体之仁"的学说,人与万物不仅是平等的,而且是一个生命的整体,万物就如同自己的身体一样,不可缺少,更不可损坏。

(二)"民胞物与"的生态智慧

既然自然界是天地作用的结果,那么,人就应该用德即"仁"去关爱万物。"仁"是儒家伦理思想体系的核心。孟子把"仁爱"由人与人的关系拓展到了人与物的关系,提倡"亲亲而仁民,仁民而爱物"。② 荀子把"仁"提高到了"圣王之制"的高度。董仲舒认为"仁"就是对自然万物一视同仁。张载"民胞物与"思想是儒家"仁民爱物"思想的进一步延伸。其《西铭》首句为:"乾称父,坤称母;予兹藐焉,乃浑然中处。故天地之塞,吾其体;天地之帅,吾其性。民,吾同胞也;物,吾与也。"传统中国人心中的

---

① 《周易·乾卦·文言传》。
② 《孟子·尽心上》。

万物，并非科学世界的万物，亦非人的研究对象，而是与人有关系的万物，这种关系是一种价值的存在关系。天道、万物最后都必须要有人心参与其中，天道、万物、人心是相贯通的。"民胞物与"是儒家和谐价值的世界观，也是形而上的道德理想，还是现实的人间理想境界。这实际上是一种以尊重自然万物为前提，以人与自然和谐为中心的生态伦理观。

1."参赞化育"的理想生态

"参赞化育"出自《中庸》："唯天下至诚，为能尽其性；能尽其性，则能尽人之性；能尽人之性，则能尽物之性；能尽物之性，则可以赞天地之化育；可以赞天地之化育，则可以与天地参矣。""参赞"指人在天地自然中的参与作用与调节作用，"化育"指自然万物本身的变化与发育。在"赞天地之化育"的命题中，"赞"是辅佐之义。换言之，必须按照天道、物性的要求去影响和推动"万物的化育"，以便使"化育"过程与结果避免灾祸和为人所宜。

比较而言，孔子所谓敬天畏天常常有一种人欲有为而又无可奈何的意味，而"赞天地之化育"则只取敬天之义，并突出了人的自觉性与能动性。人道与自然的交互作用，人类之佐助"万物化育"，应该有一个理想目标，这就是《中庸》所谓"中和"。这样天地万物就会循其固有的层次结构而生生不息地变化发育，结果又成全与实现了天道的"中和"。这就是人道与天道最理想的关系与最理想的状态。如果人类通过自己的积极活动，让自然万物都按照自然规律而变化与发育，人类和自然界自然会建立一种协调关系，人类的生存环境和生态系统自然形成一种优化平衡的状态。

儒家"参赞化育"的理想，把人类看作自然界的产物，肯定人类与天地万物的有机联系，认为自然界的变化关系着人类的生命存在，要求人类活动与万物变化协调一致。虽然这包含着神学的说教与形式的比附，但确有极宝贵的思想。如二程认为，虽然"天人所为，各自有分"，但只是"一个道""一个理"。① 儒家这种古朴观点都说明，人和天地万物之间存在着共同的根本规律。宋明儒家皆强调"人与天地万物为一体也"，只有圣人才能认

---

① （北宋）程颢、程颐：《二程遗书》卷十五、十八，文渊阁四库全书本。

识和体验到这一点。王夫之《周易外传》卷二《无妄》曰："作圣之功，必以合天为极"，"尽人道而与天德合。""天人不违""天人合德"的状态，就是人类与自然界最协调、最和谐的状态。

儒家"参赞化育"理想是一种古朴的生态伦理。儒家把仁德从人际推广到一切生命与自然万物，不但要在人类与自然界之间建立一种协调的、和谐的关系，而且要建立一种单纯的理智行为，而首先是一种道德行为。孟子曾提出"仁民而爱物"，汉儒把"仁"从人道扩大到"天道"，《周礼》注称"爱人及物"，《礼记》注称"施恩及物"。董仲舒言："天覆育万物，既化而生之，有养而成之；事功无已，终而复始。"① 张载还强调，人类不能离开天地万物而单纯谋求自己的发展，"立必俱立，知必周知，爱必兼爱，成不独成"。② 儒家哲学所确立的这种理想目标，显然包含着现代科学所谓"人类生态平衡"之义。

由上可见，儒家"参赞化育"思想所反映的主要是一种古朴的生态哲学和一种泛仁论的生态伦理。虽然由于时代的差别，我们今天不能期望儒家的"参赞化育"就可以直接解决现代的生态危机，然而，"参赞化育"的基本思想仍然是正确的，并且有恒久性的普遍意义。

2. 提倡"仁民爱物""民胞物与"

"仁民爱物"是孟子提出来的，"民胞物与"是张载提出来的。儒家仁民爱物、民胞物与所表明的是每一个人对待他人、对待自然的一种基本态度。

人类要生存，社会要发展，必须处理好人与外物的关系。在人与物的关系上，儒家主张人类应该爱物、重物。孟子言："君子之于物也，爱之而弗仁；于民也，仁之而弗亲。亲亲而仁民，仁民而爱物。"③ 这种由"亲亲"至"仁民"，由"仁民"至"爱物"的过程，正是仁者将其"不忍人之心"不断扩充的过程。这种爱的程序是由己及人，再由人到物。同时这种爱是有等差的，"夫义者，内节于人而外节于万物者也"。④ 儒家的"义"，是鼓励

---

① 《春秋繁露·为人者天》。

② 《正蒙·诚明》。

③ 《孟子·尽心上》。

④ 《荀子·强国》。

人们去做有益于人类与万物的好事。可见儒家主张人的爱心不应局限于人本身，应当推己及人乃至推己及物，这个过程也就是爱心实现的过程。

仁民爱物体现了仁爱的生态维度与内在诉求。儒家仁民爱物思想把"仁"的道德关怀范围从人类扩大到了浩瀚的宇宙万物，将适用于人类社会的殷殷之爱投向一切自然界的生命。由仁民到爱物，是儒家仁学的内在逻辑诉求，这种仁爱精神始于孔子、成熟于孟子，经过历代儒学大师的传承，成为儒家的一个重要思想传统，体现了儒家一贯追求的仁爱生命、善待万物之崇高博大的道德精神。

儒家强调"仁爱"，主张把爱心从家庭扩展到社会，再从社会扩展到自然界的万物，即由爱人到爱物。这就使儒家的仁爱具有了生态道德的含义。儒家处理人与物关系的原则，根源于人人所本有的不忍人之心，即仁心。对此明代心学家王阳明《大学问》有精辟的阐述：

> 是故见孺子入井，而必有怵惕恻隐之心焉，是其仁之与孺子而为一体也。孺子犹同类者也；见鸟兽之哀鸣觳觫，而必有不忍人之心焉，是其之仁之与鸟兽而为一体也，鸟兽犹有知觉者也；见草木之摧折，而必有悯恤之心焉，是其仁之与草木而为一体也，草木犹有生意者也；见瓦石之毁坏，而必有顾惜之心焉，是其仁之与瓦石而为一体也，是其一体之仁也，虽小人之心亦必有之。

王阳明在此无非是要证明儒家所讲的仁，是人人都本具的善端，这种善表现在人对万物的恻隐之心、悯恤之意、顾惜之情，这些都是仁心的具体显现。从环境伦理学的角度即从人与物的关系之角度看，王阳明的言论典型地体现了儒家以人为主体处理人物关系的精神。

儒家主张人们应当将仁爱之心推及到万物身上。董仲舒有"泛爱群生""鸟兽昆虫莫不爱"的主张；张载有"民胞物与"的说法，他认为，天下所有人都是我的同胞，天下一切现实的存在物皆为朋友。他一方面肯定天下万物一源，万物皆为天地所生，万物皆具有共同的本性，人也皆具有共同的本性。正是从这个意义上，他主张普爱众生，泛爱万物，最后"穷神知化""存心养性"以事奉天地。

张载还认为,"天之生物也有序,物之既形也有秩"。①他把前者称为"天序",后者称为"天秩",而且他还把这种天序和天秩推演到社会中,将社会等级秩序亦视为天序和天秩。从政治角度讲,张载的这一思想有为当时封建社会做论证的因素。如果抛去政治意义,仅从环境伦理学的角度看问题,张载所说的天序与天秩,无疑是一理智选择。万物平等,众生平等成为环境伦理学的最高理想境界。张载的"民胞物与"思想在强调泛爱万物的同时,又注意宇宙间不同事物之间的等差,这对于我们今天处理人与物的关系,是极有参考价值的。

(三)取物有节的资源保护观

人类社会是在同生态环境进行物质、能量、信息的交换中存在与发展的,人类要开发自然,向自然界索取,但这种索取要适时有节,不能过度,不能肆意掠夺资源。儒家的生态伦理思想就是这种适时节用思想。所谓"适时",就是按照自然规律和动植物的生长特点,去利用自然资源;所谓"节用",就是指开发和利用自然过程中要讲究适可、适度。儒家强调不能毁灭性地采伐林木与捕杀动物,必须维持物种的繁荣和生态的平衡。

儒家向来强调"使民以时",取物有节,以便节制、合理利用自然资源。为了保证人与自然环境的协调发展,防止人类过分地向自然索取,儒家主张尽物之性,节制欲望,促进自然资源的良性循环。儒家坚决反对统治者搜刮民财,铺张浪费。孔子提出"节用而爱人,使民以时",只有节用,才不至于无限度地开发自然资源;只有"使民以时",老百姓才不至于荒废生产,才能造成自然资源的良性循环。《礼记·祭义》记载:"曾子曰:'树木以时伐焉,禽兽以时杀焉?'夫子曰:'断一树,杀一兽,不以其时,非孝也。'"这就表达了"使民以时"的节制自然资源思想。孟子继承了孔子思想,对统治者之穷奢极欲予以严厉的斥责,认为统治者"庖有肥肉,厩有

---

① 《正蒙·动物》。

肥马，民有饥色，野有饿莩。此率兽而食人也"。① 他要求统治者节制欲望，与民同乐，与民同忧，合理利用资源，注意发展生产。

国家财富主要来源于山林川泽等自然资源，而自然资源的增长非一日之功。就山林资源来说，林木需十年或数十年才能成材，因而节制利用、合理利用自然资源是十分必要的。儒家提倡节俭，反对统治者毫无节制地聚敛搜刮，一味"伐其本，竭其源"。早期儒家经典《周礼》主张对树木应适时采伐，"春秋之斩木不入禁"。② 郑玄注曰："非冬夏之时，不得入所禁之中斩木也。斩四野之木可。"所谓"禁"就是指山林遮列之处——"保护区"。为了使山林得到充分发育，茁壮地成长，一般而言，春秋两季是树木生长的最好季节，也是最容易受到伤害的时候，所以禁止春秋两季乱砍伐树木。同时还规定："仲冬斩阳木，仲夏斩阴木。"汉代郑司农注曰："阳木，春夏生者，阴木，秋冬生者，若松柏之属。"这种说法是颇有道理的。这说明周代对砍伐树木已规定了不同树种的不同砍伐季节，其目的就是让树木多生长一个年轮。为节制山林资源，《周礼》主张："令万民时斩材，有期日。"③ 孙诒让曰："谓依其所用木之多少，为其出山入山之日数，恐其逾期多采，则财物罄尽，故为期限以节之。"《周礼》还说："凡服耜，斩季材。"④ 就是说制造车服（车厢两旁板上的横木）和耜（犁头）只需要砍伐季材（较小的木材）就行了。只有提倡这种节俭的作风，才能不使山林匮竭，材用缺乏。

为保证节制利用自然资源，《周礼》主张通过政府颁布法令禁止乱砍滥伐树木，加强自然资源的保护。《周礼》曰："物为禁而为之守禁。"⑤ 贾公彦认为如果侵蕃界，违时日，就有诛罚。又曰："凡窃木者有刑罚。"贾疏云："此谓非万民入山之时，而民盗山林之木，与之以刑法。"虽然《周礼》没有提到具体的处罚条款，但在法网严密的西周时期，触犯刑律绝没有好结果，人们当然不敢随便违犯禁令了。由此可见，儒家注重以法律形式把保护树木

① 《孟子·梁惠王上》。
② 《周礼·地官·山虞》。
③ 《周礼·地官·山虞》。
④ 《周礼·地官·山虞》。
⑤ 《周礼·地官·山虞》。

的措施固定下来，使自然资源得到了较好的保护与合理的利用。

　　人类社会在发展过程中，总要不断地开发自然，向自然索取。儒家认为这种索取要有节制，不能过度。孔子所谓"钓而不纲，弋不射宿"就表达了这种思想。孟子、荀子对这一思想做了进一步的发展。孟子云："数罟不入洿池，鱼鳖不可胜食也；斧斤以时入山林，林木不可胜用也。"[①] 在孟子看来，不对江河湖海的鱼鳖滥捕，则水产品资源就会食之不尽；不滥伐树木，则木材用之不竭。资源丰富，社会安定，这是治国的第一步。荀子认为山林川泽的管理与自然资源的保护，应该作为"王者"的制度之一，有强有力的措施加以保护实施。《荀子·王制》云：

　　　　圣王之制也：草木荣华滋硕之时，则斧斤不入山林，不夭其生，不绝其长也；鼋鼍、鱼鳖、鳅鳝孕别之时，网罟、毒药不入泽，不夭其生，不绝其长也；春耕、夏耘、秋收、冬藏，四者不失时，故五谷不绝，而百姓有余食也；污池渊沼川泽，谨其时禁，故鱼鳖优多而百姓有余用也；斩伐养长不失其时，故山林不童而百姓有余材也。

荀子还指出："川泽深而鱼鳖归之，山林茂而禽兽归之。"[②] 用现代语言说，环境保护好了，生态就能平衡，生态平衡了，动物资源才能丰富。由此可见，先秦儒家都非常重视山林池泽的管理和自然资源的保护对维持生态平衡的重要意义。他们强调，人类的生产活动，要有益于生态环境的发展，只有生态系统不断发展，自然界生物系统对人类的支持能力、供应能力才能不断扩大。这种认识无疑是十分深刻而正确的。

　　综上，儒家从整体、系统的角度处理人与自然的关系，视人与自然为一个息息相通、密切相关的整体。"天人合一""仁民爱物""取物有节"等是儒家生态道德观的经典命题。儒家不仅认识到万物是客观存在的，同时也认识到万物和人类有着不可分裂的关系，以及万物对人类生存的重大意义。

---

① 《孟子·梁惠王上》。
② 《荀子·致士》。

这就从人与自然相互依存的关系上，强调了生态环境保护的重要性。"天人合一"是儒家处理自然与人关系的中心观念，它存有人与自然和谐一致之意。人类的历史进程发展到今天，那种被动地适应自然的历史早已结束，而那种强调征服自然、战胜自然的历史也将成为过去，现在是人类重新调整人与自然关系的时候了，人类应当从自然中心主义的被动适应，以及人类中心主义的征讨中解放出来，走向与自然的和谐统一。在这一转向中，儒家的"天人合一"观念为我们提供了丰富的思想资源。

二、儒家生态思想的历史局限性

虽然儒家"天人合一"的生态思想对于当代建立人与自然和谐关系具有启示意义，但对其积极意义不可过分夸大。因为它毕竟是中国古代自然经济下的产物，在传统农业社会的历史背景下，儒家"天人合一"生态思想的种种理论缺失和历史局限也是在所难免的。

（一）儒家生态思想与现代生态思想的差别

就儒家生态理念与当代生态思想的差异而言，大体可以主要归纳为几个方面。

1. 自然性认识上的差异

儒家"天人合一"的人与自然和谐思想是建立在农业经济基础上的，其"天"与"人"是原始的，它与现代意义上的人与自然所谋求的统一不能同日而语。儒家生态思想植根于古代自然经济下的农业社会文明，在思想文化背景上，它与现代生态伦理学有着天壤之别。儒家的"天人合一"思想产生于我国古代社会，反映了小农自然经济的典型特征。在我国传统社会，生产力水平非常低下，人与自然之间完全是一种依附关系，即依靠自然人才能生存与发展。因此，人们对自然界感恩戴德，把自己的生活、生产乃至整个生命都归于"天"的赐予。[①] 与此同时，小农经济又是一种粗放型的简单劳动，

---

① 参见魏世梅《儒家"天人合一"观与现代天人和谐观之比较》，《中州学刊》2008年第1期，第164—166页。

在这种经济形态中最主要的生产资料——土地、种子、肥料等几乎完全具有自然的形态，是自然界的直接产物，因而人们对非人力所能主宰的力量产生了一种敬畏之情。有鉴于此，人们的生产、生活乃至整个生命在最终意义上决定于外在的必然性。由于生产力与科学技术水平的限制，儒家的"天人合一"思想，实质上有人对自然的盲目崇拜之嫌，并没有充分认识自然规律。

就儒家"天人合一"思想而言，它往往呈现出的是一种原始的、物我不分的认知态度，其特点是对宇宙自然的体验大于认知，不善于追问事物的所以然。事实上，儒家哲学自始至终就没有明确地把主体与自然外界完全区分开来，而是在"物我不分"的态度下把自然理解为一个道德世界，天地往往是儒家运用人类感性的能力，以直觉的方法构造出来。尽管先秦儒家也提出过"赞天地之化育"，强调人赞助与促进天创造万物的载化与辅助作用，这本来是比较合理的成分。然而，令人遗憾的是，后儒却将这种"参赞化育"发展为主要是从道德修养出发，在人的直觉体悟中来实现"天人合一"的精神境界。儒家这种认识发展过程，必然导致思维方法上内向性体悟的沉思冥想，缺乏细致严密的逻辑推理与实验证明，从而根本不可能产生现代意义上的自然科学，也就不可能具体、深入、系统地认识自然界的真实状况，并深刻体会自然界多方面的价值，最多只能达到天地万物"莫非己矣"的笼统意识，反而给人们积极地改造与利用自然，推动物质生产与科学技术的进步造成长期的消极影响。①

有鉴于此，当代社会，要想逐步恢复与重建人与自然的和谐关系，必须掌握现代科学严谨的思维方法，遵循生态规律的基本要求，正确引导与协调天人关系，建立一种既不是以自然为中心的人统一于自然，也不是以人为中心的人对抗于自然，而是人与自然的有机协同机制。

2. 天人观上的差异

儒家的"天人合一"思想，是一种通过道德的内在超越，来实现天道与人性的和谐统一。儒家向来注重人伦道德修养，偏向于以天合人，认为天人

---

① 王健崭：《儒家"天人合一"生态伦理观的困惑及其转化》，《河北理工学院学报》（社科版）2003 年第 3 期，第 11—14 页。

统一的基础在于人的主观能动性，人类要加强自我的内在道德修养，在生生不息的生命过程中，自觉地实现人与天地万物的和谐共处。显而易见，这就主要突出了人对自然的能动作用，追求自然的人化，以求人与自然的和谐。

在儒家看来，天人之间，天道与人道之间，二者是相通的。天道是人伦之理的形而上之依据，又是人伦之理的体现，显然这体现出将自然规律伦理化的思想倾向。有鉴于此，儒家将自然界的灾异现象视为人事善恶评价的依据，董仲舒就强调"天人相类""天人感应"，借此来神化儒家伦理道德，说明儒家所谓"天"之神圣在此只是体现人的神圣性的工具或手段。事实上，儒家这种以人道体天道，把人世间的伦理道德即人道，与天道、地道联结起来，就是将仁德赋予天地，这就高扬了人的主体性精神，提高了人在天地万物中的地位与作用，但同时也就犯了把自然界拟人化的错误。天人合一的自然基础应该是人类与自然界在生态系统中的血肉相依的一体性联系，儒家的天道、地道、人道的整体与一体性思维方式，其形上含义虽然是对这种一体性联系的哲学抽象概括，但却不能把人间伦理道德规定主观地投射给自然天地。儒家忽视了自然领域中天地万物的性质与规律，由于太过于重视"德性之知"，而忽略"见闻之知"，这就必然使传统儒家缺乏对天地之道与自然生态规律的系统、深刻认识。

现代社会，人们必须利用当代生态科学与新自然观的理论重新审视传统儒学的天人观，对其加以改造，才能克服其偏重人道知识、轻视天道知识的片面性，从而进一步加强儒家天人合一观的科学与哲学基础，使传统儒学的天人合一观与时俱进，转化为真正与新时代相适应的现代形式。

3. 系统性方面的差异

当代的生态伦理学是从现代系统科学的角度主张实现人与自然之和谐的，而传统儒学"天人合一"的价值祈向则更多体现的是一种原始思维的系统性。在人与自然和谐的生态系统中，要维持、实现其完整稳定性，并非通过取消人与自然的差别，使人的自然属性成为其唯一的规定性。换言之，当代生态伦理学是从生态系统的整体性、稳定性等要求出发，提倡人与自然之和谐的，并非要求人类放弃认识自然、利用自然与改造自然的愿望，回归动物式的原初生存状态，只是要求人们不能无视自然界自身的演化规律而随意处置自然界。

现代系统科学与生态伦理思维虽然强调人与自然的和谐相处，但并非否认人与自然之间的对立与矛盾，它是在承认人与自然差别的基础上，主张通过人类能动的实践活动来达到人与自然的和谐。有鉴于此，在价值指向上，现代的系统科学与生态伦理学，既非追寻原始生存状态为价值归宿，也非消弭人与自然物的差别，更非要求人类完全放弃追求物质财富与经济增长，而是通过人与自然和谐这一价值导向，期望人类追求一种更加健康、文明、合理的生产与生活方式，以消解人与自然的紧张关系。只有在这种价值观念的引导下，人类才能在现实中与自然界形成一种和谐的伙伴关系。

然而，在儒家的天、地、人"三才"中，强调天道、地道、人道三者的统一，天、地、人所构成的系统是一个被消解了对立、差别与矛盾的统一系统，其中的人与自然关系不是精确化的，而是朦胧、混沌的。正因为此，传统儒学的"天人合一"观不可避免地带有鲜明的原始思维的系统性特点。[1]"尽管这种整体思维有其独特的优点，我们也不得不承认它缺乏分析的缺陷，甚至可以说是一种致命的缺陷。缺乏分析的整体，是具有片面性的整体，不是真正意义上的整体、系统的整体"，"这样的整体往往成为一种没有具体内容的整体，从而也就只是没有内容的整体性，或者也可以是暧昧不清的整体性。"[2]换言之，在儒家文化中，人与自然的和谐往往被看成是对原始的、未分化的"天人合一"关系的体悟，是一种既定的原初秩序，而非通过人的实践活动所达到的一种生存环境，因而要实现人与自然的和谐，主要就是依赖人"顺天"的修为。有鉴于此，传统儒家的"天人合一"学说必须经科学的理性精神进行批判阐释并转换其传统形式，才能在当代人类生态实践中发挥其重要作用。[3]

（二）儒家生态伦理理念的时代局限性

尽管儒家生态思想对于当代生态文明，重建人与自然的和谐关系具有

[1] 参见李培超、陈学谦《中国环境伦理学本土化诉求述评》，《思想战线》2009年第3期。
[2] 魏宏森、曾国屏：《系统论——系统科学哲学仁》，清华大学出版社1995年版，第210页。
[3] 参见王健崭《儒家"天人合一"生态伦理观的困惑及其转化》。

重要的借鉴意义。但毋庸置疑，由于儒家生态思想产生于人类直接依赖土地
与血缘关系的农业文明时代，对于近现代工业文明对自然界的全面开发所导
致的生态系统面临崩溃的全球性难题，其时代局限性是显而易见的。

1. 强调和谐统一，忽视冲突与竞争

在儒家"天人合一"思想中，强调人与自然的和谐，和谐是整个宇宙
存在的基本状态与本质，冲突只是偶然现象，不会破坏事物发展的完整性。
儒家思想一向注重生态环境的和谐中庸境界，即《中庸》所谓"致中和，天
地位焉，万物育焉"。儒家从"中和"出发主张尊重自然界的客观规律、尊
重大自然，才能达到预期目的。可见，儒家在关注生态环境层面，似乎只重
视和谐中庸，而对人与大自然关系中的矛盾冲突显然是缺乏理性考究的。

众所周知，万事万物都是一个矛盾体，既有统一的一面，又有斗争的
一面。此斗争即"竞争"，此统一即"和谐"。虽然和谐乃是基本状态，但冲
突与竞争也是偶然性的现实状态。尽管如此，我们也不能忽视偶然的冲突与
竞争，应该要有一个理性的化解，这样才能进一步达到人与自然的和谐共生
相处。

不可否认，由于儒家过分强调人与自然和谐，使其"天人合一"思想
在某种程度上忽视了人与自然的冲突。儒家只是主张人应该关心、爱护自
然，消极地服从、听命于自然，而缺乏对人与自然矛盾冲突的意识，更缺乏
对如何积极地利用、改造自然，使自然界更好地造福于人类的探究。自然界
有时并非按照人的意志行事，甚至时而会发生自然灾害，因而人类也必须同
自然界作斗争。如果仅仅强调人与自然的和谐，而忽视其矛盾与冲突，容易
抑制对自然对象的认识与利用意识，这与不断变革、进取的时代精神是不相
融的，当然也就不利于人类更好地生存与发展。[①]

毋庸置疑，强调"天人合一"的传统儒家忽视人与自然之间的冲突，
尤其忽视社会内部不同阶层的利益冲突与竞争，这对于当代实现全球竞争下
的人类争取"天人合一"的理想目标，无疑具有消极的影响。当前，尽管全
球范围内，许多国家在保护生态环境问题上都强调从人类的整体利益与长远

① 参见魏世梅《儒家的"天人合一"思想及其科学转化》，《理论导刊》2008 年第 3 期。

利益出发，然而，令人遗憾的是，事实上一些西方发达国家，只考虑自己的切身利益，往往损害其他国家的利益。面对这种不公平的现状，如果发展中国家一味强调和谐，回避冲突，就会助长发达国家在生态问题上的不道德行为，这不仅不利于生态环境的恢复，反而会促使全球性的生态危机进一步加深。

2. 过度向内探求，缺乏实践性

首先，儒家"天人合一"哲学思维的特点是过度向内探求。儒家是通过人的内心体悟来成就一颗"仁"的生态心的，以达到天地与我合一之目的，从理论上来促成天地人的和谐统一。

儒家生态伦理观是由己及人的，由内心辐射于天，这在一定程度上能够提高人们的生态意识，培养人的生态情感。然而，这种依靠悟"道"、悟"仁"的内在修身生态自然观，却在很大程度上不仅会影响到人们改造利用大自然的决心，而且也会影响到生产实践与科学进步。在现实生活中，山林毁坏、水土流失、物种灭绝等环境现状，仅仅凭借一颗"仁"的生态心确实是难以解决的。

毋庸置疑，传统儒家的生态观注重人们自我内心的反思，虽然有利于人们环保责任意识的进一步确立，但儒家只强调内心体悟，却不看重实际行动的生态道德观，对于人们推动社会经济的发展，提高生产力水平都有着某种程度的障碍作用。尤其是在当代社会，环境污染非常严重，自然资源被过度开发、挥霍，仅仅依靠人们内心的反思是根本不可能解决现实问题的，人类必须采取实际的行动，才能达到环境保护的目的。

其次，儒家"天人合一"思想过分强调自然的伦理道德意义而忽视探索自然规律。儒家是以伦理道德的眼光去看待天地万物。尽管道德能起到某种调节作用，但它对利益却没有强制性，因而仅依靠道德自觉是难以维持人类的可持续发展的。想要利用与改造自然，使自然万物更好地适应人，就必须认识与掌握自然的规律性。与此相反，要么消极地顺应自然，要么盲目地改造而受到自然的惩罚。就现代社会而言，人类有待加深对自然规律的认知，节制对自然的改造与利用。

再次，儒家"天人合一"生态思想缺乏科学性，只是重视对生态感性的体悟，没有注重科学精神，从而导致了理论与现实的脱节。一方面，在生态伦理上，儒家是通过人的内心体悟来成就一颗"仁"的生态心，来实现"天人合一"，即人与自然的和谐共生发展。这种生态伦理观只注重对生态道德"仁"的体悟，而并未从根本上探究到其内在的生态伦理规律，这也就难以形成真正的生态伦理学体系，最终无法科学地进行生态建设；另一方面，儒家注重于理论研究，缺少实践经验的论证。就生态道德而言，儒家对生态环境的认识只是服务于其对生态伦理之理论的认识，而缺乏对生态知识的理性挖掘，缺乏对生态现实机制的充分构建，这样就很难将儒家生态伦理道德的内在理论转化为现实生态伦理层面。

当代社会，随着时代变迁，科学技术与市场经济获得了飞速的发展，已经完全不同于传统农业文明，我们必须大力发展生产力，增强综合国力。发展中国家在工业化、现代化的发展道路中，要实现自己的生存与发展目标，必须克服全球的经济竞争与生态环境遭到破坏的双重压力，寻求一种既要谋求发展，又要兼顾环境的科学发展道路。[1]

综上，由于时代条件的限制，儒家生态伦理观在理论上必然存在着各种局限性。儒学所关注的环境问题，基本上是滥伐森林、过度捕杀动物、水土流失等传统局部的、浅层性的生态破坏问题，儒家没有经历与面对近现代工业文明对自然界的全面开发与破坏所产生的各种严重的环境污染与生态破坏问题。有鉴于此，儒家"天人合一"观既有朴素、猜测的性质，也有其消极无为的特点。儒家对待自然的态度虽然是合理的，但限于传统社会的经济发展程度与科学技术水平，他们根本不可能指出实现人与自然环境和谐相处的有效途径与手段，因而儒家的生态伦理观缺少自然科学的理论支撑，缺少科学性。儒家对于自然界的运动变化规律的认识也停留在哲学层面的研究，而不是自然科学层面的理解。因为儒家生态思想是在自然经济和宗法制度的基础上形成与发展起来的，其中的某些思想并不适应也不利于现代市场经济的发展。因此，我们在发展社会主义市场经济的过程中，应该注意遏制和克

---

[1]　参见徐岩《论儒家生态伦理思想的现代价值及其局限性》，《泰安教育学院学报》（岱宗学刊）2006年第2期。

服儒家生态伦理传统的负面影响，以保障现代市场经济和可持续发展战略实施的顺利进行。①

三、儒家思想对生态文明建设的有益启示

尽管儒家生态文化有其鲜明的历史局限性，存在诸多不足，但是它从整体角度去把握人与自然的关系，不仅是无可厚非的，而且是难能可贵的。从现代视角出发，只有正确地区分儒家生态思想的合理因素与不合理因素，才能对其进行吸纳与借鉴。对于如何才能使其转换传统形式走向现代生态伦理，从而适应当代生态建设的需要，大体可归纳为几个方面。

（一）儒家"天人合一"思想的现代转化

儒家"天人合一"思想强调人与自然的和谐统一，与现代生态思想的诸多方面具有一致性。我们应当不断汲取儒家"天人合一"思想的生态智慧，寻求其现代出路，使得它能够与现代倡导的"人与自然和谐统一"观点相契合。

1. 转化儒家"天人合一"为当代"人天和谐"新理念

社会主义和谐社会不仅要做到人与人、人与社会的和谐，而且要做到人与自然的和谐。人与自然和谐相处，是对儒家"天人合一"思想的科学转化，是社会主义现代和谐观的重要内容，也是构建社会主义和谐社会的一个重要目标。

首先，当代"天人和谐"新理念是建立在科学立论的基础之上的。宇宙就是由人与自然组成的一个矛盾统一体。人是社会的主体，又是自然的一部分，自然界是人类赖以生存的基础，人与自然是不可分离的有机整体。人与自然组成了一个对立统一的生态平衡系统，只有正确处理人与自然的关系，维持二者之间对立中的和谐统一之平衡，才能真正使自然资源得到可持续利用，从而使人类社会获得可持续发展。

---

① 参见徐岩《论儒家生态伦理思想的现代价值及其局限性》。

　　其次，当代"天人和谐"新理念应当是对历史经验教训的全面总结。随着社会经济的发展演变，人类开发、利用自然的能力越来越高，人与自然的关系出现了新挑战。近现代以来的工业社会，科学技术飞速发展，提高了人类占用自然资源的能力。然而，大规模无序地开发与利用自然资源，其后果就是导致了自然资源的急剧消耗与生态环境的日益恶化。如果人类的生产活动竟是以破坏甚至毁灭自然的生态环境为代价，那么这无异于自取灭亡。面对日益严重的环境问题，我国经济发展与资源环境之间的矛盾也日益突显出来。只有保护好生态环境，才能维持社会经济的可持续发展。有鉴于此，有效地保护与改善生态环境，亦可谓我们总结历史经验后作出的理性选择。

　　古往今来，对于人与自然的关系，中国古代是以人消极被动地适应自然为特征的，儒家"天人合一"思想就是最典型的表现；近现代是以人无节制地开发、利用自然资源的征服论为特征的，表现出对儒家"天人合一"思想的彻底批判与否定；当下与未来，人们应当通过对儒家"天人合一"观进行科学改造，以合理利用与保护自然资源，实现人与自然的和谐发展为特征。

　　再次，善待自然、探索自然，实践"天人和谐"新理念。当代的天人和谐注重在人与自然的对立中求得和谐共生。这种和谐论既强调人的生态伦理道德意义，又要求人们必须积极探索自然规律，通过实施各种措施来实现人与自然的和谐发展。当下，要想实现人与自然的和谐相处需要注重几点：一是倡导热爱自然、善待自然。这与儒家的"天人合一"思想是相通的。二是必须认识自然、尊重自然规律，才能真正做到有效地开发、利用与改造自然，从而实现人与自然的和谐相处。三是加强环境污染的治理与生态建设。以科学发展观为指导，加大治理环境污染的力度，采取坚决行动保护自然，维护自然生态系统的平衡与和谐。

　　总之，儒家"天人合一"思想虽然体现了其博大情怀，但它主要是给人们提供了精神修养方法与境界，并没有提供认知自然与改善生态环境所需要的知识及法则。虽然儒家生态观可以提高人的道德修养，对保护自然环境、解决生态危机问题具有重要意义，但它毕竟与当代天人和谐新理念有着根本的差别，并不能将其具体地运用于解决目前的生态问题。只有对其进行合理转换才能实现生态的良性循环。

2. 儒家"天人合一"思想对可持续发展战略的启迪

"天人合一"是儒学的哲学命题，而"可持续发展战略"是国际社会对工业文明深刻反思的产物。儒家"天人合一"思想与"可持续发展战略"之间有着相通处与内在契合点，要树立"可持续发展战略"观念，就应该从儒家"天人合一"的古训中受到有益的启迪。

"天人合一"宇宙观为可持续发展战略提供了理论上的借鉴。人类社会作为一个开放的系统，是整个自然系统的一部分，人与自然之间必须不断地进行物质、能量、信息的交换，才能得以生存与发展。人类在发展过程中，不断地向自然界索取所需要的东西，直接或间接地改造着自然条件。当人类的索取超出了自然所能提供的资源容量，废物的排放超出了自然系统的净化能力，自然界便以生态危机的形式向人类报复。历史与现实充分地昭示着这一切。随着近代生产力发展的加快，使人类达到"忘乎所以"的程度。人们片面地强调自己是自然界的主人，忘记了自己也是自然界的一部分，错误地把人与自然截然对立起来。① 人类满怀"征服自然"的信心，一味地向自然索取，结果导致环境的污染与恶化。人类本来想"征服自然"，然而却事与愿违，竟然受到自然的惩罚。如大量地使用农药，杀死了害虫，也灭绝了许多以虫为食的鸟类；大量地开垦耕地，破坏了森林植被，导致灾害频仍，甚至是土壤沙化；工业的过度增长，污染了天空与河流，等等。在惨痛教训面前，人类不得不重新考虑人与自然的关系问题。人作为自然界的产物，始终是自然界的一部分，而必须服从自然法则。有鉴于此，人类必须与自然界和谐相处，改变那种人类"主宰自然"心态，应视自然为人类的朋友，抑制盲目行为，建立人与自然之间的新型关系。

人与自然矛盾的根本解决，人与自然新型关系的建立，有赖于人类思维方式的转变。儒家的思维方式，是强调整体意识。儒家始终把宇宙看成是一个"大家庭"，自然界的万物与人都是其整体的一个有机组成部分，彼此相通，又互相依赖，一荣俱荣，一损俱损。因此，儒家竭力主张"天人一

---

① 谢桂娟：《王阳明的天人合一观及其现代转换》，《延边大学学报》（社科版）2002年第2期。

体"，反对人与自然的分割、对立。而可持续发展思想，是世界许多国家指导经济发展的总战略。它要求经济的发展，必须与人口、环境、资源等统筹考虑，不仅要安排好当前的发展，还要为子孙后代着想，为未来发展创造更好的条件，决不能走浪费资源、走先污染后治理的路子。因而这就要求人们必须抛弃单纯以追求经济效益为中心和以损害环境为代价追求经济快速发展的急功近利思想。在人与自然关系上，应和谐共存、协同发展。而可持续发展战略，要求世界从旧的经济发展模式向环境可持续发展模式转变，从而使经济发展与社会发展、资源环境相互协调。

目前，影响人类社会可持续发展的资源短缺、环境污染与生态破坏等诸问题，往往与人类的不道德行为有着直接关系。比如，对资源肆意的掠夺性开发，发达国家对发展中国家的"生态侵略""生态掠夺"等，这些都属于不道德行为。因此要实施可持续发展战略，必须建立生态伦理学。其理论要求是确立自然界的价值与权利，其实践要求是保护地球上的生命和自然界。生态伦理学的应用包括许多方面，环境保护伦理就是其中之一。环境道德被认为是人类可持续生存的新的世界道德。其主要原则为：每个生命形式以其对人类的价值而有理由得到尊重；每个人应对自然界的影响负有责任，应保护生态过程和自然界的多样性，并节俭和有效地利用各种资源。由此可见，生态伦理学的许多原则与儒家"天人合一"观是息息相通的。

总之，"天人合一"思想对政府实施可持续发展战略具有启迪作用。当前，人类面临多种生存危机，各国政府的决策者们，应当具有"赞天地之化育"的伟大胸襟与宽广胸怀，走可持续发展的光明之路，只有这样，才能摆脱危机，走出困境，从而使我们生存的地球生生不息，直至永恒。

（二）儒家"仁爱"对生态保护的当代启示

儒家强调"仁爱"，主张把爱心从家庭扩展到社会，再从社会扩展到自然万物，即由爱人到爱物。这就使"仁爱"具有了生态道德的含义。传统儒学处理人与物关系的原则，根源于人人所本有的不忍人之心，即仁心，而仁心推其极就是与天地万物为一体。这在当代社会仍有其现实的借鉴价值。因为现代社会的发展迫切需要建立与其相适应的环境伦理学，而环境伦理学的建立只能从人类自身的利益与精神需要两方面入手，从人类自身的利益出发，保护环境、保护生态平衡就是保护人本身；从人类的精神需要出发，人的爱心不应限于人本身，应当推己及物，推己及物的过程也就是爱心实现的过程。从这个意义上说，儒家的仁爱思想为我们今天保护生态、植物、动物提供了精神力量。

儒家所谓"仁民爱物""民胞物与"所表明的是每一个人对待他人、对待自然的一种基本态度。西方哲学主张天人二分，戡天役物，人定胜天，是其对待自然态度的主流，这是一种典型的人类中心主义观点。而儒家则认为，人类不是大自然的主宰者，人只是大自然的一个组成部分。基于这一理念，儒学不是把自然界视为征服、战胜的对象，而是主张尊重生命、爱护大自然中的一切生命体。在儒家看来，自然界中的一切生命体与我们人类一样，都是秉天地之气而生的，都是大自然的产物，它们与人类一样，同样有自身存在的权利、价值、尊严，我们人类不能任意剥夺或消灭其生命。

1. 以"仁"的情怀仁爱自然万物

当下，大力倡导生态文明建设，应当将"仁"的情怀纳入人与自然的关系中。这大体可表现为二：其一，将自然与人同等视之。人与自然是相互联系、相互依存的统一体。伴随着经济的快速发展，生态问题也越来越突出，制约着人类社会的全面发展，迫使我们反思人与自然的关系。任何自然物都有其自身的客观发展规律，人应当以平等共存的态度看待自然、敬畏自然、尊重自然。其二，遵循无私互爱原则，将对人的道德关怀推及到自然万物。儒家的"仁者爱人"主张由爱亲人开始，逐渐向外扩展，爱他人、爱自然万物，应当把人际道德拓展到生态道德，把对人的伦理关怀拓展到对自然万物的关怀。人与自然只有共存共立才能共荣共富，只有超出那种"小我"的境界，才能达到互爱无私的"大我"境界。

儒家"仁爱"思想蕴含丰富深邃的生态智慧，具有独特的生态伦理建构逻辑，具有仁爱万物、万物一体、人与自然和谐相处等自然维度的观照。诚然，儒家仁爱思想所蕴含的生态伦理，是中国古代农业社会中人们生存实践的经验体验，是农业文明时代人们解决人与自然矛盾关系的思想观念与道德方式，这种朴素的生态伦理思想的历史局限性是鲜明的。但毋庸置疑，面对当今社会日益剧烈的生态环境问题，儒家提倡的"仁民爱物"，以仁爱之心对待天地万物的生态伦理，为新时代的人们正确处理人与自然的关系确实提供了一种有益而独特的思想资源，昭示众多深刻的启示。①

首先，遵循人与自然协调发展的原则，维护生态系统的平衡。人类源于自然，人类的生存与发展离不开自然，人类与自然处于相互联系的整体格局中。人与天地万物的关系是互济互利、相互依存的协调关系。而工业社会以来所出现的森林锐减、沙漠扩大、水土流失、动物濒临灭绝等生态失衡现象，严重威胁着人类的生存与发展。当前，重新反思人与自然的关系，重建人类的和谐家园尤为必要。人类绝不能再自视为自然的主人而主宰一切，必须恪守人与自然协调发展、共存共立的原则，"必须在人与自然的关系上坚持一种整体主义的立场，把人和自然看作是相互依存和支持的生态共同体"。② 只有这样，人与自然才能共生共存，人们才能拥有一个和谐的美丽家园，否则人与自然就会共毁共灭。

其次，恪守仁爱万物的生态理念，树立对自然的友好态度。工业文明以来，在经济利益与人类贪欲的驱使下，人们专注于物质利益的增长，以自我为中心无所顾忌，主宰万物。面对日益严重的全球化生态危机，儒家强调"亲亲""仁民""爱物"等，虽然具有爱有等差的推理逻辑，但其精髓却是天人和谐、仁爱万物，"在人类社会中施行的仁义等伦理原则，在自然秩序中也是连续的和一致的"。③ 如果在人与自然关系上，置他人、后代、环境的利益于不顾，割断人与他人及万物的生命联系，就是不仁之表现。因此，人类要生存、发展，就要克服人类中心主义与个体利己主义的世界观，避免唯我独尊、唯我独优的行为，发扬"毋我"精神，不仅要爱人，还要爱自然，爱宇宙万物，珍视一切生命，敬畏天命，要做自然永远的伙伴与朋友，积极承担起保护自然的义务与责任，发扬儒家"仁爱万物"的精神，恩及禽

---

① 参见薛勇民、马兰《论儒家仁爱思想的生态伦理意蕴及其当代意义》，《学习与探索》2015 年第 3 期。

② 薛勇民：《走向生态价值的深处》，山西科学技术出版社 2006 年版，第 210 页。

③ 参见任俊华《建设生态文明的重要思想资源——论中国古代生态伦理文明》，《伦理学研究》2008 年第 2 期。

兽，感通万物，善待自然，达到与自然互爱无私的和乐之美，从而实现"仁者，与天地万物一体"的理想境界。①

2."民胞物与"论的现代意蕴

儒家认为，世间万物是一体的，人和自然万物都有其存在的合理性，人是天地万物的一部分。张载所谓"民吾同胞，物吾与也"，就是希望人们能胸怀天下，放眼宇宙，把宇宙万物视为与自己息息相通的整体，也就是"视天下无一物非我"。这表明了儒家已从宇宙的高度来认识与把握人类的意愿。这对于当下构建和谐共生的生态文明社会，无疑具有极其重要的现实意义。

"民吾同胞"是处理人与人、民族与民族、国与国之间关系的思想基础。"物吾与也"就是视天地万物为一体，从本质上讲，是一种生态意识与宇宙意识。它强调自然不是人类征服的对象，而是人类的朋友，与人类息息相关，命运相连。"物吾与也"是人与自然和谐相处的基础。

首先，儒家"民胞物与"思想能够引导人们正确认识与处理人与人、人与自然的关系。众所周知，人与自然处于分离与对立状态，生态危机实质上是人类的精神危机。人只有与自然共生、同行，才能达到平衡，这是人与自然和谐相处、共生进化的理想境界。从最终意义讲，保护环境、保护自然就是保护人类自身。孟子的"仁民而爱物"，张载的"民胞物与"，均是这种思想的具体说明。"民胞物与"反映了人与自然的亲密关系，是人类迈向生态文明社会的要求。"民胞物与"使原本独立的个体处于亲情的包围中，将自然万物比喻成朋友伙伴，这就将自然界拟人化了，因而人类应该以强烈的道德责任感对待自然界。现代社会，我们将道德关怀的对象再一次扩大，道德对象从社会范畴扩展到自然界范畴，使人类从自觉地关爱自身过渡到自觉地关爱自然界，有助于缓解人类与自然界数百年来的敌对状态。② 现代人类的生存危机实质上是人与自然的关系危机。现代人类生存危机的根源在于价值观念上的偏颇。而"民胞物与"思想把天地视为一体，它强调自然不是人类征服的对象，而是人类的朋友，与人类生活密切相关。毋庸置疑，"民胞

① 参见薛勇民、马兰《论儒家仁爱思想的生态伦理意蕴及其当代意义》。
② 参见王秀玮《张载的生态伦理观及其当代价值》，硕士学位论文，河北师范大学，2008年，第35页。

物与"思想有益于引导我们正确认识与处理人与人、人与自然的关系，进而
加强全社会的生态与环保意识。

其次，有助于构建当代生态道德规范，促进社会经济的可持续发展。
只有保持生态系统平衡，才能进而维持社会经济的可持续发展。中国传统的
粗放型经济增长方式主要是依靠加大生产投入，因为生产技术比较落后，往
往造成资源的严重浪费，在某种程度而言，粗放型的经济增长方式也是生态
环境问题产生的主要原因。有鉴于此，当下我国要想建设可持续发展的和谐
社会，就必须为后代留下一片蔚蓝的天空与丰富的自然资源，因而我们必须
从只片面追求经济增长转移到既注重经济增长又重视自然环境保护、维持生
态平衡的科学发展观上来，避免以牺牲环境为代价的片面发展道路，因而我
们有必要从儒家"民胞物与"的生态伦理观中汲取积极成分，为现代生态道
德规范的构建提供丰富的理论资源。

(三) 儒家"中道"的维持生态平衡价值

在人与自然关系中，儒家的"中道"原则，主张中庸、适度、恰到
好处，防止偏离正道，走向极端，对于改善我国当前的生态环境亦有借鉴
价值。

首先，对于人与自然的关系应当把握适度原则。近代以来，伴随科学
技术的迅猛发展，生产力的不断提高，人类利用自然、改造自然，向自然界
索取的能力不断提升，这是不可避免的。然而，这种伴随科技发展的向自然
之索取，应当建立在尊重客观自然规律的基础上，适度地利用与开发自然，
因为自然资源本身的有限性与稀缺性，已经决定了人类不可以对自然进行破
坏性的"施暴"，否则只会加剧人与自然的矛盾与冲突。

其次，对于自然资源的利用应当树立节约意识。作为发展中国家，我
国往往是以牺牲环境为代价来获得短期的经济增长，这主要体现为典型的高
耗能、高污染、高排放的发展模式，在某种程度上也导致了我国的自然环境
恶化。有鉴于此，当前我国正在加强自然环境保护，建设资源节约型、环境
友好型社会，就是要以最少的环境污染与资源消耗，获得最大的社会经济效
益，这就要节约资源，高效利用资源，提倡人与自然的可持续发展，以实现

人口、资源与环境的协调发展。对于个人与企业而言，都应当树立节约意识，杜绝资源浪费，从思想和行为上加强道德的自觉性，承担起对生态环境的道德责任。

再次，对于人的贪欲必须克制。近代以来，伴随着工业经济的快速发展，物质生活水平的提高，人们无限度地追求欲望的满足，在人类中心主义思想的指导下，人被视为至高无上的主体，享有独一无二的权利，自然是被人支配的客体，从而否认了自然本应有的内在价值，其最终后果是不言而喻的。在人与自然关系中，人要充分肯定自然万物内在价值的平等性，充分克制人的贪婪欲望，不以牺牲自然为代价来满足人的不合理欲望。①

总之，儒家的"天人合一"观追求人与自然关系的相协调、相和谐，蕴含了比较丰富的生态伦理智慧，对当前缓解人与自然的紧张关系大有裨益。

---

① 参见王丽娜《儒家"天人合一"思想生态伦理智慧及其现代出路》，《人民论坛》2016 年第 5 期。

第六章　儒家文化与思想文化建设

先进思想文化建设是社会主义现代化建设的重要内容，思想道德建设促进精神文明。思想建设，指用正确的理论、思想、信念、道德来教育人民群众，它决定着精神文明的社会主义性质和方向。我国当下的思想文化建设应当坚持解放思想、实事求是的思想路线，弘扬与时俱进的精神，从而促进思想建设的不断拓展和文化事业的日益繁荣，加快中国先进文化的成长与发展。儒家的守成创新、"和而不同"文化意识与道德思想对当代中国的思想文化建设具有现实的借鉴价值。

一、儒家文化与文化建设

儒学向来具有开放性，从其产生起至宋明理学，儒学都是开放的；到康有为的近代儒学，也是吸收西学，实现了儒学的近代化；再到现代新儒学，更是广收了西哲的营养，超越了狭义的儒学。作为中华文化支柱的儒道佛三家文化，它们相融、相克，融大于克，最后"你中有我，我中有你"共存共荣，这是一个可贵的不同文化相融、共进的典型。①

文化是国家实力的象征与体现。一个国家、民族的强盛，总是以文化兴盛为支撑的，中华民族伟大复兴需要以中华文化繁荣发展为条件。儒家文化作为中华民族的主要文化理念，积淀在我们的民族精神血脉中。从提高中华文化国际影响力的角度，在建设繁荣中国特色社会主义文化的伟大历史工

---

① 孙丛丛记录整理：《评论：儒学是百花齐放的开放之学》，《中国文化报》2014 年 6 月 6 日。

程中，必须继承创新民族文化，作为中华优秀传统文化的旗帜和标志，儒家文化一定能极大地提升中华民族文化的国际竞争力，为人类文明的发展作出新的巨大贡献。

（一）儒家守成与创新并重的文化意识

文化总是在连续不断的继承与创新中发展。没有继承，文化就会断裂；没有创新，文化就会枯竭。儒家文化在中国绵延两千余年，表现出极强的生命力，其关键就在于它善于继承与创新。所谓"自我继承与创新"，是指儒学以自身为主体，吸纳其他文化因素，"推陈而致其新"（王夫之语）。这种意义上的"儒学自我继承与创新"，仅是儒学传统的自我延续与更新。继承，使儒学始终保持着"一以贯之"的品格，使儒学成为儒学；创新，使儒学不断实现自我更新，产生儒学新形态。重继承亦重创新，在继承中创新，继承与创新交织在一起，儒学因而获得了充分的发展。①

1. 儒学的守成与创新并重

儒家文化虽然具有保守性倾向，但绝不是一种封闭型的文化体系。儒学作为一种思想学说，它不是一个封闭的系统，而是一个开放的系统，具有明显的包容性，其思想学说随着时代的发展变化而不断被改造创新。

孔子在继承前人思想文化的基础上，创立了以仁爱为核心的儒学，为后儒奠定了基本的理论。在儒学初创的先秦时期，孟子、荀子都是有着重大贡献的代表学者。孔子讲"仁"，孟子讲"仁义""居仁由义"，完善与发展了孔子的学说。荀子在发展儒学理论的过程中，综合、批判百家，吸收百家之精华，丰富充实儒学理论，拓展了儒学的开放性与包容性。他根据战国后期的时代需要，以儒学为基础，整合了诸子百家，尤其是援法入儒，提出"隆礼重法"的主张。在天人关系上，荀子还提出了"天人相分""人定胜天"的思想，这显然体现了一种敢于担当与自信的思想文化传承与创新心理，实属难能可贵。

汉儒董仲舒在继承先秦孔孟思想的基础上，整合诸子百家，根据封建大

---

① 参见徐远和《儒学的自我继承与创新》，《中国文化研究》2001 年春之卷。

一统的政治需要，从天人相类的神学目的论出发，建立了一套以"天人感应"为核心、以阴阳五行学说为框架的新的儒学体系，又称为汉代新儒学。正是在他的建议下，汉武帝实行了"独尊儒术"的思想政策，儒学从此由先秦诸子百家之一超升为国家意识形态，成为官方指导思想。汉代儒学经过董仲舒的改造与发展，进入了一个新的发展阶段，对封建社会产生了深远的影响。

魏晋玄学是儒道兼综的思潮，它是对两汉经学的批判、继承、发展。玄学对儒学的批判暴露了儒学的许多弊端，宣告了经学的破产。同时，它也表明，儒学要深入发展，就必须打破自我封闭，积极吸收其他学说的有用成分，充实完善自身。如果说，儒学在魏晋时期主要是与道学的相互排斥、相互调和，那么隋唐时期则主要是儒学与佛教的相互对立。唐代韩愈曾经奋起反佛，力图复兴儒学，他对儒学的复兴，启发了宋代学者对儒学的重建。

宋代是理学发展的历史时期。宋代学者们意识到，要以儒学的纲常名教取代佛教的信仰，就必须改造其体系。为了捍卫儒学的正统地位，与佛教抗衡，理学家们便借鉴、吸收了佛教的某些思辨方法与理论命题，构建了不同于原始儒学和两汉经学的新儒学。宋儒对佛教的理论批判，促进了儒学的复兴，使儒学的发展进入了理学形态。理学是融合儒道佛的思想体系，它一改儒学原貌，兼容佛老精神，创立了宇宙本体与道德本体相统一的思想体系，完成了儒学哲学化，使儒学更加具有思辨性，并把儒家伦理说提高到本体论的高度。儒学经过宋儒的改造后，一直到近代，其正统的权威地位再也没有发生动摇，成为治国安邦的大宪，为人处事的经典。

明代，心学集大成者王阳明集儒道佛三家之大成，在继承南宋陆九渊"心即理"说，"宇宙便是吾心，吾心即是宇宙"的心学思想基础上，首度提出"心学"两字，并提出心学的宗旨在于"致良知"，至此心学开始有清晰而独立的学术脉络。王阳明反对宋代理学家朱熹把"心"与"理"视为两种事物的观点，创立与朱熹相对立的主观唯心主义理论"心学"，主张"心外无物，心外无理，心外无善"，提倡通过"内心自省""以致良知"。王阳明心学所谓"心即理""夫万事万物之理不外于吾心""心明便是天理"，强调"心"不仅是万事万物的最高主宰，也是最普遍的伦理道德原则。王阳明的学说充满忧患意识，表现出一种对国家的强烈责任感与使命感，以及为人类谋幸福的真诚愿望。阳明心学这种新思潮在明代中后期曾经盛极一时。

近代，儒家思想文化的传承与创新不断激起一波波浪潮，儒学出现了现代转型。以富国强兵、变法图强为目标的洋务运动、戊戌维新促使儒家经世思想的重新崛起，晚清今文经学的复兴，特别是康有为《新学伪经考》《孔子改制考》的出版，托古改制，既开导儒学的新方向，又开启"西潮"的闸门。为了挽救危机，儒家学者们进行了艰苦卓绝的探索，他们从西方借来新的思维方式与价值观念，改造或者重新解释儒学的传统理论，力图注入新的生命力，使儒学能够在现代社会仍然发挥其重要的理论指导作用。经过几代人的努力，最后由维新派首领康有为吸收西方的资产阶级文化，对儒学进行改造，实行了儒学的近代化转型。

20 世纪以来，随着新文化运动兴起，各大思潮不断冲突与互动。不论是批判儒学，还是重新解释儒学及复兴儒学，都有一个共同特点，就是将儒学研究纳入现代思想学术的领域，使思想争鸣具有了现代性，从而导致儒学向现代思想学术转型。① 20 世纪 30 年代以后，一些学者如张君劢、冯友兰、贺麟等反思五四新文化运动，回归儒学传统，谋求儒学的重建，他们吸取西学的思想、方法，以反哺儒学传统，创造性地重建儒学传统。抗战的爆发、伴随救亡运动的高涨，进一步把民族文化复兴运动推向高潮，为儒学精神的创造性重建提供了历史性机缘。儒学在民族文化复兴的大潮中获得再生并走向现代化。

就儒家思想文化的传承与创新之轨迹而言，儒家思想文化基因之所以能够流传，一个内在的原因是，在每个关键时刻都不乏儒家思想文化的自觉者与自信者。文化发展从来就不是一劳永逸的，这需要人们以良好的文化心态和理念去构建，新文化因子之活力往往植根于丰厚的土壤中。文化自觉与文化自信是相互依存的，人们在文化自觉中找回了自己的文化自信，在文化自信中加强了文化自觉。②

总之，在中国古代社会，尽管儒学具有"独尊"地位，但它对其他文

---

① 参见刘维民《略论儒家思想文化的传承与创新》，《中央社会主义学院学报》2013 年第3 期。

② 参见刘维民《略论儒家思想文化的传承与创新》。

化并不是完全排斥的，儒学始终兼采众家，不断吸取其他文化的有益成分，发展、完善自己的学说，具有鲜明的开放精神与包容精神。正是由于儒学能够吸收别派学说，以及外来文化中的有用因素来充实与发展自己，从而显示其强大生命力。也正是由于儒学的开放性、包容性，才使它具有很强的适应性。几千年来，儒学之所以能够久传不衰，成为中国传统思想文化的主导，而且在世界上也产生了巨大的影响，除了其思想的博大精深之外，还在于它的包容精神，能够博采众家学说，使之百川归一；又能不断吐故纳新，使之充益完善。

2. 儒学开放、创新性对文化建设的启示

儒家文化虽然随着社会变动、时代发展，以及在多种文化的碰撞、融合中不断地变化发展着，但总体而言，儒家文化深层结构的变化是相当缓慢的，至今仍然对国人的思维方式有着不可忽视的影响。儒家文化是我们民族、国家赖以生存和发展的精神支柱，它在潜移默化的发展中为中国人灌输着创新理念。

首先，儒学开放性、包容性对文化建设的启示。儒学的开放性、包容性，决定了儒学本身需要与西方文化交流、融合。交流与融合是21世纪多元文化发展的大趋势，中国文化只有在与西方文化的"融合"中才能得到发展，才能达到创新。以儒学为主体的中国文化是足以同西方文化分庭抗礼的一种悠久而伟大的文化。但是如果脱离了西方现代文化的发展，不与西方文化进行交流与融合，那它将趋于衰微，失去其强大的生命力。比如儒学与马克思主义的融合就是典型的事例。儒学要在中国现实中发挥积极的作用，首先面临的就是与马克思主义的关系问题，即儒学与马克思主义的融合问题。马列主义作为一个革命思想体系，曾指导中国革命成功，使我国由一个半殖民地半封建的落后国变成了一个独立自主的强大新中国，其功绩与成就是举世共睹的。而儒学作为中国传统文化，曾在西方文化的挑战下，其价值体系暴露出一些缺陷。二者似乎风马牛不相及，可实际上儒学与马列主义的融合问题，是有其历史与现实依据的。甚至可以说这种融合，早在马克思主义中国化的过程中就进行了。邓小平同志曾经提出要建设中国特色的社会主义新文化，这实际上就是要求我们按照马克思主义的指导原则去发掘儒学中有益于社会主义新文化建设的成分，在现实中加以创造性地应用。实际上儒学与马列主义确实有其相通的特征，比如大同理想、大公无私、集体主义、奉献精神以及某些哲学观点和方法的相近等。正因为如此，儒家所倡导，并且逐渐形成我国民族精神的一些行为规范，如克己奉公、舍己为人、助人为乐等，也被冠以共产主义精神的美名。

儒学的开放精神与包容精神有利于促进未来世界文化的交流、融合。当代世界文化的多元构成，其大体格局是：西方欧美主要是基督教文化盛行，东方主要是佛教、儒教、道教文化占领，广大中亚、阿拉伯地区主要由伊斯兰教文化主宰。未来，这个世界性多元文化格局基本不会发生根本性变化。基督教、伊斯兰教、佛教仍是影响人类生活的三大宗教。此外，还必然会出现一些新的文化思潮与文化形式，这只说明多元文化更加灿烂、辉煌。多元文化并存及其融合、沟通是当代人类文化的基本特征。而儒学的开放、包容精神能促进世界各单元文化的交流、融合，使世界多元文化和平共处，不断提高自身素质，从而逐渐走向趋同。

总之，开放性与包容性，使儒学不仅注意吸收其他学派的思想，而且还注意吸收外来文化的成果来丰富自己的思想学说，从而使儒家思想博大精深、兼容并蓄、丰富多彩。儒学的这种开放与包容精神对未来世界多元文化的交流、融合有着积极的指导意义。人类文化是多元并存的，中国文化也是多元构成的，儒学的积极思想、有价值的伦理，肯定会被吸收在未来多元文化的结构之中，并在多元文化之中得到弘扬与传承。儒学的未来不可能是排他的，只能与东西方多元文化互补共存，携手并荣。

第二，儒学创新意识的现代启示。其一，居安思危的忧患意识。所谓忧患意识，是对环境变化带来的不确定性及其已经和将要造成的困苦而怀有的一种积极主动的应对与预防精神。《周易·系辞下》云："安而不忘危，存而不忘亡，治而不忘乱。"人要有居安思危的忧患意识，当政者更要时时想到国家前途可能出现的困难与危险。具有了忧患意识，时时警醒，永不懈怠，兢兢业业，奋发有为，国家才能保持长治久安。忧患意识作为一种人文精神，强调人在改造主观世界与客观世界的主观能动性，忧国忧民的社会责任感与历史使命感。古代深受儒学影响的士大夫大都具有忧患意识，范仲淹以"先天下之忧而忧，后天下之乐而乐"明其心志。这种民族忧患意识具有鲜明的时代特征，但都蕴含着中华儿女热爱祖国的炽热情感和要求变革创新、发奋图强、自强不息、振兴中华的伟大精神。正是这种民族精神形成了强大的凝聚力与历史推动力。当下，关心国家民族前途命运的忧患意识促进了领导工作作风、人们的观念和生活方式的转变及科研的突破与创新，是爱国主义的具体表现。

其二，自强不息的奋斗精神。《周易·乾》曰："天行健，君子以自强不息。"《论语·子罕》云："譬如为山，未成一篑，止，吾止也"；"譬如平地，虽覆一篑，进，吾往也。"儒家这种积极进取、自强不息的精神，激励着人们不断奋进、不断创新。自强不息精神是个人安身立命的崇高人格境界，依靠这种精神，能够调动自身潜力，积极进取，有所成就；自强不息也包含着个人对社会的神圣责任，其在政治上表现为坚持国家与人民利益至上，同邪恶势力的抗争精神。弘扬自强不息的优良传统，有益于在整体上提高全民族的素质，将极大地振奋民族精神，成为加快我国现代化进程的思想动力。

其三，不断变易的发展思想。《周易·系辞下》曰："穷则变、变则通、通则久。"就是说事物处于穷尽局面则必须变革，变革后才会通达，通达就能长久。这就告诉我们，任何事物的发展都是一种自然规律，都有发生、发展、衰败的规律，大到国家，小到个人，莫不如是。当某件事发展到衰落之时也就是谋变之时，只有打破旧规矩去适应新环境才能达到新高度，才能立于不败之地，才能长久，反之则会消亡。这就强调事物的发展变化，重视事物的新生、日新、更新、上进，主张积极的变革。[1]"变化日新""革故鼎新""与时偕行""日新之谓盛德"，都体现了《易经》的变易与进取精神。这实际上反映了古代中国人的一种创新思维。中国传统的变易思想到了近代成了人们倡导变法，力主创新的理论根据，成为一个民族不易衰竭的源泉，使民族具有历久弥坚的凝聚力。

第三，儒家文化对创新意识的消极影响。其一，儒家文化重视群体原则，某种程度上不利于创新思维的发展。儒家强调国家在思想文化上的高度

---

[1]　参见隋喜文《〈易经〉"长于变"的思想需弘扬》《北京日报》2008年12月9日。

统一，无疑会抹杀了个人的主体意识与意志自由。同时，儒家文化倡导的"中庸之道"也会在某种程度上约束人们的创新思维。"中庸"是儒家哲学的基本原则，也是儒家文化极力推崇的宇宙观、方法论与道德准则。"中庸"以和谐统一为前提，讲究无论人还是事物的发展都要适度，并且在适当的限度内发展。这无疑会导致个体缺乏一种创新的内在冲动，缺乏一种大胆质疑的批判思维，不利于竞争意识的培养。当今时代是一个竞争时代，提倡个性化，在强调群体的同时，不能忽视、压抑了人的个性发展。中国文化重视群体和谐，注重团队精神，但处理不好也会压抑个性发展。现代心理学研究发现，一个健康人的创新能力与创造能力是与生俱来的一种潜能，人的创造潜能的实现，是以其独特个性的发挥为必要条件的。

其二，儒家文化的家族本位主义对创新思维具有负面影响。在儒家文化精神中，家族主义占有基础与核心地位。中国传统文化精神中，家族主义占有基础与核心地位。儒家崇尚以家庭、家族为本位，其家族主义主要包含二方面内涵：一是在看待个人与家庭（家族）的关系时，将家庭（家族）绝对置于首位的价值观念；二是处理家庭（家族）和社会之关系时的家本位思想。[①] 家族本位主义是以自然经济为基础，以血缘关系为纽带、以儒学为中心的中国文化传统构筑的价值取向。它把通过对祖先的崇拜，以及强调"忠孝节义"的道德观念，使人们养成了家族利益高于一切的价值观念。儒家家族主义，在家庭内就是要处理好父子关系、夫妻关系、兄弟关系，要求个人利益服从家庭或家族利益。过分强调家族整体利益，就必然压抑个体的独立性，不利于个人创新思维的形成与发展。

其三，封闭保守的心理特征不利于创新意识的发展。中国传统的自给自足自然经济沉淀了文化的思维定式：重经验直观，轻逻辑抽象；重日常实用，轻理论思维。长期以来，中国人养成了封闭保守的心理特征。在生产规模简单狭小、科学认识水平低下的社会条件下，无论是对自然规律的掌握，还是对社会规律的认识，无论是生产技术的改进，还是防病治病知识的提高，都是靠世代的经验积累，这种经验带有很大的盲目性与直观性，付出的

---

① 参见刘林平《儒家思想中的家族主义》，《中山大学学报论丛》1996年第1期。

代价是沉重的。不重视信息交流，相信经验感觉，不愿与他人交流、探讨。这些无疑会严重地限制个体的性格、能力及主体性的自由发展，不利于形成良好的行为习惯与创造思维的培养。①

综上，儒家文化对创新思维的负面影响，不可避免地会对我国当下与未来的现代化建设进程产生某些消极影响。儒家文化中创新精神的缺乏必然会在某种程度上导致科技的落后与文化的畸形发展。有鉴于此，突破思维定式，打破儒家文化的保守性是十分必要的。我们应当树立与坚持创新意识、科学精神，尽管创新精神对儒家文化价值观会产生冲击力，但依靠创新思维的力量，在儒家文化中诱导并重建某些新的文化价值观，而这些渗透着科学精神的新文化价值观，对促进我国现代化进程、增强民族凝聚力、提高整个民族的思想层次都将产生更大影响。

（二）儒家"和而不同"与多元文化发展

多元文化的发展和碰撞，是当下世界变化的一个重要趋势。多元文化是文化发展、繁荣的表征，是不以人的意志为转移的历史必然。文化多元化已成为当今世界的客观现实与历史趋势。承认不同，但又要"和"，这是世界多元文化的必由之路。儒家"和而不同"的传统理念，是文化多元和谐发展的原则，"和而不同"思想既成为多元文化和谐发展、建设和谐世界的指导性思想，也成为人类共同生存的基本条件，将为解决世界争端、维护人类共荣提供智慧渊薮。

1."和而不同"理念与"多元一体"文化格局

首先，儒家"和而不同"理念的产生与发展。"和而不同"最初是西周末年伯阳父史伯与郑桓公讨论西周末年政局时提出的，《国语·郑语》云：

> 夫和实生物，同则不继。以他平他谓之和，故能丰长而物归之；若以同裨同，尽乃弃矣。故先王以土与金木水火杂，以成百物。是以和

---

① 参见张明华《中国传统文化对创新思维的影响》，《通化师范学院学报》（社科版）2008 年第 1 期。

> 五味以调口，刚四支以卫体，和六津以聪耳……夫如是，和之至也。
> 于是乎先王聘后于异姓，求财于有方，择臣取谏工而讲以多物，务和
> 同也。声一无听，物一无文，味一无果，物一不讲。王将弃是类也而
> 与剸同，天夺之明，欲无弊，得乎？

"和实生物"，指性质不同的东西混合在一起才能产生出百物；"同则不继"，是说只有一种东西就不能继续存在下去；"以他平他"，是指相异的事物相互协调并进就能发展；"以同裨同"，是指以相同的事物叠加，其结果只能是窒息生机。换言之，金木水火土五行相配合才能生成万物，酸甜苦辣咸五味调和才能作出美味，四肢协调才能保证身体安全，六种音律和谐才能产生悦耳的乐曲。

春秋末年，齐国上大夫晏婴与齐景公讨论君臣关系时也提出"和而不同"，他认为"和"是处理人与人之间、事物之间相互关系的基本原则。晏婴认为："和如羹焉，水火醯醢盐梅以烹鱼肉，燀之以薪。宰夫和之，齐之以味，济其不及，以泄其过。君子食之，以平其心。君臣亦然。"[①] 这里的"和"，就是不同事物、不同方面同时共存、相互补充，强调多样化的统一。

众所周知，孔子提出了"和而不同"的观念，"君子和而不同，小人同而不和"。[②] 对此，朱熹的《四书章句集注·论语章句集注·子路篇注》解释为："和者，无乖戾之心"；"君子尚义，故有不同。"就此而言，"和而不同"原本是一个涉及人际关系的儒家规范，强调君子由于重"义"的缘故，可以在彼此有别的情况下保持和谐状态，不会彼此乖戾。所谓"同"，就是完全相同的事物简单相加，没有什么不同因素、不同声音、不同意见。所谓"和"，是多种因素的并存与互补，是一种有差异的统一，而不是简单的统一。具体而言，儒家认为，君子处世为人，既能够包容差异性、多样性与不同意见，又能够以大局与社会利益为重；而小人则只为一己私利，要么无原则地趋同，要么排斥异己，打击不同意见者。[③]

---

① 《左传·昭公二十年》。

② 《论语·子路》。

③ 参见庞德英《文化和谐研究》，博士学位论文，中共中央党校，2009年，第105—106页。

现代著名哲学家冯友兰先生对"和而不同"思想作了新阐发：

> 在中国古典哲学中，"和"与"同"不一样，"同"不能容"异"；"和"不但能容"异"，而且必须有"异"，才能称其为"和"。譬如一道好菜，必须把许多不同的味道调和起来，成为一种统一的、新的味道；一首好乐章，必须把许多不同的声音综合起来，成为一个新的统一体。只有一种味道，一个声音，那是"同"；各种味道，不同声音，配合起来，那是"和"。
>
> 客观辩证法的两个对立面矛盾统一的局面，就是一个"和"，两个对立面矛盾斗争，当然不是"同"，而是"异"；但却同处于一个统一体中，这又是"和"。①

"和而不同"，首先是承认不同，承认事物是丰富多样的，因而要尊重不同，要宽容不同的存在。其次是在不同的基础上扩大价值共识，达到理想的和谐状态。"和"，即各种不同因素、不同成分以一定关系和谐结合而构成的状态。实质上，"和而不同"主张的是在尊重差异的前提下追求和谐统一。因而，坚持和而不同的原则，就能正视各种差异性、多样性、矛盾性，就能努力在对立中求统一，在矛盾中求得和谐。②

经过长期的历史发展，儒家"和而不同"思想由最初作为处理人际关系的准则，后来应用到处理不同文化关系的法则，成为中华文化的重要精神财富之一，对中华文化的发展产生了重大的影响。

其次，中国传统文化是"多元一体"的文化格局。文化是人类特有的现象，民族文化是一个民族的灵魂与精神象征。文化又是一个众说纷纭的多义性概念，目前学术界对此尚无统一的定义，见仁见智。当下广为接受的对文化之定义有广义与狭义之分，广义的文化泛指人类社会在其历史实践过程中所创造的物质财富与精神财富的总和。狭义的文化指社会的意识形态，包

---

① 冯友兰：《中国现代哲学史》，广东人民出版社 1999 年版，第 126 页。
② 参见庞德英《文化和谐研究》，第 106 页。

括政治、法律、道德、价值观、哲学、艺术、宗教等各种形式，以及与之相适应的制度和组织机构。① 因为与经济全球化相对，笔者在此所使用的是狭义的文化定义。

中国社会学与人类学的奠基人之一费孝通于1988年在香港中文大学演讲中，曾提出"中华民族的多元一体格局"的理论模式，对中国几千年的民族融合历史及其过程做了形象的归纳。后来其《简述我的民族研究经历和思考》② 一文又进一步概括了"多元一体格局"的理论论点，多元与一体在中华民族形成过程中始终是辩证统一的关系，中华民族的多元与一体往往在同一过程中相互作用，"多元可以指向一体"，而"一体"并无碍"多元"。忽略其一，即是在忽视历史更是在否认现实。56个民族及其所属的集团是社会构成的基本单位，因而从另一个方面勾画出多元社会的结合与国家整合的关系，是多元与一体的关系。费先生这种"多元一体"格局的理论模式认识是十分独到的。

费孝通认为当今的文化建设中要实践"文化自觉"。具体而言，他指出：

> 一视同仁地看待包括中华文化在内的世界上的各种文化。我们相信，人类传下来的每一种文化都具有对人类发展起积极作用的一面，同时也会都有它消极的一面。……"文化自觉"是一个艰巨的过程。首先要认识自己的文化，根据其对新环境的适应力决定取舍。其次是理解所接触的文化，取其精华，吸收融会。各种文化都实现了自觉之后，这个文化多元的世界才有条件在相互接触中、自主地相互融合中，出现一个具有共同认可前提的基本秩序，形成一套各种文化和平共处、各舒所长、联手发展的共同守则。③

---

① 参见揭晓《经济全球化与中国传统文化的走向》，《求实》2005年第1期。
② 参见费孝通《简述我的民族研究经历和思考》，《中央民族大学学报》（哲社版）2000年第1期。
③ 费孝通：《中华文化在新世纪面临的挑战》，见《中华文化与21世纪》，中国社会科学出版社2000年版，第5—6页。

费孝通曾以"美美"四句，即"各美其美，美人之美，美美与共，天下大同"①来概括自己的文化观。著名学者方克立对此的解释为："各美其美，美人之美，美美与共，和而不同。"② 这可谓精辟的诠释。

当下，全球化中的文化多样性是客观存在的事实。我们通过创造性转化，将这一观念与《中庸》"万物并育而不相害，道并行而不相悖"的主张结合起来，用来处理当前各种异质性文化思潮并存竞争乃至相互冲突的现象，只要遵循"和而不同"的原则，这些观点立场彼此相异的文化思潮就能保持"各美其美、美美与共"的局面，实现"百家争鸣、百花齐放"的理想。

2. 儒家"和而不同"对和谐文化建设的启示

首先，和谐与文化的连用。"和"，是多样性的统一，不同的东西结合在一起而达到的平衡，就是和。"和为贵"强调"和"是多样性的统一。"和谐"一词可从三方面理解：一是承认多样性，存在多个不同的主体才有"和谐"的问题。二是承认差异性，否则就没有"和谐"的问题。三是要想达到和谐状态就要尊重差别，主张平衡，共同发展，对不同的事物，持以不同的宽容态度。③

和谐与文化连用为和谐文化，所谓"和谐文化"，是一种提倡与奉行和谐理念的文化，它以和谐的态度处理同其他文化的关系。所谓"文化和谐"，则是文化整体存在的一种状态，反映的是各种文化的相互关系，是与文化冲突相对应的概念。而"文化和谐有两重涵义：一是不同形态文化之间的和谐并存、相互借鉴、共同发展；二是文化结构自身的和谐，即各种文化资源、各种文化门类和各种文化要素之间统筹兼顾、协调推进。"④

当下的文化和谐应当具有几个特征：一是多元互补，指社会文化既有多姿多彩的文化个性，又在服务于现代化建设目标下互相补充，体现全社会共同要求的核心价值观与主导文化形态；二是兼容并存，指不同的文化主体和要素能够相互兼容、协作，在和谐当中共同发展。三是和谐有序，指社会文

---

① 费孝通：《人文价值再思考》，《费孝通文集》第 14 卷，群言出版社 1999 年版，第 196 页。

② 参见方克立《"和而不同"：作为一种文化价值观的意义和价值》，《中国社会科学院研究生院学报》2003 年第 1 期。

③ 参见庞德英《文化和谐研究》，第 14 页。

④ 李道中：《和谐社会理论学习读本》，中国法制出版社 2008 年版，第 166 页。

化结构自身的和谐，各种文化门类与文化要素之间都是开放的、流动的。四是活而不乱，指不同文化形态、不同层次的文化都有足以维持自身生存、获得充分发展的一定空间，不同个体之间既有竞争也有冲突，但相互之间能够保持必要的张力与秩序。①

和谐文化与文化和谐既相对独立，又密不可分。文化和谐是和谐文化的一种表征，以和谐文化为基础，只有各种文化都具有了和谐文化所倡导与培育的和谐精神，才能在不同文化的交往中协调各种冲突、矛盾，各种文化也就能相互借鉴、促进，从而共同发展，文化和谐才能得以实现。文化和谐又是建设和谐文化的题中应有之义。实现文化和谐的目的是使先进文化得到发展、落后文化得到改造，使各种文化形式和谐并存、共同发展。文化自身不和谐，建设和谐文化就无从谈起。建设和谐文化与实现文化和谐是中国特色社会主义文化建设的二位一体的目标与任务。"我们文化建设的目标和任务，不仅是要建设一种以和谐为核心价值理念的文化形态，而且是要以和谐理念为指导实现各种文化的和谐。"② 中国特色社会主义文化不仅要以和谐为核心价值理念，还要以和谐理念为指导实现各种文化在先进文化引领下的和谐。③

其次，"和而不同"对多元文化发展的借鉴。其一，文化多元共存。学术界对文化多元论已有不少论述④，此不再赘述。学者们对文化多元化的含义也有多种理解。⑤ 其观点从不同的侧面、角度阐释了文化多元化的内涵，

---

① 陶国相：《科学发展观与新时期文化建设》，人民出版社 2008 年版，第 48 页。
② 李道中：《和谐社会理论学习读本》，第 166 页。
③ 参见庞德英《文化和谐研究》，第 15 页。
④ 关于文化多元论的观点，可主要参考李庆本《全球一体化与文化多元化》，《中国文化研究》1999 年第 1 期；汤一介《文化的多元化趋势将是不可逆转的》，载《跨文化对话》第三辑，上海文化出版社 2000 年版；乐黛云《全球化语境中的多元文化发展》，《社会科学辑刊》2002 第 1 期；王晓德、张晓芒主编《历史与现实：世界文化多元化研究》，天津人民出版社 2007 年版；张红霞《论文化多元化的特点、实质和意义》，《国外社会科学》2010 年第 4 期等论著。
⑤ 对于文化多元化的含义，可以主要参考温雪梅《文化全球化与文化多元化的辩证关系》，《天津市工会管理干部学院学报》2003 年第 4 期；杨雪英、朱凌云《论文化的多元化与高校思想政治教育》，《中国高教研究》2006 年第 6 期；杨金玲《如何正确认识全球化下的文化多元化》，《理论界》2007 年第 11 期；张红霞《论文化多元化的特点、实质和意义》，《国外社会科学》2010 年第 4 期等文章。

各具特色，都具有合理性。相比之下，文化多元化"是一种坚持主流文化前提下，允许多种文化并存、交融和共同发展的态势"①的观点更能揭示文化多元化的实质。文化多元化的内涵丰富，它具有多元共存、和而不同、融合创新、长期稳定等特点。

文化多元共存是指各种文化都有平等的生存权利与发展空间，互相之间应该平等共处、和谐发展。它是文化多元化的价值追求与基本特征，也是文化发展的内在规律与内在要求。经济全球化是文化多元化的基础与前提。自 20 世纪 80 年代以来，随着经济全球化的发展，世界文化多元化已成为历史发展大趋势，每一种文化都具有稳定的特质。在全球化过程中，一种文化在另外一种文化语境中不可能完全被异质文化所同化，而只能是有选择地借鉴，通过自己的文化眼光选取所需之物，体现了一种主体选择与解读之意义，这使文化的多元共存成为可能。可见，尽管全球化已成为当今世界发展的总趋势，但它却无法摆脱各国文化独立发展的合理性。文化多元共生仍是全球化语境下文化发展的真实状态与普遍现象。

另外，因为每一种民族文化都具有其他文化所没有的优势因素，因此，文化的多元共存为各种文化的相互交流、取长补短提供了条件，各种文化在彼此借鉴优势、共同发展、繁荣的过程中产生了互相依存的共生性，从而形成了多姿多彩、魅力无穷的人类文化景观。

多元文化的和平共存问题，就是如何促进多元文化在全球现有的政治经济组织框架之内和平共处，发展进步的问题。多元文化如果不能和平共处，就会出现很多问题，甚至出现纷争，乃至战争。21 世纪，社会冲突、种族冲突、政治冲突、经济冲突等依然存在。

20 世纪，伴随全球化步伐的加快，多元文明的日益接近，特别是西方文明内部产生的问题，以及西方文明对非西方多元文明的咄咄逼人，使人类社会面临新的文明冲突的危机，引人警觉。许多西方学者，有着很深的西方中心主义的情结，自觉不自觉地站在西方中心的立场上对日趋多元的世界文

---

① 参见张红霞《论文化多元化的特点、实质和意义》，《国外社会科学》2010 年第 4 期。

明发展格局不能宽容，提出了很有影响的文明冲突论。① 当然，这种观点受到了来自世界不同文化背景的专家、学者的批评。英国著名历史学家汤因比强调，一切文明和历史在某种意义上说都是平行的和同时代的，各种文化都有自己的优长和相对的真理，应该共存发展。②

其二，"和而不同"是文化多元交流的前提。"和而不同"是儒家文化的核心理念与基本精神。儒家"和而不同"追求内在的和谐统一，而不是表象上的相同与一致。"和而不同"的价值理念，体现了海纳百川的包容开放精神，有利于实现不同文化、文明的并存。

中华文化的包容性，正在于"和而不同"文化观所强调的多元互补性。历史上南北民族的大交融，游牧民族与农耕民族的历次融汇，汉文化与各少数民族文化之间相互吸收、借鉴，儒道佛的圆融贯通，共同创造了辉煌灿烂的中华文明。

当然，"和而不同"强调多元文化发展的多样性与各自保存文化特性，其真正意义在于通过不同的文化之间积极地开展交流、对话，不是一方"同化"另一方，而是相互沟通、理解、借鉴，学习、吸收其他文化中的优秀成果与积极因素，彼此取长补短，从外界获取营养与新活力，提高和充实自身，以达到相互交融、共同发展，这才是真正的"和"。如果用"和而不同"的观点去处理不同文化之间的关系，就能够消除误解，避免发生矛盾冲突，促进不同文化的健康发展。

在经济全球化的大趋势下，东西方文化关系也发生着质的变化，出现了多元文化互相沟通交流、从对立冲突走向和谐兼容的新趋势。而在价值观方面，一些原本属于西方或东方的价值观念，正在跨越政治文化的国界而日益为全人类所普遍认同、接受。例如，原本植根于西方文化的民主、自由、人权、法治等价值观念，已不再是西方的"专利"而被全人类所认同；而根植于中国儒家文化的仁爱、和谐、诚信、中庸等价值观念，也被长期实践证

---

① 参见［美］萨缪尔·亨廷顿《文明的冲突?》，载美国《外交》1993年第3期；萨缪尔·亨廷顿《文明的冲突与世界秩序的重建》，周琪等译，新华出版社1998年版。

② ［英］阿诺德·汤因比：《历史研究》（修订插图本），刘北成、郭小凌译，上海人民出版社2000年版。

明是有利于人类生存发展及社会进步的精神财富，同样具有普世性与永久性价值。

承认和包容各民族文化，是以相互宽容和尊重为基础的。有学者指出，儒家要在当前的全球化背景下真正实现"和而不同"的理想，唯一的途径就是在自我批判的创造性转化中，建立起"恻隐仁爱"本根至上的普遍主义架构，把"不可坑人害人、应该爱人助人"视为终极性的正当原则。在这种架构中，儒家便很容易与其他异质性的文化思潮达成"各美其美、美美与共"的局面了。儒家有充分的理由与各种异质文化求得根本性的"大同"，与这种"大同"相比，一些次要性的"小异"，并不足以妨碍儒家与它们一起在这条"大同"道路的基础上达成多样并存、和谐相处、各美其美、美美与共的局面。①

应该强调的是，儒家"和而不同""道并行而不相悖"并非是无原则的和稀泥。相反，"和而不同"只适用于那些维护、促进人的应得权益的行为与观念，不适用于那些侵犯、损害人的应得权益的行为与观念。有鉴于此，对于那些邪恶行为与观念，我们决不能宽容忍让，必须在理论上严厉谴责、决不能妥协让步。换言之，只有在承认"不同"之"道"的基础上，才能使它们之间真正保持"并行而不相悖"的和谐关系。我们应该允许各种思潮围绕这条原则展开讨论批判、甚至发表反对意见，让人们真正认识到自己观念的错误之处，才能最终从这些思潮中自主地选择自己的精神支柱与价值取向。②

其三，以"和而不同"促进和谐对话为文化和谐发展之理路。"和而不同"作为一种文化价值取向，它的实质在于，允许多元文化的平等共存，以及各种不同的文化形态在取长补短前提下的一种交融。

"和而不同"是要承认"不同"，在"不同"基础上形成的"和"（和谐、融合）。在不同文化传统中应该可以通过文化的交往、对话，在讨论中取得某种共识，这是一种由"不同"到某种意义上的"认同"之过程。这种"认同"不是一方消灭另一方，也不是一方"同化"另一方，而是在两种文化中

---

① 参见刘清平《儒家"和而不同"观念刍议》，《人文杂志》2010 年第 5 期。

② 参见刘清平《儒家"和而不同"观念刍议》。

寻找交汇点，并在此基础上推动双方文化的发展，这正是"和"的作用。

"和而不同"强调在保持文化多元差异的前提下，努力寻求相互间的和谐对话与观念共享，以创新、发展文化。一是承认"不同"。每一种文化都是人类对付不同境况与挑战的独特及智慧的积累，因而每种文化都有不可剥夺的存在理由与独特价值，都应受到尊重、宽容。二是进行文化交流。交流才能促进文化发展，各种文化只有在不同中接触到异质文化，并以它作为参照系，相互促进，只有吸取其他文化价值资源的优秀成果，才能增强本民族文化的生命力、创造力。三是开展和谐对话。即指在文化平等的基础上的文化宽容与文化理解、文化选择与文化批判、文化兼容与文化创新。文化宽容与文化理解要求以平等的、宽容的、进取的态度促进不同文化的对话和沟通。文化选择的核心是文化批判，文化选择是文化批判的逻辑发展和必然。①

"和而不同"反对同质化，主张尊重民族与个体的政治、文化选择的多样性，做到异中求同，即在承认差异的前提下努力扩大共同点；同时又做到和而不同，即在扩大价值共识的基础上允许特殊性。有鉴于此，在多元文化社会中，各种文化既不是相互隔绝的，也不是相互对抗的，而是和谐共处，共生共荣，是多元的统一。"多元一体"是多元文化背景下文化和谐发展追求的目标，即费孝通先生所谓"和而不同"。"和"就是多样性的统一，"同"就是单一性。"和而不同"主张多样性的统一而非单一性。"和而不同"主张不同的文化可以互相取长补短，互相促进。学者万俊人指出："人们所创造并寄居其间的文化传统不仅有着各自的内在丰富多样性，而且相互间各具千秋、难以归一。但多样差异和多元互竞本身并不是人类文明的灾难和悲剧，相反，正是因为这些差异多样和多元互竞，构成了人类文明的真正源泉和动力，创造出了人类的伟大文化和伟大人类。"② 多元文化的并存是各自文化传统的传承与创新的前提条件，也才能使各文化传统之间的冲突与融合成为可能。整个文化史就是多元文化的"和而不同"的历史，多元文化的存在与发

---

① 参见王学风《和而不同：多元文化背景下文化的和谐发展》，《江淮论坛》2007年第1期。

② 万俊人：《"致中和"：文化对话与文化互镜》，载《跨文化对话》（第一辑），上海文化出版社1998年版。

展，不断促进各文化传统的繁荣与向上发展。多元文化背景下文化和谐发展追求的目标是"和"，即多元文化和谐共处结为一体。①

其四，"和而不同"是文化多元和谐发展的原则。依据"和而不同"思想，世界各种文化、民族之间应和谐而又不千篇一律，彼此不同而又不相互冲突；和谐以便于共生共长，"不同"以利于相辅相成。按照这一思想，世界各种文化应在和平竞争中取长补短，在求同存异中共同发展。因为每一种文化都是一个民族的基本象征，内含着一个民族特有的价值观念、行为方式，凝聚着一个民族的精神实质。文化多元主义者认为，没有任何一种文化比其他文化更加优秀，更不能将自己的文化观念强加于其他不同的文化。②"和而不同"的理念允许彰显每一种民族文化中的优势因素，鼓励多种文化在交流中不断创新、激荡，其目的就是用人类所积累的全部知识财富丰富当今世界的文化宝库。

其五，"和而不同"是文化多元融合创新的需要。多元文化的并存是各自文化传统的传承、创新的前提条件。文化就其本质而言就是丰富多彩的，不同文化，同一文化的不同方面是可以相互沟通、交融的。由己及彼，推而广之，世界各国的不同文化也是可以并且应该相互尊重、沟通的。在不同文化之间求"和"与在"和"之间尊重各自的"不同"。

世界文明整合过程绝非某种或几种单一文化借以强大的国家机器而能够主导的，不同文明间的相互交融、求同存异、和谐共生，早已为史实所证明。正如20世纪西方影响最大的学者罗素所言："不同文化之间的交流过去已被多次证明是人类文明发展的里程碑。"③文化上的一枝独秀对整个人类文明而言并非乐见，全球文明整合也并非挤兑异己，不同文化之间的包容并蓄，和谐共生是世界文明整合之必须。世界文明整合过程，是各不同文明之间交互作用，相互影响的过程，这一过程是基于平等视角的交融。连首倡"文明冲突论"的亨廷顿也不得不客观地指出："在可见的将来，不会有普世的文明，有的只是一个包含不同文明的世界，而其中的每一个文明都得学习

---

① 参见王学风《和而不同：多元文化背景下文化的和谐发展》。

② ［英］C.W. 沃特森：《多元文化主义》，叶兴艺译，吉林人民出版社2005年版，第13页。

③ ［英］罗素：《一个自由人的崇拜》，胡品清译，时代文艺出版社1988年版，第8页。

与其他文明共存。"① 此论可谓认识深刻,"每一个文明都得学习与其他文明共存",正是对儒家"和而不同"观的世界诠释。

总之,人类文化是多元并存的,中国文化也是多元构成的,儒学的积极思想、有价值的伦理,肯定会被吸收在未来多元文化的结构中,并在多元文化中得到弘扬与传承。儒家的积极精神肯定会在中国现代化进程中继续发挥作用。但是儒学的未来不可能是排他的,只能与东西方多元文化互补共存,携手共荣。人类文化永远是多元多彩的,人类文化永远在不断更新中,创造新的形态,结出新的硕果。

二、儒家文化与道德文明

儒家以人为本,以"仁"为核心,崇义重德,注重把道德修养放在首位。儒家道德是中华传统道德文化的重要组成部分,是历代儒家对中华民族道德实践经验的总结,对于民族心理有着巨大的影响与作用。儒家在实践中不断总结经验,并经历了历朝历代不断地完善与发扬,形成完整的道德伦理思想,培养并规范着一代又一代中国人的思想与行动。这种传统道德不仅在历史上为当时的社会发展与进步所需要,成为社会前进的精神动力,在今天,它仍然顽强地存在于人们的意识、潜意识中。尽管儒家道德受制于君主专制下的私德人治、偏执于宗法血缘私情化、偏执于社会亲缘人情化的特质,带有浓厚的封建色彩,但"去其糟粕,取其精华",儒家道德思想对当代人加强道德修养,提高国民素质具有借鉴意义。汲取儒家道德文化的积极因素,使之服务于当代思想道德建设,同时遏制与消除其消极因素的负面影响,是我们面临的一个重大理论问题和现实问题。

(一)儒家道德思想的内涵

一般而言,道德是调整人与人之间、个人与社会之间关系的行为规范

---

① [美]塞缪尔·亨廷顿:《文明的冲突和世界秩序的重建》,周琪译,新华出版社 2002 年版,第 452 页。

总和。它以善与恶、荣誉与耻辱、正义与非正义等观念，通过舆论、内心信念和传统风俗等来评价、调节和指导人们的言行。道德对社会关系和人们行为的调节作用，主要是通过道德规范、道德准则来实现的。①

1. 儒家道德的发展与类别

什么是"德"？在中国传统哲学中，"德"是指善良的品行、高尚的品格。《释名·释言语》云："德，得也，得事宜也。"《说文》曰："德，外得于人，内得于己也。"可见，"德"包含恰当地处理人际关系，于人于己都有得益之意。春秋时期，"德"与"道"是分开的两个概念。《论语·述而》曰："志于道，据于德，依于仁，游于艺。""道"是行为应当遵守的原则，"德"是实行原则的有益实践。"道"与"德"合成一个词即"道德"。"道"与"德"本来也有分别。"道"无言无形，却承载一切，只能用思维意识去感知它；"德"则用来昭示"道"，有德者顺应道，按照自然、社会、人生的需要去做人做事。儒家对"道德"连用，始见于《易传》与《荀子》，"和顺于道德而理于义，穷理尽性以至于命"，②"威有三，有道德之威者，有暴察之威者，有狂妄之威者"。③至战国后期，道德逐步成为儒家著作中的常用名词。

早在几千年前，中华民族就崇德、尚德，强调"有德于民""克明俊德"等。《尚书》中提到了"九德"，当时，仁、义、圣、智、信、孝、慈等概念已经被普遍使用，各种"德"都围绕这些概念铺陈阐发。

孔子的伦理道德学说，是以"仁"作为最高的道德标准与理想的，他建立了仁学体系，提出归属于"仁"的"恭""宽""信""敏""惠""敬"等道德规范。后来，《中庸》提出了"三达德"——"智、仁、勇"，特别强调智慧、仁德、勇敢乃人类之美德。孟子在孔子道德学说的基础上，肯定了"仁义礼智"四善端，汉代董仲舒又为儒家美德之道德规范补充了"信"，从此"仁义礼智信"五个德目作为最基本的道德要求，称为"五常"。后来宋代有"孝悌忠信礼义廉耻"的"八德"说。

就儒家道德体系而言，大体可分为德性道德、规范道德、修养道德

---

① 参见康宇《儒家美德与当代社会》，博士学位论文，黑龙江大学，2007年，第131页。

② 《周易·说卦传》。

③ 《荀子·儒效》。

三类。德性道德，指具有普遍、恒常道德价值的范畴，如"五常"之德
目，"八德"之德目等。规范道德是儒家道德体系中的规范范畴，即纲
常道德。其具有一定的强制性，有时会上升为国家统治阶层的意志，如
"礼""三纲""三从四德"等都是儒家道德中规范道德的具体表现。"礼"
既是"定亲疏，决嫌疑"的人伦准则，又是"别同异，明是非"的理性
准则；"三纲"是中国古代等级制度的产物；"三从四德"是儒家为中国
古代妇女设定的主要行为规范。修养道德是儒家道德体系中成全德性道
德、落实规范道德的范畴体系。如孔子的"克己复礼""好学修德"，孟子
的"存心养性"，荀子"化性起伪"，程朱"存诚持敬"，陆王"致良知"，
等等，都是修养道德的实践。对于个体而言，儒家修养道德要求他们做到
"忠""孝""恕""宽""廉""耻""俭""公正"等等。①

2. 儒家道德的主要内容

儒家道德的内容十分丰富，涵盖范围广泛。就具体德目而言，它包括
仁爱孝悌、谦和好礼、见利思义、诚实守信、克己奉公、修己慎独、勤俭廉
正等。如果按照社会主义"四德"建设，我们将儒家道德也大体可分为社会
公德、职业道德、个人道德、家庭道德等四个方面。

第一，社会公德。中国素来被称作"礼仪之邦"，自古以来就有重视社
会公德的优良传统。儒家的社会公德思想主要包括以下四个方面。

其一，"约之以礼"，谦恭礼让。"礼"是儒家伦理思想的重要道德范畴
之一，孔子强调"不学礼，无以立"。② 在儒家看来，礼是人行为的礼节与
规范，为人处世要"约之以礼"。礼成为人们在公共生活领域应当遵守的基
本行为准则。作为社会公共生活领域的道德规范之礼，主要是指礼仪之礼，
也就是接人待物、行为举止等方面的礼节、礼貌。礼是一种制度化、规范化
了的外在之道德要求，是人们的行为举止、人际关系、交往方式乃至社会秩
序的标准与尺度。③

恭敬谦让是与礼节、礼貌紧密联系的社会公德要求。"恭"主要指言

---

① 参见康宇《儒家美德与当代社会》，第 75 页。

② 《论语·季氏》。

③ 参见杜振吉、郭鲁兵《儒家的社会公德观》，《孔子研究》2007 年第 6 期。

行举止端庄严肃，为人温厚和善。正如《礼记·曲礼上》所言："君子恭敬撙节退让以明礼。"这些都是要求人们对自己的行为要有所节制，言行要适度，要和善稳重。"敬"也是人际交往与社会公共生活中的一个重要道德规范。孔子曰："君子敬而无失，与人恭而有礼。"① 孟子云："敬人者，人恒敬之。"② 儒家强调"敬让也者，君子之所以相接也"。③ 这些都是中华民族最基本的公德要求。"恭敬"是儒家道德范畴，也是为人处世的态度。一个人能否做到恭敬，也是其文化素养和道德素质的体现与反映。谦让，则是一种以礼待人、先人后己、舍己为人的美德，历来为儒家学者所强调与倡导。《尚书·大禹谟》云："满招损，谦受益。"《左传·文公元年》称："卑让，德之基也。"这无疑都强调了礼让之德的重要性。

其二，尊老爱幼，扶弱济贫。儒家尽管重视个人私德，以血缘人伦关系为伦理基础，但也注重社会公共生活中人际关系的调节与和谐，提倡尊老爱幼的公德精神。儒家大同社会理想是"老有所终""幼有所长"，孔子强调尊老、爱幼，即"老者安之，少者怀之"④，孟子主张"老吾老以及人之老，幼吾幼以及人之幼"⑤，尊老爱幼关系到社会风气，人类种族的繁衍与文明的继兴。正如朱子所言"我老老幼幼，他亦老老幼幼，互相推及，天下岂有不治!"⑥ 中国古代不仅倡导尊老敬老，而且出现了尊敬老人的相关制度与风俗习惯。

其三，重义轻利，义以为上。"义"为"五常"之一，是判断是非善恶的标准与人们行为的价值准则。孔子强调"见利思义"，即在利益面前应当考虑是否应该获取，其标准就是这个利益是否符合道义，合则取，不合则舍，决不能见利忘义。当然，只要符合义，孔子并不反对利，"义然后取，人不厌其取"。⑦ 孔子重义轻利的倾向被孟子发展为贵义贱利的观点。孟子

① 《论语·颜渊》。
② 《孟子·离娄下》。
③ 《礼记·聘义》。
④ 《论语·公冶长》。
⑤ 《孟子·梁惠王上》。
⑥ 《朱子语类》卷九十八。
⑦ 《论语·宪问》。

强调："何必曰利？亦有仁义而已矣。"① 在他看来，如果人首先考虑个体利益，以利为出发点和目的，那么整个社会都将追逐自己的私利，从而引起不断的争斗。荀子也强调"以义制利"，认为"义胜利者为治世，利克义者为乱世"。② 一言以蔽之，重义轻利、以义制利，其实就是要求把道德完善作为人的本质需要，以道德为最高价值，要求人们自觉地用道德约束自己的行为，以道德制约利益，作为利益取舍的标准，而不能以"利"作为行为取舍的标准。

实质上，"义"在中国传统社会居于社会共同道德或社会公德的地位。义，最基本的含意就是指人们行为适宜。在社会公共生活中，人们的行为适宜是相当重要的。而要做到行为适宜，就必须按"礼"办事，故孔子曰："君子义以为质，礼以行之。"③ 这就是说，要坚持"义"，必须从"礼"做起。荀子强调："义，不可须臾舍也。为之，人也；舍之，禽兽也。"④ 可见，"义"在社会生活中是非常重要的。孟子认为，"义"是从"羞恶之心"发展而来的，"羞恶之心，义之端也"⑤。"羞恶之心"就是对丑恶现象的憎恶，可以生发出"义"德。孟子的这种思想，后来在我国社会生活中得到了进一步发展，激发出"见义勇为"的道德情感，推动着人们在社会公共生活中扶正压邪、帮贫济困、兴利除害。

此外，"公"在中国古代也具有社会公德之效应。儒家早在《礼记·礼运》中就提出"天下为公"的观念。"公"的观念对培养人们的集体主义意识，爱护公共财产，维护公共利益无疑有着积极的意义。

第二，职业道德。各行各业都有基本的职业道德要求，而敬业乐业是最基本的道德规范。儒家道德思想中包含忠于本职工作、富有敬业精神与奉献精神。

其一，忠于职守。儒家认为，人不论从事任何工作，都应忠于职守，

---

① 《孟子·梁惠王上》。
② 《荀子·大略》。
③ 《论语·卫灵公》。
④ 《荀子·劝学》。
⑤ 《孟子·公孙丑上》。

勤恳工作。孔子提倡"居之无倦，行之以忠"。① 荀子强调："百工忠信而不
楛，则器用巧便而财不匮矣。农夫朴力而寡能，则上不失天时，下不失地
利，中得人和，而百事不废。"② 忠于职守更重要的在于尽职尽责，一个人是
否有所作为不在于他做什么，而在于他是否尽心竭力地把所承担的事做好，
"成业者系于所为，不系所籍"。③ 在日常生活中，人们不论从事什么职业，
都应当勤勤恳恳，尽职尽责，积极努力地干好本职工作。正如曾国藩《笔记
十二篇·中勤》所言："勤不必有过人之精神，竭吾力而已矣。"这既是职业
道德要求，亦是履行工作职责应当具有的基本态度。

其二，诚信无欺。在儒家看来，不论从事哪一种职业，诚实守信都是
一项基本的道德要求。诚信无欺作为职业道德的一般要求，关键在于"信"，
即"敬事而信"。④ 诚信无欺，在职业活动中，要杜绝以次充好、以假乱真、
欺行霸市。正如孟子所言："虽使五尺之童适市，莫之或欺。"⑤ 这要求人们
在职业活动中做到价格公平合理，童叟无欺。宋代周敦颐《周子通书·诚
下》亦言："诚，五常之本，百行之源也……五常百行，非诚非也，邪暗塞
也。故诚则无事矣。""五常"，即仁、义、礼、智、信；"百行"，即人们的
日用动静，社会的各行各业，各有各的规矩。它都有个共同的准绳，它都有
个依据，这个依据就是"诚"。"诚"就是五常之本、百行之源。由此可见，
儒家高度重视诚信在职业活动中的价值。

其三，精益求精。不同职业者的职业道德之具体要求是不同的，例如，
为政者就要做到公正无私，勤政廉洁，知人善任；商人则要做到买卖公平，
诚信无欺。儒家认为，要在某一领域学有所成，就必须勤于钻研，以精益求
精的态度对待之。《论语·子张》载子夏之言："日知其所亡，月无忘其所
能，可谓好学也已矣。"勤奋好学对于专业知识与技能的掌握是极为重要的。
韩愈曾告诫道："业精于勤，荒于嬉；行成于思，毁于随。"如果没有勤奋刻

---

① 《论语·颜渊》。
② 《荀子·王霸》。
③ 《晋书·习凿齿传》。
④ 《论语·学而》。
⑤ 《孟子·滕文公上》。

苦、积极努力、坚韧不拔的意志与精神，要熟练掌握一门知识与技能，尤其是要达到一定的造诣与水平，使自己在职业领域有所创造、有所成就是不可能的。

第三，个人道德。一个人的道德品质，是一定社会的道德原则、规范在个人思想与行为中的体现，是一个人在其道德行为整体中所表现出的比较稳定的、一贯的道德特点和倾向。①

儒家注重个人修身问题，认为个体只有经历"成性、成人、成圣"的人格培养才能达到"内圣外王"的理想状态。在修身道德中，儒家要求人们具有成仁取义的献身精神，在日常生活中个人要"见利思义，见危授命"。②个人在人格修养中要重气节、讲操守，自尊自爱。

"仁者爱人"，是指对人有爱心，有恻隐之心、同情之心、不忍之心。在儒家看来，"仁"是支撑人之所以为人的根本。"仁"不仅是人安身立命之本，而且是为人处世之方。"仁"是一个含义极广的道德范畴，它包含宽厚仁慈给人恩惠，己所不欲勿施于人等。此外，还要有一颗"博爱"之心，不但要爱自己，也要爱他人；不但要爱自己的家庭，也要爱集体、爱国家，还要爱全人类。③

儒家倡导"惟义所在"的大丈夫气概。儒家认为，于个体而言，尚义、重义乃是进行个人道德修炼的首要问题，因而儒家一再提醒人们"见利思义"，要求人们舍小利而顾大义，并力倡"义为利本"及道德理性的至上性原则。儒家在道德价值论层面上强调"义以为质"，并宣扬"孔颜乐处"式的"虽箪食瓢饮，亦乐在其中"的崇高精神境界。

对于"大丈夫"而言，精神价值高于物质价值，当面对事关大节的生死抉择，当生命与道义不可得兼之时，"杀身成仁""舍生取义"便成为他们义无反顾的选择。朱熹曾指出："世间利害，如何被人趋避了！君子只看道理合如何，可则行，不可则止，祸福自有天命。……若人人择利害后，到

---

① 参见唐渡《现代"四德"对传统美德承接点的探析》，《道德与文明》2009 年第 2 期。

② 《论语·宪问》。

③ 参见唐渡《现代"四德"对传统美德承接点的探析》。

得临难死节底事，更有谁做？其间有为国杀身底人，只是枉死了，始得！"①
如果人们只顾追逐个人私利而不肯恪守道义，那么就不会有人为了国家与民
族的大义挺身而出。有鉴于此，北宋程颐反复告诫人们若"专欲益己，其害
大矣。欲之甚，则昏蔽而忘义理；求之极，则侵夺而致仇怨"。②这就要求人
们纵然不能"舍生取义"，至少也要将利欲之心限定在道义所允许的范围内，
这无疑是明智之论。

儒家主张人们应当尚义持节。"持节"是儒家的人格境界与中国人的脊
梁。"节"的理念早在先秦时代即已出现，《左传》有"圣达节，次守节，下
失节"③之言。"持节"是指气节与操守，气节指志气与节操，操守指平素所
遵循恪守的志行品德，两者相互渗透，它是儒家衡量仁人志士、君子人格境
界的根本标准。它也成为历代知识分子人生追求的崇高目标与评价人物的一
个重要价值尺度。孔子有句名言"三军可夺帅，匹夫不可夺志也"。这是中
华民族精神中最值得颂扬的君子之节操，是个人意志独立的表现。一个真正
的人，应当有独立意志、独立人格与高洁操守。

修身立命是儒家个体道德修养的基本精神，也是道德对个体的价值所
在。修身即修身成人，是讲人的内在修为，自我完善；立命即安身立命，是
讲人的外在价值。修身立命也是个体道德价值的具体体现。儒家把修身成
人视为"作圣之功"的重要内容。孔子提出的纲领是"克己复礼"，方法是
"内自省""内自讼"，手段是"学""思""行"相结合。孟子在性善论的基
础上提出了修身养性的学说，要求人们"存心""尽心""求放心"，以便尽
心养性，其方法是"养气""寡欲""反求诸己"。《大学》以三纲领、八条
目论述了道德修养的层次与步骤。由此可见，儒家对个人道德修养的极其
重视。

第四，家庭道德。儒家提倡父慈子孝、夫妻和谐、长爱幼敬，勤俭持
家。其传统的家庭道德主要包括四个方面。

其一，孝敬父母。中华民族一向将孝敬父母视为人类最基本、最自然

① 《朱子语类》卷八十三。
② 《周易程氏传》卷三。
③ 《左传·成公十五年》。

的德行，儒家之孝可主要概括为六：一是赡养父母。"今之孝者，是谓能养"。① 二是敬重父母。"至于犬马，皆有能养，不敬，何以别呼？"② "大孝尊亲"。三是愉悦父母。"孝子之养老也，乐其心"。③ 四是规劝父母过失。"从命不忿，微谏不倦"。④ 五是不做有损父母声誉之事。"曾子曰：'孝有三：大孝尊亲，其次不辱，其下能养。'"⑤ 六是不做无谓的有损躯体健康之事，即"不顾父母之养……好勇斗狠……不孝也"⑥ 等。

其二，兄弟友爱。孝与悌相联系，汉代贾谊强调"弟敬爱兄谓之悌"⑦，儒家重视兄弟之间的手足亲情，兄友弟悌成为处理兄弟关系的道德规范。《荀子·君道》云："请问为人兄，曰，慈爱而见友。请问为人弟，曰，敬诎而不悖。"孟子将兄弟关系列为"五伦"之一，《白虎通》列为"六纪"之一。在中国传统社会，兄弟关系重于夫妻关系。"悌"所要求的爱主要是建立在弟对兄恭敬、礼让、顺从的基础上的。弟对兄之顺与子对父之顺颇有相似之处，兄长的威严是不可忽视的。

其三，夫妻和睦。对于夫妻关系，《诗经·小雅·常棣》曰："妻子好合，如鼓琴瑟。"夫妻之道，贵在相亲相爱，相敬如宾。《礼记·礼运》云："父子笃，兄弟睦，夫妇和，家之肥也。"这是提倡父子亲近，兄弟和睦，夫妻恩爱，万事可兴。《白虎通·嫁娶》言："妻者，齐也，与夫齐体。自天子下至庶人，其义一也。"这强调夫妻为一体，应当同甘共苦，荣辱与共。当然，中国传统的夫妻和谐，建立在夫妻之间的等级隶属关系之上，是在"夫尊妻卑""夫主妻从"的传统道德约束下夫妻关系的一种有序状态。它的明显表现就是"阳倡阴和，男行女随"⑧，也就是民间广泛流行的"夫唱妇随"。

其四，勤俭持家。一个家庭的财富积累，不只是家人共同努力奋斗得

---

① 《论语·为政》。
② 《论语·为政》。
③ 《礼记·内则》。
④ 《礼记·坊记》。
⑤ 《大戴礼记·曾子大孝》。
⑥ 《孟子·离娄下》。
⑦ 《新书·道术》。
⑧ 《白虎通义·嫁娶》。

来的，更需要节俭与持守。儒家向来提倡"克俭于家"，认为"俭，德之共也；侈，恶之大也"①，强调"奢则不孙，俭则固"。勤俭是中国传统文化的古老道德信条，勤俭持家、适度消费是儒家一贯重视与提倡的家风。

诚然，儒家的家庭道德作为小农自然经济的家庭生活规范，渗透着明显的宗法血缘的狭隘观念与封建等级意识，诸如父为子纲、夫为妻纲、男尊女卑等，这是应当彻底抛弃的。但它所包含的许多积极因素与合理成分，有助于协调家庭关系、促进家庭和睦。

2. 儒家道德修养方法

人生修养主要就是道德的自我修养，儒家道德修养追求"君子"品格。儒家主张"修齐治平"，修身是基础。《大学》里还讲格物、致知、诚意、正心，合称"八目"，实为儒家提倡的个人道德修为与立身治世的八个步骤。它们按部就班、循序渐进，是贯穿人一生的功课，可见，"修身"是其中的枢纽。因此，儒学认为要想追求道德的最高境界，修身是最根本的手段与途径，舍此之外，别无他路。

对于如何修身，儒家提出了诸多方法。简而言之，主要可以归纳为几点。

第一，"存心养性"。孟子云："恻隐之心，仁之端也；羞恶之心，义之端也；辞让之心，礼之端也；是非之心，智之端也。"②既然仁、义、礼、智"四端"的道德观念皆为人之本性所固有，是天赋而就的，那道德修养的关键就在于保存与扩充人性所本有的善端，养性由此而得。孟子亦云："尽其心者，知其性也。知其性，则知天矣。存其心，养其性，所以事天也。夭寿不贰，修身以俟之，所以立命也。"③要做到养性，最重要的是减少物欲，只有这样才能把散失的"本心"重新寻找回来。为此孟子还提出了"养吾浩然之气"的养气思想。这股正气蓄于内就是刚正不阿的品格，而扬于外就是一种回荡于天地之间的气势。一个人只有具备这股正气，才能担当起治天下之大任，才不负时代的期望。

① 《左传·庄公二十四年》。
② 《孟子·公孙丑上》。
③ 《孟子·尽心上》。

第二，反身自省。儒家强调修身的重要，认为一个人道德的完善必须要靠个人努力来实现，而反身自省的方法则是修身的根本方法。曾子有"吾日三省吾身"之说，孔子有"见贤而思齐，见不贤而内省也"之说。荀子发挥了自省的修养方法，提出了自己的独到见解。他强调："见善修然，必以自存也；见不善愀然，必以自省也"①；"君子博学而日参省乎己，则知明而行无过矣。"② 这主张人要通过广博的知识经常反省自己的行为。只有这样，才能在道德实践活动中去恶从善，养成良好的道德品质。每个人都不可能是完美无缺的，只有具备了不断自我反省的能力，才能不断提高，逐渐走向完美。

儒家主张反求诸己，也就是反躬自问、自省。孟子云："仁者如射：射者正己而后发；发而不中，不怨胜己者，反求诸己而已矣。"③ 孟子亦云："爱人不亲，反其仁；治人不治，反其智；礼人不答，反其敬——行有不得者皆反求诸己。"④ 凡是行为得不到预期的效果，都应该反过来检查自己，自身行为端正了，天下的人自然就会归服。

"省察克治"是反求诸己的另一种表述。"省察"，就是通过反省检查以发现和找出自己思想、行为中坏的念头、毛病、习惯；"克治"，就是克服与整治所发现的那些坏的念头、毛病、习惯。明代心学家王阳明对此有精辟的论述，其《传习录》卷上云：

> 省察克治之功，则无时而可间，如去盗贼，须有个扫除廓清之意。无事时将好色、好货、好名等私逐一追究，搜寻出来，定要拔去病根，永不复起，方始为快。常如猫之捕鼠，一眼看着，一耳听着，才有一念萌动，即与克去，斩钉截铁，不可姑容与他方便，不可窝藏，不可放他出路，方是真实用功，方能扫除廓清。到得无私可克，自有端拱时在。

---

① 《荀子·修身》。
② 《荀子·劝学》。
③ 《孟子·公孙丑上》。
④ 《孟子·离娄上》。

这里的"省察"，就是内省思虑，将好色、好货、好名等私欲逐一搜寻出来，找到病根后要拔除病根，这是"克治"工夫，也即"克己"工夫。事实上，王阳明这段有关修身功夫的话要求甚高，要拿捏心的萌动处，不让念头萌芽、变大，他在此强调对念头的观察与掌控。

修身要勤于反求诸己，常怀慎独慎微。《中庸》曰："君子慎其独也。"也就是说，于最隐蔽的言行上最能看出一个人的品质，于最微小之事上最能显示一个人的灵魂。"慎独"的前提是坚定的内心信念与良知，是以自己的道德意识为约束力的。"慎独"就是要使自己时时处处，在别人看不到、听不着，独自一个人的情况下，也能十分谨慎地进行内心反省，按照道德原则办事。虽然儒家有诸多的修身方法，但都是以自省作为起点和基础，以慎独作为追求和归宿的。不会自省，就谈不上修身；没有慎独，就不可能达到更高的道德境界。

第三，躬行实践。道德修养不能仅仅停留在求学上，而且还要在道德实践（行）中得到实现。道德修养除却念头功夫，更重要的是实践躬行，"在事上磨炼"。王阳明认为光有"省察克治"功夫还不够，还需要通过具体、日常生活中的事来加强修养磨炼。他说："人须在事上磨，方立得住，方能静亦定，动亦定。"① 所谓"事上磨"，就是要在碰到具体事上用功，最终达到知行合一。正因为此，讲道德就渗透于传统中国人生活的方方面面，就像孔子主张的那样，要判断一个人是否是真正的"君子"，必须要"听其言而观其行"，即将道德实践作为评价一个人的道德言论能否真正实现的标准。基于此，笃行亦成为儒家修身学说的重要内容。

综上，儒家道德修养的途径充分发挥主体自身的主观能动性，自觉加强道德修养。儒家以人性论为理论基础，以慎独自省为修养方法，以躬行实践为修养途径，不断提高自己的道德修养。

（二）儒家道德的特点与局限性

毋庸置疑，产生于中国古代社会的儒家道德文化，对传统中国人的思

---

① 《传习录》卷上。

想与行为产生了深远影响，它是宝贵的历史文化遗产。但它毕竟是传统社会的产物，由于历史局限性，儒家的道德观与修养论也有时代特色与自身不可避免的缺陷。

1. 儒家道德的特点

中国的传统道德滋生于以自给自足的小农经济基础之上，同时又受君主专制政治体制的影响，处于家国同构的政治格局之中，相对缺乏公民意识。因而儒家道德文化无论体系多么庞杂，发展多么完善，它归根到底还是一种传统农业社会下的道德体系，有其鲜明的时代特色。

第一，私德发达，公德相对薄弱。对于私德与公德，学者们多有论述。梁启超认为中国人"皆知有私德，不知有公德"。① 梁启超谈公德与私德，其目的是为了改良中国，改变中国积贫积弱的社会现状。伦理学意义上的"私德"通常指人们在个体私人生活中应遵从的道德准则；而"公德"涉及人们对社会整体承担相应义务、责任时需遵循的道德规范。②

在中国传统社会，"私德"应是封闭的农业社会环境下形成并发展起来的一种以"我"为起点的，以独善其身为主要特征的，以血缘为纽带的，以稳定为目的的道德体系。"我"是私德的起点，也是私德发生的根源。

经学大师刘师培对于儒家轻公德、重私德的论述比较充分。他说："吾观中国之臣民，私德为重，公德为轻。"③ "中国人民自古代以来仅有私德无公德。"④ 尽管此论不免失之偏颇，但认为中国人偏重私德，是比较符合历史事实的。因为传统中国为宗法等级社会，"古代相传之学术，以为父母若存，则为人子者，只当对父母尽伦理，不得对社会国家尽伦理。于是子与亲之关系日深，而民与国之关系日浅，其妨碍公德不亦甚耶？"⑤ 这种以家族聚民传统，因为极其重视孝悌道德，必然会淡漠家族之外的道德义务。刘师培将重

---

① 梁启超：《新民说》，辽宁人民出版社 1994 年版，第 124 页。
② 陈奇：《刘师培思想研究》，贵州人民出版社 1999 年版，第 163 页。
③ 刘师培：《伦理教科书》（第 2 册）《刘申叔先生遗书》（六十五），1936 年宁武南氏铅印本，第 23 页。
④ 刘师培：《伦理教科书》（第 2 册），第 2 页。
⑤ 刘师培：《伦理教科书》（第 2 册），第 5 页。

私德轻公德归之于宗法家族制度和"三纲之说"的消极影响，可谓触及封建伦理实质，颇具说服力。①

　　毋庸置疑，儒家伦理具有重私德轻公德的倾向。以孔孟为代表的儒家思想，在大力肯定父慈、子孝、兄友、弟恭这些主要适用于团体性家庭关系的私德规范的同时，也曾明确提倡仁爱、恻隐、诚信、正直等一系列适用于群体性人际关系的公德规范，因此并不能说儒家完全不重视社会公德。然而，由于儒家伦理在处理二者关系时始终坚持"血亲情理"的基本精神，结果就使它所提倡的社会公德（仁）受到了家庭私德（孝）的严重压抑，而在二者出现冲突情况下甚至还会被后者所否定。②

　　第二，儒家私德重视家族血缘性。在中国传统家国一体的社会结构下，私德从开始就表现出血缘性的特征。儒家伦理道德观念也通常以家族为核心与出发点。孔子有"孝弟也者，其为仁之本"的说法。《中庸》讲"仁者人也，亲亲为大"。孟子则说"仁之实，事亲是也；义之实，从兄是也"。③这些都表明了儒家伦理的家族中心主义特点。私德强调"爱有差等"，讲究内外有别，认为道德在实践中是会因为目标不同而表现出不同的内容，这就是认同感不同所造成的必然结果。儒家倡导血缘亲情，注重"孝悌为本"，体现出维护亲情的这一特征。④

　　家族主义不仅使中国古代伦理道德以家族为中心，而且将家族关系泛化到社会其他领域，使得本属于社会公德与职业道德领域的伦理规范也家族化。在家国一体的社会格局下，中国古代是拟宗法社会，社会关系皆比拟为血缘关系，如君臣关系比拟为父子关系，师生关系比拟为父子关系。在日常社会生活中的朋友关系，通常根据年龄、职位或地位的差异赋予其兄弟（姐妹）或长幼关系。

---

① 参见赵炎才《刘师培近代"私德""公德"思想述论》，《安徽师范大学学报》（人社版）2002 年第 2 期。

② 参见刘清平《儒家伦理与社会公德——论儒家伦理的深度悖论》，《哲学研究》2004 年第 1 期。

③ 《孟子·离娄上》。

④ 参见吴圣正《中国传统道德的特性及其现代转化》，《船山学刊》2005 年第 2 期。

中国传统文化中的这种家族主义，在很大程度上仍旧影响着现代国人的价值观念与思维方式。如政治领域的宗派主义与裙带关系，公共权力运作上的"人情"与特权现象，人际关系中的"哥们"义气，无不根源于家族主义伦理观。①

第三，儒家道德体现出内敛性与理想性。儒家道德首先所表现的就是律己性，"君子矜而不争"，强调"自讼""自省"，都表现出鲜明的律己特性。

内敛性是私德的一个非常独特的特性。因为私德的律己性特征，使私德非常注重个体自身的道德自觉性，强调道德的自我完善，使道德在表现上更多的是内指而非外在，即追求"内圣"，提倡个人"独善其身"。

理想主义是影响中国古代道德价值有效发挥的又一因素。"重义轻利"是儒家道德理想主义的表现之一。儒家对人性做了过于理想化的认识，因而在处理道德上的"义"与生活上的"利"之间关系上，有着严重的重义轻利倾向。"内圣外王"是儒家道德理想主义的另一表现。儒家从人性向善出发，认为人人可以通过自我修养达到道德上的完美之"圣人"境地。儒家道德理想主义的"内圣外王"说，为世人描绘一条"修齐治平"的人生旅程，当"外王"理想无法实现时，儒家则寻求"内圣"。明代王阳明"心学"的兴起正是这一转向的历史性标志。这使儒家早期"内圣外王"的理想，最后完全转向了对内心精神乌托邦的构建。

第四，儒家道德还呈现出专制性与等级性的特色。中国传统社会是等级社会，使儒家私德带有明显的等级性。私德的等级性主要表现在对"礼"的实践与推崇上，上下尊卑之间有着非常明显的界限，并且各有其所遵循的一整套的礼仪规范。儒家的"三纲"之说，就强调臣、子、妇对于君、父、夫之单方面的道德要求，其专制特色就十分明显。专制主义使得中国古代道德具有了反人性的成分，并使得中国古代道德逐渐走向空洞和僵化。

综上，儒家道德的这些特性一方面对于促进中国传统社会结构的稳定，以及道德体系的完善，皆起着积极的作用，例如私德中的等级性与内敛性，前者使社会的发展保持在一个相对稳定的结构之中，后者促进了这种道德体

---

① 参见吴圣正《中国传统道德的特性及其现代转化》。

系的成熟与完善。尤其是私德中血缘性的特征成为维系国家统一的情感纽带，促使大一统的中国政治局面的最终形成。①

2. 儒家道德文化的局限性

儒家道德文化尽管拥有丰富的内容与完备的修养理论，并以培养"治国平天下"的君子、圣人为目的，但由于时代局限，儒家道德观念包含有一些落后的乃至属于糟粕的成分，显然是与现代社会不相适应的负面因素。

就儒家修身思想而言，其局限性就比较明显。一是儒家修身思想本身存在缺陷。儒家修身目标是培养品德优秀之人。在人才标准上，儒家强调以德行为主，道德为先，才智为次。道德修养居于核心，要求人们先"做人"后"做事"。这无疑会在某种程度上导致重德轻智的缺陷，不利于人的全面发展。二是儒家修身思想对"学"的重视远远超出了"行"。儒家所倡导的理论自身存在着缺陷使其无法有效地指导实践。三是儒家修身理论教导人们自省内察，反求诸己，在修身方面十分重视个人的努力而忽视外部因素。虽然要真正达到修身目标，自我反思是必要的，但还应做到使自己的行为符合社会道德规范，结合社会发展塑造自己。四是儒家在追求修身的过程中，过于强调"修心"。儒家认为"养心莫过于寡欲"，修养身心就必须减少欲望，但并未提出具体的做法，往往让人们将生理性欲望、适当的欲望与私欲、邪欲相混同，有违身心合一的修身思想。

儒家修身思想无法完全适应现代人的生活与思维方式。现代社会不同于传统自给自足的小农经济下的农业社会，随着生产力、科技、文化的快速发展，环境的改变，利益的诱惑，让人很容易陷入物欲之中而迷失方向，丧失自我。有鉴于此，当下对人们的修养水平要求更高、更全面。知识将成为推动社会进步的决定力量，这对于儒家"重德轻智"的修身思想而言无疑是一场挑战。儒家对德行的过分抬高，对知识的相对漠视，最终导致了人们只重视道德修养，以修身养性为人生追求，而把探索自然科学的奥秘，学习科技知识视为副业。这种重德乏智思想往往不利于科技的发展。现代社会，不

———————
① 参见王东《论传统道德中的私德内涵及其现代意义》，硕士学位论文，武汉理工大学，2006年，第12页。

仅要求人们具备良好的道德素养，还需要在知识、能力等方面也应全面发展。儒家修身注重内在自我的"独善其身"，这种单一的、固定的模式亦不适应当下信息时代的要求。

不仅儒家的修身思想有其历史局限性，就儒家道德而言，因为传统社会的历史要求，自然存在其明显的时代局限性。

第一，儒家孝悌之道存在局限性。孝悌本是家庭伦理道德，"孝"作为亲子之德，在传统社会却被神圣化与泛化了，沦为了维护封建专制统治的武器。儒家孝德具有浓厚的专制等级色彩，是与构建民主、平等的现代和谐家庭所不相适应的。儒家孝道的局限性主要体现为几个方面。

其一，传统孝道宣扬子女对父母的绝对服从，剥夺了子女的独立人格。孔子认为，"孝"即"无违"。① 即使父母有过错，也只能是"事父母几谏，见志不从，又敬不违，劳而无怨"。② 可见恭从父母之命，死守父母之道，为父母隐瞒过错是孝道的重要内容。在这种孝道束缚下，子女对父母只能顺从、服从，缺乏自己的独立意志与行动。尤其"父为子纲"强调子女对父母只能恭顺屈从，逆来顺受，造成愚孝现象。这无疑压制了后代的进取精神与创造能力，否定了子女的自我意识与人生价值。而现代家庭的父母与子女是平等关系，父母应尊重子女的自由与独立人格，唯有这样才能激发子女的活力与创造力，营造出和谐的代际关系。

其二，儒家孝悌所提倡的烦琐礼仪是消极因素。传统儒家孝道对人们的服饰、饮食、娱乐、嫁娶、丧葬等方面皆有比较详尽的烦琐礼仪规定，使得本来是发自内心情感的孝道呈现出礼仪形式化之倾向。这让人的一言一行都被礼仪所限制，其背后便是传统孝悌观念像紧箍咒一样对人们的束缚。同时也导致了传统孝行的虚伪化与外在形式化，对此应予以坚决抛弃。

其三，传统孝道宣扬"父母之命，媒妁之言""传宗接代"的思想，加剧了婚姻不自主，男女不平等。按照儒家孝道的要求，传统社会子女的婚配嫁娶是由父母包办的，往往不顾子女的个人意愿，造成了无数的婚姻家庭悲

---

① 《论语·为政》。

② 《论语·里仁》。

剧。儒家重视父系血统，孝道强调传宗接代的重要性，正如孟子所谓"不孝有三，无后为大"。①婚后无子，就意味着祖先香火无人延续，家业无人继承，这是最大的不孝。传统社会因无子而出妻的并不少见。

尽管现代社会已经发生了翻天覆地的变化，但儒家孝道的某些消极因素在家庭中仍然存在着，其影响不可忽视。例如，有的家长干涉子女的婚姻自由，严重违背婚姻自主原则；有人重男轻女，对生男生女非常在意等。随着时代的发展，孝悌之道的内涵也将根据时代的需要而变化，其必须要经历创造性的重构。清除儒家孝道的消极成分，吸取其精华因素，并在此基础上进行现代转换，是构建现代和谐家庭一项长期而又艰巨的任务。②

第二，儒家忠信观的局限性。忠德是儒家的重要德目，在中国历史上，"忠"是一个人安身立命的基本准则，孔子强调要"与人忠"，对人要"忠告""忠诲"，对工作要"行之以忠"。"忠"反映在处理君臣关系上，则具体化为"忠君"。孔子并不赞成臣对君的盲从，而是要敢于表明自己的政见，纠正、阻止君的错误。汉儒提出了"君为臣纲"的"忠臣之义"，对忠进行了符合时代的"扭曲"。从此"忠"逐渐演变成对臣下单方面的绝对要求与应尽义务，臣下忠于君逐步趋向绝对化。其实，这是对忠德的极大误解和扭曲，偏离了"忠"的真精神，使其成为"专制的帮凶"，培养了臣民的奴性。在追求平等、自由、民主的今天，当然不能再提倡那种"愚忠"，愚忠错就错在盲目顺从，不能明辨是非，不能坚持原则。愚忠对于个人而言，无疑是一种悲哀；对于国家或集体而言，则是一种危害。

就传统信德而言，其作用的范围往往是一个由血缘家庭关系延伸出来的君臣、朋友关系的熟人社会。传统信德发生的依据主要是情感，能否讲信用往往凭自己的道德感。儒家信德之履行诺言具有超越功利的道义性。因为诚信行为缺乏功利要求，因而外在因素难以影响这种行为，只能凭个人的道德良心来决定。与此同时，人们总是相信那些被自己认为品德好的人，这种信任也是出于情感的信任，往往是难以可靠的。正因为传统信德与当

---

① 《孟子·离娄下》。
② 参见周山东《传统孝道的现代转换与构建和谐家庭》，硕士学位论文，广西民族大学，2007年，第44页。

代市场经济下的信德之社会背景差别极大，所以其历史局限性也是自然而然的。

儒家忠信思想所反映出来的消极因素与当今的时代要求是不符的，当下我们必须对其加以批判与改造，剔除其消极因素，赋予其新的含义与内容，才能成为每个人立身处世、待人接物的重要道德原则。

第三，儒家义利观亦有其局限性。儒家的义利观具有重整体利益而轻个人利益的倾向。孔子虽然也肯定了个人利益的合理性，但是在客观上造成了贬低个人利益，把整体利益置于至高无上的地位，抹杀个人利益的效果，束缚了人们对个人利益的追求。儒家义利观高扬了道德价值与精神生活，贬低了个人的物质利益与物质生活。尽管这不等于无视或完全否定个人的物质生活需要，但它在理论上把精神生活与物质生活对立起来，客观上起到了压抑人们的物质欲望之作用，对人的物质利益的获得与满足，以及人的自由全面发展，也起到了一定的阻碍作用。

无论任何时代，在强调社会道义时，都必须注重个人的物质需求与人的其他方面发展。只有如此，才能调动人的积极性，发挥人的潜能，从而使社会经济充满活力。假如离开个人的物质需求来谈"义"就难免成为脱离现实的空洞说教，显得苍白无力。显而易见，儒家义利观对个人利益的态度与当下社会主义市场经济的要求是存在一定差距的，它在一定程度上不利于充分调动与发挥社会主义市场经济主体的积极性。

由上可见儒家道德的历史局限性之一斑。儒家道德产生于家国一体的中国传统农业社会，其道德观念作为封建的意识形态，其中存在着许多宗法血缘的狭隘意识与等级观念，如强调家庭至上、抹杀和否定个人利益、消解个人独立与自由。这些观念现已逐渐丧失其意义，成为消极与保守落后的力量，与当代社会主义政治、经济、文化相抵触。因而要将儒家伦理道德转变为现代伦理道德，必须对其狭隘性、封闭性、保守性以至反动的方面进行深刻的批判，这是有效地继承和弘扬儒家优秀传统伦理道德的必要前提条件。[①]

---

① 参见李桂梅《中国传统家庭伦理的现代转向及其启示》，《哲学研究》2011 年第 4 期。

（三）儒家道德对当代"四德"建设的启示

尽管由于历史的局限，儒家的道德观念也包含有一些落后乃至糟粕的因素，但总体而言，儒家道德思想的内容与要求更有合理的积极成分。儒家道德文化作为历史文化遗产经过现代转换对于现代道德文明建设仍然具有现实的借鉴价值。儒家道德思想的现代转换是在发扬优良传统的基础上与时俱进，开拓创新。

1. 儒家道德与社会公德的遵守

社会公德是指历史上逐渐形成的人类社会的公共道德，即在公共生活领域里公众所应当承担的道德义务就是公德。[1] 公民道德素质是社会文明程度的重要标志。现代公民道德建设离不开对传统道德的传承。《公民道德建设实施纲要》提出了我国公民道德建设的 20 字基本道德规范："爱国守法、明礼诚信、团结友善、勤俭自强、敬业奉献。"这既有人类社会的公德要求，也有与中国特色社会主义公民密切联系的道德要求；既涵盖了与时俱进的反映时代特征的道德规范，也吸纳了儒家道德规范的合理成分。

儒家所提出和倡导的社会公德的内容、要求是比较丰富的，与其他社会生活领域的道德要求相比，儒家社会公德的内容、要求较少等级性、阶级性色彩，因而也有更多的合理的、积极的成分。[2] 认真吸取和大力弘扬其中的积极因素，对于当下的社会公德建设具有重要意义。

首先，以儒家仁爱思想，培育社会公德。"仁"是儒家伦理道德的最高范畴，其他道德准则都是由"仁"衍生出来的，仁的根本含义就是爱人。儒家所强调的仁爱，不仅体现在人与人、人与社会的关系上，而且也体现在人与自然的关系上，即对他人、对社会、对整个自然界都要有一种爱心。儒家的仁爱思想提倡关心、帮助、同情他人，在历史上具有积极的意义。

《公民道德建设实施纲要》明确指出："要大力倡导以文明礼貌、助人为乐、爱护公物、保护环境、遵纪守法为主要内容的社会公德。"社会公德是全体公民在社会交往与公共生活中应当遵循的行为准则，涵盖了人与人、人

---

① 参见谭德礼《论社会公德与人的全面发展》，《重庆师范学院学报》（哲社版）2003 年第 1 期。

② 参见杜振吉、郭鲁兵《儒家的社会公德观》，《孔子研究》2007 年第 6 期。

与社会、人与自然之间的关系。从这些内容看，实际上就是要求人们在人与人、人与社会、人与自然等方面充满仁爱之心。没有爱，也就无所谓社会公德可谈。继承儒家的仁爱精神，以这种仁爱及其所体现的道德原则培养人们同情他人、关心他人、爱护他人的社会公德意识，培养人们热爱、保护自然环境的自觉意识，对社会公德建设具有一定的积极意义。当然，这只能是批判地继承。对儒家的"仁爱"及其道德思想，首先得分清糟粕与精华，并将它与新时期的社会需要、社会特点紧密结合起来。只有这样，才能体现出新时期社会公德建设的特质。

其次，以"礼"之蕴义，培育社会公德。"文明礼貌""遵纪守法"，这是社会主义社会公德的主要内容与要求。社会公德是社会生活中最简单、最起码、最普通的行为准则，是维持社会公共生活正常、有序、健康进行的最基本条件。在今天我们靠什么来维持现代社会公德，靠的就是"道德"与"法律"。①

"礼"是儒家伦理思想的重要道德范畴之一，是与仁的要求相一致的关于人的行为的礼节、制度与规范。孔子提出"约之以礼"，礼的主要内容与作用，就是密切人们的伦理关系，改善人们的社会关系，维护和安定社会秩序。儒家的"礼"成为人们在公共生活领域应当遵守的基本的行为准则。②

我国传统社会，"礼"既指礼节仪式，又反映社会等级差别，是人们在公共生活中的行为规范。儒家的"礼"所涉内容很多，如人们在公共场所，遇到不同的人，就应待之以不同的"礼"，"礼也者，贵者敬焉，老者孝焉，长者悌焉，幼者慈焉，贱者惠焉"③。在公共场所，你也许与对方不相识，但从外表上可以分出对方是"贵者""老者""长者""幼者"，于是分别待之以"敬""孝""弟""慈"等不同内容的"礼"。显然，如果违背这些"礼"之规定就是违背了社会公德。

"礼"具有更多的外在性，是人的行为的成文条理，是社会倡导与遵循的行为的外在规范。儒家所谓"立于礼"，就是从待人处事方面来说，使自

---

① 参见唐渡《现代"四德"对传统美德承接点的探析》，《道德与文明》2009年第2期。

② 参见杜振吉、郭鲁兵《儒家的社会公德观》。

③ 《荀子·大略》。

己的一切言行都符合于礼。只有人人遵循礼的行为模式，各安其名，各尽其份，才能够建立有序安定的社会秩序。

"知礼"是现代公民道德教育的基础。在"爱国、守法、诚信、知礼"公民道德的八字内容里，以"爱国"为核心，"守法"为重点，"诚信"为关键，"知礼"为基础。将"知礼"列为开展现代公民教育的基础，是非常具有针对性的，人不知礼，爱国、守法、诚信，就都成了空中楼阁。

知书达礼是中华民族的传统美德。现代社会文明程度的提高，促进了人的素质之提高，知书达礼的程度也是检验现代公民文明程度的重要标志。所谓知书达礼，通俗而言，就是人有文化，知道礼法。而现代社会的知礼，大体可以归纳为几个方面：在家庭生活中，表现为尊老爱幼、夫妻和睦、邻里团结；在人际交往中，表现为谦恭礼让、谅解宽容、与人为善，特别是在对外交往中，重形象、讲礼仪；在社会生活中，表现为遵守规则、维护公德，同情弱者、扶贫济困，爱护环境、善待自然。总而言之，知书达礼在任何时候都不是一个空泛的概念，作为社会认可并通行的准则，它通过社会中人的一言一行得到实践与体现。做一个合格的社会人，就要合乎其时的"礼法"。

再次，以儒家"义""勇"之德培养扶危济贫，见义勇为的社会公德。"义"在传统社会生活中相当重要，居于国民公德地位，"义，不可须臾舍也。为之，人也；舍之，禽兽也"。① 孟子认为"义"是从"羞恶之心"发展来的，而"羞恶之心"就是对丑恶现象的憎恶，可生发出"义"德。这种思想在社会生活中激发出"见义勇为"的道德情感，推动着人们在社会公共生活中扶正压邪、兴利除害。

见利思义、扶危济贫、见义勇为，作为一个问题的三个方面，其核心是个"义"字，关键是个"勇"字。儒家强调立身处世，"义"就是为与不为的取舍标准。见利思义，是主张不取不义之利，而合乎义的则应乐于、勇于去做。"见义勇为"就是如此。之所以说"勇"字是关键，就在于即便是对于不义之利不苟得，也需要战胜利欲的诱惑，是一种自律精神的表现。儒

---

① 《荀子·劝学》。

家不仅将"克己自胜"视为一种大勇，而且是为了维护群众利益而担当道义的敢作敢为的行为。即"率义之谓勇"①，"见义不为，无勇也"。②"勇于义"，实质上体现了一种"爱人""乐群"的精神，因而孔子强调"仁者，必有勇"。③扶危济贫更是儒家"重义"精神的一种具体体现，它与"见利思义"相比，表现为一种对"义"之更主动、更自觉的态度，即能够做到率义而行，牺牲一己之利，急他人之所急。人遇危难、穷厄之时，能够解囊相助，雪中送炭，助人为乐，这是我国历来所称颂的美德。古代有为人排忧解难者，有倾家财而赈饥民者，有穷心思而解人困者，这些都从不同侧面显示了这种美德之可贵。在社会主义公德建设中，要弘扬勇毅品质，弘扬见义勇为的道德风尚，提倡在别人身处危难之境时，勇于挺身而出，竭尽全力，互帮互助、帮人排危。

最后，发扬儒家"公"观念与公忠体国的思想，培养新时代的爱国主义精神。公德的问题最关键的是"公"之确立，"公"在传统社会也具有社会公德之效应。"公"的观念对培养人们的集体主义意识，爱护公共财物，维护公共利益无疑具有积极的作用。

"爱国"是对每个公民的最基本的道德要求，它作为公民道德教育的核心排在了首位。在改革开放的新形势下，"爱国"对于正确处理公民个人与国家的关系，培养公民的爱国主义情感，抵御各种分裂祖国的图谋，增强民族凝聚力；对于培养每一个公民坚定的社会主义信念，更好地投身于社会主义现代化建设，具有十分重要的现实意义与深远的历史意义。

在处理个人与国家之间的关系上，儒家是提倡爱国主义的。当国家利益与个人利益发生矛盾的时候，个人利益要无条件地服从国家利益。从西汉贾谊的"国而忘家，公而忘私"，到北宋范仲淹的"先天下之忧而忧，后天下之乐而乐"，到明朝顾炎武的"天下兴亡，匹夫有责"，再到清朝林则徐的"苟利国家生死以，岂因祸福避趋之"，等等，都是儒家爱国思想的典型表述。这些思想已经凝结成为中华民族道德的核心，成为抵御内忧外患的强有

---

① 《左传·哀公十六年》。
② 《论语·为政》。
③ 《论语·宪问》。

力的精神支撑，成为民族生生不息的不竭动力。这种爱国主义情感与爱国主义信念，是每一个中国人成就其人格的根本所在。

总之，当下我们应当做好儒家道德文化的现代转换，避免现代社会公德意识的缺失。在市场经济浪潮下，社会公德确实值得忧思，人们常用"滑坡""缺失"等词汇来表达对道德现状的感叹。当下借鉴儒家的社会公德思想，对于培养现代公民的良好品行，提升人们的公德意识，促进社会主义精神文明健康发展，具有十分重要的意义。当然，在公民道德建设上不能过分依靠人的自觉自律这一途径。道德尤其是社会公德的培养，在某种程度上就是遵守公共秩序的良好习惯的培养，在通过自觉自律途径的同时，还应该建立起奖善罚恶的机制，从而更好地促进民众社会公德意识的提升。

2. 儒家道德与职业道德的培育

职业道德是指同人们的职业活动紧密相连的，符合特定职业所要求的道德准则、道德情操与道德品质的总和，它既是对本职人员在职业活动中行为的要求，又是该职业对社会所负的道德责任与义务。职业道德不仅促进着个人道德素质的形成，而且也反映了整个社会的道德风貌。虽然中国传统社会以农为本的观念限制了职业的分工与发展，使儒家职业道德必然表现出诸多时代的局限性，显得粗略与单调，但儒家所倡导的忠于职守、诚信无欺、精益求精的职业精神，在今天仍具有重要的现实意义。①

第一，儒家"仁义"对敬业精神的培养。虽然职业多种多样，每种职业都有其职业道德，但大多数职业都是与人有关的，即服务于人的，因而我们就要用"仁"的要求去爱护所服务的人。在与人打交道的职业中，如果从业者对服务对象都能做到仁，那就能达到具体的职业道德之要求了。儒家所倡导的"义"要求人们应该以社会道义与法制来衡量自己的职业行为，不能为了个人利益而损害他人的利益。而判断"义"的标准就是社会公义，而不是个人利益或小集团的利益。应当以整个社会物质财富的增加与社会良好道德风尚的形成，来判断该职业人的行为是否符合"义"的标准。每种职业都有其存在的价值，这种价值正是"义"的要求。因此能够切实完成这一职业

---

① 参见唐凯麟《儒家传统道德观念与社会主义道德建设》，《河北学刊》2008年第6期。

使命就是这一职业最大的"义"。①

第二，以"忠"之蕴义，培育职业道德。儒家的忠德包含职业道德。曾子自省："为人谋而不忠乎？"《说文解字》释"忠"为"忠，敬也，尽心曰忠"。"忠"的基本含义就是尽心竭力、尽职尽责、忠于职守，切实履行自己的职责。如果一个人能对得起自己的职业、职务、职位，尽心尽力做好本职工作，就是尽忠，也就是我们现在讲的"敬业"。今天，在职业道德建设的过程中，我们应该以"忠"德来培养现代公民的尽心竭力、尽职尽责的责任意识与敬业精神。

当代社会，工作占据着个人生活的重要位置。不同身份的人，有不同的责任与义务，各有所事，便应各有所忠，但都要忠于职守、忠于事业。每个人都渴望成功，成功由尽职、敬业开始。只有这样才能踏踏实实，一步一个脚印，向着既定目标迈进。尽心尽力尽责，就是敬业的表现，也是现代职业道德的要求。

爱岗敬业是职业道德的体现。所谓爱岗敬业，就是兢兢业业，把自己该干的事干好。具体而言，爱岗，就是热爱自己的本职工作，能够为做好本职工作尽心尽力；敬业就是用一种严肃的态度对待自己的工作，认真负责，一心一意，精益求精。爱岗敬业是对人们工作态度的一种普遍要求。

精益求精是爱岗敬业的高度自觉，是在更高一个层次上反映出来的敬业精神。精益求精必须有积极进取、奋发向上的精神。儒家崇尚日新之德，高扬积极进取的精神，"日新者日进也，不日新者必日退，未有不进不退者"。②儒家还告诫人们，要想做到尽善尽美，就需要循序渐进、持之以恒。学习任何一门知识，钻研任何一门技能，胜任任何一个职位，做好任何一件事情，都必须有坚忍不拔的毅力和勇往直前的意志，循序渐进，持之以恒。③随着时代的发展，职业也不断进步，对待职业必须既要奋发向上、勤奋钻研，又要持之以恒，才能做到精益求精，紧跟时代步伐，在自己的专业

---

① 参见李智敏《先秦儒家伦理思想的核心价值及当代意义》，硕士学位论文，西北师范大学，2009年，第31页。

② 《二程遗书》卷二十五。

③ 参见唐凯麟《儒家传统道德观念与社会主义道德建设》，《河北学刊》2008年第6期。

内有所成就，否则终将被时代与事业的发展所淘汰。

第三，儒家诚信观对职业道德的培育。古往今来，不管你做哪一行，都需要持守诚信的职业道德。"信"作为一种巨大的无形资产，对个人事业的兴旺发达起着决定性作用。诚信无欺是在处理职业关系与职业服务对象关系时的道德要求。它作为职业道德的一般要求，关键在于"信"，即在职业活动中诚实正直，重承诺，讲信用，守合约。

令人遗憾的是，诚实守信的职业道德，在现实社会生活中并不能得到很好的履行。首先在经营活动中仍存在大量"不诚不信"的现象，一些人在私利的驱动下，坑蒙拐骗、偷工减料、假冒伪劣、不讲信誉、不履行合同等。"不守信"也存在于其他领域，如有些干部有意夸大成绩，不实事求是，等等。因此，要在全社会发扬诚实守信的职业道德，扭转一些人不诚实、不守信的行为是十分必要的。

儒家向来反对"巧言令色"，荀子强调君子务实，"不受虚言，不听浮术，不采华名，不兴伪事"。[①] 信德这种务实精神有益于当下的职业道德培养，这就要求人们对各项工作求真务实，对本职岗位尽职尽责。

在公民道德建设中，把"诚实守信"融入职业道德的各个领域、各个方面，使各行各业的从业人员都能在各自的岗位上，培养诚实守信的观念，忠于自己从事的职业，信守自己的承诺。不论在任何工作岗位上，都要认真负责、老老实实，绝不能敷衍塞责、虚华浮夸、弄虚作假、得过且过。

诚信的一个非常重要的体现就是职业道德。当下，在人们比较频繁的行业或职业变动中，有一点是不变的，那就是职业道德，它是任何一位职业人必须具备的基本素质。从业人员与所服务的企业或单位签订合约后，就应履行合约，在职期间应该努力工作，有责任与义务为企业或单位的发展作出应有的贡献，这就是一种契约精神。

当然，在市场经济条件下，不能再片面提倡理想主义的"君子协定"，更不能以此取代必要的合约。但是，在遵守合约的基础上自觉地诚信无欺，仍然是现代职业道德的内在要求。

---

① 《申鉴·俗嫌》。

第四，办事中正公道也是当代职业道德的体现。《易传》所谓"君子敬以直内，义以方外"①，强调的就是内心的正直与处事的公道。这就要求我们的所作所为都要符合道德与良知，敢于坚持原则，不徇私枉法，在关键时刻能够毫不迟疑地挺身而出。正直、公道是难能可贵的品质。儒家判断行为是否合于中道的标准就是公平正义，亦即是老百姓所讲的"公道"二字。

办事公道是很多行业、岗位必须遵守的职业道德，其含义是以国家法律、法规、各种纪律、规章以及公共道德准则为标准，秉公办事，公平、公正地处理问题。具体而言，如秉公执法，不徇私情，正确处理执法中的各种问题；公平竞争，不偏袒，无私心，作出公平、公正的裁决；一视同仁，照章办事，不搞拉关系、走后门，等等。

总之，随着社会主义市场经济的发展，竞争日趋激烈，整个社会对从业人员职业观念、职业态度、职业作风的要求越来越高。我们应当大力弘扬儒家的职业道德，为当代的职业道德建设服务，让忠于职守、爱岗敬业、诚实守信、办事公道为主要内容的职业道德深入人心，鼓励人们成为具有良好职业道德的从业人员。

3. 儒家道德与个人道德的提升

个人品德指的是一个人的道德品质，高尚的个人品德是进行道德建设的前提与基础。在由传统向现代的转变过程中，由于对传统伦理道德的否定以及新道德规范的不完善，造成个人道德发展的混乱，个人道德水平的下滑，这已经引起政府与有识之士的普遍关注。儒家重视人的主体价值，注重个人道德修养，陶冶个人情操，主张"修齐治平""内圣外王""独善其身"，提出君子人格，对个人道德修养进行了全面的阐述，为传统士君子的个人修身提供了理论之源。儒家的修身思想经过现代转化，亦可以为当下的个人道德建设提供历史的借鉴。

第一，儒家修身方法的转换。首先，从重理论轻实践的修身方式转向理论与实践相结合。儒家传统的修身理论强调修身主体的自觉性、能动性，依赖自我修正，是一种"内求诸己"的抽象活动，实践并没有成为修身的主

---

① 《周易·坤·文言传》。

要途径。这种修身理论在某种意义上导致了人的自我封闭，这就要求儒家的修身理论结合生活实践去实现。实践是人们树立正确人生观、道德观，沿着正确方向成长的必由之路。儒家传统的修身理论在现代社会得以延续与发展的一个有效方法，就是关注人们的生活实践，实现人的精神活动与行为实践的统一。

其次，从单一的思想道德修养转向多元化、全面发展的综合修养。儒家的修身思想十分重视人的理性自觉，实际上是精神层面的道德修养，忽视了道德相依赖的知识、体育与美学修养，把道德抽象化。良好的道德品格与个人的智慧、知识、审美能力是密不可分的。传统社会生活简单、步伐缓慢、节奏单调，只需生活经验就已经足够，用不着个人进行多少思考与选择。现代社会，物质生活丰富，生活方式多样，生活节奏加快，生活越来越复杂、多样化，修身也应与时俱进，现代修身不仅具有传统的德性，还有开放性、创新性等。现代人们的修养不仅要继承儒家修身的优良传统，还要跟得上社会发展的步伐，德、智、体、美综合发展，以塑造新时代具有现代化的新型人格。

儒家重视私德，关注个体自身修养的提高，这种道德体系的一个主要特征就是"修身为本"，即一是强调道德的自律性，二是夸大道德在现实社会中的作用。强调道德的自律性，就是在道德修养的方法上讲究"求之于己"，讲究"反躬自省"，把道德修养看作是个体的事情，是人天生的对善的追求之结果，而忽视了道德的他律性。① 而当下的道德修养需要注重自律与他律的结合。

道德既是自律性的也是他律性的，是自律与他律的统一。在当代道德建设中，我们既要强调道德自律性的特征，提高个体道德修养的自觉性，但也要强调道德他律性的特征，重视对道德环境与道德规范的建设，适当地引进激励与惩罚机制，以促进全社会道德的进步。

第二，儒家个人道德的现代转换。其一，儒家之"仁"对个人博爱精神的培养。古代君子人格的基本品德包括守仁、行义、尊礼、明智、忠信五

---

① 参见王东《论传统道德中的私德内涵及其现代意义》，第35页。

个方面，"仁"，是儒家伦理道德规范体系的指导原则与最高准则。从"仁"德里汲取丰富的营养，对于加强个人品德建设有着极其重要的时代价值。在当前"四德"建设中，个人品德建设是其他三德建设的基础，只有个人具备优良品德才能由己及人，才能由己及家庭、集体与社会。个人品德渗透和表现于社会公德、职业道德与家庭美德之中。在儒家学者看来，"仁"是支撑人之所以为人的根本。"仁"是中国古代一种含义极广的道德观念：对人对事谦恭有礼、宽厚仁慈、给人恩惠、己所不欲，勿施于人。此外，还要有一颗"博爱"之心。不但要爱自己，也要爱他人；不但要爱自己的家庭，也要爱集体、爱国家，现在来说还要爱全人类。①

其二，儒家之"义"对个人道德操守仍有借鉴意义。在义利问题上，儒家主张重义轻利，强调"义"，就要求我们在物欲横流的现实社会中保持清醒的头脑，在牟取个人利益前先想一想这些利益是否符合道德的要求。不要被金钱所迷倒，能够切实做到不谋不义之财。推之开来，不仅自己能够不谋不义之财，看到他人谋取不义之财时也能够挺身而出做到见义勇为，甚至舍生取义。

儒家认为，对于个体而言，尚义、重义乃是进行个人道德修炼的首要问题。因此，儒家义利观的着眼点即在于以义制利、以义导利，通过对道义的张扬，来规约、引导人们以正当的手段去谋取物质利益，从而使道义原则不仅成为调整人与人之间利益关系的价值尺度，而且也成为人们求利的有效约束机制。儒家一再强调"见利思义"，力倡"义为利本"及道德理性的至上性原则。这无疑有利于整个社会确立"尚义"向善的价值目标，进而起到弘扬社会正气及稳定社会秩序的作用。因此，儒家重义的义利观显然不乏值得称道的闪光点，它所提倡的诸如"见得思义"等基本主张，对于当今中国的道德建设也不无借鉴意义。

儒家提倡尚义持节对个人道德修养具有借鉴作用。儒家倡导舍生取义的大丈夫气概与献身精神，并由此凸显出道义在模塑民族气节中的重要地

---

① 参见唐渡《现代"四德"对传统美德承接点的探析》。

位。孔子强调"杀身以成仁"①，集中体现了他把对理想的追求看得高于一切，甚至重于生命。孟子强调"舍生而取义"，将人格的尊严与道德的责任看得比个人忧患与死亡更重要。孟子还从正面提出了气节修养的最高境界，即"浩然之气"，就是坚持对仁义的信仰。

儒家强调做人要尚义持节，应立"志"，即树立志向、目标、理想，它是人的独立人格与自由意志的体现。在现实生活中，也正是由于"志"的不同，使人们在道德行为、人生道路、生活态度与方式等方面有不同的选择。正是由于"志"的作用，使人们在其生命活动以及在对道德理想与完美人格的追求中表现出一定的独立性、坚持性、自制力与意志力。当代社会，市场经济下，人们面对更多的诱惑，加强道德意志的修养就更加必要，努力弘扬儒家的浩然正气，提高自己的精神境界和道德情操，保持自己的操守，不为外物所左右，不为物质欲望而降志辱身，不为金钱美色而丧失人格。

其三，儒家的"廉耻"观有益于国人的个人道德修养。廉与耻是构成儒家道德规范体系的重要范畴，廉耻在儒家道德哲学中占有独特而又重要的地位。在传统儒家道德文化中，"廉"指廉洁，即不贪财货，立身洁白，它是每个人都应具备的优良品性。儒家认为，树立正确的义利观乃是培养廉洁之德的前提。它要求人们，面对财利当以是否符合于道义来决定取舍，正如孟子所谓"可以取，可以无取，取伤廉"。②作为一种道德规范，廉洁更主要的是对执政、在位、当权者，即对从政为官者的道德要求。"耻"是一个普遍性的伦理范畴，是对所有人的品性要求。耻德是儒家重要伦常规范之一，历代儒家特别是先秦儒家要求人们要"有耻""知耻""贵有耻""人不可以无耻"，认为"知耻近乎勇"。孔子提出了"行己有耻"的气节修养方法，要求人们要明辨是非、善恶，行为要知耻而有所约束。耻作为儒家美德德目系指羞耻心、知耻心，正如朱熹所谓"耻便是恶之心"。③羞耻心是基于一定的是非观、善恶观、荣辱观而产生的一种自觉的求荣免辱之心，是

---

① 《论语·卫灵公》。
② 《孟子·离娄下》。
③ 《朱子语类》卷十三。

人们珍惜、维护自身尊严而产生的情感意识。① 知耻是人的基本德性、基本人格。

"廉"与"耻"又具有很强的同一性，廉则有耻，廉可养耻；有耻则廉，无耻则贪。正是因为"廉"与"耻"密切相关，历代儒家才时时把二者加以联用。荀子讲"无廉耻而嗜乎饮食"。② 宋明理学家更是大量采用"廉耻"这个词，如朱熹云："士人先要识个廉退之节。礼义廉耻，是谓四维。若寡廉鲜耻，虽能文要何用！某虽不肖，深为诸君耻之！"③ 朱熹对那些损公肥私、贪赃枉法行为表示不满时也采用了"寡廉鲜耻"这一断语。廉耻同礼义一起成为儒家推崇的"四维"。

由于时代的变迁，当下，我们当然不能简单地利用儒家以"仁"与"礼"等道德规范作为人的处世原则，作为判断其行为是否为"耻"的道德标准。然而，现代很多人对外在的物质追求已使他们的耻辱感变得迟钝。在当下社会生活中有部分人奉行利益至上的价值原则，他们对利益的追求超出了仁义道德的范围。还有一些人以钱不如别人多为耻，地位不如别人高为耻。这种不以耻为耻而以不该耻为耻的表现，是我们不得不正视的现实。面对这样的现实，国人应以廉耻作为"立人之大节"④，知耻作为做人的道德底线。只有这样，才能建立起当代中国人新的道德文明。⑤

4. 儒家道德与家庭美德的树立

儒家道德文化蕴含着人类对家庭生活、家庭关系的一般认识，揭示了人类应有的血缘亲情与家庭道德关系，阐述了一些最基本的家庭道德观念，对于协调家庭关系、增强家庭凝聚力曾起过积极的作用。如果我们对这些内容进行现代诠释与价值提升，它们就可以成为社会主义家庭美德建设的重要资源。⑥

---

① 张锡勤：《警惕羞耻心钝化》，《人民日报》2015 年 2 月 13 日。

② 《荀子·修身》。

③ 《朱子语类》卷一百零六。

④ 《新五代史·杂传》。

⑤ 参见康宇《儒家美德与当代社会》，博士学位论文，黑龙江大学，2007 年，第 145 页。

⑥ 参见李桂梅《中国传统家庭伦理的现代转向及其启示》，《哲学研究》2011 年第 4 期。

第一，孝悌之道的现代转化。首先，父慈子孝的重新定位。在传统"家国同构"的社会结构下，孝德居于首德与泛德的地位。在古代小农经济下，父子血缘关系受到特别重视，形成了所谓的"父子主轴"关系模式：父子关系掩盖了家庭之中其他关系的特性，"夫为妻纲"不过是"父为子纲"的投射，即使是兄弟关系也深染着上下的、隶属的色彩。儒家孝道观念具有明显的"重孝轻慈"的倾向，强调子女晚辈对父母长辈的义务性是其显著特征。在以父权为基础的权威主义之下，尽"孝"往往严重妨碍了子女个性的发展、人格独立性的成长，而且导致了孝道异化现象。孝行的礼仪形式化就是典型表现，如一些人在平常不注意孝敬父母，而趁大寿、葬祭之际，大讲排场，大肆炫耀。

然而，随着社会的发展变迁，核心型家庭逐渐增加。中国老年人物质生活的保障、日常生活的照顾，主要依靠子女的孝道来完成。子女对年老父母的物质奉养与精神安慰是孝道的要求，也是晚辈们应尽的道德义务与应承担的责任。同时，抚育子女是父母应承担的法律责任与道德义务。一个人良好的习惯和品质，往往是在家庭中形成的。因而父母要责无旁贷地对子女进行抚养、教育，要教育他们树立正确的生活和社会理想。正身率下、不令而行等不仅在传统社会有利于子女的健康成长，同时也适用于现代家庭教育，有利于现代社会亲子关系的和谐，我们要继承并发扬。

其二，孝道观念的转变。现代孝道应该是权责并行互益的结合体，注重感情性是家庭和谐的内在要求。现代家庭的和谐是建立在人格平等的基础之上的，以感情为维系纽带的和谐。权利与义务的对等是人格平等的基础，因此建立"双方都相互对对方具有权利，也相互对对方承担义务和责任"的"权责伦理"[1]，是现代新孝道的要求。现代社会，尽孝不只是为人子女的外在义务，更应该是建立在亲子深厚感情基础之上的自觉自愿的行动，孝心源于对父母的爱心，也表现为对父母的报恩心与责任感。

当代要摒弃传统孝道的消极思想。传统亲子伦理中的"多子多福"的家庭观念逐渐淡化，由于核心家庭的增多，家庭人口减少，"不孝有三、

---

[1]　廖小平：《伦理的代际之维》，人民出版社2004年版，第183页。

无后为大"的传宗接代观念逐渐淡薄，"生男生女都一样"普遍为人们所接受。

其三，尽孝行为方式的现代转换。现代社会，代际居住方式的分散化、社会流动性的扩大，社会竞争的日益激烈化，这三者共同作用的结果，导致子女尽孝的方式日渐多样化。例如，子女在父母年老时，经济上应对父母以支持，同时在日常生活中要帮助父母做一些力所能及的家务活以减轻他们的生活负担。子女在工作之余要常回家看看、和父母聊聊天，勤于与父母长辈沟通、交流，以解决他们在心理与精神上的苦恼、困惑。[①]

其次，兄友弟恭的现代转换。兄弟关系也是家庭中的一种重要关系。儒家以"孝悌"为仁之本，兄友弟悌就是处理兄弟关系的行为规范。"悌"要求弟弟恭顺兄长，做到长幼有序。自古以来，兄弟姐妹关系就被认为是人世间最亲密的关系之一。处理好兄弟姊妹之间的关系，可以使人感受到家庭的温暖、人生的乐趣、人世间的真情。然而在传统社会里，由于"男尊女卑""长幼有序"等传统观念的束缚与限制，使得兄弟姐妹之间的这种亲密关系受到了扭曲。现代家庭中，同胞之间仍然需要相互关心、相互帮助、团结友爱。当然，我们今天所提倡的同胞友爱，不同于儒家以长幼秩序为前提的友爱，而必须贯彻平等的原则，更不能有性别歧视而重男轻女，应肯定兄弟与姊妹对于家庭拥有同样的权利与义务。[②]

在现代家庭中，兄弟姐妹的权利、义务是平等的，没有高低贵贱之分，应该平等友爱。在赡养父母、相互扶助方面的权利、义务也是平等的。兄弟姐妹之间应该团结友爱，在思想上、生活上互相关心、共同进步，保持好兄弟姐妹的亲情关系。从兄弟姐妹关系派生出来的还有妯娌、叔嫂等也要如亲兄弟姐妹一样，相互关爱，团结互助，共同建设一个平等和睦的家庭关系。

需要强调的是，在现代社会中"悌"的范围不再只局限于亲人之间，在适当的时候可以扩展到朋友、同事、同学等更加广阔的范畴。

① 参见李默然《儒家孝悌之道的历史反思及现代转换》，硕士学位论文，哈尔滨工业大学，2011年，第38页。
② 参见唐凯麟《儒家传统道德观念与社会主义道德建设》，《河北学刊》2008年第6期。

综上，批判性地继承与弘扬孝悌之道，对提高国民的道德素质、建立和谐的人际关系、维护家庭和睦、促进社会稳定与发展都有着积极的作用。

第二，夫妻"琴瑟和谐"的现代转换。夫妻关系是家庭关系的核心，其好坏直接影响着整个家庭的和谐幸福。新型家庭伦理包括婚姻自由，一夫一妻；男女平等，相互尊重；尊老爱幼，相互帮助等方面。[1] 儒家重视夫妻伦理规范，特别强调"夫义妇顺"。一方面，强调妻子的顺从；另一方面，又强调夫妇双方都要恪守各自的伦理规范。这对当下的夫妻关系和谐、家庭稳定皆有现实的借鉴价值。

其一，忠贞专一。既然婚姻基于爱情而缔结，那么夫妻双方在对待爱情与婚姻的态度上就应当忠贞专一。夫妻感情的专一性、忠贞不渝是人类道德文明进步的产物与要求。只有恪守己身，首先保证自己的忠诚，才能换得对方的诚心、爱心。在互爱、互信、互守的基础上，浇灌专一的爱情之花，才能使婚姻巩固，使家庭生活幸福美满。随着社会开放化程度的提高以及人们生活方式的改变，人与人之间的社会交往越来越频繁，这就要求夫妻双方理智控制感情，抵制、拒绝诱惑，相互忠贞。

其二，相互尊重、关爱。在家庭生活中，夫妻间的相互尊重、关爱体现在几个方面：一是夫妻之间应相互理解、支持。现代社会，男女平等，夫妻双方各有自己的职业与兴趣爱好、理想追求，彼此都应给予一定的尊重。同时，支持对方在事业上有所成就，创造各种必要的条件，为其解除后顾之忧，并从心理上、精神上给予对方以必要的鼓励与安慰。二是夫妻之间应相互帮助，共同承担起家庭的责任与义务。夫妻双方应共同承担起教育子女、赡养父母的责任，共同分担家务劳动；对于家政大事，应共同决策，协商解决，齐心协力地经营好家庭。夫妻作为人生伴侣，要共同面对人生的各种艰辛与坎坷，只有相互扶助，才能不断增加彼此之间的感情。三是夫妻之间应相互信任。夫妻之间建立起坦诚相待，互信无猜的关系，是家庭和谐的重要基础。夫妻之间切忌互相猜疑、互相欺骗，以免造成无谓的伤害。要想得到对方的尊重，必须首先懂得自重，自轻自贱却要求别人的尊重显然是不可

---

[1]　参见李桂梅《中国传统家庭伦理的现代转向及其启示》，《哲学研究》2011 年第 4 期。

能的。

在夫妻相处上，平等、沟通交融是夫妻关系和睦的前提与基础。夫妻平等包括双方感情上的平等与经济地位、家庭地位的平等。夫妻双方在感情上应当经常交流沟通、充实更新。与传统社会夫主妻从的专制型不同，现代夫妻关系是系于平等互助，特别是系于双方的互相理解。夫妻间应当保持经常性的情感交流与沟通，积极地去发现与理解对方，同时坦诚地让对方发现与理解自己，这是充实更新爱情、建立和谐夫妻关系的重要途径。夫妻和睦相处是家庭生活和乐幸福的关键因素。

综上，家庭道德直接影响着社会道德风尚。在现代社会，作为儒家家庭道德的转换不仅仅只是这些，以上只是提及几种共性的方式，同时也是人们应共同遵守的方式。当下批判性地继承与弘扬儒家传统家庭道德，对维护现代家庭和睦无疑仍有着重要的现实价值。

总之，对于儒家传统道德的现代转化，必须克服传统道德中的专制主义成分，使其朝多元化道德方向发展；又要克服传统道德的等级主义，使每个人都是平等自主的个体；还要克服传统道德的理想主义性质，使道德的标准不能超出一般人的精神境界。毋庸置疑，儒家道德文化在当代的道德文明建设过程中，对于提高国民的道德素质、建立和谐的人际关系、维护家庭和睦、促进社会稳定与发展都有着积极的作用。

三、儒学传承对弘扬中华传统文化的意义

中华文化源远流长，博大精深，饱含着华夏先哲们的无穷智慧，是祖先留给我们的一笔丰厚遗产。儒家学说既是中华传统文化的主流形态，又是中华传统文化的重要组成部分，它对中华传统文化的影响是全方位的。弘扬中华文化对中国的未来发展和整个中华民族的凝聚力等方面都有着重要意义。传承儒家文化对于弘扬中国传统文化具有十分重要的意义。

（一）儒学传承与主流意识形态建设

中华优秀传统文化是中华文明发展进步的精神力量。习近平指出："中

华文明源远流长，蕴育了中华民族的宝贵精神品格，培育了中国人民的崇高价值追求。自强不息、厚德载物的思想，支撑着中华民族生生不息、薪火相传，今天依然是我们推进改革开放和社会主义现代化建设的强大精神力量。"①

中华传统文化是中华民族的独特精神标识，凝聚了中华民族的精神动力，表现为一系列的思想、观念、价值原则等。儒家"礼乐文化"所传递的是克己复礼、中和、大一统、内圣外王等价值观念。在漫长的文化变迁中，儒学虽然发生了一定的变迁，但却体现了中华优秀传统文化的承续性，如崇尚和谐、爱好和平、天人合一、与人为善、讲仁爱、重民本、守诚信的基本精神是一致的和连续的。正是这一中华民族的精神命脉，成为推动本民族不断前行的精神动力，在今天依旧是推动我国现代化建设的精神力量。

儒学作为中华传统文化的主导思想，逐渐融入人们的头脑或观念之中，并潜移默化地影响着人们的思维方式与价值观念，占据人们的价值世界，形成中华民族的共同性格特征，积淀为一种文化心理结构。儒学是中国主流意识形态认同的民族心理基础。

儒学作为中华传统文化的主流形态，与中国主流意识形态建设密切相关。儒学蕴含了丰富的哲学思想、人文精神、道德理念等，既可以为人们认识和改造世界提供有益启迪，也是巩固和壮大主流意识形态的宝贵资源。新时代抓好主流意识形态建设，必须最大限度地在社会价值中寻求观念共识，而数千年来绵延传承的儒学，无疑对增强主流意识形态的凝聚力和向心力具有重要价值。儒学自身所包含的道德观念、爱国情怀等在长久历史发展中为各族人民所接受，并深深扎根于观念思想之中，以至于有的相约成俗，并为坚守。将这些优秀传统文化融入意识形态建设，必然增强和加深对以社会主义核心价值观为根本的意识形态内容的理解，使全体人民在理想信念、价值理念、道德观念上更加紧密地团结在一起。②

总体而言，儒家理念作为人们头脑中固有的思想方式与价值观念，其

---

① 《习近平在会见第四届全国道德模范及提名奖获得者时强调：深入开展学习宣传道德模范活动　为实现中国梦凝聚有力道德支撑》，《人民日报》2013 年 9 月 27 日。

② 严传政：《将优秀传统文化融入意识形态建设》，《光明日报》2018 年 1 月 12 日。

必然以价值观的存在方式影响着人们对于多元文化与价值观念下的选择。重视儒家文化，充分发挥其文化价值内核，实现其理论品质的实践性，是当代中国主流意识形态建设必须解决的问题。在意识形态建设的实践中，儒学无疑可以提供有益的借鉴。

（二）儒学传承与弘扬优秀传统文化

中华传统文化是我国各族人民世世代代的创造和积累，积淀着各个时期的社会因子，对整个中华民族的发展产生了深刻而久远的影响。习近平指出："孔子创立的儒家学说以及在此基础上发展起来的儒家思想，对中华文明产生了深刻影响，是中国传统文化的重要组成部分。""研究孔子、研究儒学，是认识中国人的民族特性、认识当今中国人精神世界历史来由的一个重要途径。"[①] 把握儒学之大体，有利于我们更好地传承与弘扬中华优秀传统文化。

大力弘扬中华文化是传承中华文明的需要。任何一个国家和民族文化的发展，都是在既有文化传统基础上进行的文化传承、变革与创新。

儒家思想在内的中国优秀传统文化中蕴藏着解决当代人类面临的难题的重要启示，比如，关于天下为公、大同世界的思想，关于自强不息、厚德载物的思想，关于以民为本、安民富民乐民的思想，关于为政以德、政者正也的思想，关于革故鼎新、与时俱进的思想，关于仁者爱人、以德立人的思想，关于以诚待人、讲信修睦的思想，关于清廉从政、勤勉奉公的思想，关于俭约自守、力戒奢华的思想，关于求同存异、和而不同的思想，关于安不忘危、居安思危的思想，等等。中国优秀传统文化的丰富哲学思想、人文精神、教化思想、道德理念等，可以为人们认识和改造世界提供有益启迪，可以为治国理政提供有益启示，也可以为道德建设提供有益启发。[②]

传承儒学对弘扬中华传统文化具有重要作用。中国传统文化，尤其是

---

① 习近平：《在纪念孔子诞辰 2565 周年国际学术研讨会暨国际儒学联合会第五届会员大会开幕会上的讲话》，《人民日报》2014 年 9 月 25 日。

② 参见滕文生《儒学文化的特性与前途》，《人民日报》2016 年 2 月 18 日。

儒学文化源远流长，博大精深。儒家学说倡导血亲人伦、现世事功、修身存养、道德理性，其中心思想是恕、忠、孝、悌、勇、仁、义、礼、智、信，其核心是"仁"。儒家学说经过孔子后学的传承和发展，其对中国文化发展起了决定性的作用，在中国文化的深层观念中，无不打着儒家思想的烙印。

儒学之所以在中国历史上占据统治地位，是与其内在的本质规定和伦理道德要求有着必然联系的，兼容并包的自我完善功能和开放性特质，使儒学既符合统治者实现其统治的客观要求，亦符合广大民众要求和平、稳定建设家园的愿望，也发挥着增强民族凝聚力的重大作用，显示了儒学的历史变迁与适应性。

从儒家文化中汲取营养，以增强文化自信的力量。一是彰显儒家大同思想，促进社会和谐发展。二是弘扬儒家传统美德，推动公民道德建设。三是借鉴儒家礼治思想，规范约束公民行为。在社会主义核心价值观培育的今天，我们可以借鉴、弘扬儒家的礼治思想，注重从思想上引导民众，进而规范约束公民行为。

儒家的许多传统美德与追求精神具有强大的生命力，起到凝聚人们力量的重大作用。例如，儒家强调"仁以待人"，尊老爱幼，爱国爱家，形成了具有亲和力和凝聚力的中华民族精神。"杀身成仁，舍生取义"，"富贵不能淫，威武不能屈，贫贱不能移"，成为千百年来中国人民颂扬的典范与身体力行的准则。它们构成了中华民族所特有的心理结构和行为方式，成为中华民族团结奋斗的强大精神动力。儒家"中庸"思想，在维护祖国统一、民族团结中起到了积极作用。儒家强调"中和""中道""中用"，强调安定团结和统一，形成了中国人民维护民族、国家统一的整体观念，对于中华民族维护安定团结的局面起到了积极作用。①

总之，儒学已深深地积淀于中华民族的心理之中，它潜移默化地影响着人们的行为处事，一些优秀的传统是我们进行现代化建设不可或缺的因素，是中华民族发展和复兴的深层次精神支柱。儒家文化是中国传统文化

---

① 参见朱进有《儒家思想的内在特质》，《孔子研究》2006年第2期。

的精髓和现代中国民族文化构成的重要组成部分。当下，人们的精神相对贫乏，我们有必要努力传承儒家文化，为大力弘扬中华优秀传统文化作出贡献。

中　编

当代视域下的中国传统道家与
道教文化研究

　　道家道教是中国传统文化的重要组成部分。道家与道教的关系极为复杂，从文化属性上讲，道家是中国思想史上的一个学派，先秦时期为诸子百家之一，而道教则是汉末产生的一个宗教，两者之间有本质差别。但同时道家是道教最重要的思想来源，而道教则是道家思想的宗教化发展，两者之间又不可截然分开。尤其是自隋唐时期开始，道家与道教逐渐合流，作为一个学术流派的道家渐渐融入了道教之中。唐代重玄学既可以说是道家的一个流派，同时其代表人物又大多数为道士，从某种意义上讲，实现了道家与道教的合流。金元之际产生的全真道，虽然是一个道教宗派，但作为"老氏之正传"①，却上接老子之学脉，又成为道家心性论的重要传承者与建构者，具有非常显明的道家学派性质，是道家道教深度融合的产物。下面我们将对道家与道教的起源、产生以及发展演变进行深入研究，并在此基础上，进一步探讨道家与道教的主要内容与精神特质，最终的目的则是发掘道家道教的当代价值。

---

① 　丘处机著，赵卫东辑校：《丘处机集》，齐鲁书社 2005 年版，第 510 页。

第七章　道家道教的起源与发展

正如前面刚刚提到的，道家与道教既相互区别，又不能截然割裂。从某种意义上讲，道家是道教最重要的理论源头，而道教则是道家在后世的主要流变，两者之间有一定的文脉传承关系。在这里我们将对道家与道教的起源、产生、发展与演变进行深入探析，为了行文的方便，将道家与道教分开加以阐述。

一、道家的起源

道家学派的创始人是老子，他主要生活于春秋中期偏后，比儒家学派创始人孔子略早，孔子曾经向老子问礼，从某种意义上讲，老子乃孔子的老师。对于老子的生平事迹，《史记·老子列传》曾有详细记载。司马迁在《史记·老子列传》中共提到了三位"老子"：一位是孔子曾向其问礼的李耳，一位是楚人老莱子，还有一位是后孔120年秦献公时候的周太史儋。表面看起来，似乎司马迁对于哪一位是作为道家学派创始人的老子仍存疑虑，所以才把三位"老子"皆列了出来，但实际上，从行文中可以看出，司马迁是有自己的看法的。《史记·老子列传》云：

老子者，楚苦县厉乡曲仁里人也，姓李氏，名耳，字聃，周守藏室之史也。孔子适周，将问礼于老子。老子曰："子所言者，其人与骨皆已朽矣，独其言在耳。且君子得其时则驾，不得其时则蓬累而行。吾闻之，良贾深藏若虚，君子盛德容貌若愚。去子之骄气与多欲，态

色与淫志，是皆无益于子之身。吾所以告子，若是而已。"孔子去，谓
弟子曰："鸟，吾知其能飞；鱼，吾知其能游；兽，吾知其能走。走者
可以为罔，游者可以为纶，飞者可以为矰。至于龙，吾不能知其乘风
云而上天。吾今日见老子，其犹龙邪！"老子修道德，其学以自隐无名
为务。居周久之，见周之衰，乃遂去。至关，关令尹喜曰："子将隐矣，
强为我著书。"于是老子乃著书上下篇，言道德之意五千余言而去，莫
知其所终。

按照以上记载，无论是从介绍顺序，还是从行文详略，都可以看出司马迁本
人的态度。显然，他认为作《道德经》五千言的是曾任周守藏室之史的李
耳，而其便是道家学派的创始人。这一点也得到了后世学者的普遍认同。

老子虽然是道家学派的创始人，但道家思想的渊源并不始于老子，而
是要更久远得多。按照司马迁的记载，老子曾任周守藏室之史，其在周做的
是掌管图籍和文书等的工作，有机会接触到夏、商、周三代甚至是三代以前
的文献，是其以前文化的传承者或集大成者。正是在此意义上，《汉书·艺
文志》认为道家出于史官，其云："道家者流，盖出于史官，历记成败存亡
祸福古今之道，然后知秉要执本，清虚以自守，卑弱以自持，此君人南面
之术也。合于尧之克攘，易之嗛嗛，一谦而四益，此其所长也。"班固以上
说法对后世产生了深远的影响，汪中、章学诚、龚自珍、章太炎等皆持此
说。今人王博在《老子思想的史官特色》一书中对此问题进行了详尽而全
面的考察，他在肯定老子的史官身份确实影响到了其思想形成的同时，也
充分重视到了民族背景、神话渊源等因素对老子思想所产生的重要影响。
他言：

　　中国是个多民族的国家，汉族本身就是由多种成分融合而成的。
老子生活的春秋末期，汉族尚未形成，多种民族文化（如夏文化、殷
文化、周文化等）的存在乃是一个客观历史事实。而且，当时的人们
尚有着较强烈的民族意识。因此，从民族文化的角度来探讨老子思想

的渊源，也是一条切实合理的途径。①

　　此外，王博还专章讨论了中国古代神话传说，尤其是其中的月神崇拜，对老子思想所产生的影响。班固关于道家出于史官的说法，虽然自东汉就已经提出，但这仍然是从文化的因素来探讨道家思想的渊源。王博在此基础上，又提出民族背景与神话传说对老子思想的影响，仍然没有脱离从文化因素来探讨道家起源的视角和思路。正如王博所说，"老子思想的发生，同样有着多方面的背景。这些背景包括社会的、阶级的、民族的、地域的及知识的等内容。"② 正因如此，胡孚琛专门探讨了道家思想的社会渊源，他认为道家思想实际上是母系氏族社会传统的存留与延续。

　　春秋战国之际，诸子蜂起，百家争鸣，是中国历史上文化最繁荣的时代，这个时代被雅斯贝尔斯称之为"轴心时代"，是世界文化的突破期。对于诸子百家集中产生的原因，学者们历来众说纷纭，莫衷一是。胡孚琛认为，诸子百家的兴起与中国上古时期的巫史文化有极深的渊源关系，他言：

　　　　继承了古代母系氏族制和父权宗法制原始宗教传统的周代巫史文化乃是古代学术的总汇，在春秋战国时期，这种巫史文化接受了理性主义和人文思潮的洗礼，分化出诸子百家学派。当时全国可分为邹鲁、三晋、燕齐、荆楚、吴越、巴蜀六个具有不同部族传统的文化域。儒家文化继承周代宗法礼教的传统最多，其次是法家，儒家以邹鲁地区为基地，法家在三晋最盛行。继承母系氏族原始宗教传统较多的除道家、墨家外，据《汉书·艺文志》，尚有阴阳家、数术家（包括天文家、历谱家、五行家、蓍龟家、杂占家、形法家）、方技家（含医经家、经方家、房中家、神仙家）。道家学派首先以燕齐文化和荆楚文化为中心发展起来，在吴越文化和巴蜀文化中也有传播。③

① 王博：《老子思想的史官特色》，（台北）文津出版社1993年版，第6页。
② 王博：《老子思想的史官特色》，第4页。
③ 胡孚琛、吕锡琛：《道学通论：道家·道教·仙学》，社会科学文献出版社1999年版，第13页。

在胡孚琛看来，诸子百家直接产生于周代的巫史文化，这与班固认为道家出于史官的看法如出一辙，因为自古以来巫史不分，史实际上是从巫中分化出来的，或者说巫乃史之前身。若继续追溯周代巫史文化的来源，则可以追到原始氏族社会时期的巫术传统。

以儒、道两家为例，胡孚琛认为，儒家所继承的主要是父系氏族社会的文化传统，而道家则为母系氏族社会的文化存留。他言："道家、道教和仙学的文化渊源，可以追溯到原始社会母系氏族公社时期的原始宗教传统。……这种原始宗教包括自然崇拜、生殖崇拜、图腾崇拜、天神崇拜、祖先崇拜等，其中最具有母系氏族制特色的是女性崇拜（包括女始祖崇拜和女阴崇拜、女性生殖崇拜等）。"[1] 在胡孚琛看来，道家哲学来自于母系氏族社会部落酋长的政治经验，部落酋长治理部族所用的慈爱后辈、少欲不争、贵阴尚柔、自然无为等政治传统，几乎全部被道家哲学所吸收与继承，而且，"道家的这些母系氏族原始宗教的特征后来全部被综合进道教中去，使道教中女性崇拜的原始宗教遗迹更为丰富。"[2]

除了以上提到的文化和社会渊源外，道家学派的产生还有其更为直接的历史原因。我们知道，道家所产生的春秋战国时期，周王室衰微，各个诸侯国之间为了争夺土地和人口不断发生战争，诸侯国的数量也在兼并战争中不断减少，一些较大的诸侯国形成，并开始有了统一天下的政治理想。在这种情况下，各个诸侯国的国君为了在当时恶劣的环境中生存下来，开始广开言路、广纳贤才，向来自不同学派的士人们征求富国强兵之策，营造了一种开放与自由的文化氛围，为诸子百家的产生与繁荣发展准备了政治条件。当然，文化的繁荣与发展还需要有一个重要的前提，即文化多元化的存在。秦始皇统一以后，中国开始进入了政治与文化上的帝制时代，文化"大一统"的形成，从某种意义上讲，扼杀了中国文化的创造力，使先秦时期诸子蜂起、百家争鸣的局面再也没有出现。因此，只是有母系氏族社会女性崇拜的宗教传统和周代史官的存在，仍然很难出现诸子百家的繁荣景象，因为这还

---

① 胡孚琛、吕锡琛：《道学通论：道家·道教·仙学》，第9页。

② 胡孚琛、吕锡琛：《道学通论：道家·道教·仙学》，第11页。

要有一个重要的前提，即要保持过去的传统不断绝。夏、商、周三代之间的更替与秦始皇以后的朝代更迭有本质的差别，秦以后朝代的更迭主要是政权的转移，以及由此所带来的政治和文化上的一统，而三代更替主要不是政权的转移，而更像是部族或部族所代表的文化的兴衰。商灭夏以后，并没有像后世那样对夏赶尽杀绝，而是遵循自古以来所形成的"继绝世，举废国"的优良传统，把夏之后裔封于杞，使夏文化得以传承和保存。同样，周代商之后，也没有把商连根拔起，而是把商之后裔封到宋，使商文化或祭祀能够在宋地延续与流传。这种"继绝世，举废国"的传统美德一直流传到春秋时期，直到今天我们仍然可以从春秋各诸侯国的战争中发现其影响的痕迹。这一传统的好处就是，一个部族或一个政权可以消亡，但其所代表的文化传统却可以得以保存与延续，正是在这一美德的影响下，至春秋之世，渊源于各种部族或诸侯国的不同文化形态得以保存，这为诸子百家的产生提供了可能。

按照司马迁的记载，作为周守藏室之史的老子，见周大势已去，于是便想隐居。走到函谷关时，为尹喜留下《道德经》五千言，然后不知所终。《道德经》是老子的著作，最能体现老子的思想，也是道家学派的第一部经典，司马迁以"老子修道德，其学以自隐无名为务""无为自化，清静自正"大致地概括了《道德经》的主旨。对于《道德经》的成书年代，历来学界有较大的分歧，因其哲学性较高而受到某些学者的怀疑，认为其不可能是春秋时期的作品，而应该是后世道家人物托名老子所作。加之司马迁在《史记·老子列传》中记载了李耳、老莱子和周太史儋三位"老子"，连带地有些学者对《道德经》是否为老子所作也提出质疑。1993 年 10 月，在湖北荆门市郭店村一座战国中期的古墓中发现了大量的竹简，其中就有甲、乙、丙三组《老子》。郭店楚简的出土解决了多年来关于老子及其著作的争议，学术界基本上达成了共识，即老子是春秋中后期的人，略早于孔子，孔子曾向其问礼，而《道德经》为老子所作，其成书于战国中期以前。

老子作为周守藏室之史，主要负责文献与书籍的管理工作，因此便利，他可以读到其以前各个时代的不同种类的文献，通过对以往丰富的人生与历史经验的总结，老子拥有了很高的智慧，而《道德经》一书便是其智慧的结晶。在这部著作中，老子提出了许多重要的思想，比如"道生德畜""道法自然""无中生有""清静寡欲""守柔曰强""处下不争""无为自化""绝圣弃智""绝仁弃义""长生久视""知足常乐""功成身退""小国寡民""上善若水"等等，这些思想被其后的道家人物所继承和发展，终于在春秋战国之际形成了著名的道家学派，而老子也因此成为道家学派的创始人。

二、道家的发展演变

儒、墨、道、法无疑是诸子百家中影响最大的四家，而其中儒、道两家对中国传统文化的影响又最为深远。道家创始人老子与儒家创始人孔子几乎生于同一时代，但他们的思想和学说却截然不同。无论是老子还是孔子，都认为他们生存的时代是一个礼崩乐坏的时代，当时周代的礼乐文明已经开始衰落，出现了"周文疲弊"的现象，但两人对这一社会现实的态度却明显不同。针对当时的状况，孔子"知其不可而为之"[1]，努力尝试着去改变这一社会现实，提出了"克己复礼"[2] 的主张。假如说孔子在肯定社会现实的基础上，提出了积极的人生态度，那么，老子却与此完全相反，他对周代礼乐文明采取了否定的态度，认为"大道废，有仁义；智慧出，有大伪；六亲不和，有孝慈；国家昏乱，有忠臣"[3]，"失道而后德，失德而后仁，失仁而后义"[4]。与此相应，在人生态度上，他并不主张去改变现实，而是采取了逃避现实的态度，主要以"自隐无名"为务。老子的人生态度与社会理念被后世的道家人物所继承，使道家学派得以发展与延续。纵观整个中国传统文化的发展历程，道家学派的发展主要可以分为原始道家、黄老道家、魏晋玄学、隋唐重玄学等四个阶段。

---

① 《论语·宪问》。
② 《论语·颜渊》。
③ 《老子》第十八章。
④ 《老子》第三十八章。

（一）原始道家

虽然老子是道家学派的创立者，但真正意义上的道家学派却形成于战国时期，自老子著《道德经》至战国中期庄周著《庄子》这段时期即是道家学派的创立时期，我们把这一时期的道家称之为原始道家。原始道家的代表人物，除老子之外，还有尹喜、杨朱、列子、庄子等。

尹喜，字文公，号文始先生，后又称为文始真人。周敬王时，尹喜为函谷关令，老子西行至函谷关，君喜强令其留下《道德经》五千言。从某种意义上讲，尹喜可以说是老子的第一位弟子，据《汉书·艺文志》记载，尹喜曾著有《关尹子》9篇，主要阐发了老子《道德经》的思想。关于尹喜的记载，除了《史记·老子列传》外，《列子》《庄子》《吕氏春秋》等书中也曾提到。《庄子·天下篇》云："以本为精，以物为粗，以有积为不足，淡然独与神明居。古之道术有在于是者，关尹、老聃闻其风而悦之。"《庄子·天下篇》以尹喜与老子并提，称"关尹、老聃乎！古之博大真人哉！"尹喜虽然继承了老子的思想，但按照《吕氏春秋》的说法，尹喜的思想与老子有一定的差别，其云："老聃贵柔，孔子贵仁，墨翟贵廉，关尹贵清。"①"贵清"是尹喜思想的特征。

列子，姓列，名御寇，后称冲虚真人，郑国人。列子主要生活在尹喜与庄子之间，曾经师从尹喜，为老子再传弟子，著有《列子》20篇。在先秦文献中，像《庄子》《战国策》以及《吕氏春秋》等书中多次提到列子。《庄子·逍遥游》曾称："夫列子御风而行，泠然善也，旬有五日而后反。彼于致福者，未数数然也。此虽免乎行，犹有所待者也。"据《吕氏春秋·不二》记载，列子的主要思想是"贵虚"。《庄子·列御寇》云："巧者劳而智者忧，无能者无所求，饱食而遨游，泛若不系之舟，虚而遨游者也。"其中称列子为"虚而遨游者"，显然是对列子"贵虚"的阐释。

除尹喜、列子之外，另一位原始道家的重要代表人物是杨朱。杨朱，姓杨，名朱，字子居，战国初期魏国人。到了杨朱的时候，道家学派已经接近形成，并对儒家学派产生了重要的威胁，所以孟子才大力拒斥"杨墨"。

---

① 《吕氏春秋·不二》。

《孟子·滕文公下》云："圣王不作，诸侯放恣，处士横议。杨朱、墨翟之言盈天下，天下之言不归杨则归墨。杨氏为我，是无君也。墨氏兼爱，是无父也。无父无君，是禽兽也。"还称："杨墨之道不息，孔子之道不著。"对于杨朱的思想，孟子认为主要是"为我"，《孟子·尽心下》云："杨子取为我，拔一毛而利天下不为也。"而《吕氏春秋·不二》则称："阳生贵己。"阳生即杨朱，"贵己"与"为我"同义。

原始道家最后一位代表人物是庄周，他主要生活于战国中期，是宋国人。庄周传世的著作是《庄子》一书，《庄子》共33篇，分为内篇、外篇和杂篇三部分，学者们认为，内篇是庄周所作，而外、杂篇则为庄子弟子或后学的作品。庄子可以说是原始道家的集大成者，他的思想主要体现于内7篇中。《庄子·天下篇》对此有所总结，其云：

> 芴漠无形，变化无常。死与？生与？天地并与？神明往与？芒乎何之？忽乎何适？万物毕罗，莫足以归。古之道术有在于是者，庄周闻其风而悦之。以谬悠之说，荒唐之言，无端崖之辞，时恣纵而不傥，不以觭见之也。以天下为沉浊，不可与庄语，以卮言为曼衍，以重言为真，以寓言为广。独与天地精神往来，而不敖倪于万物，不谴是非，以与世俗处。其书虽环玮，而连犿无伤也。其辞虽参差而諔诡可观。彼其充实不可以已，上与造物者游，而下与外死生、无终始者为友。其于本也，弘大而辟，深闳而肆；其于宗也，可谓调适而上遂者矣。虽然，其应于化而解于物也，其理不竭，其来不蜕，芒乎昧乎，未之尽者。

庄子继承了老子的思想，以无待逍遥作为最高的人生境界，提出以"以道观之，万物为一""天地与我并生，万物与我为一"以及"通天下一气"为理论前提的齐物理论，以"知其不可奈何而安之若命"为主旨的人生态度，以"心斋""坐忘""朝彻""见独"为层级的修养功夫等。

总之，原始道家以老子开其先，其后尹喜"贵清"、列子"贵虚"和杨朱"贵己"各执老子思想之一端，至庄子则集其大成，道家学派始蔚为壮观。

(二) 黄老道家

黄老道家是老子思想与儒、墨、名、法等思想融合的产物,尊称黄帝与老子,重视社会政治,主张无为而治。司马谈《论六家要旨》云:"道家使人精神专一,动合无形,赡足万物。其为术也,因阴阳之大顺,采儒、墨之善,撮名、法之要,与时迁移,应物变化,立俗施事,无所不宜,指要而易操,事少而功多。"以上所说的道家,就是指汉初盛行的黄老道家。

黄老道家产生于战国中期,汉初成为起主导作用的统治思想,汉武帝"罢黜百家,独尊儒术"政策实行后,黄老道家逐渐衰微。战国中期,齐威王招徕儒、墨、道、法、名、兵、农、阴阳等各家学者齐聚稷下,设立稷下学宫,让他们展开自由的学术讨论,形成了百家争鸣的繁荣景象,这批学者史称"稷下先生"。《史记·孟荀列传》云:"自驺衍与齐之稷下先生如淳于髡、慎到、环渊、接予、田骈、驺奭之徒,各著书言治乱之事,以干世主,岂可胜道哉!"稷下学宫中的道家学者充分吸收儒、墨、名、法等各家思想,形成了自己独特的理论,史称"稷下道家"。《史记·孟荀列传》云:"慎到,赵人;田骈、接子,齐人;环渊,楚人。皆学黄老道德之术,因发明序其旨意。"按照以上记载,稷下学者中的慎到、田骈、接予、环渊等皆为黄老道家代表人物。

马王堆汉墓出土的帛书《黄帝四经》,即《经法》《十大经》《称经》《道原经》,也是黄老道家的作品,是道家与法家相结合的产物,其中主要阐发了君王的统治之术。《管子》一书被视为稷下学者的论文集,其中部分篇章是稷下道家人物的作品。陈鼓应先生认为,"《管子》一书融会各家学说,然其中却有不少黄老思想的篇章,如《心术上》、《心术下》、《内业》、《白心》四篇,以及《形势》、《宙合》、《枢言》、《水地》等作品,其中《管子》四篇更是黄老思想的代表作。"① 除此之外,战国末期吕不韦编的《吕氏春秋》和西汉时期刘安主持编的《淮南子》两书,也是黄老道家的代表作品。对于黄老道家的思想特点,司马谈《论六家要旨》曾有所总结,其言:"道家无为,

---

① 陈鼓应:《管子四篇诠释——稷下道家代表作解析》,商务印书馆 2006 年版,第 17 页。

又曰无不为，其实易行，其辞难知。其术以虚无为本，以因循为用。无成势，无常形，故能究万物之情。不为物先，不为物后，故能为万物主。"

（三）魏晋玄学

魏晋玄学是继黄老道家之后于魏晋时期产生并盛行的又一道家新形态。魏晋玄学崇尚玄远，爱好玄谈，以《老子》《庄子》和《周易》为主要经典，号称"三玄"，其代表人物主要有何晏、王弼、嵇康、阮籍、郭象、张湛等。按照魏晋玄学发展的历史脉络，可分为正始玄学、竹林玄学、东晋玄学三个时期，正始玄学以何晏、王弼为代表人物，竹林玄学以嵇康、阮籍为代表人物，东晋玄学则以郭象、张湛等为代表人物。

魏晋玄学家讨论的问题主要有三个，即有无之辩、言意之辩和自然与名教之辩。

1. 在有无之辩问题上，魏晋玄学家主要分为三派，即"贵无派""崇有派"与"独化派"。"贵无派"以王弼为代表，主张"以无为本""崇本举末"。王弼充分发挥《老子》"天下万物生于有，有生于无"之意，认为"物之所以生，功之所以成，必生乎无形，由乎无名。"[1] 道与万物之关系即母子关系，道为母，万物为子，道生万物，万物不离道，所以要"守母以存其子，崇本以举其末"[2]。"崇有派"的代表人物是裴頠。裴頠著有《崇有论》一书，表达了与王弼完全不同的观点。裴頠认为，"理之所体，所谓有也"，天下万物不可能生于无，生万物者只能是有，因为"虚无是有之所谓遗者也"[3]。"独化论"的代表人物是郭象，在有无之辩问题上，他既不同意王弼的"贵无论"，也不同意裴頠的"崇有论"，而是试图超越两者之上，认为"无不能生有"，而"有亦不得化为无"，万物皆"独化于玄冥"。他言："天地者，万物之总名也。天地以万物为体，而万物必以自然为正。自然者，不为而自然者也。"[4]

---

[1]　王弼撰，楼宇烈校释：《王弼集校释》上《老子指略》，中华书局1980年版，第195页。

[2]　王弼撰，楼宇烈校释：《王弼集校释》上《老子道德经注》第三十八章，中华书局1980年版，第95页。

[3]　《晋书·裴頠传》。

[4]　郭象注，成玄英疏：《南华真经注疏》，中华书局1998年版，第9页。

又言："物之生也，莫不块然而自生。"① 在郭象看来，万物既不是生于有，也不是生于无，而是生于自然，生于自然即是自生、自化、自成、自为、自造，而这种既不着有，又不着无的人生境界，就是"独化于玄冥之境"。

2. 在言意之辩问题上，主要有两种观点，即"言不尽意论"与"言尽意论"。"言不尽意论"以王弼为代表，主张"得意忘言"，其说："夫象者，出意者也。言者，明象者也。尽意莫若象，尽象莫若言。言生于象，故可寻言以观象；象生于意，故可寻象以观意。意以象尽，象以言著。故言者所以明象，得象而忘言；象者，所以存意，得意而忘象。犹蹄者所以在兔，得兔而忘蹄；筌者所以在鱼，得鱼而忘筌也。"② "言尽意论"的代表人物是欧阳建，他专门著有《言尽意论》一文阐发其思想，其中言："然则名之于物，无施者也；言之于理，无为者也。而古今务于正名，圣贤不能去言，其何故也？诚以理得于心，非言不畅；物定于彼，非名不辩。言不畅志，则无以相接。名不辩物，则鉴识不显。鉴识显而名品殊，言称接而情志畅。原其所以，本其所由，非物有自然之名，理有必定之称也。欲辩其实，则殊其名；欲宣其志，则立其称。名逐物而迁，言因理而变。此犹声发响应，形存影附，不得相与为二矣。苟其不二，则言无不尽矣。"③

3. 在自然与名教关系问题上，魏晋玄学主要分为三派。何晏、王弼为一派，主张"名教出于自然"，肯定了名教的合理性；嵇康、阮籍等为一派，主张"越名教而任自然"，以自然否定名教，表现出与当时统治者不合作的态度；郭象为一派，主张"名教即自然"，试图调和名教与自然的矛盾，通过超越自然与名教而达到两者的统一。

（四）唐代重玄学

魏晋玄学后期，随着儒、释、道三教之间的相互融合，出现了"玄佛合流"的倾向，玄学家深受佛教的影响，而一些佛教徒也成为玄学家。在这种情况下，佛教大乘中观派的思想对道家产生了重要影响，与老子"玄之又

---

① 郭象注，成玄英疏：《南华真经注疏》，中华书局 1998 年版，第 24 页。
② 王弼撰，楼宇烈校释：《王弼集校释》下《周易略例》，中华书局 1980 年版，第 609 页。
③ 转引自许抗生等著《魏晋玄学史》，陕西师范大学出版社 1989 年版，第 300 页。

玄"的思想相结合，至隋唐时期产生了一个道家的新形态——"重玄学"，其代表人物主要有成玄英、李荣、杜光庭、司马承祯、吴筠等。

重玄学与魏晋玄学有极深的渊源，从某种意义上讲，重玄学家们实际上是用重玄的思想去解决魏晋玄学家所提出来的问题。魏晋玄学的主要哲学论题便是"有无之辩"，王弼持"贵无论"，裴𬱟持"崇有论"，而郭象则持"独化论"，其实郭象的"独化论"已有超越有无的倾向。沿着这一理论路向，重玄学家们提出了"玄之又玄，遣之又遣"的重玄双遣理论。成玄英说："玄者深远之义，亦是不滞之名。有无二心，徼妙两观，源乎一道，同出异名，异名一道，谓之深远。深远之玄，理归无滞，既不滞有，亦不滞无，二俱不滞，故谓之玄。"① 显然，在成玄英看来，所谓的"玄"，即是既不滞有又不滞无，有无双遣之意。但这并非其所要追求的最高境界，因为在"玄"之上还有"重玄"之称。他说："有欲之人，唯滞于有，无欲之士，又滞于无，故说一玄，经遣双执，又恐行者滞于此玄，今说又玄，更祛后病，既而非但不滞于滞，亦乃不滞于不滞，此则遣之又遣，故曰玄之又玄。"② 达到不滞于有又不滞于无的玄的境界之后，有的人还有可能滞于玄，所以要想进一步提升境界，就需要在遣去有无之后再遣去玄，经此"遣之又遣"的过程，方能达到"玄之又玄"之境，而"玄之又玄"即是"重玄"。李荣在成玄英的基础上又言："借玄以遣有无，有无既遣，玄亦自丧，故曰又玄。又玄者，三翻不足言其极，四句未可致其源，寥廓无端，虚通不碍，总万象之枢要，开百灵之户牖，达斯趣者，众妙之门。"③ 李荣认为，只是"双遣"仍不能达其极致，"重玄"之义并非双遣，而是"三翻不足言其极，四句未可致其源，寥廓无端"，遣滞的过程没有穷尽，只有遣尽一切执着，方可达究竟境界。其后，王玄览、杜光庭、司马承祯、吴筠等在成玄英、李荣等思想的基础上，把重玄学理论进一步运用于道教的修炼中，形成了一整套修炼理

---

① 成玄英：《道德经义疏》，载蒙文通《蒙文通文集》第六卷《道书辑校十种》，巴蜀书社2001年版，第377页。
② 成玄英：《道德经义疏》，载蒙文通《蒙文通文集》第六卷《道书辑校十种》，第377页。
③ 李荣：《道德真经注》卷一，载《道藏》第14册，上海书店、文物出版社、天津古籍出版社1988年版，第39页。

论，而且对金元时期兴起的全真道产生了重要影响。

唐代重玄学与以前的道家形态有一个明显的不同，即成玄英、李荣、王玄览、杜光庭、司马承祯、吴筠等重玄学家们基本上都是道士，他们既阐发了原始道家的思想，又注重把这些思想运用于修道的实践，表现出了与以往道家形态不同的特征。就道家思想的发展历史来看，自唐代重玄学开始，出现了道家与道教合流的倾向，重玄学家们既是道家人物，又有道士身份，并运用道家理论提升了道教哲学的水平，使唐代道教理论水平得到了较大的提升。而且，自唐代重玄学之后，道家作为一个学派的独立性存在消失了，成为道教的一部分。金元时期产生的全真道便是道家与道教合流的结果。

三、道教的起源

对于道教的理论渊源目前学界有不同意见，观点主要有两个：一个是李养正先生提出的三渊源说，一个是卿希泰先生主编的四卷本《中国道教史》中所提出的五渊源说。李养正言："道教内容十分庞杂，从其主体内容来探索其起源，则道教大致不外是在三种原始宗教意识的基础上衍化而来：一为鬼神崇拜，二为神仙之说与方术，三为黄老学说中之神秘主义成分。"[①]显然，李养正先生认为，道教的理论渊源主要有三个，即鬼神崇拜、神仙方术与黄老道家。卿希泰先生主编的《中国道教史》第一卷言："就道教来说，当时崇尚黄老的社会思潮，与传统的鬼神崇拜、神仙思想、阴阳数术逐步合流，则为道教的形成，准备了必要的条件。"[②]在卿先生看来，道教的理论渊源主要有五个方面，即鬼神崇拜、神仙方术、谶纬神学、墨家思想和黄老道家。以上两种观点的主要差别在于详略不同，卿希泰先生主编《中国道教史》讲的更为详尽一些，但两者都认同鬼神崇拜、神仙方术和黄老道家应是道教的理论渊源。下面就从这三个方面来谈一谈道教的起源问题。

---

① 李养正：《道教概说》，中华书局1989年版，第3页。

② 卿希泰主编：《中国道教史》第一卷，四川人民出版社1996年版，第19—20页。

（一）鬼神崇拜

鬼神崇拜是任何一种文化都具有的元素，尤其是在文化的初创时期表现得尤为突出和明显。对鬼神的崇拜源于原始社会的宗教信仰，因为认识能力的低下，对一些自然和社会现象无法进行合理的解释，于是就通过宗教的形式去理解，这就形成了原始宗教，原始宗教实际上是原始社会时期人们对自然与社会的一种理解方式。随着人们认识能力的不断提高，原始宗教的信仰对象也不断发生着变化，大致经历了自然崇拜、图腾崇拜、鬼神崇拜、祖先崇拜和圣贤崇拜等过程，其中鬼神崇拜是原始宗教的一个重要的发展阶段。中国人很早就有鬼神崇拜，最早可以追溯到原始社会时期，即使到了文明初创的夏、商、周三代时期，鬼神崇拜仍然非常盛行。比如，《小戴礼记·表记》云："殷人尊神，率民以事神，先鬼而后礼。"在夏、商、周三代文化中，商文化对鬼神的崇拜最为严重，有巫、觋、祝、卜、史、宗等神职人员各司其职。当时的盛况在后世的祭祀仪式中仍然可以看到踪迹，《汉书·郊祀志》云："民之精爽不贰，齐肃聪明者，神或降之，在男曰觋，在女曰巫，使制神之外位，为之牲器；使先圣之后，能知山川，敬于礼仪，明神之事者，以为祝；能知四时牺牲，坛场上下，氏姓所出者，以为宗。故有神民之民，各司其序，不相乱也。"原始鬼神崇拜的传统后来被道教所吸收，成为道教理论的重要组成部分，鬼神崇拜也成为道教一个重要的理论渊源。

（二）神仙方术

神仙方术产生的非常早，其源头也可以追溯到原始社会时期。中国早期神仙方术具有一定的地域化特征，按照蒙文通先生的研究，晚周仙道可以分为三派，即行气、服食与房中，楚地以行气为主，燕齐以服食为主，而秦地则以房中为主。[1] 蒙先生所讲的行气、服食和房中三派，后来皆被道教所吸纳。在古代典籍中，多有关于神仙方术的记载，其中比较有代表性的是《山海经》《庄子》《楚辞》等。《庄子·逍遥游》中云："藐姑射之山，有

---

[1] 蒙文通：《蒙文通文集》第一卷《古学甄微·晚周仙道分三派考》，巴蜀书社 1987 年版，第 335—342 页。

神人居焉，肌肤若冰雪，绰约若处子，不食五谷，吸风饮露，乘云气，御飞龙，而游乎四海之外。"除了以上关于神人的描述外，《庄子》中还提到了很多长生不死的神仙，比如彭祖、容成、岐伯、素女、西王母、黄帝、苌弘、安期生等。

在蒙先生提到的晚周三派仙道中，对后世道教影响最大的应该是盛行于燕齐之地的方仙道，其中关于蓬莱、方丈、瀛洲三神山的传说曾吸引着历代帝王去寻仙访道。《史记·封禅书》云："自威、宣、燕昭使人入海求蓬莱、方丈、瀛洲。此三神山者，其传在渤海中，去人不远；患且至，则船风引而去。盖尝有至者，诸仙人及不死之药皆在焉。其物禽兽尽白，而黄金银为宫阙。未至，望之如云；及到，三神山反居水下。临之，风辄引去，终莫能至云。"这些关于神仙方术的传说吸引着奢求长生不死的秦皇汉武，频繁地派人至燕齐之地去寻求长生不老药和长生不死的仙人。据《史记·封禅书》记载，秦始皇听信徐福、卢生、韩终、侯公、石生等燕齐方士之言，多次派人出海寻仙。汉武帝也宠信李少君、谬忌、少翁、栾大、公孙卿等方士，多次派人寻仙问药。燕齐之地的神仙方术活动后来形成方仙道，成为道教的两大前身之一，直接促成了道教的产生。陈寅恪先生云："自战国驺衍传九大州之说，至秦始皇、汉武帝时方士怪迂之论，据太史公所载，皆出于燕、齐之域。盖滨海之地应早有海上交通，受外来之影响。以其不易证明，姑置不论。但神仙学说之起源及其道术之传授，必与此滨海地域有连，则无可疑者。故汉末黄巾之乱亦不能与此区域无关系。"[1]

（三）黄老道家

对于黄老道家，前面在介绍道家的发展与演变时已经谈到，这里不想再赘述，只是想具体谈谈黄老道家与道教起源的关系。

关于黄老道家与道教的关系，目前主要有两种观点；一种观点认为，黄老道家是道教的理论渊源，其本身并不属于道教；而另一种观点则认为，在

---

[1]　陈寅恪：《天师道与滨海地域之关系》，见《陈寅恪史学论文选集》，上海古籍出版社1992年版。

汉末以前，黄老道家有一支与神仙方术相结合，形成了黄老道，而黄老道与方仙道是道教的前身，甚至有学者认为，黄老道与方仙道本身已经是道教。张道陵创立五斗米道以前，在燕齐滨海一带，已经存在着一个疑似道教的团体，而甘忠可、于吉、宫崇等便是其代表人物，而《太平经》则是其早期经典。《汉书·李寻传》云："初成帝时，齐人甘忠可诈造《天官历》《包元太平经》十二卷，以言汉家逢天地之大终，当更受命于天，天帝使真人赤精子下教我此道。"学者们认为，此《天官历》《包元太平经》便是《太平清领书》的前身。到了汉哀帝时，甘忠可的弟子夏贺良又在李寻帮助下再次献书，向哀帝讲："汉历中衰当更受命。成帝不应天命，故绝嗣。今陛下久疾，变异屡数，天所以谴告人也。宜急改元易号，乃得延年益寿，皇子生，灾异息矣。"[①] 至东汉顺帝时，琅琊人宫崇第三次上书，《后汉书·襄楷传》云："初，顺帝时，琅琊宫崇诣阙，上其师于吉于曲阳泉水上所得神书百七十卷，皆缥白素，朱介，青首，朱目，号《太平青领书》。"以上说明，自汉成帝一直至汉末，燕齐之地有一个术士团体，他们以《太平清领书》为经典，从事与神仙方术有关的活动。李养正先生言："《太平经》的行世，即太平道的完成与行世；实际上《太平经》的出现与传播，即标志着道教的形成。"[②] 以甘忠可、夏贺良、丁广世、郭昌、李寻、于吉、宫崇等为代表的这个术士团体，被称之为黄老道，其是黄老道家思想与燕齐神仙方术相结合的产物，《太平经》便是其表达思想的经典。按照李养正先生的说法，黄老道就可以称之为道教了。

基于以上原因，目前学术界对于道教产生的时间存在较大的争议。按照传统的说法，一种宗教的产生应该满足几个条件：一是"必须有其宗教教义的理论体系"；二是"必然有其较为严密的教会组织"；三是"必须有一套较为固定的教规教仪"；四是"必定有其阐发其宗教教义的经典"；五是"必定有其固定的崇奉的神灵和其教派的传授史"。[③] 正是以满足以上五个条件为依据，任继愈和卿希泰两位先生各自主编的《中国道教史》皆以张道陵创

① 《汉书·李寻传》。

② 李养正：《道教概说》，中华书局 1989 年版，第 22 页。

③ 汤一介：《早期道教史》，昆仑出版社 2006 年版，第 11—13 页。

立五斗米道作为道教的开始。但近年以来，有的学者提出了不同意见，他们认为，以上观点是以西方宗教为标准来衡量道教的产生，而道教作为中国土生土长的唯一宗教，其与西方基督教等有本质的区别，不能以西方宗教作为样板来确定道教产生的时间。就目前学术界的情况而言，对于道教产生的时间，除仍有人坚持张道陵于汉末创立道教的观点之外，还有以下不同意见：一种观点认为，道教是在中国传统的原始宗教的基础上发展起来的，早在原始社会时期，就已经有了道教的萌芽，考古发现的大量原始社会的墓葬中具有道教元素即是有力的证据，因此道教的产生可以追溯到史前时期。第二种观点认为，战国中期以来在燕齐之地产生的神仙方术，就已经可以算是道教，所以道教的产生应该向前追溯到战国中期。第三种观点认为，西汉时期产生的黄老道，已经是道教，所以主张道教最早产生于西汉。

道教与西方宗教是不同的，以基督教为代表的西方宗教是一种创生性宗教，而道教则是一种原生性宗教。作为原生性宗教，道教并不是在某一个特定的时期，由某一个特定的教主所创立的，而是经过了一个漫长的形成过程。正如前面我们所提到的，先不说早在战国中期就已经产生的黄老道家与神仙方术是道教的源头，就汉代而言，在张道陵创立五斗米道之前，就已经有众多小的教派活动，张道陵的五斗米道与张角的太平道只是这些教派活动在汉末的集中爆发。汉顺帝初年（142），张陵入蜀，以燕齐之地的黄老道、方仙道与蜀地巫鬼道相结合，创立了五斗米道。后来其子张衡与其孙张鲁在汉中地区建立了政教合一的政权。汉灵帝建宁年间（168—171），黄老道徒河北巨鹿人张角，自称"大贤良师"，创立太平道，并于中平元年（184）在青、徐、幽、冀、荆、扬、兖、豫八州同时发动起义，张角自称"天公将军"，其弟张宝称"地公将军"、张梁称"人公将军"。五斗米道与太平道的创立，被认为是道教产生的标志，而五斗米道与太平道也成为早期道教的两种形态。

对于五斗米道与太平道的相关情况，《三国志·张鲁传》曾有详细介绍，其云："初，熹平中，妖贼大起，三辅有骆曜。光和中，东方有张角，汉中有张修。骆曜教民缅匿法，角为太平道，修为五斗米道。太平道者，师持九节杖为符祝，教病人叩头思过，因以符水饮之。得病或日浅而愈者，则云此人信道；其或不愈，则为不信道。修法略与角同，加施静室，使病者处其中思过。又使人为奸令祭酒，祭酒主以老子五千文，使都习，号为奸令。为鬼吏，主为病者请祷。请祷之法，书病人姓名，说服罪之意，作三通，其一上之天，著山上；其一埋之地；其一沉之水，谓之三官手书。使病者家出五斗米，以为常，故号五斗米师也。"后来，依托太平道所发动的黄巾起义被曹操等镇压，黄巾军的主力也被曹操收编为著名的"青州兵"。张鲁以五斗米道为依托在汉中所建立的政教合一的政权，后来也投降了曹操，被曹操逐步分化瓦解。

四、道教的发展演变

自先秦时期的方仙道，经东汉时期的黄老道，到汉末的五斗米道与太平道，道教的早期发展经历了一个漫长的过程。汉末产生的五斗米道与太平道标志着西方宗教意义上的道教的正式形成，自魏晋开始，儒、释、道三教鼎立的局面正式确立，道教成为中国传统文化不可或缺的重要组成部分。在其后的发展历程中，道教又经历了魏晋、南北朝、隋唐、两宋、金元、明清等发展阶段，一直传承至今。下面就按照以上分期依次介绍一下道教的发展与演变历程。

（一）魏晋道教

经过汉末三国时期的战争与政治打压，至魏晋时期，五斗米道与太平道逐渐失去了原有的生存空间，为了适应当时的社会现实，道教不得不开始变革，而其中最大的变革便是发生了两层分化。

一部分天师道的信徒继续保持着在下层民众中传播的特点，形成了几个重要的天师道团，并发动了几次小规模的起义。晋武帝咸宁二年（276），益州天师道道士陈瑞自称天师，聚徒数千人，发动起义。晋惠帝太安元年（302）又发生了李特、李雄领导的天师道信徒起义，并于永兴元年（304）在成都建立了成汉政权。东晋时天师道信徒孙泰、孙恩、卢循等又先后发动起义。以上以天师道为依托的农民起义，虽然最后都被统治者镇压，但天师道在下层民众中的传播并没有停止，后来逐步形成了帛家道、于君道、李家道、清水道等民间道团，各立异法，传承不绝。

另一部分天师道信徒则开始向社会上层发展，并于魏晋时期逐步形成了神仙道教，许多魏晋时期的世家大族都世代信奉天师道。《太平经》无疑是道教第一部经典，随着道教的发展，魏晋时期又出现了一些道教经典，而且因宗奉的道经不同，形成了不同的道派。当时的道教经典主要分为三大系，即上清经系、灵宝经系和三皇经系，各经系自有传承，分别形成了上清派、灵宝派和三皇派三个道派。上清派代表人物有魏华存、杨羲、许谧等，其宗奉的经典主要是《黄庭经》。灵宝派代表人物有葛玄等，其宗奉的经典主要是《灵宝五符经》《灵宝赤书五篇真文》《灵宝无量度人上品妙经》等。三皇派代表人物有左慈、鲍靓等，其宗奉的经典主要是《三皇经》《五岳真形图》等。三派之间传承有交叉，比如晋代的葛洪，既从左慈、葛玄、郑隐一系得到了《三皇文》《五岳真形图》等三皇派的传承，又得到了灵宝派的传承，是魏晋时期道教的集大成者。葛洪著有《神仙传》《抱朴子外篇》《抱朴子内篇》等著作，不仅详细论证了神仙真实存在，而且还充分吸收道家与儒家思想，提升了道教的理论水平，在道教发展史上具有重要的地位。

（二）南北朝道教

南北朝时期是道教的大发展时期，汉末魏晋以来，道教积弊丛生，许多高道出来改革道教，使道教的教理、教义、科仪以及神仙系统等都提升了一个层次。这一时期的著名道士有寇谦之、陆修静、陶弘景等。

寇谦之（365—448），字辅真，北魏初年著名道士。出身门阀士族家庭，父亲寇修之，曾任前秦苻坚时东莱太守，兄寇赞，曾任南雍州刺史。寇谦之自幼好道，修长生之术，后拜成公兴为师，于嵩山修炼多年。姚秦弘始十七年（415），他自称太上老君降临嵩山，授其天师之位，以及《云中音诵新科之戒》20卷，让其清整道教。《魏书·释老志》云："宣吾新科，清整道教，除去三张伪法，租米钱税及男女合气之术。"北魏泰常八年（423），经崔浩介绍，受到魏太武帝的信任，成为帝王之师。

陆修静（406—477），字元德，吴兴人。南朝刘宋时期著名道士。陆修静出生于江南士族家庭，为追求长生，弃儒学道，遇异人授以秘诀，遂于孝武帝大明五年（461）入庐山隐居修道。宋明帝即位后，于太始三年（467）召其至京师，亲自问道。陆修静著作颇丰，主要有《灵宝经目序》《道门科略》《洞玄灵宝五感文》等。陆修静对道教发展的贡献主要有三个方面：一是"总括三洞经书，整理道教典籍"，二是"制定道教戒规科仪"，三是"改革和融汇经箓派道教"。①

陶弘景（456—536），字通明，丹阳秣陵（今江苏南京）人。南朝齐梁时著名道士，也出身于江南望族。年轻时曾出仕为官，36岁时辞官修道，隐居茅山40多年。梁武帝萧衍即位后，对其极为器重，"国家每有吉凶征讨大事，无不前以咨询，月中常有数信，时人谓为山中宰相。"②其主要著作有《真诰》《登真隐诀》《养性延命录》《真灵位业图》《本草经集注》等，他的主要贡献："一是弘扬了上清经，开创了茅山宗；二是发展了道教的修炼理论；三是为道教建立了神仙谱系。"③

南北朝时期，宗奉三皇经系的楼观道也得到了迅速发展，产生了像侯楷、王延、严达等著名道士，而其中王延最为有名，著有《三洞珠囊》7卷。

（三）唐代道教

因司马迁《史记·老子列传》记载老子姓李名耳，与李唐同姓，于是老子便被奉为李唐祖先，道教也因此受到李唐王朝的崇奉，得到迅速发展。唐代的崇道活动主要有以下几个方面：

1. 老子不断得到册封。唐乾封元年（666），高宗李治册封老子为"太上玄元皇帝"。唐玄宗于天宝二年（743）尊封老子为"大圣祖玄元皇帝"，天宝八年（749）"册圣祖玄元皇帝尊号为圣祖大道玄元皇帝"，天宝十三年（754）"上玄元皇帝尊号曰大圣祖高上大道金阙玄元天皇大帝"。唐玄宗还于

---

① 胡孚琛、吕锡琛：《道学通论：道家·道教·仙学》，社会科学文献出版社1999年版，第305—306页。
② 《南史·陶弘景传》。
③ 卿希泰主编：《中国道教史》第一卷，四川人民出版社1996年版，第504页。

天宝年间诏令天下诸州建立玄元皇帝庙。

2.《道德经》被列入科举考试经目。唐高宗李治于上元元年（674）令百官皆习《老子》；第二年，又令士子加试《老子》；仪凤三年（678）下诏："自今已后，《道德经》并为上经，贡举人皆须兼通。"①唐玄宗开元二十一年（733），"令士庶家藏《老子》一本，每年贡举人量减《尚书》《论语》两条策，加《老子》策。"②天宝元年（742），又下诏封庄子号"南华真人"，文子号"通玄真人"，列子号"冲虚真人"，庚桑子号"洞虚真人"，改《庄子》为《南华真经》，《文子》为《通玄真经》，《列子》为《冲虚真经》，《庚桑子》为《洞虚真经》。③

3.道士地位不断提高。唐武德八年（625），唐高祖李渊颁布《先老后释诏》，称"老教孔教，此土先宗，释教后兴，宜崇客礼。令老先，次孔，末后释。"④唐太宗贞观十一年（637），下《道士女冠在僧尼之上诏》，把道士地位提高到僧尼之前。唐高宗仪凤三年（678），敕令道士隶属宗正寺，班在诸王之次。唐玄宗开元二十九年（741），赋予道士犯法不依俗制处罚的特权。

4.大批道士受到历代皇帝的优宠。唐高祖李渊时有楼观道士岐晖、茅山道士王远知等，唐太宗李世民时有王远知、薛颐、傅奕等，唐高宗李治时有万天师、刘道合、潘师正、尹文操、叶法善、李荣等，武则天时有胡超、马元贞等，唐玄宗时有张果、司马承祯、李含光、吴筠、尹愔等。

5.唐代很多皇帝服食丹药。唐太宗李世民晚年对道教服食产生兴趣，曾亲至甄权家访药，又曾诏请道士胡隐遥问摄生之道，据说最终其死于服食胡人所炼丹药。武则天晚年好道教仙术，曾利用道士胡超、张易之、张昌宗等为其炼丹药。唐玄宗晚年也迷信神仙长生，服食丹药。唐玄宗之后，唐代的皇帝有很多皆是因服食了道士炼的丹药而死。

自道教发展的角度来看，唐代道教有如下特色：

---

① 《旧唐书·礼仪志》。

② 《旧唐书·玄宗本纪》。

③ 《旧唐书·礼仪志》。

④ 《续高僧传·释慧乘传》。

1.上清派茅山宗得以兴盛。魏晋南北朝时期道教主要形成了上清派、灵宝派和三皇派三个主要派系，隋唐时期上清派得到快速发展，尤其是茅山宗综括了重玄、灵宝、正一等思想，成为当时最兴盛的宗派。唐代著名道士王远知、潘师正、司马承祯、王轨、李含光等皆出于茅山宗。

2.楼观道在隋唐统治者的支持下有所发展。隋唐皆建都长安，楼观道位于终南山，有地利之便，与隋唐两代的统治者关系密切。像隋唐之际的楼观道士岐晖，因曾帮助过李渊，所以受到唐高祖的尊崇。岐晖之后，又有尹文操、李玄㢠、颜无待、傅承说等受到唐代皇帝的优宠。

3.重玄学兴起，道教理论水平得以极大提高。隋唐时期，道教思想迎来继葛洪之后的又一次重大提升，这就是"重玄学"的出现。这时涌现出一大批著名的道教学者，如孙思邈、成玄英、王玄览、李荣、司马承祯、吴筠、李筌、张万福等，他们对道教理论的发展与提升做出了重要贡献。

4.钟吕内丹道派产生。随着唐代因服食外丹而死者频繁出现，越来越多的人认识到了外丹的危害性，道士们开始寻求新的出路，于是内丹道应运而生。学术界一般认为，内丹道的产生可以追溯到隋代的苏玄朗，但对后世影响最大的却是奉钟离权、吕洞宾为祖师的钟吕内丹道派。北宋时期张伯端创立的内丹南宗与金元之际王重阳创立的全真道，皆奉钟吕为祖师。

（四）宋代道教

宋代统治者对道教采取了扶持与利用并重的宗教政策。宋太祖赵匡胤在对道教进行严厉控制的同时，又有一些崇道的表现。比如，天宝二年（969）五月，召见道士苏澄隐；天宝五年（973）十月，重用道士刘若拙考验京师道士。宋太宗赵光义崇道胜于赵匡胤，他不仅大修宫观，崇奉道教尊神，而且还广招道士和方士丁少微、陈抟、陈利用、种放等。但在北宋时期，最崇道的皇帝还是宋真宗与宋徽宗。宋真宗在大中祥符年间，曾有天书下降、封禅泰山、朝谒太清宫等崇道行为，并营建宫观、优礼道士、编校《道藏》等，而且对道教的外丹黄白之术也有极大的兴趣。宋徽宗崇道比宋真宗更胜，他宠任魏汉津、徐神翁、刘混康、张继先、王老志、林灵素等道士，而且还自称"教主道君皇帝"，最终因崇道误国而被拘受辱。

北宋时期道教的特色主要有以下几点：其一，属于符箓道教的天心、神霄等新道派兴起。天心派起源于华盖山，初祖为北宋太宗时人饶洞天。神霄派出现于北宋末年，以林灵素、王文卿为代表。其二，许逊信仰兴起。经过统治者的扶持，北宋时期许逊信仰兴起。其三，张伯端撰《悟真篇》，创内丹道南宗。其四，道书编纂有了重大发展。

（五）金元道教

唐代因服食外丹而中毒身亡者屡屡出现，外丹烧炼已很少有人相信，北宋时期因宋徽宗崇信道士林灵素而最终导致身拘国亡，这使传统道教声名狼藉。一些有识之士充分认识到，要想振兴道教就必须对传统道教进行改革，于是在金统治下的中国北方产生了三个道教的新教派，即太一道、真大道与全真道。

太一道的创始人是河南卫州人萧抱珍（？—1166），他于金熙宗天眷初年（1138）创立太一道。据《重修太一广福万寿宫碑》记载，金熙宗皇统十一年（1148），萧抱珍被征召赴阙，太一道始得到金廷的承认，正式成为合法宗教。萧抱珍于金大定六年（1166）去世后，萧道熙、萧志冲、萧辅道等先后任掌教。对于太一道的教理教义，《太一二代度师赠嗣教重明真人萧公墓碑铭》称萧抱珍："本之以湛寂，而符箓为之辅，于以上格圆穹，妥安玄象，度群生于厄苦，而为之津梁。迹其冲静玄虚，与夫祈禳祷祀者，并行而不相悖。"[1] 由此看来，太一道继承了符箓道教的祈禳之术，但也表现出了注重内在修炼、更加崇奉老子思想等与传统道教不同的特征。

真大道，又称大道教，其创始人是刘德仁（1122—1180）。刘德仁，号无忧子，生于宋徽宗宣和四年（1222），沧州乐陵（今山东乐陵）人。金皇统二年（1142），"一日晨起，有老叟乘犊车相过，撮拾道德经要言授之，曰：'善识之，可以修身，可以化人。'仍投笔一枝而去。自是玄学顿进，从之游者众。"[2] 金大定七年（1167），被金廷征召，住中都大天长观，赐号

---

① 陈垣编纂：《道家金石略》，中华书局1988年版，第844页。

② 宋濂：《书刘真人事》，载陈垣编纂《道家金石略》，中华书局1988年版，第835页。

"东岳真人"。刘德仁去世之后，陈师正、张信真、毛希琮等先后嗣任掌教。《汴梁路许州长社县创建天宝宫碑》称，刘德仁"当亡金大定间立教，以大道为名，无执着，无爱憎，无彼此，清静冲抑，慈俭不争，见富贵者无诏媚之容，睹贫贱者无轻侮之意。其持身律己；往往自庐而居，凿而饮，耕而食，蚕而衣，一切必出于己，一介不取于人。"①《洛京猴山改建先天宫记》云："其教也，本之以见素抱朴，少思寡欲，持之以虚心实腹，守气养神，及乎德盛而功成，乃可济生而度死，以无为而保正性命，以无相而驱役鬼神。"② 通过以上描述基本上可以了解真大道的精神。

全真道创始人是王重阳。王嚞（1113—1170），原名中孚，入道后改名嚞，号重阳子，陕西咸阳大魏村人。年轻时属意于科举，曾中武举，但因金统治者不重用汉人，所以仕途不顺，只做了一个甘河镇小小的酒监。金正隆四年（1159），王嚞48岁时，于终南山甘河镇遇仙，因此弃家入道，修道活死人墓中。道成之后，于金大定七年（1167）四月，东迈山东传道，于山东宁海等地先后收取丘处机、谭处端、马钰、王处一、郝大通、孙不二、刘处玄七人为徒，号称"全真七子"。又于山东登、莱、宁海三州建"三州五会"，徒众达万人。"全真七子"收齐，"三州五会"建立，标志着全真道的创立。金大定九年（1169）十月，王重阳带领丘、刘、谭、马四大弟子西行传道，途经河南开封，于第二年正月仙逝于开封旅邸。此后，经过全真七子以及全真道第三、四弟子的戮力传道，尤其是丘处机晚年西行觐见成吉思汗，为全真道争取到了统治者的支持，使全真道于元初达到了鼎盛状态。明初开始，一直到今天，全真道都是与正一道并列的道教两大教派之一。全真道的主要思想有三教合一、性命双修、功行双全、全真而仙等。

（六）明清道教

因全真道与元统治者关系密切，又因明太祖朱元璋在做皇帝前曾与第42代天师张正常有来往，所以自明初开始统治者便采取了"扬正一、抑全

---

① 卿希泰主编：《中国道教史》第三卷，四川人民出版社1996年版，第24—25页。
② 陈垣编纂：《道家金石略》，中华书局1988年版，第818页。

真"的宗教政策，对道教实行严厉控制，道教发展陷入低潮。明永乐年间，因信奉真武大帝，明成祖下令大修武当山。其后的明朝皇帝，虽然不乏信奉房中、丹药、扶乩者，但对道教的控制却一直没有减弱，这种情况一直延续到明世宗时期。明世宗之后，因皇帝崇道，道教景况有所好转。清朝初年基本上沿用了明朝的宗教政策来管理道教，但自乾隆年间开始，道教景况日下，直到清末未有根本性的改变。

从总体上讲，明清道教具有以下几件值得提及的大事：

1. 明《道藏》的编纂。明成祖即位之初，便令第43代天师张宇初主持编纂《道藏》，张宇初死后，又命第44代天师张宇清主持修藏工作。明英宗正统九年（1444），《道藏》编纂完成，称之为《正统道藏》。后来，明神宗又令续修《道藏》，称之为《万历续道藏》。《正统道藏》与《万历续道藏》合称为明《道藏》。

2. 自明代中期开始，全真道出现宗派分化现象，明清两代先后形成了一百多个全真道支派。虽然因全真七子修炼方式的不同，在元代七子各系之间已出现宗系分化，但就目前掌握的资料来看，当时还未出现七真道派。到了明代中期，宗奉全真七子为祖师的七真道派开始出现，并在七真道派之下又形成了众多的支派。比如，明嘉靖年间，山东崂山就产生了三个全真道支派，即金山派、鹤山派和金辉派。而在众多的全真道宗派中，宗奉丘处机为祖师的龙门派与宗奉郝大通为祖师的华山派影响最大。

3. 清初王常月中兴全真道龙门派。王常月（1522—1680），号昆阳子，山西潞安人。自少年出家修道，得龙门派第6代律师赵真嵩传承，成为龙门派第7代律师。清顺治十三年（1656），奉旨主讲北京白云观，获赐紫衣，并登坛传戒，度弟子千余人。康熙二年（1669），王常月率徒至南方传道，弟子遍天下，使全真道龙门派呈现出中兴之势。

4. 道教传播有下移趋势。因明清两代统治者对宗教进行严格控制，使道教在社会上层的影响力减弱，迫使其向社会下层传播，呈现出了民间化与世俗化的趋向。

第八章　道家道教文化的内容与特质

自春秋时期老子诞生以来，道家道教便成为中华传统文化的重要组成部分，期间虽经历重重打击、多次劫难，但却一直传承至今。这说明道家道教文化对于中华民族来说是不可或缺的，它不仅是中华优秀传统文化的一部分，而且还是中华民族精神的重要支撑之一。假如缺少了道家道教文化，只有儒家文化和佛教文化，那么，中华传统文化的平衡将被打破，中华文化的传承和走向，乃至中华民族的历史进程将会是另一番模样。我们在这里如此说，并不是有意夸大道家道教文化的价值，而是想告诉大家，道家道教文化具有儒家文化与佛教文化所不具备的内容与特质，这些内容与特质是儒家文化与佛教文化，甚至是任何一种其他文化所不能代替的。这就是道家道教文化存在的意义与价值，也是道家道教文化传承几千年而不衰的原因所在。

一、道家文化的基本内容

道家文化自产生以来，至今已有两千多年的历史，虽然期间曾出现过原始道家、黄老道家、魏晋玄学、隋唐重玄学等不同理论形态，其思想和理论也曾因儒家、佛教甚至是西方文化的冲击而发生过一些流变，但万变不离其宗，其基本内容和精神特质却一直变化不大。按照雅斯贝尔斯的理论，世界各大文明有一个共同的特征，即在"轴心时代"就已经奠定了基调，其后未有根本性的改变，这一论断也符合道家文化。道家文化的"轴心时代"即原始道家时期，原始道家是道家文化的源头活水，其后的各个理论形态皆发源于原始道家，乃其思想与各个时代精神相结合的体现。基于此，下面我们将以原始道家为主，从尊道贵德、道法自然、绝巧弃智、无为而治、处下不争等五个方面来探讨一下道家文化的基本内容。

（一）尊道贵德

道是中国哲学的共法，无论是先秦时期的诸子百家，还是两汉以后的儒、释、道三家，皆以道为重要概念。但在以上各家中，对道阐述的最透彻，而且真正以道为核心的仍然是道家道教，正因如此，道家道教才以道名家名教。在道家思想中，道既是创生天地万物的本源本根，又是主宰世间万事万物的本体，在这里达到了宇宙论与本体论的合一，通称为"宇宙本体论"。《老子》第四十二章讲："道生一，一生二，二生三，三生万物。"这是讲道产生万物的过程，对于其中的一、二、三历来有不同的理解，最普遍的解释认为，"一"是指气，"二"是指阴气和阳气，"三"是指阴气、阳气和在阴阳二气相互作用下所形成的冲和之气。这种解释影响最大，后来黄老道家和道教的宇宙论基本上是继承和发展了以上观点而来。道不仅是天地万物的本根，天地万物皆由道创生，而且还是天地万物的本体，天地万物皆由其主宰。也就是说，道除了具有宇宙论的意义之外，还具有本体论的意义。但道主宰万物的方式与我们世俗的理解不同，因为要遵循道法自然的原则，道主宰万物是以自然的方式来进行，即以不主宰的方式来主宰。《老子》第十章云："生而不有，为而不恃，长而不宰，是谓玄德。"第三十四章又云："大道泛兮，其可左右。万物恃之而生而不辞，功成不名有。衣养万物而不为主。常无欲，可名于小；万物归焉而不为主，可名为大。以其终不自为大，故能成其大。"其中"生而不有""为而不恃""长而不宰""衣养万物而不为主"等，皆是说道以不主宰的方式来主宰万物。

对于道家来说，这个作为宇宙本源和万物本体的道是一个超越性的存在，其超越性主要表现在以下几个方面：

1. 超言绝象。作为本体的道是超越言诠的，即不能以语言来称谓或表述。《老子》第一章云："道可道，非常道；名可名，非常名。"这里把道分为了可道之道与不可道之道，可道之道乃形下之道，而不可道之道才是作为本体的形上之道，即形上之道是不可以用语言来表达的，能够用语言称谓的道就不是形而上的常道，正是在这一意义上，《老子》第四十一章才说"道隐无名"。在道家看来，"道"不过是一个权称，并无所指，若执着于语言文字来理解或把握道，便失了道之根本，之所以称其为道，乃是不得已而为之，所以《老子》第二十五章云："吾不知其名，字之曰道，强为之名曰大。"正因如此，《老子》中对道有很多称谓，有些称谓甚至是相互矛盾的，比如第三十四章云："常无欲，可名于小；万物归焉而不为主，可名为大。以其终不自为大，故能成其大。"这里一方面称道为"大"，另一方面又称道为"小"，"大"和"小"相互矛盾，但都可以用来称谓道，这正表明了道的不可言诠性。除此之外，道还是无形无象的存在。《老子》第十四章云："视之不见名曰夷，听之不闻名曰希，搏之不得名曰微。此三者不可致诘，故混而为一。其上不皦，其下不昧，绳绳不可名，复归于无物。是谓无状之状，无物之象，是谓惚恍。迎之不见其首，随之不见其后。执古之道，以御今之有。能知古始，是谓道纪。"第二十一章又云："道之为物，惟恍惟惚。惚兮恍兮，其中有象；恍兮惚兮，其中有物。窈兮冥兮，其中有精；其精甚真，其中有信。"以上称道"视之不见""听之不闻""搏之不得"，即感官无法认识和把握，因为它是"无状之状""无物之象"。道似有若无，"道之为物"说明其似乎"有象""有物""有精"，但却又惚恍窈冥，不可琢磨。

2. 超越有无。除了道以外，"无"也是道家一个非常重要的哲学范畴，尤其是到了魏晋玄学时期，更是以无为本，把无提升到了与道同等的地位和层次。但在道家看来，"无"这个概念可以从两个层面来理解，一个是可以生有之无，一个是有无相对之无。《老子》第四十章云："天下万物生于有，有生于无。"这个"有生于无"的"无"即是"生有之无"，显然这个"无"是在"有"之上的"无"，与"有"不属于同一个层次，否则，"无"何以生"有"？《老子》第二章又云："有无相生，难易相成，长短相较，高下相倾，音声相和，前后相随。"其中"有无相生"之"无"显然不是可以生"有"之"无"，这个"无"是与"有"相对的"无"，正因为有"有"与其相对，所以它与"有"属于同一个层次，是形下层面的"无"。谈到道家关于道与有、无的关系，必须首先要区分开"无"的以上两层意义，并分别对待之。道作为形上的本体，它是超越的存在，其超越性的一个重要表现便是超越有无，其所超越的有无即是"有无相生"意义上的有无，而非"无中生有"意义上的有无。《老子》第一章云："无名，天地之始；有名，万物之母。故常无欲，以观其妙；常有欲，以观其徼。此两者同出而异名，同谓之玄，玄之又玄，众妙之门。""同出而异名"的有无应该是"有无相生"意义上的有无，它们同出于道，为道之异名。从它们同出于道而言，故"同谓之玄"，都可以称得上玄妙，但它们并非玄妙的根源或本身，最多也不过是玄妙的表现，所以在玄之上还有一个"玄之又玄"，这个"玄之又玄"即道，它是超越于有无之上的存在。

3.越超时空。哲学上所谈的超越，其最基本的意义便是超越时间和空间，而且超越时间必同时超越空间，同样超越空间也必同时超越时间，所以举其一必包含其二。道家之道的越超性当然包括超越时空。《老子》第四章云："道冲而用之或不盈，渊兮似万物之宗。……湛兮似或存。吾不知谁之子，象帝之先。""象帝之先"是指道在天帝之先即已存在，这显然是说它超越时间，同样第二十五章也云"先天地生"，即道存在于天地之先，这都是对其超越时间的表述。正像刚才我们讲到的，超越时间必然超越空间，《老子》第三十四章云："大道泛兮，其可左右。"无左无右即是超越空间。对于道的超越时空性，《庄子·大宗师》中有一段话讲得最好，其云："夫道，有情有信，无为无形；可传而不可受，可得而不可见；自本自根，未有天地，自古以固存；神鬼神帝，生天生地；在太极之上而不为高，在六极之下而不为深；先天地生而不为久，长于上古而不为老。"《庄子》这一段话显然是对老子道论的继承，充分展现了道的超越时空性，"自本自根""自古以固存""生天生地""先天地生而不为久，长于上古而不为老"等，皆是指道超越时间，而"在太极之上而不为高，在六极之下而不为深"则讲的是道超越空间。

道创生万物之后，又内在于万物之中，而内在于万物之中的道即是德。从某种意义上讲，德就是内在于具体事物中的道，假若我们说道是超越的，那么德就是内在的。德内在于万物之中，成为万物的内在本性，同时也养长着万物。《老子》第五十一章云："道生之，德畜之，物形之，势成之。是以万物莫不尊道而贵德。道之尊，德之贵，夫莫之命而常自然。故道生之，德畜之，长之育之，亭之毒之，养之、覆之。生而不有，为而不恃，长而不宰，是谓玄德。"但道家所说的德跟儒家是不一样的，虽然儒家也讲道德，道家也讲道德，但其意义是不同的。儒家的道德是一个伦理概念，而无论是道家的道，还是道家的德，都是指的自然。"道法自然"，道以自然而然为品性，万物在生成过程中禀赋道之品性而成己之德，所以从这一意义上讲，道与德是一样的，都是指自然，即以自然为本性。正因为道家的德与儒家的德有此不同，所以在道家看来，儒家提倡的道德恰恰是违背自然的，是后天的人为造作，违背了天地万物的自然本性，正是在此意义上，《老子》第三十八章云："上德不德，是以有德；下德不失德，是以无德。上德无为而无以为，下德为之而有以为。上仁为之而无以为，上义为之而有以为。上礼为之而莫之应，则攘臂而扔之。故失道而后德，失德而后仁，失仁而后义，失义而后礼。夫礼者，忠信之薄而乱之首。"这显然是以道家的自然之德否定了儒家的伦理之德。

道是超越的，而德是内在的，或者说，德是内在于万物之中的超越性存在，这样就使道在具体的层面有了落实，避免了陷入超验性的危险。同时，也使通过内在的德来把握超越的道成为可能，成就了道家意义上的"内在超越之路"。因此，对于道家而言，道和德都很重要，所以其一直提倡尊道贵德。

（二）道法自然

前面介绍了道的超越性和德的内在性，以及它们之间的关联，同时也提到道和德皆以自然为性。《老子》第二十五章云："人法地，地法天，天法道，道法自然。"既然天地万物包括人类皆为道所创生，它们皆禀赋了道性，而道又以自然为法则，因此从某种意义上讲，人、地、天等皆取法于自然。需要说明的是，"道法自然"的"自然"并不是自然界，即它不是一个实然的概念，而是一个价值意义上的概念，具有应然性。在道家哲学中，"自然"的真正意义是"自然而然""本来如此""不假人为"，或者更简洁地讲，"自然"即是"无为"，即任何没有后天人为造作的状态即是自然。在这一意义上，"自然"与"自然界"虽然不是对等的概念，但两者之间也不是没有任何关系。我们知道，自然界实际上是天地万物之总体，从某种意义上讲，其仍然是由道体创生而来，其也具有道性，自然界的本性即是自然，但"自然"却不能等同于"自然界"。

道生万物，道在产生天地万物的同时，也赋予了天地万物以本性，这个本性即是自然。如上已述，内在于天地万物之中的道即是德，所以德即是天地万物之本性。当然，一物有一物之德，万物各有其德，但天地万物之德却是相同的，皆为自然。《老子》第五十一章云："道之尊，德之贵，夫莫之命而常自然。"不管道多么尊崇，德多么高贵，但它们先天的本性却是一样的，即都以自然为本性，这就是"莫之命而常自然"。人为天地万物中之一物，当然也由道创生而来，也禀赋了自然的品性，以自然而然为自己先天的本质。显然，道家在人性论问题上与儒家大相径庭，儒家以道德为人之本性，而道家却以自然为人之本性，并且在此意义上崇尚自然，反对人为，把一切有为的行为皆视为对人自然本性的戕害。正是在此意义上，道家把天地万物的自然原则推扩到了人类社会，提出了"无为而治"的治世原则，故《老子》第五章云："天地不仁，以万物为刍狗；圣人不仁，以百姓为刍狗。"

（三）无为而治

崇尚自然即意味着反对人为，人为即伪，与无为相对，而从这一意义上讲，自然即无为，无为即自然。遵循"道法自然"的原则，道家在社会治理上提出了"无为而治"的口号。虽然"无为而治"在黄老道家那里表现得最淋漓尽致，但其渊源却肇始于老子。在老子思想中，自然与无为相通，两者皆是道的品性。在老子看来，自然即是体，无为即是用，自然与无为是体用关系，自然即无为，体即用，用即体，两者并无实质性的差别。

道家把"自然"视为天地万物应该遵循的第一法则，顺应自然的法则就符合天道，违背自然的法则就与天道背道而驰。自然这一法则体现在人的行为上便是无为，无为即自然，而体现在治理国家上便是"无为而治"。道家认为，作为统治者来说，其最好的治理方式便是无为，只要统治者本人做到无为，做到不扰民，百姓自然就可以顺其自然地生活，社会自然就可以得以治理。反之，社会的一切问题都来自于统治者的有为，《老子》第三章云：

"不尚贤，使民不争；不贵难得之货，使民不为盗；不见可欲，使民心不乱。是以圣人之治，虚其心，实其腹；弱其志，强其骨。常使民无知无欲，使夫智者不敢为也。为无为，则无不治。"统治者不崇尚贤者，老百姓便不会相争；不珍贵难得的财货，老百姓就不会为盗；不表现出自己的欲望，老百姓就不会纷乱。真正的圣人治理天下，是努力使老百姓做到无知无欲，使一切智巧无用武之地，这就是"为无为，则无不治"的道理。但现实社会中的情况却恰恰相反，统治者为了满足自己的欲望，向百姓征收重税，想方设法压榨和控制百姓，使他们屈服于自己的淫威之下，这正是导致社会动乱的原因所在。《老子》第七十五章云："民之饥，以其上食税之多，是以饥。民之难治，以其上之有为，是以难治。民之轻死，以其上求生之厚，是以轻死。夫唯无以生为者，是贤于贵生。"

　　既然认识到了社会动乱的原因在于统治者本身，为了改变这种状况，道家提出了"内圣外王"的口号。但道家所说的"内圣"与儒家不同，它不是道德的提升，而是对自然本性的回归。道家认为，要想治理好国家，统治者首先要做到无为，明白无为而治的道理，做到无为便是统治者的修身之道。《老子》第六十四章云："圣人无为，故无败；无执，故无失。民之从事，常于几成而败之。慎终如始，则无败事。是以圣人欲不欲，不贵难得之货。学不学，复众人之所过。以辅万物之自然，而不敢为。"只要圣人做到了"辅万物之自然"，即顺任自然，也就做到了无为，国家也就可以得以治理。《老子》第五十七章云："以正治国，以奇用兵，以无事取天下。吾何以知其然哉？以此。天下多忌讳，而民弥贫；民多利器，国家滋昏；人多伎巧，奇物滋起；法令滋彰，盗贼多有。故圣人云：我无为而民自化，我好静而民自正，我无事而民自富，我无欲而民自朴。"取天下与治天下的原则是一样的，即都是无为，统治者若做到无为，那么老百姓便可以自正、自富、自化、自朴，这样就实现了道家所说的外王理想。

　　为了充分表达圣人无为而治的道理，《老子》中用了一个非常形象的比喻来说明治国的道理，其第六十章云："治大国若烹小鲜。""小鲜"便是小鱼，治理一个大的国家，就好像是烹制小鱼一样，小鱼的特点是易碎，在烹制过程中若频繁地翻动它，必然会使其破碎，要想做到小鱼不破碎，就必须少翻动它。治国之道也是如此，统治者若不断地扰民，必然会诱发百姓的欲望，引起相互之间的争斗，在争斗中各种智巧无所不用其极地展现出来，使百姓越来越脱离自然素朴的生存状态，使人与人之间的关系变得复杂，社会也会发生动乱，达不到国家治理的目的，只有无为而治才是最好的治国之道。

（四）绝巧弃智

道家崇尚自然，把一切后天人为的因素皆视为对自然素朴状态的背离，正是在这一意义上，其表现出了一定程度的反智主义倾向，提出"绝学无忧"的口号。《老子》第二十章云："绝学无忧。唯之与阿，相去几何？善之与恶，相去若何？人之所畏，不可不畏。荒兮其未央哉！众人熙熙，如享太牢，如春登台。我独泊兮其未兆，如婴儿之未孩，累累兮若无所归。众人皆有余，而我独若遗。我愚人之心也哉！沌沌兮！俗人昭昭，我独昏昏；俗人察察，我独闷闷。澹兮其若海，飂兮若无止。众人皆有以，而我独顽似鄙。我独异于人，而贵食母。"我们一般认为，人刚出生之时，无知无欲，随着年龄的增长，需要学习很多知识，知识越多，能力越强，这就是人的成长过程。但老子的看法却与世俗的认识相反，在老子看来，后天的知识学习越多，就越脱离自然而然的本性，这是对人性的背离与戕害。老子希望人们保持素朴的本性，回归如"未孩之婴儿"的无知无欲的状态，这既是对人之自然本性的回归，也是对道的最高境界的追求。

道家对智的否定是针对所有人而言的，其中当然也包括统治者。前面提到，在治国理念上，道家提出了无为而治的方略，而对于统治者来说，要做到无为而治，首先要做到"绝圣弃智""绝仁弃义"和"绝巧弃利"。《老子》第十九章云："绝圣弃智，民利百倍；绝仁弃义，民复孝慈；绝巧弃利，盗贼无有。此三者，以为文不足，故令有所属，见素抱朴，少私寡欲。"老子认为，百姓之所以难以管理，原因在于统治者本身，他们为了管理好百姓，想方设法，用尽智巧，制定各种规章制度，来约束百姓的行为。实际上，这种做法恰恰违背了自然而然的原则，既不符合人们的本性，也不利于国家的治理。要想治理好国家，统治者只需明白"绝圣弃智，百利百倍；绝仁弃义，民复孝慈；绝巧弃利，盗贼无为"的道理即可。只有统治者能做到弃智、弃义和弃利，"见素抱朴，少私寡欲"，百姓自然就可以获利、孝慈，国家也自然可以安定。正是在此意义上，道家对儒家所提倡的以仁、义、礼、智来治理国家的理念提出了严厉的批评，《老子》第十八章云："大道废，有仁义；智慧出，有大伪；六亲不和，有孝慈；国家昏乱，有忠臣。"

以上是对于统治者自身来说的，但治理国家并不只是统治者的事情，还直接关涉普通百姓。与要求统治者"绝巧弃利"一样，道家主张统治者在对待百姓时也要遵循"绝巧弃利"的原则。《老子》第六十五章云："古之善为道者，非以明民，将以愚之。民之难治，以其智多。故以智治国，国之贼；不以智治国，国之福。"古代真正得道的统治者，治理天下百姓，"非以明民，将以愚之"，即并不是以开发民智为主，相反，而是要尽量保持百姓的素朴状态。因为在道家看来，百姓若竞争于利益、智巧，就会相互争斗，这不利于国家的安定。当然，百姓是否能保持素朴的状态与统治者有极大的关系，上行下效，统治者本身若做不到"绝巧弃利"，而要求百姓保持素朴这是绝对不可能的。因此，在道家看来，"以智治国，国之贼；不以智治国，国之福"，即以智巧来治理国家，必将给国家带来祸患，不以智巧来治理国家，上下皆能保持素朴的状态，才是国家之福。

当然，从某种意义上讲，道家的反智主义倾向，是以求道、得道为目的的。也就是说，在道家看来，智巧、仁义、名利等是把握道的障碍，《老子》云："为学日益，为道日损，损之又损，以至于无为。无为而无不为。"道家明确区分了"为学"与"为道"两种把握事物的方式，其认识到为学需要不断地积累知识，知识对于社会的进步和人类的生存是不可或缺的因素，所以道家反智是以求道为前提的。老子向往如"未孩之婴儿"的生存状态，也并不是要人们退化到像无知无欲的婴儿一样，而是对把握道之后的存在状态的一种形象比喻。

（五）处下不争

道家的人生态度与儒家不同，儒家是积极进取的，以齐家、治国、平天下为己任，"知其不可而为之"，而道家却主张退让不争，"退一步海阔天空",总是喜欢过"隐居以求其志"的生活。在这种生活态度下,道家处处透显出一种别样的人生智慧,即以下为上、以退为进、不争而争的智慧。《老子》第六十六章云:"江海所以能为百谷王者,以其善下之,故能为百谷王。是以欲上民,必以言下之;欲先民,必以身后之。是以圣人处上而民不重,处前而民不害,是以天下乐推而不厌。以其不争,故天下莫能与之争。"儒家和道家都善于以水为喻,但两者对水的理解却是不一样的。"子在川上曰:逝者如斯夫!"①孔子面对江河之时所想到的是时光如流水,一去不复返,人生如白驹过隙,应积极进取,不要蹉跎时光。然而,当老子面对水的时候,所发现的却是水善于处下的特征。常言讲"人往高处走,水往低处流",水有随屈就伸、随高就低的特性,江海能汇聚百川,正是因为其处于低洼之地,所以水才会向其汇归。以此为喻,道家认为,统治者治理天下,想让天下百姓信服,必须要向水学习,要想在百姓之上,必须先敢于处百姓之下,要想在百姓之先,就必须先敢于处百姓之后,这就是道家以上为下、以后为先的智慧。处下、处后就是一种不争的精神,但道家并不是真正意义上的不争,如其讲"无为无不为"一样,不争只是争的一种手段,即通过不争而达到争的目的,"以其不争,故天下莫能与之争"。

《老子》对不争之德非常重视,其第六十七章云:"我有三宝,持而保之。一曰慈,二曰俭,三曰不敢为天下先。慈,故能勇;俭,故能广;不敢为天下先,故能成器长。今舍慈且勇,舍俭且广,舍后且先,死矣!夫慈,以战则胜,以守则固,天将救之,以慈卫之。"老子自称有"三宝",即慈、俭、不敢为天下先,"不敢为天下先"即是处后、处下,也就是有不争之德。这种不争之德不仅可以用于治理国家,处理统治者与百姓的关系,也可以用于处理国与国之间的关系。《老子》第六十一章云:"大国者下流。天下之交,天下之牝。牝常以静胜牡,以静为下。故大国以下小国,则取小国;小国以下大国,则取大国。故或下以取,或下而取。大国不过欲兼畜人,小国不过欲入事人,夫两者各得其所欲,大者宜为下。"一般认为,一个诸侯国要想吞并另一个诸侯国,需要的主要是军事实力,通过战争来达到这个目的。但

---

① 《论语·子罕》。

在老子看来却不是这样，他提出一个更为独特的方式，即不管是大国兼并小国，还是小国兼并大国，都可以通过处下来实现。同样，在战争中也是如此，《老子》第六十八章云："善为士者不武，善战者不怒，善胜敌者不与，善用人者为之下。是谓不争之德，是谓用人之力，是谓配天古之极。"老子认为，在战争中，最后真正的胜利者往往是具有"不争之德"的一方，因为天道本如此，即"天之道，不争而善胜，不言而善应，不召而自来，繟然而善谋。天网恢恢，疏而不失。"①

二、道家文化的主要特质

道家文化的轴心时代是原始道家时期，原始道家是道家文化的源头，其后绪虽有流变，但万变不离其宗。要突显一种文化的特质，并不是一件容易的事情。我们常说，没有比较就没有分别，所以突显道家文化特质的最好方式便是与其他文化类型进行比较。在整个中华传统文化中，儒家文化与道家文化异质同源，一阴一阳，无论是从产生的时代，还是从对中华文化的影响来说，两者都是可以相比拟的，所以从儒、道比较的视角来审视道家文化的基本特征，将是一个不错的选择。下面我们将从这一视角切入，来谈一谈道家文化的四个基本特征。

（一）避世隐修

道家文化与儒家文化在人生态度上有一个明显的不同，即道家文化是消极避世的，而儒家文化是积极入世的。面对纷乱的世事，道家采取了明哲保身的态度，而儒家则以格物、致知、诚心、正意、修身、齐家、治国、平天下的"内圣外王"之道作为自己的理想目标。我们经常用《论语·宪问》中提到的"知其不可而为之"来概括孔子的人生态度，又常用《庄子·人间世》中的"知其不可奈何而安之若命"来概括道家的人生态度，从这两句话中可以显明地看出道家与儒家在人生态度上的不同。

---

① 《老子》第七十三章。

　　道家文化源于古代的隐士，早在道家学派和儒家学派产生之前，隐士早已普遍存在，据说尧舜时代就已经有隐士存在。① 通过《论语》一书即可以看出，在孔子生活的时代，就有很多隐士在活动，《论语》中提到的接舆、长沮、桀溺、荷蓧杖人、晨门、荷蒉等等，都是当时著名的隐士，通过孔子与当时隐士们的交流可以清楚地看出道、儒文化在人生态度上的差异。《论语·微子》云：

　　　　长沮、桀溺耦而耕，孔子过之，使子路问津焉。长沮曰："夫执舆者为谁？"子路曰："为孔丘。"曰："是鲁孔丘与？"曰："是也。"曰："是知津矣。"问于桀溺。桀溺曰："子为谁？"曰："为仲由。"曰："是鲁孔丘之徒与？"对曰："然。"曰："滔滔者天下皆是也，而谁以易之？且而与其从辟人之士也，岂若从辟世之士哉？"耰而不辍。子路行以告。夫子怃然曰："鸟兽不可与同群，吾非斯人之徒与而谁与？天下有道，丘不与易也。"

长沮、桀溺即是孔子时代的隐士。通过以上这段话可以看出，在他们看来，孔子周游列国的目的无非是择贤主而仕，但因当时并无贤主，所以孔子无法真正实现其理想，只能周游于列国之间，终不能被任用。他们认为，孔子这种"知其不可而为之"的行为是非常不明智的，与其这样做"辟人之士"，不如像他们一样，做一个"辟世之士"。长沮、桀溺的行为也受到了孔子的批评，在孔子看来，人与鸟兽不同，鸟兽可以遁迹山林，不问世事，而人天生就是社会性动物，若不问世事，与鸟兽何异？以上这个故事，充分展现了道、儒二家在人生态度上的不同，道家主张，面对乱世，应该做"辟世之士"，采取"隐居以求其志"的方式；而儒家则认为，作为一个人，就应该为社会做出自己的贡献，不管自己的愿望与理想能不能实现，都要积极入世，为安人、安百姓尽一份心力。

　　以上是儒家文献中对道、儒人生态度差异的记载，实际上在道家文献

---

① 蒋星煜编著：《中国隐士与中国文化》，上海三联书店 1988 年版，第 1 页。

中也有类似的记载，不过不是从儒家的立场来讲的，而是站在道家的立场上来讲的。比如，《庄子·逍遥游》中云：

> 尧让天下于许由，曰："日月出矣，而爝火不息，其于光也，不亦难乎！时雨降矣，而犹浸灌，其于泽也，不亦劳乎！夫子立而天下治，而我犹尸之，吾自视缺然，请致天下。"许由曰："子治天下，天下既已治也。而我犹代子，吾将为名乎？名者，实之宾也。吾将为宾乎？鹪鹩巢于深林，不过一枝；偃鼠饮河，不过满腹。归休乎君，予无所用天下为！庖人虽不治庖，尸祝不越樽俎而代之矣。"

尧是儒家崇尚的圣人，而许由则是道家著名的隐士，尧想把天下让给许由，但许由不接受。表面看起来，许由是认为尧已经把天下治理得很好了，不需要他再出来"越俎代庖"，但实际上其中体现了尧与许由对治理天下的不同态度。尧以仁义治天下，而许由则主张无为而治；尧主张积极入世，而许由则"无所用天下为"。这充分显示出道家避世与儒家入世的差异。

道家的避世隐修与儒家的积极入世，并无境界上的高低问题，只是人生态度的差异。况且，实际上道家虽主张避世隐修，但并非毫不关心世事。从某种意义上讲，道、儒两家皆是主张"内圣外王"的，"内圣外王"实为共法，只是两家对"内圣外王"的理解不同。道家主张"无为而治"，"无为"即是内圣，"治"便是外王，"无为而治"即是"内圣外王"。道家的避世隐修是一种人生态度的展示，是一种对现世状态不满的表现，表面看起来，其人生态度是消极的，但实际上消极中有积极的意义在，其与那些随波逐流、同流合污者相比，境界上有天壤之别。

（二）逍遥自由

前面提到，道家崇尚自然，认为自然是天、地以及人类社会的最高法则，即"道法自然"。在此基础上，道家主张无为，反对有为。在道家看来，一切违背自然的后天教化都是对人之自然本性的戕害，所以《庄子·秋水》主张"无以人灭天，无以故灭命"。这与儒家的观点截然不同。儒家崇尚仁、义、礼、智、信"五常之道",主张"克己复礼",以礼约束人的行为,使之符合儒家之伦理道德规范。然而,在道家看来,"大道废,有仁义;智慧出,有大伪;六亲不合,有孝慈。"① 仁、义、礼、智、信并非人的自然本性,都是后天教化而来,属于人为,以此教化他人,即是对他人自然本性的戕害。《庄子·大宗师》云:

> 意而子见许由。许由曰:"尧何以资汝?"意而子曰:"尧谓我:'汝必躬服仁义而明言是非。'"许由曰:"而奚来为轵?夫尧既黥汝以仁义,而劓汝以是非矣,汝将何以游夫遥荡恣睢转徙之涂乎?"意而子曰:"虽然,吾愿游于其藩。"许由曰:"不然。夫盲者无以与乎眉目颜色之好,瞽者无以与乎青黄黼黻之观。"意而子曰:"夫无庄之失其美,据梁之失其力,黄帝之亡其知,皆在炉捶之间耳。庸讵知夫造物者之不息我黥而补我劓,使我乘成以随先生邪?"许由曰:"噫!未可知也!我为汝言大略:吾师乎!吾师乎!齑万物而不为义,泽及万世而不为仁,长于上古而不为老,覆载天地、刻雕众形而不为巧。此所游已!"

尧是儒家崇尚的圣人,他以"躬服仁义而明言是非"教意而子,但在道家著名隐士许由看来,这是以仁义来戕害意而子的天性,与道家崇尚的"万物而不为义,泽及万世而不为仁,长于上古而不为老,覆载天地、刻雕众形而不为巧"的境界正好相反。道家认为,只有去除各种人为的造作与戕害,完全回归天性之自然,方可"游夫遥荡恣睢转徙之涂",即达到无拘无束、顺任自然的自由境界。

道家认为,自然是自由的基础,只有顺应人本有之自然本性而为,不添加一丝一毫的人为,方可优游自在,获得自由的人生境界。庄子认为,人之所以不能自由自在是因为不能做到顺其自然,若不自然心中便不断产生各种各样的执着,其中最主要的执着便是对有无、生死、大小、寿夭、多少、善恶、是非、高下等的执着。因为有执着,所以有对待,有对待则有所依

---

① 《老子》第十八章。

赖，即有待，只有破执，方可达无待之境。《庄子·齐物论》中云：

> 故有儒墨之是非，以是其所非而非其所是。欲是其所非而非其所是，则莫若以明。物无非彼，物无非是。自彼则不见，自知则知之。故曰彼出于是，是亦因彼。彼是方生之说也。虽然，方生方死，方死方生；方可方不可，方不可方可；因是因非，因非因是。是以圣人不由，而照之于天，亦因是也。是亦彼也，彼亦是也。彼亦一是非，此亦一是非。果且有彼是乎哉？果且无彼是乎哉？彼是莫得其偶，谓之道枢。枢始得其环中，以应无穷。是亦一无穷，非亦一无穷也。故曰莫若以明。

在庄子看来，道家与儒、墨不同，儒、墨深陷于是非等各种分别之中，却不知世上本无是非，所有的是非、善恶、大小、高低、有无等对待皆由心执所成，深陷于这些执着之中，人不能获得真正的自由。《庄子·齐物论》云："一受其成形，不亡以待尽。与物相刃相靡，其行尽如驰，而莫之能止，不亦悲乎！终身役役而不见其成功，苶然疲役而不知其所归，可不哀邪！人谓之不死，奚益？其形化，其心与之然，可不谓大哀乎？"人一出生便深陷于各种各样的对待分别之中不能自拔，至死也不明白人生的真正意义和价值所在，真是人生之悲哀！只有像道家那样，破除心中的执着，消灭各种对待，以"莫若以明""两行""得其环中"等方式来跳出人生的怪圈，方能获得自由自在的境界。

对于这种自由自在的境界，庄子称之为"逍遥""优游"之境界，庄子所谓的逍遥、优游境界即是一种绝对的精神上的自由境界。《庄子·逍遥游》中云："若夫乘天地之正，而御六气之辩，以游无穷者，彼且恶乎待哉？"这就是逍遥游的境界。道家所崇尚的这种自由境界在后世产生了重要影响，后世的道家人物多有放浪形骸、不拘小节、粪土名利、蔑视权贵等表现，便是这种自由精神的体现。当然，道家所崇尚的这种绝对的自由境界只是一种精神上的自由，它具有一定的理想性，不可能在现实社会中真正实现。

（三）道术合一

道家与儒家相比还有一个非常重要的不同，即道家既重视道，又重视术，可以说是主张道术合一，而儒家则重道而轻术。孔子曾曰："君子不器。"①《易传》云："形而上者谓之道，形而下者谓之器。"器与道相对。在孔子看来，君子承担着重要的责任，其主要的职责是求道，而不是做一些具体的工作。孔子的学生子夏曾说过："百工居肆以成其事，君子学以致其道。"②"成其事"要靠术，这是百工的职责，而君子与此不同，君子的职责是"致其道"。子夏这句话显然是对孔子"君子不器"的最好阐释。正是出于这样的考虑，孔子才反对自己的学生樊迟学稼，《论语·子路》云："樊迟请学稼，子曰：'吾不如老农。'请学为圃。曰：'吾不如老圃。'樊迟出。子曰：'小人哉，樊须也！上好礼，则民莫敢不敬；上好义，则民莫敢不服；上好信，则民莫敢不用情。夫如是，则四方之民襁负其子而至矣，焉用稼？'"种庄稼是一种谋生的手段，属于术的层面，孔子反对樊迟学稼，并不是因为他瞧不起农民，而是因为他认为，樊迟作为他的学生，应该有更高远的理想，即以学以致道作为自己的奋斗目标，而不应该去学习种庄稼这种具体性的工作。《论语·子罕》云："太宰问于子贡曰：'夫子圣者与？何其多能也？'子贡曰：'固天纵之将圣，又多能也。'子闻之，曰：'太宰知我乎！吾少也贱，故多能鄙事。君子多乎哉？不多也。'"太宰问孔子的学生子贡，孔子为什么掌握了那么多的具体技艺，子贡不知如何回答，只能说是上天使之如此。孔子听说此事之后，告诉了子贡原因，原来是孔子年少时家中贫穷，为了生存，曾从事过很多的工作，所以才掌握了一些具体技艺。从这段记载可以看出，无论是太宰，还是孔子、子贡，他们都认为，作为君子，孔子是不应该如此多能的，即"君子多乎哉？不多也"。所以，自孔子开始，儒家就极为轻视术，认为术妨碍求道，这种传统被后儒所继承，成为儒家一个非常重要的特征。

道家与儒家不同，其在重道的同时，并不轻视术的作用，而且还认为，

---

① 《论语·为政》。

② 《论语·子张》。

由术可以至道，即术是把握道的一种途径或手段。这一点在《庄子·养生主》中体现得最为充分，其中云：

> 庖丁为文惠君解牛，手之所触，肩之所倚，足之所履，膝之所踦，砉然响然，奏刀騞然，莫不中音。合于《桑林》之舞，乃中《经首》之会。文惠君曰："嘻，善哉！技盖至此乎？"庖丁释刀对曰："臣之所好者道也，进乎技矣。始臣之解牛之时，所见无非牛者。三年之后，未尝见全牛也。方今之时，臣以神遇而不以目视，官知止而神欲行。依乎天理，批大郤，导大窾，因其固然。技经肯綮之未尝，而况大軱乎？良庖岁更刀，割也；族庖月更刀，折也。今臣之刀十九年矣，所解数千牛矣，而刀刃若新发于硎。彼节者有间，而刀刃者无厚，以无厚入有间，恢恢乎其于游刃必有余地矣。是以十九年而刀刃若新发于硎。虽然，每至于族，吾见其难为，怵然为戒，视为止，行为迟，动刀甚微，謋然已解，如土委地。提刀而立，为之四顾，为之踌躇满志，善刀而藏之。"文惠君曰："善哉！吾闻庖丁之言，得养生焉。"

庖丁只是一个杀牛的人，从事的是一项具体的技术性的工作，但经过 19 年的不断努力，在杀牛的过程中，完全顺应事物的自然原则，最终达到了"以神遇而不以目视，官知止而神欲行"的高超境界，这是一个"技进于道"的典型事例。

道家的道术合一有其哲学理论上的根源。前面我们曾提到老子之道与德的关系，道生万物，万物包括人类皆具有道性，道性即德，德内在于万物之中，从性质上讲，道与德相同，道法自然，德亦自然。德作为内在万物中的道，既是道在经验层面的体现，又是万物之本质所在。我们要认识经验世界中的具体存在物，就需要认识其内在的德性，并通过内在超越的方式由德来达道。从这一意义上讲，对德的认识属于术的层面，而对道的把握属于道的层面，在内在超越的理路下，掌握术与把握道并不矛盾，因道与德皆以自然为特性，决定了道与术必合一，即由道可以达术，同样由术也可以进于道。或许正是因为这一点，道家道教才最具有科学性，中国古代科技与道家道教有必然的联系。

（四）天人合一

"天人合一"是中国哲学所追求的最高境界，但儒、道两家对"天人合一"的理解并不相同。儒家认为"天生人成"，天是万物包括人类的来源，"天命之谓性"①，天在生人之时赋予人以本性，所以天德等同于人性，这是儒家天人合一的理论根据。但在天与人之间，儒家更重视人，其主张天人合一的目的是为了"以天证人"，即推天道以明人事。而道家却不同，道家认为"道生人成"，天地万物包括人类皆由道生，即"道生一，一生二，二生三，三生万物"。②道生万物之后，又内在于万物之中，此内在于万物之中的道即德，德在人为人性，在物为物性，道与德本质相同，这是道家天人合一的理论根据。但道家的天人合一重点强调的不是人，而是天，其主张"以人合天"。儒、道两家虽然都提倡天人合一，但一个重人，一个重天，各有所偏，所以荀子才批评庄子"蔽于天而不知人"③，又批评孟子"蔽于人而不知天"④。

前面提到，道家所崇尚的自然并不是实然层面的自然界，而是价值意义上的自然，即自然而然、顺其自然，所以其所提倡的"天人合一"与儒家在意义上有所不同。儒家所提倡的"天人合一"中的"天"主要指的是义理之天，其基本的意义是道德的，是由人反显于天而形成的道德之天，所以儒家所提倡的"天人合一"是道德意义上的"天人合一"，或者说，天与人是合一于道德。而道家的"天人合一"之"天"不是道德的，而是自然的，就其所谓的自然为价值意义上的自然而言，道家之天也可以说是义理之天。同样，儒、道两家所讲的"天人合一"中的"人"在意义上也是不同的，儒家讲的是道德之人，而道家讲的是自然之人。因此，与儒家在道德意义上讲"天人合一"不同，道家的"天人合一"是自然意义上的"天人合一"，不

---

① 《中庸》。
② 《老子》第四十二章。
③ 《荀子·解蔽》。
④ 《荀子·解蔽》。

管是天还是人，都是以自然为自己的本性，"人法地，地法天，天法道，道法自然"，[①] 天是自然的，人也是自然的，所以"天人合一"是天与人皆归于自然。

三、道教文化的基本内容

道教作为中国唯一土生土长的宗教，若自张道陵创立五斗米道算起，至今也有两千年的历史，若从道教的理论渊源算起，差不多可以与中华文明的历史一样久远。在道教悠久的发展过程中，塑造了丰富多彩、纷繁复杂的道教文化，成为中华传统文化不可或缺的重要组成部分。然而，道教之作为道教，自然有其与儒、佛等不同的内容与特质，这也是道教在中华文化中独立发展几千年而不衰的内在底蕴。在此，我们不可能将道教文化的方方面面都介绍清楚，因为这是一个极为庞大的工程，只能择其要者加以简单介绍。

（一）神仙信仰

信仰是宗教的核心，每一种宗教皆有其不同于其他宗教的独特信仰。与基督教信仰上帝、伊斯兰教信仰真主、佛教信仰佛陀等一样，道教作为一种宗教，自然也有其自己的信仰对象，其信仰的对象是神仙，追求长生成仙是所有道教信徒的最终目标。但与基督教、伊斯兰教、犹太教等为一神教不同，道教是一个多神信仰的宗教。从某种意义上讲，道教具有泛神化的特征，其继承原始宗教万物有灵的观念，认为天地、山岳、河海、星辰、动植、人物等皆有灵性，皆可以为神。在道教发展的历史长河中，其以开放的心态逐渐吸收各种各样的神灵，不断扩大和丰富其神学系统，最终形成了一个包罗万象、无所不有的庞大神仙体系，并按照人类社会的等级秩序构建起了复杂而又系统的神学谱系。早在魏晋南北朝时期，北朝道士陶弘景就搜罗了道教当时所有的神仙，编成《真灵位业图》一书。"该书将道教信仰的天神、地祇、人鬼和仙真众圣等庞大神仙群，用七个等级（或称七个系列）组

---

① 《老子》第二十五章。

织排列起来。第一等级（或称神阶）以玉清元始天尊为主神，第二神阶以玉晨玄皇大道君为主神，第三神阶以太极金阙帝君为主神，第四神阶以太清太上老君为主神，直到最后第七神阶以管鬼魂的丰都北阴大帝为主神。在这七个主神之下，分别左、右位，各将若干天神、仙真、地祇、人鬼置于其统率之下，从而构成一个等级分明的神仙谱系。"①

经过长时间的吸纳与补充，到了明清时期，道教的神仙信仰逐步完善，形成了以三清、四御等为尊神的神系。三清是指元始天尊、灵宝天尊和道德天尊。元始天尊居于清微天玉清境，又称玉清元始天尊；灵宝天尊居于上禹余天上清境，又称上清灵宝天尊；道德天尊居于大赤天太清境，又称太清道德天尊。三清之说源于魏晋南北朝时期盛行的上清、灵宝、三皇三派，后来又影响到道书的编纂，《道藏》中的洞真、洞玄、洞神三部分分别对应着以上三派的经典，号称"三洞经书"。在三清中，地位最高的是玉清元始天尊，其次是上清灵宝天尊，再次是太清道德天尊。三清之下是四御，即紫微北极大帝、南极长生大帝、勾陈天皇大帝、后土皇地祇。除此之外，道教信仰的神灵还有太上老君、三官大帝、救苦天尊、斗母、二十八星宿、五岳五镇四渎四海神、妈祖、碧霞元君等。② 道教的神仙信仰是一个开放的系统，随着道教的不断发展，民间各种各样的神灵被吸纳，信仰对象日益复杂，信仰系统日益扩大，但以三清四御为尊神这一点并没有改变。

（二）内外丹道

炼丹是道教的重要内容之一。道教的丹道分为外丹与内丹，两者所炼之丹皆可称之为金丹，所以炼丹之术又称之为金丹大道。实际上，战国中期的时候，燕齐一带就有众多方士活动，并流传着很多关于神仙和仙药的传说，齐威王、齐宣王、燕昭王就曾听信燕齐方士宋毋忌、正伯侨、充尚、羡门高等人的话，派人入海寻仙问药。秦汉时期，随着冶炼技术的不断提高，除了寻求仙人、仙药外，炼制丹药也成为燕齐方术的重要活动。秦始皇、汉

---

① 卿希泰主编：《中国道教史》（修订版）第一卷，四川人民出版社1996年版，第521页。

② 参见胡孚琛、吕锡琛《道学通论：道家·道教·仙学》，社会科学文献出版社1999年版，第502页。

武帝身边就有一些方术，秦始皇时主要有徐福、韩众、侯公、石生、卢生等，汉武帝时有李少君、谬忌、少翁、栾大、公孙卿等，他们在为秦皇汉武寻找仙药的同时，也尝试着自己进行炼丹活动。《史记·封禅书》云："是时李少君亦以祠灶、谷道、却老方见上，上尊之。……少君言上曰：'祠灶则致物，致物而丹沙可化为黄金，黄金成以为饮食器则益寿，益寿而海中蓬莱仙者乃可见，见之以封禅则不死，黄帝是也。臣尝游海上，见安期生，安期生食臣枣，大如瓜。安期生仙者，通蓬莱中，合则见人，不合则隐。'于是天子始亲祠灶，遣方士入海求蓬莱安期生之属，而事化丹沙诸药齐为黄金矣。"按照以上记载，秦始皇崇信的术士李少君，曾向其言及"祠灶"之事，"祠灶"即炼丹，这说明至少在秦始皇时炼丹术已经存在。为了寻求长生不死之药，燕齐方术经常进行炼丹活动。

道教吸收了自先秦以来的神仙传统，自创立之始便开始了炼丹活动，早期道教的炼丹主要是外丹，即黄白之术。早期道教主要有三个形态，即五斗米道、太平道和金丹道，其中的金丹道便主要以炼丹为主，其代表人物是魏伯阳。魏伯阳的主要著作是《周易参同契》，其中就是用周易理论来讲道教的炼丹之术。到了魏晋南北朝时期，炼丹术得到快速发展，并在社会上产生了重要影响。魏晋名士喜欢服食寒石散，便是受道教炼丹术影响所致。葛洪曾在《抱朴子·内篇》中云："余考览养性之书，鸠集久视之方，曾所披涉篇卷，以千计矣，莫不皆以还丹金液为大要者焉。然则此二事，盖仙道之极也。服此而不仙，则古来无仙矣。"从以上记载可以看出，葛洪时已经有了大量的专门炼外丹的经典，而且在葛洪看来，金液还丹之术乃"仙道之极"，即是成仙最方便的途径。随着道教的不断发展，炼丹术在社会上影响越来越大，魏晋已形成了炼丹之风，而且到了隋唐此风愈演愈烈。但外丹烧炼的材料主要以矿物质或金属为主，其中有一些像汞、铅之类，含有很大的毒性，长期服食，不仅不能长生，而且还会对人体产生极大的损害。随着因服食外丹而死者越来越多，人们逐步认识到了外丹的弊病，内丹术开始兴起。

内丹与外丹所依据的理论是一致的，只是所用药物和鼎炉不同。内丹术以精、气、神为药物，称之为"三宝"，以人的身体为鼎炉，以意念为火候，虽然也有一些危险性，但相对于外丹来说，危害较小，一经产生便受到推崇，迅速发展起来。由外丹发展到内丹有一个过程，尤其是在隋唐时期，很多著名的道士都是内外丹兼修的。到了唐末五代时期，产生了一批著名的内丹家，如钟离权、吕洞宾、陈抟等，其中钟离权与吕洞宾对后世影响较大，形成了所谓的钟吕内丹道派。钟吕内丹道派可以分为南北二宗，南宗由张伯端创始于北宋时期，其主要著作是《悟真篇》，南派在"性命双修"的前提下，主张先修命而后修性的内丹修炼次第，除张伯端之外，其代表人物还有石泰、薛道光、陈楠、白玉蟾等，以白玉蟾集其大成。北宗由王重阳创始于金大定年间，在"性命双修"和"三教合一"的前提下，主张先修性而后修命，除王重阳之外，其代表人物还有马钰、谭处端、刘处玄、丘处机、王处一、郝大通、孙不二，号称"全真七子"。无论是内丹道南宗还是北宗，皆渊源于唐末五代时期的钟吕内丹道派，以钟离权、吕洞宾、刘海蟾等为祖师。后来，元代全真道士李道纯又创立内丹道中派，明代陆西星创立内丹东派，清代李西月创立内丹西派，其他小的分支和派别更是数不胜数。

（三）斋醮科仪

斋醮科仪是道教的重要内容，也是道士们沟通天人的主要方式。道教的斋醮科仪源于中国古代的祭祀礼仪，早在原始社会时期，人们就已经有了万物有灵的观念，在这种观念下产生了对天、地、日、月、山、川等的崇拜，形成了原始的自然崇拜。在自然崇拜的基础上，又逐步形成了图腾崇拜、鬼神崇拜以及祖先崇拜等，并产生了各种各样的祭祀礼仪。随着中国古代礼仪的不断发展完善，以《周礼》《仪礼》《礼记》为主，逐步形成了一整套几乎可以说贯穿各项社会活动的礼仪系统，道教的斋醮科仪便是在此基础上形成的。

早在汉末道教产生之时，就已经有了简单的仪式。据《三国志·张鲁传》记载，"太平道者，师持九节杖为符祝，教病人叩头思过，因以符水饮之，得病或日浅而愈者，则云此人信道，其或不愈，则为不信道。修法略与角同，加施静室，使病者处其中思过。"其中的"叩头思过""静室思过"等便是太平道奉行的宗教仪式。后来，经过陆修静、张万福、杜光庭、林全真、林灵素等的不断发展和完善，到了唐宋时期道教已经形成了较为系统的斋醮科仪。

在早期道教中，斋和醮并不同。斋主要是指斋戒，即在举行或参与祭祀活动前内以清心、外以戒荤的行为，以表示对祭祀活动的重视。《三天内解经》云："夫为学道，莫先乎斋，外则不染尘垢，内则五藏清虚，降真致神，与道合居，能修长斋者，则合道真，不犯禁戒也。故天师遗教，为学不修斋直，冥冥如夜行不持火烛，此斋直应是学道之首。"其中介绍了道教的斋戒活动及其重要价值。醮是古代祭祀中的一种献酒礼仪，《太上黄箓大斋立成仪》卷十五云："有酬酢曰献，无酬酢曰醮。醮者，用酒于位，敬以成礼也，延真降灵而以醮名，其古用酒于位之礼欤？"在道教中，斋和醮本来也是分用的，到了唐宋以后才逐步斋醮合称，用于代指一切道教科仪活动。按照《海琼真人语录》的记载，道教的斋醮科仪主要可以分为"三箓七品"，其中云："夫三箓者，一者金箓斋，上消天灾，保镇国王，惟帝王用之；二者玉箓斋，救度人民，请福谢过，惟妃后臣僚用之；三者黄箓斋，济生度死，下拔地狱九幽之苦，士庶通用之。七品者，一者三皇斋，求仙保国；二者自然斋，修真学道；三者上清斋，升虚入妙；四者指教斋，禳灾救疾；五者涂炭斋，悔过请命；六者明真斋，拔九幽之魂；七者三元斋，谢三官之罪。此等诸斋，或一日一夜，或三日三夜，或七日七夜，具如仪范要之，皆有所本也。"①

（四）医药养生

宋孝宗在《三教论》中曾言："以佛治心，以道治身，以儒治世。"这是对儒、释、道三教不同功能的区分。宋孝宗的这一说法有点绝对，因为儒家也讲修身，道家也讲治世，而且儒、道皆讲治心，但也不是没有一点儿道理，因为儒、释、道三家的功能各有偏重。就儒、释、道三家比较而言，道家道教对于治身尤为重视，在其经典中有很多关于医药和养生的内容。我们常讲，"十道九医"，即修道者一般要精通医术，原因主要有两个方面：一是

---

① 以上参见陈耀庭著《道教礼仪》，宗教文化出版社 2003 年版，第 50—88 页。

为了济世救人的需要，因为济世救人可以积功累德，而积功累德又是得道成
仙的前提；二是为自身修炼的需要，因为道教的丹道修炼需要有一定的医学
基础，不通中国传统医学，很难修炼丹道，所以为了修炼丹道，道士们都要
学一些中医方面的知识。

医药养生是道教的特色，这是儒、释二教所无法比拟的。首先，《道藏》
中现存有大量的医学养生类经典。比如，除传统中医理论基础著作《黄帝内
经素问》外，还有《太清道林摄生论》《抱朴子养生论》《养性延命录》《登
真隐诀》《彭祖摄生养性论》《孙真人摄养论》《保生要录》《混俗颐生录》《四
气摄生图》等等①，从这些养生经典可以看出，道教对于养生极为重视。其
次，中国古代的名医很多都是道士。比如，董奉、葛洪、鲍姑、陶弘景、杨
上善、王冰、孙思邈、王怀隐、马志、崔嘉彦、刘完素、赵宜真、周履靖
等，既是中国古代著名的中医，同时又是道士身份，他们是道医的重要代表
人物。最后，道教医学为中国古代医学乃至现代科学作出了重要贡献。对于
道教医学对中医的贡献，内容极为丰富，可以说不一而足，前面提到的这些
重要医学养生经典与著名中医就是最好的例证。对于道教医学对现代科学的
贡献，最好的例子便是诺贝尔医学奖获得者屠呦呦受葛洪医方的启发发明了
青蒿素。随着人们生活水平的不断提高，追求生活的质量提上了议事日程，
而道教医学与养生学的价值也越来越受到有识之士的重视。

四、道教文化的主要特质

道教作为中国土生土长的原生性宗教，在中国历史上传承几千年，已
经成为中国传统文化的重要内容。其之所以能在与儒、佛乃至西方文化的竞
争中存在至今，必有其独特性的内容，而这恰恰是其他文化所不能取代的。
当然，道教的特质很多，在这里我们不可能一一列举出来，只能择其要者
做一下简要介绍。具体讲来，道教文化的主要特质有"长生成仙""我命在
我""性命双修""身国同理"等几个方面。

---

① 朱越利：《道藏分类解题》，华夏出版社 1996 年版，第 254—264 页。

（一）长生成仙

每一种宗教都有自己追求的理想，也有自己希冀的理想人格。儒家的人生理想是成圣成贤，其最高的理想人格是圣人；佛教的人生理想是成佛成菩萨，其最高的理想人格是佛；而道教的人生理想却是成仙，其最高的理想人格是仙人。坚信人可以成仙，是每一位道教信仰者的坚定信念，假如说道教与儒、佛有什么根本上的差别，那么我们可能会说，追求长生成仙是道教的特质。但就道教内部来说，虽然追求长生成仙是道士们的共同追求，但不同的道派对成仙的理解并不完全相同。

自明初开始，传统道教三山合并，统称为正一道，道教就形成了两大派别，即正一道与全真道。除了信仰对象、修持方法、遵守的戒律等不同外，正一道与全真道的一个非常大的不同是对长生成仙的理解不同。在金代全真道产生之前，传统道教各个派别皆主张肉体成仙，又称之为"解脱之道"或"遗蜕成仙"。因继承了老子"贵生"的思想，道教对于人的生命极为重视，其所说的长生成仙便是一种生命的飞升，其中既包括肉体，又包括精神，这与佛教形成了鲜明的对比。我们知道，佛教认为，一切皆为因缘合和而成，并无自性，肉体也是一样，是因缘假合之作，它非但不是我们修行的助力，而且还成为我们修行最大的障碍。因为人之一切情欲皆源于肉体，只要有肉体存在，情欲便无法彻底断绝，所以佛教极为仇视人之肉体，将其视为"臭皮囊"。而道教却不这样认为，它认为身体是我们修道的载体，长生成仙所追求的并不只是精神的不灭，而是肉体与精神即生命的不死。这与儒家也不一样，儒家虽然也非常重视人的肉体存在，但这是出于孝敬父母的原因，因为身体发肤受之于父母，所以保护好自己的身体即是孝道。在肉体和精神两者之间，儒家更重视精神，而不是肉体，孟子对此有极为精辟的论述，其讲"大体"与"小体"之别，讲"舍生取义"，这都体现了儒家重精神而轻肉体的态度。所以说，在中国传统文化中，假如把儒、释、道三家做一个比较，那么，只有道教既重视肉体又重视精神，追求肉体成仙，这充分体现出道教对人之生命理解的整体性特征。

隋唐以后，道教受佛教的影响日益深入，金元之际终于产生了一个新的道派——全真道。全真道是以传统道教改革派的形象出现的，其从一开始便表现出与传统道教有很大的不同。其中，在长生成仙问题上，全真道一反传统道教所提倡和追求的肉体长生，而推崇精神超越，这明显是受到了佛教禅宗的影响。全真道提倡"三教合一"，充分吸纳儒、释二教理论，否定了肉体长生的可能性，提出了"全真而仙"的新理念。王重阳在《重阳立教十五论》中曾言："离凡世者，非身离也，言心地也。身如藕根，心似莲花，根在泥而花在虚空矣。得道之人，身在凡而心在圣境矣。今之人欲永不死而离凡世者，大愚不达道理也。"在以上这段话中，王重阳明确地指出了全真道所谓的离凡世，并非身离，而是心离，即并不是肉体的成仙，而是精神的超越。丘处机在《磻溪集》卷六中有一首题名为《假躯》的《无漏子》词，其云："一团脓，三寸气。使作还同傀儡。夸体段，骋风流。人人不肯休。白玉肌，红粉脸。尽是浮华庄点。皮肉烂，血津干。荒郊你试看。"丘处机在这首词中表现出了对肉体的厌恶，像佛教一样把肉体称之为"假躯"，认为肉体不过是"一团脓，三寸气"，它是修炼的障碍，若执着于肉体，只能是死路一条。王重阳和丘处机的这些思想，充分表现出了全真道在长生成仙上与传统道教的差异，也丰富了道教成仙理论的内容。

（二）我命在我

命是中国哲学的一个重要范畴，在中国哲学中，儒、道两家皆言命。儒家经典《论语》《中庸》《孟子》以及1993年出土的郭店楚简皆有大量关于命或天命的讨论。从总体上讲，儒家所言的天命是指人力所无法操控的一种决定性力量，超出了人之能力所及的范围。正如孟子所说的那样，人间之事可以分为"求之在我者"和"求之不在我者"，提升自身的道德人格是"求之在我者"，而生死富贵等则是"求之不在我者"，"求之不在我者"即是由命来决定的，所以说"生死由命，富贵在天"。先秦道家代表人物庄子也多次提到命，也认为命是超出人之能力范围之外的事情，对于命人除了服从别无他法，即"知其不可奈何而安之若命"。从这一点来看，儒、道对于命的看法基本上是一致的，即都认为命是无法改变的，是人力所无法控制的。

道教对于命的理解与先秦儒、道两家完全不同，其虽然也承认命的存在，但却并不认为命是人力所无法改变的，而是提出了"我命在我不在天"的口号。晋代葛洪在《抱朴子内篇》卷十六《黄白》云："龟甲文曰：我命在我不在天，还丹成金亿万年。"《西升经》中说："我命在我，不属天地。我不视不听不知，神不出身，与道同久。吾与天地分一气而治，自守根本也。"北宋内丹南宗创始人张伯端在《悟真·绝句六十四首》中云："药逢气类方成象，道在虚无合自然，一粒灵丹吞入腹，始知我命不由天。"由此可见，早在道教产生不久的晋代就已经有了"我命在我不在天"的看法，而且这一看法被后世所继承，逐渐成为道教的一大理论特色。在道教看来，命并不是不可以改变的，通过道教的修炼手段，完全可以把命运掌握在自己手中。

道教之所以有如此的看法，是出于对长生成仙的追求。前面提到，追求长生成仙是道教的理想，但正如儒家所言，"生死由命"，人的生死是命定的，人力无法改变，如此一来，追求长生成仙就是不可能的。若不承认命运可以改变，道教的长生成仙理论便是空谈，也不会有人真的相信。所以，葛洪在极力证明神仙确实存在的同时，明确提出"我命在我不在天"的口号。道教这种不向命运低头的精神具有一定的积极意义。

（三）性命双修

"性命双修"这一术语最早由吕洞宾提出，其在《敲爻歌》中云："只修性，不修命，此是修行第一病。只修祖性不修丹，万劫阴灵难入圣。达命宗，迷祖性，恰似鉴容无宝镜。寿同天地一愚夫，权握家财无主柄。性命双修玄又玄，海底洪波驾法船。生擒活捉蛟龙首，始知匠手不虚传。"全真道尊奉吕洞宾为祖师，自然也继承了其"性命双修"的思想。王重阳在创立全真道之初，就明确提出了"性命双修"的宗旨，《重阳立教十五论》云："性者神也，命者气也。性若见命，如禽得风，飘飘轻举，省力易成。"又云："性命是修行之根本，谨紧锻炼矣。"《重阳真人金关玉锁诀》云："人了达性命者，便是真修行之法也。"全真七子及其后学谨承师教，也多次强调"性命双修"的重要性。刘处玄在《无为长生真人至真语录》中云："根无其水则苗死也，性无其命则身死也。"王处一《云光集》卷一云："圆融性命不为难，孳尽光生道往还。"尹志平在《清和真人北游语录》卷一也云："性命岂为二端？先须尽心，认得父母未生前真性，则识天之所赋之命。《易》曰："穷理尽性以至于命。'"属于南宗的内炼经典《尹真人东华正脉皇极阖辟证道仙经》云："专务顶门之性为宗者，是不知命也。专务坤炉修命为宗者，是不知性也。"又云："性不离命，命不离性。二者则二而一，一而二者也。"

虽然全真道南北二宗对性命的先后和轻重认识不同，但二者皆主张"性命双修"，"性命双修是道家丹功的基本原则"①。萧天石云："神仙之学无他，身心性命之学而已。神仙之道无他，身心性命之道而已。"② 从这一意义上讲，全真之学即是身心性命之学。按照全真道对性命的理解，性命往往与神气相关，《重阳立教十五论》云："性者神也，命者气也。"《重阳真人授丹阳二十四诀》云："性者是元神，命者是元气，名曰性命也。"性即神，命即气；修性即炼神，修命即炼气；炼神即是对心性或精神的磨炼，炼气则是对肉体潜能的开发；性命双修即身心并养。在全真道看来，性命不可分，《性命圭旨》云："有性，便有命；有命，便有性。性命原不可分。但以其在天，则谓之命；在人，则谓之性。性命实非有两。况性无命不立，命无性不存，而性命之理，又浑然合一者哉。"全真道"性命双修、身心并养"的性命之学，符合人体生命科学的规律，具有独特的养生学价值。③

（四）身国同理

"身国同构"是中国哲学的共法，儒、道两家皆有类似的理论。儒家的"身国同构"理论主要体现在《大学》，《大学》中讲"内圣外王"，即格物、致知、诚意、正心、修身、齐家、治国、平天下，其理论的前提便是"身国同构"，正是在这一前提下，由"内圣"到"外王"才是可能的。"内圣"是修身之道，"外王"是治国之理，"内圣外王"即是由修身推到治国，其中所蕴含的便是"身国同构"的理念。这一理念在道家思想中也有所体现，《老子》第五十四章云："修之于身，其德乃真；修之于家，其德乃余；修之于

---

① 王沐：《内丹养生功法指要》，中华书局 2008 年版，第 234 页。

② 萧天石：《道家养生学概要》，（台北）自由出版社 2000 年版，第 43 页。

③ 赵卫东、黄艾华：《全真精神与当代社会》，载《齐鲁文化研究》第 12 辑，泰山出版社 2012 年版。

乡，其德乃长；修之于国，其德乃丰；修之于天下，其德乃普。故以身观身，以家观家，以乡观乡，以国观国，以天下观天下。"其中蕴涵着身、家、乡、邦、天下同理之义。《老子》第十三章又云："贵以身为天下，若可寄天下；爱以身为天下，若可托天下。"其中认为，治身与治天下同理。正是在"家国同构"这一理论前提下，老子才提出了治身与治国乃至于治天下同理的思想。

老子"身国同理"的思想被后来的黄老道家与道教所继承，成为其最基本也是最有特色的一个理念。目前所见最早的《老子》注释本《老子河上公注》在注释"有国之母可以长久"一句时云："国身同也，母，道也。人能保身中之道，使精气不劳，五神不苦，则可以长久。"其中明确提出了"国身同"的说法，这便是老子"身国同理"思想在其中的充分体现。在道教第一部经典《太平经》中，"身国同理"的思想也有所体现，其中云："端神靖身，乃治之本也，寿之征也。无为之事从是兴也。先学其身，以知吉凶。是故贤圣明者，但学其身，不学他人，深思道意，故能太平也。"[①] 太平盛世乃治国的理想，《太平经》所追求的就是实现天下太平，但它认为，要实现或达到这一理想，却需要"先学其身"，即从治身开始，把治身之理推扩或运用于治国，即可以实现天下太平。

道教"身国同理"思想的理论基础是"道生万物"之说，与道家一样，道教也认为天地万物皆是由道所化生，天地万物皆秉承道性，道性自然，顺自然之理则治，逆自然之理则亡。国家、天下作为人类社会的一部分，由天地万物和人所构成，其也应该遵循天道自然之理。对于统治者来说，把治身的无为之理推广到治国，即可实现"无为而治"。清代内丹道西派创始人李西月在注释《道德经》时曾云："道也者，内以治身，外以治世，日用常行之道也。"[②] 显然，在李西月看来，道对内可以治身，对外可以治世，无论是治身还是治世皆需循道而行，治身与治世所遵循的道理是一样的，这便是"身国同理"思想的具体运用。

---

① 王明编：《太平经合校》，中华书局 1960 年版，第 12 页。
② 熊铁基、陈红星主编：《老子集成》第十卷，宗教文化出版社 2011 年版，第 442 页。

第九章　道家道教文化的当代价值

　　道家道教文化作为中国传统文化的重要内容，其产生、发展于中国古代社会，是特定历史环境下的产物，有其历史性与时代性，其中部分内容已经与当前的社会不相适应。但是，我们不可否认，道家道教文化中的大部分内容是中华优秀传统文化的重要组成部分，只要经过一个"取其精华，去其糟粕"的辨析过程，道家道教文化对于当代社会仍有其借鉴价值。下面就从道家道教与生态、道家道教与政治、道家道教与科技、道家道教与文明冲突等四个方面对道家道教文化的当代价值加以探析，以便有助于道家道教文化的创造性转化与创新性发展。

一、道家道教与生态

　　20 世纪以来，随着人类对自然控制与支配能力的急剧增强，以及自我意识的极度膨胀，人类开始一味地对自然界强取豪夺，从而激化了人与自然之间的矛盾，加剧了人与自然的对立，严重破坏了自然环境与生态平衡。随之而来的则是环境污染严重、生态平衡破坏，具体表现为能源短缺、臭氧层破坏、全球变暖、大气污染、水资源缺乏、森林锐减、土地沙化、水土流失、物种灭绝等生态危机。这种生态危机不仅严重影响到社会经济发展和人类生命健康，而且还日益威胁着人类社会在地球上的生存与发展。道家道教作为中华优秀传统文化的一个重要组成部分，在中国哲学传统的"天人合一""万物一体""和谐共生"等思想的指导下，追求"天道均衡，万物平等""道法自然，天人合一""清静寡欲，知足知止""尊重生命，严禁杀生""洞天福地，人间仙境"等理念，这些理念对于今天我们维护生态平衡、保护生态环境具有重要的借鉴价值。

（一）天道均衡，万物平等

无论是道家还是道教都主张道生万物，认为天地万物包括人类皆是由道产生，而且天道均衡，其可以"损有余而补不足"。《老子》第七十七章云："天之道，其犹张弓与？高者抑之，下者举之；有余者损之，不足者补之。天之道，损有余而补不足。人之道则不然，损不足以奉有余。孰能有余以奉天下，唯有道者。"以上把天道与人道对立，天道是"损有余而补不足"，而人道是"损不足以奉有余"，其意在说明天道是均衡的，天地万物和人类皆其产物，其会平等地对待它们，并维持其间的平衡，而人道却恰恰与其相反，处处体现出一种不平衡性。道家的这种平等均衡的观念，因道的保证而呈现出自然而然的状态，这种平等均衡在自然的意义下体现出一种必然性与绝对性。比如，《老子》第二十五章云："道大，天大，地大，王亦大。域中有四大，而王居其一焉。"其中把道、天、地和王（人）并列而谈，而且突出强调"王（人）居其一"，显然把这种均衡性推到了极致。既然平等均衡是天道的体现，那么，作为把握天道的圣人也应该具有这种品质。《老子》第十六章云："知常容，容乃公，公乃王，王乃天，天乃道，道乃久，没身不殆。""常"即是"道"，"知常"即是"知道"，人知道后才能宽容，能宽容才能公正，公正才能成为圣王，可见公正平等地对待天地万物和他人是圣王的品德。正是在此基础上，《老子》第五章云："天地不仁，以万物为刍狗；圣人不仁，以百姓为刍狗。"正像天地对万物没有偏爱一样，圣人对百姓也没有任何的偏爱，其对百姓一视同仁，平等对待。不仅老子有这样的思想，庄子也有类似的说法。《庄子·齐物论》云："天地与我并生，而万物与我为一。"这是庄子对天人合一的表述。在庄子看来，天地万物与人类皆为一体，就像我们对待身体的各个部分一样，不应该有亲疏的差别。《庄子·天地》云："天地虽大，其化均也；万物虽多，其治一也。"以天人合一为基础，庄子认为天地万物和人类"化均""治一"。《庄子·天道》又云："夫道，于大不终，于小不遗，故万物备。"不管物之大小，天道均衡，皆不终不遗，正因为这样才能够使万物为人所用。

与道家一样，道教也主张道生万物，并同样在此基础上提出了天道均衡、万物平等的思想。《无能子》云："天地未分，混沌一炁。一炁充溢，分为二仪。有清浊焉，有轻重焉，轻清者上为阳为天，重浊者下为阴为地矣。天则刚健而动，地则柔顺而静。炁之自然也，天地既位，阴阳气交，于是裸虫鳞虫毛虫羽虫甲虫生焉。"以上这段话虽然说的比较复杂，实际上是对老子"道生一，一生二，二生三，三生万物"的阐释，其所阐发的仍然是道生万物的观念。在此观念基础上，《无能子》进一步提出了"万物平等"的思想，其云：

> 人者裸虫也，与夫鳞毛羽甲虫俱焉，同生天地，交炁而已，无所异者也。或谓有所异者，岂非乎人自谓异于鳞羽毛甲诸虫者？岂非乎能用智虑邪？言语邪？夫自鸟兽迨乎蠢蠕，皆好生避死，营其巢穴，谋其饮啄，生育乳养，其类而护之，与人之好生避死、营其宫室、谋其衣食、生育乳养、其男女而私之无所异也。何可谓之无智虑邪？夫自鸟兽迨乎蠢蠕者，号鸣啼噪皆有其音，安知其族类之中非语言邪？人以不喻其音而谓其不能言，又安知乎鸟兽不喻人言，亦谓人不能语言邪？则其号鸣啼噪之音必语言尔，又何可谓之不能语言邪？智虑语言，人与虫一也。

以上认为，人与万物皆由道所生，其与其他的动物即鳞毛羽虫之类并无本质的差别，这不仅体现在人与动物皆由道产生这一点上，而且即使在"智虑语言"方面，同样也是"人与虫一也"。这与儒家表现出了完全不同的理念。我们知道，儒家一直强调"天地之生，人为贵"，突出人与动物的不同。《孟子·离娄下》云："人之所以异于禽兽者几希，庶民去之，君子存之。"《荀子·非相》云："故人之所以为人者，非特以其二足而无毛也，以其有辨也。夫禽兽有父子而无父子之亲，有牝牡而无男女之别。故人道莫不有辨。"荀子认为，"水火有气而无生，草木有生而无知，禽兽有知而无义，人有气、有生、有知，亦且有义，故最为天下贵也。"① 儒家的"人禽之辨"与道家天道均衡、万物平等的思想正形成了鲜明的对比。

道家道教在天道均衡、万物平等思想的基础上，表现出对自然界中万物的尊重，把万物与人类平等对待，并没有特别地突显人类中心主义，从某种意义上讲，这一思想有助于环境保护与生态平衡。也正是在万物平等的理念下，道家道教提出了很多类似于今天我们所提倡的生态伦理的思想和理念。比如，《劝世归真》卷四云："野外一切飞禽走兽、鱼鳖虾蟹，不与人争饮，不与人争食，并不与人争居。随天地之造化而生，按四时之气化而活，皆有生命存焉。《王制》云：獭祭鱼，然后虞人入泽梁；豺祭兽，然后田猎；鸠化为鹰，然后设罝罗；不麛，不卵，不杀胎，不殀夭，不覆巢。皆言顺时序广仁义也。如无故张弓射之，捕网取之，是于无罪处寻罪，无孽处造孽，将来定有奇祸也。"② 《劝世归真》是一部道教经典，以上这段话虽然引用了《礼记·王制》来说明其观点，但其理论基础却是不一样的。儒家提倡保护动物、维护生态平衡的出发点与道家道教不同，其是以仁义为基础、以利民为目的的，而道家道教则是以天道均衡、万物平等为基础的。假如说儒家在某种程度上仍然表现出了一定程度的人类中心主义的话，而道家道教的这一思想却对于消解人类中心主义具有重要作用。

（二）道法自然，天人合一

自然是道家的第一原则，《老子》第二十五章云："人法地，地法天，天法道，道法自然。"在道家看来，人、地、天、道皆要取法于自然，即遵循自然的原则。正因如此，道家才以自然的原则来处理人与人以及人与自然的关系，即以无为而治的方式来处理人与人、人与自然的关系。因此，《老子》第二章云："是以圣人处无为之事，行不言之教；万物作焉而不辞，生而不有，为而不恃，功成而弗居。夫唯弗居，是以不去。"《庄子·天道》也云："天不产而万物化，地不长而万物育，帝王无为而天下功。"从人与人关系的

---

① 《荀子·王制》。
② 《藏外道书》第28册，巴蜀书社1994年版，第91页。

角度讲，"无为而治"就是"圣人处无为之事，行不言之教"，也是"帝王无为而天下功"；而从人与自然关系的角度讲，就是"万物作焉而不辞""天不产而万物化，地不长而万物育"。显然，道家认为，在处理人与自然的关系上应该遵循无为自然的原则，不要过度地干预和破坏自然，否则有违天道，"不道早已"①。

今天环境破坏与生态失衡的主要原因在于人与自然关系的失调，因为人为了满足自己的私欲，不断地从自然界索取，出于人类中心主义的思考，把自然界视为人类的附属物，以为自然界存在的目的就是为了供人类消费，人对自然界的过度开发，违背了道家自然的原则，破坏了人与自然的和谐关系，最终导致了一系列威胁人类生存的问题。按照道家的理念，要处理好人与自然的关系，就要遵循自然的原则，让人与自然皆还归自然素朴的状态，达到天人合一的和谐状态。前面在讲到道家"天人合一"的特点时提到，道家主张"以人合天"，即把人归于天，以天为主，人道要顺从天道，这种与人类中心主义截然相反的观念，恰好可以拯救人类目前所面临的生态和环境问题。在道家看来，自然界本来素朴，本性自然，无所谓不自然，不自然来源于人而不来源于自然界，人与自然关系破坏的根源在于人，只要人类能做到自然无为，必然会与自然界同归于素朴，实现本源意义上的天人合一。《庄子·马蹄》云："故至德之世，其行填填，其视颠颠。当是时也，山无蹊隧，泽无舟梁；万物群生，连属其乡；禽兽成群，草木遂长。是故禽兽可系羁而游，鸟鹊之巢可攀援而窥。夫至德之世，同与禽兽居，族与万物并，恶乎知君子小人哉！同乎无知，其德不离；同乎无欲，是谓素朴。素朴而民性得矣。""至德之世"即是道家的理想社会，在至德之世，人无知无欲，素朴自然，无人禽之别，无君子小人之异，"同与禽兽居，族与万物并"，呈现出一派天人和谐一体的景象，而此景象的获得靠的是人类的无知无欲与素朴自然。

当然，道家所理想的"至德之世"很难实现，从某种意义上讲，可能永远也实现不了。同样，其所提倡的"道法自然、天人合一"的理念，也不

---

① 《老子》第三十章。

可能对今天我们解决生态失衡与环境破坏问题产生直接的作用。但是，作为
一种人生态度与追求，作为一种哲学的理念，对于我们深刻认识生态与环境
问题产生的原因，却有一定的指导意义。正如高晨阳先生所说："儒、道的
天人之学所彰显的实践理性精神与具体知识无涉，不能给人类摆脱目前的环
境危机提供具体的解决方案，在这种意义上可以说它是无用的。但它是一
种'圆而神'的学问，可以遍润万事万物，贯通在人的知性行为中，成为人
们解决环境危机的指导性的哲学依据，因而又不能说它无用。用中国哲学的
术语表示，天人之学的这一特定的功能可以称之为'无用之用'。唯'无用'
才有此'大用'。"① 以上或许就是我们今天提倡"道法自然、天人合一"理
念的意义与价值所在。

（三）清静寡欲，知足知止

我们目前所面临的生态失衡与环境污染等威胁人类生存的严重问题，
从某种意义上讲，是人类欲望膨胀无度的结果。寒而欲暖，饥而欲食，是人
生来俱有的本能，但随着科学技术的不断发展，人类改造自然的能力越来越
强，为了满足自己不断膨胀的欲望，无节制地向大自然索取，不知满足地消
耗自然界的各种资源，致使生态严重失衡，环境遭到严重破坏，使人类自身
的生存遭到了严重的威胁。限制人类的欲望，使其能做到清静寡欲、知足知
止将是解决这些问题的重要途径，而在这一点上，道家道教可以为我们提供
丰富的文化资源。

老子在承认人与生俱来的自然生理欲望的存在具有合理性的同时，又
看到了违背自然原则的过度的欲望对人是有危害的。《老子》第十二章云：
"五色令人目盲，五音令人耳聋，五味令人口爽，驰骋畋猎令人心发狂，难
得之货令人行妨。是以圣人为腹不为目，故去彼取此。"人的感官对五色、
五音、五味以及驰骋畋猎、难得之货等的追求，可以扰乱人心灵的清静，使
人丧失自然的存在状态，深陷于有为而不能自拔的境地，所以其主张"见素

① 参见高晨阳《论"天人合一"观的基本意蕴及价值》，《哲学研究》1995年第6期。

抱朴，少私寡欲。"①即保持素朴自然的状态，减少各种各样的私欲。但人要生存就需要满足正常的生理需求，所以正常的欲望又是不可缺乏的，如此一来，如何保证欲望的合理性就成了问题。为了解决这个问题，老子提出了"知足知止"的原则。他认为，无限制的欲望可以给人们带来灾难，而限制欲望最好的办法就是知足，《老子》第四十六章云："天下有道，却走马以粪；天下无道，戎马生于郊。祸莫大于不知足，咎莫大于欲得。故知足之足，常足矣。"财富、名利、权位等本来是为人服务的，但随着人们欲望膨胀和放纵，却往往失去初衷，本末倒置，使自己遭受污辱或陷入危殆。《老子》第四十四章云："名与身孰亲？身与货孰多？得与亡孰病？是故甚爱必大费，多藏必厚亡。知足不辱，知止不殆，可以长久。"只有明白了什么是根本，什么是末节，然后才可以做到"知足不辱，知止不殆"。实际上，清静寡欲和知足知止都是道法自然的表现，其内在所遵循的原则皆是自然，正是因为过度的欲望和贪婪违背了自然的原则，所以才遭到了老子的严厉批评。从另一个角度讲，知足知止即是顺其自然，即做人做事不要过分，不要违背自然的原则，正是在这一意义上，老子言："圣人去甚，去奢，去泰。"②

道家清静寡欲、知足知止的理念在具体的应用中得到了落实，《吕氏春秋·义赏》云："雍季曰：'竭泽而渔，岂不获得？而明年无鱼。焚薮而田，岂不获得？而明年无兽。诈伪之道，虽今偷可，后将无复，非长术也。'"正是认识到过度掘取自然资源可能会带来严重的后果，所以《吕氏春秋》反对"竭泽而渔""焚薮而田"等过度的行为，认为其并非长久之策，这正是老子"去甚，去奢，去泰"的思想在具体中的运用。《淮南子·主术训》又云：

　　故先王之法，畋不掩群，不取麛夭，不涸泽而渔，不焚林而猎。豺未祭兽，罝罦不得布于野；獭未祭鱼，网罟不得入于水；鹰隼未挚，罗网不得张于溪谷；草木未落，斤斧不得入山林；昆虫未蛰，不得以火烧田。孕育不得杀，鷇卵不得探，鱼不长尺不得取，彘不期年不得食。

---

① 《老子》第十九章。
② 《老子》第二十九章。

是故草木之发若蒸气，禽兽归之若流原，飞鸟归之若烟云，有所以致
之也。

以上记载比《吕氏春秋》更加具体和详细，它除了提到"不涸泽而渔，不焚
林而猎"之外，还提到"畋不掩群""不取麛夭""孕育不得杀，鷇卵不得探，
鱼不长尺不得取，彘不期年不得食"，而且对于什么时间不应该狩猎、捕鱼、
网鸟、伐木、烧田等做了说明。这些思想对于我们今天维护生态平衡、保证
可持续发展具有重要的借鉴价值。

（四）尊重生命，严禁杀生

道家本有"贵生"的思想，在万物平等的观念下，道家的"贵生"不
仅仅指的是对人之生命的重视，而实际上具有尊重一切生命的意蕴。道家
"贵生"的思想被道教所继承，道教将其与自身的宗教性相结合，提出了一
系列严禁杀生的戒条。这些戒条虽然具有极强的宗教意味，也不一定切合社
会的现实，但其对生命的尊重和保护却具有一定的意义，对于我们今天缓解
人与自然的紧张，解决生态失衡、环境破坏等问题能起到一定的作用。

《太平经》是道教第一部经典，东汉末早期道教的两大形态，即五斗米
道与太平道，皆曾受到《太平经》的深刻影响，从某种意义上讲，《太平经》
承载了早期道教的教理教义思想。《太平经》第四十五卷云：

> 今天恶人有庐室也，乃恶人穿凿地太深，皆为创伤，或得地骨，
> 或得地血者。泉是地之血也，石为地之骨也。地是人之母，妄凿其母，
> 母既病愁苦，所以人固多病不寿也。凡凿地动土，入地不过三尺为法。
> 一尺者，阳所照，气属天也；二尺者，物所生，气属中和也；三尺者，
> 及地身，气属阴；过此而下者，伤地形，皆为凶也。古者依山谷岩穴，
> 不兴梁柱，所以其人少病也，后世贼土过多，故多病也。[1]

---

[1] 王悬河修：《三洞珠囊》卷一，《道藏》第25册，上海书店、天津古籍出版社、文物出版
社1988年版，第303页。

　　道教有一个重要思想，即天、地、人以及万物皆一气化成，《庄子·知北游》云："通天下一气耳。"而且，天、地、人以及万物之气相通，性命相连，不可毁伤。《太平经》正是在这一理念的基础上，反对人们为了建造庐室而穿地太深，认为穿地太深必伤地气地血，而地为人之母，伤地气、地血必凶，会导致人生病，因此规定凿地不过三尺。《太平经》的以上内容，虽然具有很浓厚的宗教意味，但这一理论若被广大的道教信徒所接受，从某种意义上讲，可以起到保护自然环境的效果，具有一定的积极意义。

　　道教生态伦理思想体现最多的还是各种道教戒律和劝善书，在《老君说一百八十戒》《太上感应篇》《文昌帝君阴骘文》等书中，都曾提到相关的内容。比如，《老君说一百八十戒》中就有14条相关内容，其云：

　　　　第四戒者，不得杀伤一切。

　　　　第十四戒者，不得烧野田山林。

　　　　第十八戒者，不得妄伐树木。

　　　　第十九戒者，不得妄摘草花。

　　　　第三十六戒者，不得以毒药投渊池江海中。

　　　　第四十七戒者，不得妄凿地，毁山川。

　　　　第四十九戒者，不得以足踏六畜。

　　　　第五十三戒者，不得竭水泽。

　　　　第七十九戒者，不得渔猎，伤杀众生。

　　　　第九十五戒者，不得冬天发掘地蛰藏。

　　　　第九十七戒者，不得妄上树探巢破卵。

　　　　第九十八戒者，不得笼罩鸟兽。

　　　　第一百七十二戒者，人为己杀鸟兽鱼等，皆不得食。

　　　　第一百七十六戒者，能断众生六畜之肉为第一，不然则犯戒。[1]

---

[1]　以上参见《道藏》第18册，上海书店、天津古籍出版社、文物出版社1988年版，第219—221页。

以上 14 条内容充分体现了道教"尊重生命,严禁杀生"的理念,它几乎囊括了先秦儒、道两家所有相关的内容。另外,《太上感应篇》中提到:不要"射飞逐走,发蛰惊栖,填穴覆巢,伤胎破卵",不要"无故剪裁,非礼烹宰。散弃五谷,劳扰众生",不要"埋蛊厌人,用药杀树"等;《文昌帝君阴骘文》中也提到:"或买物而放生,或持斋而戒杀。举步常看虫蚁,禁火莫烧山林","勿登山而网禽鸟,勿临水而毒鱼虾"等。虽然道教提倡以上戒律的目的是出于修道的需要,但其对于保护动植物、维持生态平衡、保证可持续发展具有重要的价值。

(五)洞天福地,人间仙境

早在道教产生之前,中国古代就已经有丰富的神仙传说,其中往往有对神仙居所的描述。神仙的居所称之为神山,在中国古代文献中对神山有详细的描述。比如,昆仑山就是中国古代著名的神山,据说众神之首西王母居于此山,《山海经·大荒西经》云:"西海之南,流沙之滨,赤水之后,黑水之前,有大山,名曰昆仑之丘。有神,人面虎身,有文有尾,皆白,处之。其下有弱水之渊环之,其外有炎火之山,投物辄然。有人戴胜,虎齿,有豹尾,穴处,名曰西王母。此山万物尽有。"对于昆仑山景象,《山海经·海内西经》云:"海内昆仑之虚,在西北,帝之下都。昆仑之虚,方八百里,高万仞。上有木禾,长五寻,大五围。而有九井,以玉为槛。面有九门,门有开明兽守之,百神之所在。在八隅之岩,赤水之际,非仁羿莫能上冈之岩。"除昆仑山之外,中国古代还有关于东海五神山或三神山的传说,秦始皇还曾听信徐福之言,派徐福带童男童女去海中寻找三神山。对于五神山的情况,《列子·汤问》中曾有所介绍,其云:"其中有五山焉:一曰岱舆,二曰员峤,三曰方壶,四曰瀛洲,五曰蓬莱。其山高下周旋三万里,其顶平处九千里。山之中间相去七万里,以为邻居焉。其上台观皆金玉,其上禽兽皆纯缟。珠玕之树皆丛生,华实皆有滋味,食之皆不老不死。所居之人皆仙圣之种,一日一夕飞相往来者,不可数焉。"通过以上介绍可以看出,中国古人所向往的神山都是一些环境优美、物产丰富、神奇美妙的仙境,有仙人以及能令人长生不老的仙药存在,其寄托了中国古人对美好生活以及长生不死的向往与追求。

古代关于神山的传说后来被道教所吸收，葛洪就曾在《抱朴子内篇·金丹》中云：

> 是以古之道士，合作神药，必入名山，不止凡山之中，正为此也。又按《仙经》，可以精思合作仙药者，有华山、泰山、霍山、恒山、嵩山、少室山、长山、太白山、终南山、女几山、地肺山、王屋山、抱犊山、安丘山、潜山、青城山、峨眉山、绥山、云台山、罗浮山、阳驾山、黄金山、鳖祖山、大小天台山、四望山、盖竹山、括苍山，此皆是正神在其山中，其中或有地仙之人。上皆生芝草，可以避大兵大难，不但于中以合药也。若有道者登之，则此山神必助之为福，药必成。若不得登此诸山者，海中大岛屿，亦可合药。①

以上葛洪提到了 20 多座仙山，这些仙山上不仅"皆生芝草，可以避大兵大难"，而且在其中合药易于成功，或许在其中还可以得到仙人的帮助。道教之所以这么看重仙山，是因为其对修道的环境有极高的要求，《南岳九真人传》中说："得道者若非其地，如植五谷于砂石之间，则不能成矣。虽有升飞之骨，当得福地灵墟，尔后可以变化。"② 随着道教的不断发展，关于神山仙境的理论也日渐完善，到了唐代道教的"洞天福地"理论终于成熟。"洞天福地"主要包括 10 大洞天、36 小洞天和 72 福地。据《云笈七签》卷二十七记载，道教"十大洞天"为：第一洞天王屋山，第二洞天委羽山，第三洞天西城山，第四洞天西玄山，第五洞天青城山，第六洞天赤城山，第七洞天罗浮山，第八洞天句曲山，第九洞天林屋山，第十洞天括苍山。除 10 大洞天外，还有 36 小洞天和 72 福地，也皆为域内名山洞府，在此不再一一列举。

虽然道教洞天福地的理论是为了修炼的需要提出来的，具有一定的虚

---

① 王明：《抱朴子内篇校释》，中华书局 1985 年版，第 85 页。
② 《道藏》第 6 册，上海书店、天津古籍出版社、文物出版社 1988 年版，第 861 页。

幻性，但其所代表着历代道教信徒对人间仙境的追求，在当下生态失衡、环境破坏的情况下，具有一定的现实意义。张广保曾言："今天当我们面临着全球环境危机、整个世界的生态环境陷入极度困境时，研究道教洞天福地思想就不再只是游谈无根，而是有着紧迫的现实意义。"[①] 正是在这种理论的引导下，中国历史上，许多道教信徒为了营造一个优美的修炼环境，植树造林，保护动物，做了大量有益于生态平衡和环境保护的工作。

二、道家道教与政治

中国的政治思想有着悠远的传统，其中，道家对于政治的认识是不可忽略的重要组成部分。《老子》谓"治大国若烹小鲜"[②]，此句近来更是被习近平主席多次引用以阐述治理国家的根本理念。2014 年，习主席在回答俄罗斯电视台布里廖夫的提问时，这样说：

> 中国有 960 万平方公里国土，56 个民族，13 亿多人口，经济社会发展水平还不高，人民生活水平也还不高，治理这样一个国家很不容易，必须登高望远，同时必须脚踏实地。我曾在中国不同地方长期工作，深知中国从东部到西部，从地方到中央，各地各层级方方面面的差异太大了。因此，在中国当领导人，必须在把情况搞清楚的基础上，统筹兼顾、综合平衡，突出重点、带动全局，有的时候要抓大放小、以大兼小，有的时候又要以小带大、小中见大，形象地说，就是要十个指头弹钢琴。[③]

《毛诗传》谓"烹鱼烦则碎，治民烦则散，知烹鱼则知治民。"[④] "无为而治"是"烹小鲜"的根本态度，但具体怎么实践这一理念，习主席的一番

---

①　张广保：《道家的根本道论与道教的心性学》，巴蜀书社 2008 年版，第 590 页。

②　《老子》第六十章。

③　《习近平谈治国理政》，外文出版社 2014 年版，第 102 页。

④　《毛诗正义》，李学勤主编《十三经注疏》，北京大学出版社 1999 年版，第 466 页。

话为我们在当代中国历史语境下重新理解道家治道思想提供了新的解释可能。烹小鱼若只一条，则以不烦为则，若有多条，则需面面俱到，以免此焦彼生。由此可见，道家治道思想不仅为历代统治者提供了有则可循的具体方法，同时也是治理现代中国的珍贵思想源泉。

（一）道家治道思想的理论原则

1. "无为而治"的不争哲学

老子认为"道无为而无不为"，道家"无为而治"的政治哲学之所以能够成立正是依据这一基本逻辑。何谓"无为而无不为"？倘若我们将世界万物看作是因果律链条上环环相扣的不同阶段，则 B 既为 C 的因，又为 A 的果。同理，C 既为 B 的果，又为 D 的因。如此一来，人若想要自 A 至 D，那么有两种方式，第一种是目的论的方式，即以 A 为始点，以 D 为目的，以人的设计、规划、努力建构勾连 A、D 二者之间的桥梁；第二种方式是本体论的方式，与目的论的努力方向相反，本体论的方式乃是以 D 为始点，以 A 为目的，寻求 D 何以可能的前提，即 C，自 C 而有 B，自 B 而有 A，故 D 之何以可能的最原始、最本质的依据在于 A。只要保证 A 的存在，那么作为结果的 D 的实现仅是时间的问题。不强调以人力去寻求自 A 至 D 的可能，而强调自 D 至 A 的反观，寻求一切付诸自然的本始达观，这即是道家"无为而治"哲学的逻辑。

因而在这一逻辑俯瞰下，政治的清明、民众的治理问题并不是一个就政治而言政治的问题，乃是一个自政治而求天下大道的问题。只要抓住万物本始的基点，则依据因果律的推衍，客观政治的致用问题即如同 A、B、C、D 的环环相扣一样，内涵于对道的坚持之中。

道家的这一思想逻辑在先秦时期是诸子百家普遍认可的认知方向，并在后世得到了广泛运用，其对本始基点的追求在儒家的政治哲学中虽被定义为天理和本性的善，但自天理和本性的善何以能够推演出政治上的成就，儒、道二家的思维线索却是一脉贯通的。

基于"无为而无不为"的理念，道家构建了一副柔弱守雌，无欲不争，小国寡民的政治图景。治国的关键在于认识并遵循道，而具体方法就是"反者，道之动；弱者，道之用"。① 这一不假人力，绝圣去智的思想立场认识到人自身理性的局限性和盲目性，对于反省西方政治哲学的理性传统具有积极的意义。

2."率性任真"的批判精神

《庄子·胠箧》谓"窃钩者诛，窃国者侯"，沿着老子的思考方向对现实政治的黑暗作了直接的批评。依照道家的看法，假如世间万物的本源在"道"，那么所谓的"道德"就是一种虚伪的掩饰，而"智慧"就是将人心的诈巧掩饰为高尚道德的方法和手段，故而老子说"以智治国，国之贼"②，而庄子说"彼窃钩者诛，窃国者为诸侯，诸侯之门而仁义存焉。"③ 现实政治在道家的眼中，无非是以"仁义道德"掩饰自己同窃贼没有两样的斑斑劣迹来窃取权力。因而儒家积极入世的道德精神，在先秦道家看来不仅是一种愚蠢，而且更是一种媚俗的政治投机行为。《论语》中记载了六位世外高人，如晨门，他与子路闲聊，说孔子就是那个"知其不可而为之"的人吗？但由于《论语》是儒家的典籍，由孔子的门徒编纂而成，因而其纪录的先秦隐士对孔子的批评不仅没有讽刺的意思，反而含有相当的悲壮意味。如果设身处地，以老、庄的立场去看孔子，是很难赞同孔子兴复礼乐的救世情怀的，所以道家之于政治的批判精神，是虽言政治，实则却要逃离政治。

道家认为，正确的做法是率性任真，与道合一，追求天地的秩序而非人类社会的政治秩序。班固《汉书·艺文志》谓"儒家者流，盖出于司徒之官，助人君顺阴阳明教化者也"；"道家者流，盖出于史官，历记成败存亡祸福古今之道……欲绝去礼学，兼弃仁义，曰独任清虚可以为治。"如果班固关于儒、道源流的判断是正确的，那么也就不难理解为什么道家对现实政治抱有如此苛刻的批判态度。马基雅维利认为君主需要综合"狮子"和"狐狸"的能力来驾驭政治事务，二者分别指代"暴力"与"狡诈"。"历记成败存亡祸福古今之道"的"史官"显然亲眼看见大量关于"暴力"和"狡诈"的历史纪录，从而内心自然生发出一种厌倦之感，对包括儒家原型——司徒

① 《老子》第四十章。

② 《老子》第六十五章。

③ 《庄子·胠箧》。

之官在内的政治同僚及政治本身抱有鄙夷的态度，因而儒、道两家的分歧也可以说是由于面对同一现象的不同心态所导致。道家持悲观态度，故对现实不抱希望，而持刻薄、冷漠的意见；儒家持乐观态度，故即便现实可憎，亦愿意用积极的奋斗来改变现实。但当现实不可为时，儒者亦只能寄情于山水，以默许的姿态将自己的生命安顿于道家的情怀之中。我们可以在众多的历史人物身上看到这种儒、道人生选择的矛盾。陶渊明不为五斗米折腰，采菊东篱下，算是自儒而道；丘处机本修虚静而四处奔走为天下呼号，可谓自道而儒。某种程度上，在中国历史发展的长河中，儒、道的合流，率性与仁义的不分彼我，在士大夫的政治参与活动中已经合二为一。

3. "援道入法"的管理策略

除去秉持批判精神而与儒家积极入世的处世姿态相融合外，道家政治思想另一条重要的发展线索，即沿着重势、重术的路径将本初的冷漠姿态贯彻为政治权术学。若稷下道家，他们的学术中，避世的意味已不太常见，取而代之的是运用道家的哲学论证君主如何更高效地行使手中的政治权力。

造成这种转变的一个重要原因是战国时期的政治形势。经由春秋数百年征战，原先大小数千个周代的诸侯国逐渐统一为以齐、秦、楚为首的七个国家。在孔子生活的春秋时代，周代的礼乐制度虽然日趋崩坏，但以天子为核心的天下观念仍深入人心，故而政治问题的讨论皆不能脱离此语境。诸国之间虽然征伐无度，但政治行为背后仍有着天下、礼乐的价值体系对其加以衡量和约束，不至于为追求国家利益的最大化而变得肆无忌惮。战国时期的政治变化使得国家一跃而取代天下成为政治的终极目的，君主的政治行为不必考虑天下人的意见，而只要符合国家本身的需要即可。这就造成战国时期政治思想愈来愈偏向实用主义的工具理性。儒家在这一时期也表现出类似的变化趋势，如荀子，亦开始考虑礼乐的政治实用性的问题。

具体而言，这一转变又可从"尊君""尚法"两方面加以阐释。由于君主掌握政治权力，因而道家思想作为一种管理策略，势必要站在君主的角度阐明其如何管理民众、治理国家才能利益最大化的问题。《老子》一书中的哲学理念，譬如柔弱不争，无为而治于稷下黄老道家工具性的思维语境中就都变成了君主用来控制民众、操纵臣僚的具体方法。《管子》一书提倡富国、善待百姓的诸种方策同样是以君主为受益者而提出的建议。因而从本质精神上讲，黄老道家已经偏离了老庄原始道家的哲学方向。之于"尚法"，则是为了将民众团结成更富有效率的行动群体而为君主和国家的利益服务。因而黄老道家的法治思想虽有着公平意味的设计，但这种设计的目的并不是为了公平，而是为了国家机器服务。这与现代社会的法治是性质完全不同的两种思想。

以汉初社会为例，文景时代一方面主张休养生息，一方面却任用酷吏，苛法管理人民。这充分说明国家本位下的政治政策，如"休养生息""无为而治"，虽表面上看起来顾及民众的需要，但实际上民众的存在仅在国家需求的参照系中才有价值。现代社会提倡的人权、自由等个体价值，恰恰是被践踏的对象。因而学界存在的自法家传统而开出现代中国法治思想的认知趋势，完全是不可取的。

（二）道家治道思想的政治影响

道家治道思想对中国历代君主的治国理念有着深刻的启发。譬如唐代君主，因同姓的缘故，奉老子李耳为始祖，同时崇尚以道家哲学治国。李世民有鉴于隋代的灭亡，在《贞观政要》中就说："君无为则人乐，君多欲则人苦，"[1]"往昔初平京师，宫中美女珍玩，无院不满。炀帝意犹不足，征求无已。兼东征西讨，穷兵黩武，百姓不堪，遂致灭亡。"[2]

又如贞观初年，李世民与臣下讨论如何防止民众为盗这一问题时，有人主张"重法以禁之"。李世民"哂之"，指出民众之所以沦为盗贼是因为"赋繁役重，官吏贪求，饥寒切身，故不暇顾廉耻耳！"[3] 这是对老子"法令滋章，盗贼多有"思想的吸收和应用。

明代开国君主朱元璋一生敦崇俭朴，他奉行老子"不欲以静，天下将自正"的哲学理念，以身作则，敢为天下先。他不仅否决那些已经作出规划的奢华建筑，而且还教育太子、诸王、臣僚不要大兴土木，徒费民力。据谷应

---

[1]（唐）吴兢：《贞观政要译法》，四川人民出版社1995年版，第377页。
[2]（唐）吴兢：《贞观政要译法》，四川人民出版社1995年版，第34页。
[3]（宋）司马光：《资治通鉴》，中华书局1956年版，第6025—6026页。

泰《明史纪事本末》记载，一日退朝时，朱元璋指着宫中的空地说："此非不可起亭台馆榭，为游观之所，诚不忍重伤民力耳。……尔等常存敬戒。"①

综上言之，道家治道思想的具体影响主要体现于能够对君权起到一定的自我约束作用，缓解君主与民众在欲求层面的尖锐矛盾。但这种影响力毕竟有限，往往开国君主因目睹战争的残暴及民众的悲惨而能自觉奉行，但时日渐久，民力渐苏之后，道家的治道思想所能起到的积极作用就不那么明显了。近代著名学者严复在译介西学的过程中，发现道家自由的追求与西方民主自由思想之间有着类似之处，于是引老庄注西方政治思想，说："夫甘食美服，安居乐俗，邻国相望，鸡犬相闻，民老死不相往来，如是之世，正孟德斯鸠《法意》篇中所指为民主之真相也。世有善读二书者，必将以我为知言矣。呜呼！老子者，民主之治之所用也。"②

尽管严复的解释不无牵强之意，但不可否认的是，道家治道思想历经数千年仍有着强大的生命力，在 21 世纪中华民族的复兴过程中也必然扮演越来越重要的思想角色。

三、道家道教与科技

中国研究道家哲学的传统可以追溯到魏晋时期，而近代关于道教的研究则深受欧洲汉学的影响。明治维新之后，日本人学习西方并受其影响自主展开了关于道教的研究，比如 1911 年时，日本的妻木直良就写了《道教的研究》一书。新学术领域的开拓引发了学者的研究热情，随后日本学界涌现了一批关于道教的著作。日本学界主要希望通过道教的研究而多角度地观察、了解中国的文化。中国较早接触到道教研究的人要算陈铭珪和刘师培，但真正展开系统研究的作品非傅勤家的《道教史概论》（1934）和《中国道教史》（1935）莫属。这一时期的道教研究基本上都是从思想和宗教角度展开的研究。关于道家、道教和科学技术之间的关系则极少为人提及。冯友兰

①　谷应泰：《明史纪事本末》，中华书局 1977 年版，第 200—201 页。
②　严复：《严复集》，中华书局 1986 年版，第 1091—1092 页。

在《中国哲学简史》中说"道家教人顺乎自然，而道教教人反乎自然。举例来说，照老子、庄子讲，生而有死是自然过程，人应该平静地顺着这个自然过程。但是道教的主要教义则是如何避免死亡的原理和方术，显然是反乎自然而行的。道教有征服自然的科学精神。对中国科学史有兴趣的人，可以从道士的著作中找到许多资料。"①《中国哲学简史》这本书原是由冯友兰1947年于宾夕法尼亚大学为美国听众讲解中国哲学时的讲稿翻译、整理而成。所以不难想象，尽管"道教有征服自然的科学精神"这句话在历来论述道教与科技之间的内在关联时被广为引用，但实际上它最初可能是为了启发美国听众的兴趣，引起他们对道教的认同感而使用的。换言之，道教与科学发生关联，是站在西方文化语境内反观中国传统的一种结果。无论是道家学者还是道教信徒，恐怕其原始目的根本与近代科学思想扯不上半点关系。究其科学成就，也只能算是一种"无心插柳柳成荫"的结果。但是冯友兰的这句话却启发了李约瑟。他陆续编纂出版了六卷本的《中国科学技术史》，对中国古代科学成就寄予了褒赞，并且认为"道家对于大自然的玄思洞识，会与亚里士多德以前的希腊思想匹敌，而为一切中国科学的根茎。"②站在西方工业革命的历史语境下，李约瑟抛出了一个质疑，即李约瑟难题：中国古代科学发展远超欧洲，但为什么没有产生近代意义的实验科学？

这个问题至今仍没有令人满意的回答。但无论如何，随着晚清的"师夷长技以制夷"到20世纪学习西方的思想大幕缓缓拉开，德先生和赛先生已经成为衡量一个国家文明程度的重要参考标准。抛开民主的问题不谈，就科学的发展和进步而言，中国实是远远落后于工业革命以后的西方国家。如何从历史中探索何以如此的具体原因，会成为学者在讨论道教和科学之间的关系时内心所有的潜在疑惑。因而就道家道教和科学这一主题而言，其问题意识之所以产生的首要原因是以西方科学观念俯瞰、解读道家道教文献资料的结果。

另一方面，随着科举制的取消，中国的知识群体在20世纪经历了自传

---

① 冯友兰：《中国哲学简史》，北京大学出版社1985年版，第6页。
② 李约瑟：《中国古代科学思想史》，江西人民出版社1990年版，第1页。

统士大夫角色向现代知识分子角色转换的过程。这一转换过程引起的结果之一即是改变了学术发展的方向：由传统的博雅转向现代的专技。像王汎森注意到，知识分子在转型过程中存在着一种自我边缘化的倾向，即羞耻于自己的士大夫，或者知识分子的身份，而渴望于具体的专业技能层面贡献力量。① 与此同时，学术自然也就从一种思想的追问转变为文化资源的再生产过程。然而，学术研究的行为主体内心始终不能脱离"士大夫意识与平民意识互相激荡"的内心焦虑。② 他们缺乏参与社会历史进程的上升渠道，但又不能安于做一个学术意义的文化产业工人，故而只能以专技的方式寄托自己之于社会的意见。近来，关于道家道教与科学关系的研究蓬勃发展，涌现的像陈国符《中国外丹黄白法考》、姜生《中国道教科学技术史》、容志毅《中国炼丹术考略》、盖建民《道教科学思想发凡》等优秀著作说明：当代中国知识分子仍抱有强烈的通过学术参与社会历史进程的内心渴望。在这一内心渴望的驱动下，传统的文化资源，譬如道家、道教思想与现代社会究竟存在着怎样的内在发展关系就成为关注的焦点，而"科学"这一现代社会的主要特征就成为得以切入传统资源的现代视角。

具体来说，道学与科学的内在关联可以从两个方面概括。第一是由道家思想奠定的思维模式与现代科学间存在着范式上的关联性；第二是由道教实践所总结出的客观规律与现代科学存在着知识上的关联性。

首先看道家的思维模式。诚如冯友兰在讲演中提到的，道家和道教存在着致力方向上的不同，而之所以发生这种致力方向上的改变，大概起源于汉代道家思想与阴阳五行说以及民间流传的巫术传统合流的缘故。因而从本质上说，道教仍继承了道家的基本思维模式，只不过运用目的有所差异，而以下几点纲领性的思维范式是极为重要的。

第一，天地——现代社会理解的客观世界，是有一个最初的产生源头的，那就是道。《老子》谓"道可道，非常道；名可名，非常名。无名天地始，

① 王汎森：《中国近代思想与学术的系谱》，吉林出版集团 2011 年版，第 277—304 页。
② 参见许纪霖《"少数人的责任"：近代中国知识分子的士大夫意识》，《近代史研究》2010年第 3 期。

有名万物母。"① 作为世界源头的"道"，何晏、王弼认为它是"无"，裴頠、郭象认为它是"有"。两种说法都可说得通。对于一种科学思维范式来说，郭象万物自生的立场似乎更符合近代经验主义的科学理念。但道家思想的关注点不在客观世界，而在探究客观世界背后的存在源头上，所以它始终要追求"无"中生"有"意义上的道。有趣的是，这种与近代经验科学背道而驰的理念反而促进了道学形态的科学进步。这要归功于后世道教对"道"所做的人格化和规律化改造。"人格化"以对应人类社会，"规律化"以对应自然世界。二者既满足了追求"有"背后的道的内心渴望，又赋予了本性为"无"的道以认知和实践的可能。

第二，道生万物的方式是"负阴抱阳"，"冲气为和"，"道生一，一生二，二生三，三生万物。万物负阴而抱阳，冲气以为和。"② 《老子》中一、二、三相继而生的数字范式与《易传·系辞上》所谓"易有太极，是生两仪。两仪生四象，四象生八卦"共同构筑了道家道教思想的宇宙生成原理，尤其是其中阴阳二气的交感互动不仅成为后世道教，也是中国文化认知世界的先验范式。然而《老子》一书并不特别提出"气"的概念架构世界，它的本质目的仍是要让人认识到眼耳口鼻等感官感知到的世界是无意义的，故返归道之本始才显得有价值。但道教却发挥了阴阳二气生成世界的理念，强调由阴阳二气的内在平衡修炼成仙。这就与《老子》一书的原意大相径庭。

第三，既然道生成包括人在内的万物，那么人就应该效法道而生活。《老子》第五十一章认为："道生之，德蓄之，物形之，势成之。是以万物莫不尊道而贵德。道之尊，德之贵，夫莫之命而常自然。故道生之，德畜之，长之育之，亭之毒之，养之覆之。生而不有，为而不恃，长而不宰，是谓玄德。"在效法道而生活的理念上，道家和道教并无区别。区别在于道家之效法乃是彻悟之后的直达本源，故庄子妻死鼓盆而歌，并不感到死亡这件事有什么对或者不对。但道教的效法因有长生的目的在，故希望可以凭借道的力量于生死的自然层面实现有生而无死。所以《老子》的"人法地，地法天，

① 《老子》第一章。
② 《老子》第四十二章。

天法道，道法自然。"① 在道教追求中实际已变成人效法自然之道而充任天地生生的角色。人就是一个微缩版的宇宙，而生命的延长即是道之存在，道教之信仰得以成立的表现。

第四，道是高于自然界的，而且老子明说道不可名状，所以如何于自然层面实现道的直贯呢？除去上文提及的阴阳二气的介入说明外，《老子》的辩证思想也在道教手中得到了更广泛的运用。若"圣人终不为大，故能成其大"②"大直若屈，大巧若拙，大辩若讷"③ 等辩证思想被用来理解物质的彼此转化。通过人类肉身内部的物质转化就可以达到与自然同一的境界。像《列子》中所说："竟不知风乘我邪？我乘风乎？"④ 也只有如此才能克服生死的问题，"虽疾不死。骨节与人同，而犯害与人异，其神全也。乘亦弗知也，坠也弗知也。死生惊惧不入乎其胸，是故遻物而不慑。……圣人藏于天，故物莫之能伤也。"⑤ 后世求长生的内丹、外丹学即是希望以物质转换的方式达到《列子》所描绘的人生境界并使其变成现实。

所以综上而言，以上诸种思维方式皆是后世道教之所以能够开出科学成果的关键点。道家不曾真正与科学发生关系是因为它缺乏对人类世界和自然世界的认知热情，但显然"道"是可以被理解为自然规律，而辩证思想是能够帮助人在炼丹术这种类似化学实验的认知过程中提供科学启迪的。问题就在于能不能运用此类认知方式，对客观世界做对象化的思考。冯友兰说道教有"征服自然"的野心，实际上更准确的说法是，道教有感于人类世界的"苦"，为了解决"苦"的困扰而抱有对自然世界的认知热情——它同《老子》一般都认为人类世界的问题是无法于人类世界内解决的；又将此种热情凝练提升为神仙追求，以超越客观世界的限制。故其虽能与科学发生关系，但终究不能等同于科学理念的发展，其结论的得出仍是为了宗教的目的。

① 《老子》第二十五章。
② 《老子》第六十三章。
③ 《老子》第四十五章。
④ 杨伯峻：《列子集释》，中华书局 2013 年版，第 50 页。
⑤ 杨伯峻：《列子集释》，中华书局 2013 年版，第 53—54 页。

譬如在《太平经》这部道教早期经典中就可以看到此类热情的表达，其中提到"天地混殽，人物糜溃，唯积善者免之，长为种民，种民智识，尚有差降，未同浃一，犹需师君。君圣师明，教化不死，积炼成圣，故号种民。种民，圣贤长生之类也。"[①] 这有些类似儒家圣王教化天下的理念，只不过不同的地方在于"圣贤"与"长生"遵循的不是儒家的礼乐教化，而是道家的虚静守雌，返归本真。那么如何返归本真？《太平经》认为要积累 24 种准备，其中大部分都是"服黄水""食凤脑"这一类具有自然指向的进补方法，"备此二十四，变化无穷，超凌三界之外，游浪六合之中。灾害不能伤，魔邪不敢难。皆自降伏，位极道宗，恩流一切，幽显荷赖。"[②] 由此可见，在道教的首部经典里，除去养性之外，利用自然而修身的方法就已经确立了。神仙和丹药的追求在中国很早就已流行，其思想源于齐。秦始皇与汉武帝都有派人入海寻求长生不老之法的举动。人们相信服用丹药是唯一挣脱生死束缚的方法。道教采信了这一观念并将道家的"道"人格化为诸位神仙，以增强人们对"道"有助于治理人类社会和征服自然束缚的信心。《太平经》处处可见关于人类世界治理问题的讨论，比如"古者圣人治致太平，皆求天地中和之心，一气不通，百事乖错"[③]，又颇花气力讨论贫富问题。可见，《太平经》颇想以长生和治世的追求来满足帝王与百姓之于自己命运的幻想。这就将道家之于世界的冷漠态度转变过来，为后世道教认知自然世界、利用自然世界提供了原始动力。

其次，道士的实践的确在道教话语体系内缔结出了大量具有科学意义的试验成果。姜生反驳西人认为中国没有科学的观点，强调"道教中有科学发展的适宜结构"，并且道士"用宗教理想推动着科学探索的车轮，谋求通过科学手段实现其宗教理想；他们信仰并探索的神仙理想，是人类生命存在状态的某种更高可能性。"[④] 较早体现道教科学成果的是道士关于外丹学的研

---

① 王明编：《太平经合校》，中华书局 1960 年版，第 1—2 页。

② 王明编：《太平经合校》，中华书局 1960 年版，第 8 页。

③ 王明编：《太平经合校》，中华书局 1960 年版，第 18 页。

④ 参见姜生《论道教与科学》，《自然辩证法通讯》2003 年第 5 期。

究。魏伯阳《参同契》中就有"胡粉投火中，色坏还为铅"①的说法，用现代化学公式表达即"$Pb_3O_4 + 2C \triangleq 3Pb + 2CO_2 \uparrow$"。中国古代化学研究的系统展开当属葛洪《抱朴子内篇》一书，譬如《金丹篇》提到的"丹砂烧之成水银，积变又成丹砂"，用化学公式表达即"$Hgs + O_2 \rightarrow Hg + SO_2$，$Hg + S \rightarrow HgS$（黑色）$\rightarrow HgS$（赤红色）"；又如"以曾青涂铁，铁赤色如铜，外变而内不化也"一语用化学公式表达即"$Fe + CuSO_4 \rightarrow FeSO_4 + Cu$"。②炼丹术的兴起与中国冶铁技术的进步不无关系。同时，道士观察到黄金作为惰性金属，具有恒存的性质，故而认为如果人能够服食由黄金炼成的丹药，就能克服生死。葛洪就认为"夫金丹之为物，烧之愈久，变化愈妙。黄金入火，百炼不消，埋之，毕天不朽。服此二物，炼人身体，故能令人不老不死。"③如果没有追求"生命质量"这一点做支撑，那么外丹学的存在是没有意义的，并且这种追求逐渐蔓延为一种时代风尚，像魏晋名士热衷于服用五石散即是如此。

与炼丹术同时兴起的还有道教之于医学的重视。由于长生的标志是肉身的不朽，服食丹药的目的即在于此。故而人类的身体作为研究的对象就是绕不过去的话题，像葛洪说"初为道者，莫不兼修医术，以救近祸焉。"④盖建民认为道教医学的产生及发展主要是"为了实现其宗教目的，兼修医术以自救和济世，以医传道的结晶和产物。"⑤道教的医学主要可分为两部分，一部分是巫术色彩浓厚的符箓学，通过法术消病禳灾。这一部分与科学的关系不大，故可不论。另一部分就是内丹学。隋唐以后，肉体生命的自我修炼较"假外物以自固"的外丹学在成仙的过程中占据了更主要的位置。早先"行气，宝饵，宝精"的养生方法开始转向"精、气、神"三宝的内在修养。这样的转变是可以想见的。外丹学所看重的"金丹"自现代科学来看，其实是

---

① 孟乃昌、孟庆轩辑编：《〈周易参同契〉三十四家注释集萃》，华夏出版社 1993 年版，第132 页。

② 王明：《抱朴子内篇校释》《抱朴子内篇校释序》，中华书局 1985 年版，第 13—14 页。

③ 王明：《抱朴子内篇校释》，中华书局 1985 年版，第 71 页。

④ 王明：《抱朴子内篇校释》，中华书局 1985 年版，第 271 页。

⑤ 盖建民：《道教医学》，宗教文化出版社 2001 年版，第 13 页。

不适宜人服用的毒药。历来因误服丹药而丧命的人数不胜数。生命的存活都无法保证，就更不必提长生的追求了。因而能否成仙的关键不在外物的辅助而在生命自身的舒畅与精神世界的彼此照应。

如果要修炼肉身的精、气、神，那就必须要从医学的角度对人的经脉脏腑有一定认知。这一认知转变极大促进了道教医学的发展。像早先流行的房中术和丹药服用，即上文提到的"宝饵"和"宝精"此时基本都已不是道教修仙的主流方法，唯有"行气"，也就是气息吐纳的导引术仍被沿用。内丹学将人的身体看作是炼制丹药的鼎炉，因而可以通过精、气、神的修炼于肉身之内结出真正"金丹"，从而获益。如果身体出了什么问题，那就说明是精、气、神的某一方面出了问题。宋人张伯端《金丹四百字》中说："以火炼金，返本归源，谓之金丹"，又谓"以精化为气，以气化为神，以神化为虚，故名曰三花聚顶"，"故此神，气，精者，与天地同其根，与万物同其体，得之则生，失之则死"。① 通过精、气、神循序渐进的修炼，人就抓住了天地万物何以会"生"的奥秘，故能保持长生。与外丹重视机械延长生命的长度不同，内丹理论更侧重于从"生"背后的原理入手进行修炼，因而是一种比较高级的天人同一理论。中医理论体系的基本框架就是由道教养生理论塑造的。隋唐以后，道教医家人才辈出，譬如唐代的杨上善、王冰二人各自对《黄帝内经》这部医书做了详尽的整理和研究，李淳风参与了我国第一部药典《新修本草》的编纂，蔺道者的《蔺道者仙授理伤续断方》则专门讨论了骨伤的治疗方法；宋代张伯端有《八脉经》，发展了中医的脉学理论，而丘处机写作了道教养生名著《摄生消息论》等等。

总体而言，内丹医学重视人平日的自我调整，将人体看作是一个具有自我修复能力的有机体。众所周知，比如"感冒"，药物起到的作用是辅助人体的自愈功能而达到治疗的目的，这就颇有些类似道教外丹在成仙过程中所起到的作用；真正保证身体康健的关键并不在药物，而在增强自我的体质，这与道教内丹修炼的理念十分近似，因而内丹医学所秉持的科学理念不仅十分合理，而且具有相当的先进性。

---

① 《金丹四百字》，《中华道藏》第 19 册，华夏出版社 2004 年版，第 487 页。

道教医学在植物学上也取得了不凡的成就。由于中国的医学传统一向重视草药的使用，所以道教医学的发展必然与植物学的发展相辅相成。以汉代的《神农本草经》为例，其中不仅记录了多达 365 种药品，如云母、丹砂、地黄、菊花、菖蒲、灵芝等，而且还为每一种药品列出了详细的介绍，譬如"紫芝，味甘，温。主耳聋，利关节，保神益精，坚筋骨，好颜色。久服，轻身不老延年。一名木芝，生山谷。"① 用现代医学审视《本草经》关于草药的记载会惊奇地发现，其中绝大部分的认知是极富临床疗效的，比如瓜蒂催吐，猪苓利尿，麻黄平喘等等。2015 年屠呦呦获得诺贝尔生理学奖，凭借的就是提炼葛洪早在两千年前就已发现的青蒿素并用其来治疗疟疾这一贡献。她的灵感正来自于葛洪的《肘后备急方》，其书卷三《治寒热诸疟方》中写道："青蒿一握，以水两升，渍绞取汁，尽服之。"② 两汉时期植物学的发展与当时外丹修炼，借外物而修炼成仙的实践方法密不可分。这使得当时的道教信徒对自然界的存在发生了浓厚的兴趣并依靠经验的积累得出了正确的认知。因草药的服用，人们又发现，某一些草药具有驱虫的作用。这就变相发展了道教关于寄生虫学的认识。比如《本草经》记载了芜荑、雷丸等药品具有驱除蛔虫、蛲虫等寄生虫的作用，而《神异经》记载道："南方山有甘蔗之林，其高百丈，围三尺八寸，促节多汁……令人润泽，可以节蛔虫。"③

除去以上列举种种外，道家道教在天文地理方面也有不俗的见解。郭店楚简《太一生水》篇有"太一生水，水反辅太一，是以成天。天反辅太一，是以成地"④ 的说法。先秦道家的这种理念逐渐发展为后世的浑天说，张衡有浑天鸡子之喻，即认为天像鸡蛋而地像鸡蛋黄，在天与地之间存在的是气，而天外是水。这种看法的由来不得而知，有可能是一方面认为天呈现蓝色是因其背后存在着水，另一方面可能受到老子推崇水的影响——"上善若水"，故将水与天等而视之，认为其是世界之所由来的本源。另外，《淮南

---

① 《图解神农本草经》，江西科学技术出版社 2011 年版，第 99 页。

② 《肘后备急方校注》，中医古籍出版社 2015 年版，第 57 页。

③ 《神异经》，影印文渊阁四库全书本第 1042 册，台湾商务印书馆 1986 年版，第 268 页。

④ 刘钊：《郭店楚简校释》，福建人民出版社 2005 年版，第 42 页。

子・天文训》和《太平经》中也记录了不少汉代的天文观测和历法测算，其与浑天说的出现都证明道教的天文历法水平在公元前后就已经达到了比较高的水平。道教则素有"夜观天象"的习惯，这是受其天人一体理念的影响，通过道所生的"天"可反观同为道所生的自己，并由此而生成了系统性的星宿神仙理论以表达自己的修仙理想。在道教的崇拜系统内，北斗七星是专门负责人的寿数的，道教因此而有专门祭拜北斗的科仪。全真七子中的丘处机、郝大通都十分精通天文历算。元代赵友钦不仅著有《革象新书》这本天文学专著，而且还绘制了大型的天文星图，刻在碑上。今天中国的许多道观内还能见到类似的星图碑刻。

道教的地理学主要是在寻找修炼成仙的场所过程中发展起来的。所谓"洞天福地"的宇宙构成较为复杂，包括 10 大洞天，36 小洞天，72 福地，简单来说，即神仙居住的仙境。道士在修炼的过程中为了采补天地阴阳的精华，故而要于名山大川中寻找最符合道家理念的自然环境。"洞天福地"囊括了中国的大部分山川河岳，五代道士杜光庭编录的《洞天福地岳渎名山记》对其有详细记载。道教在地理方面的探索丰富了人们关于自己生存环境的认知，而地学知识的增加，又提供了更多的植物学和化学实验样本，促进了医学的发展。这样的连锁反应，使得道教的科学知识增加呈现出一种有益的层累过程。但至于为什么最终还是无法形成类似西方的近代实验科学，其原因可能在于固然道教身份的古代学者因宗教的需要而对自然界产生了认知、利用的兴趣，但这种兴趣始终落在"出世"的目的上，而非人类世界的改造上。

所以固然外丹学产生了火药，但人们并没有意识到火药可以用来改善自己的生活。依照道教继承自老子的返归本真的思维指向，"无"的本性与"无为"的行为理念才是最正确地对待自己、他人以及自然的方式。一切之于自然界的经验和知识积累皆是为了达到这一目的。譬如人们每日乘车去工作，时间久了，他会对公交线路烂熟于胸，认识公交司机，熟知每日与自己一起坐车的人，但他并不能对公交这一工作本身产生参与的动机。换一个角度，假如抛开科学中心论的立场去看道学与科学之间的关系，即会发现：人的生命本身才是道学最为看重的东西，而这也是中国文化的特质所在。科学的目的是为了让人获得生命以及灵魂上的安顿，以及这种安顿给人内心带来的满足感。这种看法对于唯科学主义来说无疑是一种积极的修正，而道家和道教思想也正是以这样一种互补的方式发展起自己独特的科学理念。或者说，其始终以同体共生的态度来看待人类与自然世界的关系。

四、道家道教与文明冲突

随着信息社会的来临，文化全球化的浪潮正在席卷全球，我们赖以生存的地球，正在一步一步变成一个小小的村落——地球村，不同宗教、不同文化之间的交流与碰撞日益频繁，各种文明之间的对话成为当今时代的主题。正如美国学者史威德勒所说的那样，"独白的时代"正在结束，"对话的时代"已经来临。[①] 美国当代政治学家塞缪尔·亨廷顿（1927—2008）在《文明的冲突与世界秩序的重建》一书中也曾指出："冷战后时代的世界是一个包含了七个或八个文明的世界。文化的共性和差异影响了国家的利益、对抗和联合。世界上最重要的国家绝大多数来自不同的文明。最可能逐步升级为更大规模的战争的地区冲突是那些来自不同文明的集团和国家之间的冲突。"[②] 亨廷顿认为，冷战以后，宗教和文化的差异，即文明的冲突，将代替意识形态的分歧，成为影响世界和平最重要的因素。因此，只有加强不同宗教、不同文化之间的对话与理解，才能最终达到维护世界和平的目的，从这一意义上讲，文明对话已经与人类自身的命运紧密联系在了一起。

道教作为中国唯一的原生性本土宗教，已经走出了本土性的樊篱，正在由地域性宗教向世界性宗教转变。就在道教创立不久的南北朝时期，随着中国与东亚各国之间的文化交流，道教便传入了日本、朝鲜等国，并对这些国家的政治、经济和文化等产生了深远的影响。[③] 东汉末年，道教传入了越南，隋朝时期，又传入柬埔寨，明代郑和下西洋以后在东南亚各国得以广泛传

---

① 刘述先：《全球伦理与宗教对话》，《自序——对话时代来临》，（台北）立绪文化事业有限公司 2001 年版，第 5 页。

② ［美］塞缪尔·亨廷顿：《文明的冲突与世界秩序的重建》，新华出版社 2002 年版，第 8 页。

③ 孙亦平：《东亚道教研究》，人民出版社 2014 年版，第 12 页。

播，并逐步进入了当地民众的生活。① 随着道教在东亚和东南亚的传播，其由本土性宗教逐步转变为了地域性宗教。21 世纪初，随着中国综合国力的不断提升，在世界上的影响力逐步扩大，中国文化开始走向世界，道教也因此而传入了美国、加拿大、法国、德国、意大利、西班牙等美洲和欧洲国家。据中国道教协会网站报道，在第四届世界《道德经》论坛上，曾就成立"国际道教联合会"问题展开讨论，这一事件将成为道教走向世界的里程碑，是道教成为世界性宗教的真正开始。道教在走向世界的过程中必然会与其他宗教和文化相遇，促进相互的对话无疑是道教融入异质文化的重要途径，而能否进行平等对话，也直接影响道教走向世界的进程。我们知道，在道教的教理教义中，有很多优秀的精神因素，有利于其与其他宗教和文化的对话，比如，道教所具有的开放性、包容性、平等性等优良品质，都将成为其与异质文化平等对话与相互交流的前提，并必将在其走向世界的过程中发挥重要作用。

（一）开放性

鲁迅曾言："中国根柢全在道教。"② 对于这句话的理解，历来分歧很多，有的人认为这是对道教的肯定和褒扬，也有的人认为这是对道教的否定和批评，③ 但我们对此却有完全不同的看法。我们认为，撇开鲁迅说这句话时的语境，单就这句话本身而言，它既不是对道教的褒扬，也不是对道教的批评，而是对道教最中肯的评价，道教的形成过程能充分说明这一点。正如宋代马端临所言，道教有"杂而多端"的特点，而这正体现了道教具有开放性

---

① 参见许永璋《道教在东南亚的传播和演变》，《黄河科技大学学报》2005 年第 3 期；吕锡琛《道教文化与东南亚》，《光明日报》2014 年 4 月 1 日。

② 鲁迅：《致许寿裳》，载《鲁迅全集》第 11 卷，人民文学出版社 1981 年版，第 353 页。

③ 卿希泰先生认为，这句话"肯定了道教在中国传统文化中的地位和作用"（《重温鲁迅先生"中国根柢全在道教"的科学论断》，《中国道教》2001 年第 6 期）；而刘仲宇认为，这句话"表达出的正是对道教的全盘否定"（《"中国根柢全在道教"是肯定道教吗?》，《中国社会科学院院报》2004 年 6 月 10 日）。此外，认为这句话是否定或批评道教的还有白盾、邢东田等（白盾：《"中国根柢"何以"全在道教"——论鲁迅对道家、道教思想的批判》，《社会科学辑刊》1983 年第 5 期；邢东田：《应如何理解鲁迅先生"中国根柢全在道教"之说——与卿希泰教授商榷》，《学术界》2003 年第 6 期）。

的品格。道教是中国土生土长的原生性本土宗教，它的根深深扎在中国传统文化的底层，其在汉末形成时，充分吸纳了先秦两汉几乎所有的文化资源，是对以往文化的汇总，较完整保存了汉末以前的中国文化，也许这正是鲁迅称"中国根柢全在道教"的真正意义所在，而这一评价也充分展现了道教所具有的开放性特征。纵观两千多年的中国道教史，每一次新理论、新形态、新派别的出现，无不是吸收和采纳了异质文化的结果。东晋时期葛洪对儒家思想的吸纳，唐代重玄学对佛教大乘中观派理论的借鉴，金元时期王重阳对儒、释、道三教文化的整合，这无不是道教开放性的充分体现，而其中又以王重阳所创立的全真道表现最为明显。金元之际，王重阳在创立全真道之初，便确立和提出了"三教合一"的宗旨，他不仅提出了"三教归一""三教同源""三教平等""三教一家"等口号，而且还让全真道弟子诵读《道德经》《清静经》《心经》《孝经》等三教经典，[①]并于其在山东所创立的五个全真道民间组织"三州五会"名称前皆冠以"三教"二字。[②]就教理教义而言，全真道对儒、佛二教也多有吸收，不仅把儒家的孝道与济世救人的外王精神作为得道的前提，而且还在充分吸收佛教禅宗心性理论的基础上建立起了道教自身的心性论思想。汉代以后，儒、释、道三教之间的融合是必然的趋势，但在这方面道教做的要比儒、道更好。儒家虽然对释、道亦有所吸收，但从来不敢公开承认，宋明儒者虽然大多出入于佛老者经年，但表面上却以拒斥佛老为己任。佛教虽然自传入开始就受到了儒、道的影响，而且为了融入中华文化还自觉向儒、道靠拢，但当其在华夏立住脚跟之后，便再也没有公开承认过自己曾从儒、道获益。以此观之，全真道作为道教中的一个派别，明确提出"三教合一"的口号，这是对道教开放性传统的继承与发扬。[③]道教的开放性特征，不但令儒、释无法比拟，而且还令基督教、伊斯

① 陈垣编纂：《道家金石略》，文物出版社 1988 年版，第 452 页。
② "三州五会"即文登"三教七宝会"、宁海"三教金莲会"、福山"三教三光会"、蓬莱"三教玉华会"、莱州"三教平等会"。
③ 对于全真道所提倡的"三教合一"与"文化多元"之间的关系，笔者曾在与黄艾华合作的《全真精神与当代社会》一文中有较为详细的论述，参见《齐鲁文化研究》第 12 辑，泰山出版社 2012 年版。

兰教等排他性一神教无法理解。虽然我们目前不能预测，在道教走向世界的过程中，在与基督教、伊斯兰教、犹太教等异己信仰相遇时会是一个什么样子，但我们知道，只要道教能够继续发扬这种开放性的品格，通过与其他宗教与文化的对话，达到与异质文化和平共处，这并不是一件困难的事情。

（二）包容性

开放性是包容性的前提，若没有开放性，就不可能吸收各种思想文化之精华，当然也就不可能形成包容性的品格。前面提到，宋代马端临以"杂而多端"来评价道教，在体现了道教具有开放性的同时，也肯定了道教的包容性。熊铁基先生认为："'杂而多端'并非'杂乱无章'，各种'杂'的发展是有序可寻的，在各种复杂的情况下，或有'核心'，或有'共性'，或有'主导'，或有'整合改造'，这样才使得道教成为一个有影响的正规的宗教。同时，'杂'的发展又能充分反映道教的包容性，与其他宗教相比颇有不同，这是难能可贵的，是其特点，也是优点。"[1] 世界上可能没有任何一种宗教能够比道教更具有包容性，其包容性可以表现在许多方面，但最明显的表现则是道教神仙信仰的多元性和复杂性。钟国发先生在考察了道教神仙的来源与谱系之后指出："道教是一个多元起源和多元构成的宗教，正如马端临所谓'杂而多端'。……在道教产生和发展的过程中，各派道士分别推出了各种不同的神灵谱系，这些不同的谱系不断地融合，又不断地分化。……与一般宗教神谱的固定与封闭性质不同，道教神界成为一个相对流动与开放的体系，但是流动与开放容易衍生无序成分，增大整个系统的无序程度，因此需要不断地整合。"[2] 一般的宗教，尤其是排他性一神教，都有自己专属的信仰系统，信仰对象中不可能出现异己的神灵。但道教不同，自创教开始，道教的信仰对象就是多元的、开放的。假若我们检视一下道教信仰的神灵就会发现，其来源和组成极为复杂，既有道教自己专属的神灵，也有来自佛教、儒家甚至来自墨家、兵家、阴阳家等的神灵。比如，佛教的观世音菩萨便被道

① 参见熊铁基《略论道教的"杂而多端"——道教史新思考之一》，《学术界》2016年第6期。
② 钟国发：《道教神灵谱系简论》，载上海社会科学院《传统中国研究集刊》编辑委员会编《传统中国研究集刊》第1辑，上海人民出版社2006年版。

教所吸收，在道教内被称之为白衣大士，佛教创始人释迦牟尼、儒家创始人孔子也被供奉在了由道士居住的三教堂或三圣庙中，墨家的创始人墨子也成为道教信奉的神灵。道教的神灵，有的来自民间信仰、民间宗教，也有的来自官方祭祀。比如，民间宗教所崇奉的各种老母、老祖，列入官方祀典的城隍、关帝以及五岳、五镇、四海、四渎之神等，无不可以在道教宫观中发现。道教的神灵，既有在历史上曾经真实存在过的历史人物，又有的来自道教自身的创造。比如，各地各级城隍大多为真实的历史人物，而三清等道教尊神则明显来源于道教自身的创造。假如把正一道与全真道的信仰对象加以比较，我们会发现，在信仰对象上，全真道比正一道更具有包容性。金元时期，全真道在构建自身神灵系统时，在保持自身的信仰特色，即供奉五祖、七真等全真道专属的祖师或神灵之外，几乎完全接续或吸纳了道教史上以前的所有神灵，今天我们假如到一个全真道观中去，经常会看到传统道教的神灵，但在传统的正一道观中却很少有供奉全真道祖师的情况。这种情况的形成可能与全真道在教理教义上比正一道具有更大的开放性有关，全真道既然主张"三教合一""三教同源"，那么，其自然不会排斥正一道所信仰的神灵，况且，为了接续上传统道脉，也为了满足普通大众的信仰需求，充分吸纳传统道教的神灵是全真道发展中的必然选择。举一个简单的例子，可以充分体现出道教信仰的包容性。山东省济南市有一所全真道观华阳宫，因位于小华山之阳而得名，始建于元代，据说是丘处机的弟子陈志渊所创。华阳宫所供奉的神灵主要有玉皇、四季神、逢丑父、闵子骞、地藏王菩萨、关帝、碧霞元君、龙王、三官、释迦牟尼、孔子、老子、三皇、蚕神等。这里面既有儒家的人物，如儒家创始人孔子、以忠名史的逢丑父、以孝著称的闵子骞等，也有佛教的地藏王菩萨，还有道教的玉皇、四季神、碧霞元君、龙王、三官、老子等，更有属于民间信仰的蚕神，列入官方祭祀的关帝。来自道、儒、释、俗等的众多神灵汇聚一处道观，却令人毫无违和之感，真可谓是中国道教神灵信仰的缩影，充分体现出了道教信仰对象的多元性与复杂性，是道教包容性的深刻体现。道教的这种包容性，极有利于其对异质文化或神灵的吸收，在道教走向世界的过程中，只要继续发挥这种优良品质，就可以与其他宗教和文化相融，为其真正成为世界性的宗教发挥重要作用。

（三）平等性

除了开放性和包容性之外，具有平等精神也是道教的一个优良品质。前面提到，王重阳在创立全真道之初便曾提出过"三教平等"的口号，即平等地对待儒、释、道三教，这便是道教平等精神的体现。后来，全真七子完全继承了王重阳的这一思想，皆有很多关于"三教合一""三教平等"的阐述和行为。我们知道，长生成仙是道教所追求的最终目标，道教认为，在成仙这个问题上，并无男女之别。儒家重视社会等级，男女地位并不平等，尤其是儒家所讲的"三纲"，即君为臣纲、父为子纲、夫为妻纲，更是体现出了男尊女卑的倾向。儒家最推崇的理想人格是圣人，但自古以来的儒家圣人，如尧、舜、禹、汤、文、武、周公、孔、孟等，其中无一位是女性，这充分说明了女性在儒家思想中并没有得到应有的尊重，男女之间是一种隶属关系，很难获得实质上的平等。对于佛教来说，虽然倡导众生平等，但在我们所知的佛和菩萨中，却极少有女性。现在中国众多佛寺里供奉的观世音菩萨是女性的形象，但这是佛教中国化以后的结果，观世音菩萨在印度佛教中本是男性形象。然而，道教却与儒、释不同，其不仅从来不歧视女性，而且在成仙上提倡男女平等。在道教的神仙中，女性占了很大的比例，像女娲、后土、西王母、碧霞元君、妈祖、斗姆、九天玄女、麻姑、魏华存、孙不二、何仙姑等等，无一不是女性神仙。唐代道士杜光庭集有《墉城集仙录》一书，其中记录了 37 位女仙的神迹，《列仙传》《神仙传》《历世真仙体道通鉴》《历世真仙体道通鉴续编》等道教传记文献中，也都记载了大量女仙的事迹。大量女仙的存在证明，道教成仙并无男女之别，在这一点上充分体现出了道教所具有的男女平等的精神。① 除此之外，道教的男女平等精神还体现在了丹道修炼上，在丹道修炼上，道教不仅不歧视女性，而且还专门有供女性修炼的丹法，即女丹或坤丹，现在的道教类书中就有许多女丹

① 对此刘仲宇先生曾言："道教尊重妇女，在中国传统文化中表现非常独特，这也许与他们继承了老子'万物负阴而抱阳，冲气以为和'的思想有关，在他们的神仙理想中，女仙具有与男仙相同或者接近的地位，女冠（道姑）可以与男性道士一样直接成为仙人，而不需如某些宗教所主张的那样，女性先要修成男子之身，隔世再修，始能成正果。"参见刘仲宇《道教平等观简述》，《华东师范大学学报》（哲社版）2009 年第 3 期。

经典，这是道教男女平等精神的又一体现。实质上，道教的平等精神并不仅仅体现在男女平等上，而是在道家"道生一，一生二，二生三，三生万物"①"人法地，地法天，天法道，道法自然"② 等理念的影响下，道教认为万物皆取法于自然，皆以自然为本性，因而在成仙上提倡"万物皆可以成仙"的理念。刘仲宇先生曾指出："南北朝之后，道教逐步发展出所谓'道性'理论。……道性理论认为，道性人人具足，因此，人人都有成仙的可能。不仅如此，'一切有形，皆有道性'，所以万物都有得道的可能，即使是木石等自然物，如果积其精气，最终都能成佛成仙。由此，人人皆可成仙的思想更扩展为万物皆能成仙的思想。"③ 在明清时期的文学作品中，比如《封神演义》《聊斋志异》《红楼梦》等，皆有很多非人类成仙的故事，这都是受到道教万物皆可以成仙观念影响的结果。道教平等精神的体现是多方面的，既表现在对待异质文化的态度上，又表现在成仙的理念上，在道教走向世界的过程中，假如我们能够充分发挥这种精神，必然能与其他宗教和文化展开平等对话。

　　道教的优良品质很多，并不只是以上所提到的开放性、包容性和平等性三个方面，除这三个方面之外，还有普适性、超越性等，但以上三个方面无疑是道教优良品质中最为突出的。道教过去虽然曾对东亚和东南亚各国产生过影响，但并没有真正深入到这些国家的文化深层，也没有得到这些国家民众的普遍信仰和深刻认同。所以，道教虽然曾经有过与异质文化相遇的经历，并在某种程度上成为影响遍及东亚和东南亚的地域性宗教，但从本质上说，它仍然是一种以本土性为主的宗教。今天道教要走向世界，面对的将不只是东方的宗教和文化，而是全世界各种类型的宗教和文化，其面临的挑战是巨大的。但我们相信，只要能够充分挖掘和发扬道教的众多优良品质，并运用这些优良品质展开与其他宗教和文化的深层对话，其必然能够走向世界，突破地域性的限制，成为影响全球的世界性宗教。

　　总之，道家道教作为中国传统文化的重要组成部分，不仅对中国古代

---

① 《老子》第四十二章。

② 《老子》第二十五章。

③ 参见刘仲宇《道教平等观简述》，《华东师范大学学报》（哲社版）2009 年第 3 期。

社会产生过重要影响，而且至今仍然在发挥着重要作用，值得我们认真传承与大力弘扬。但是，当今时代已不同于古代社会，人类所面临的是全新的问题，道家道教文化要想活转于当世，就必须对其进行创造性转化与创新性发展。其实，传承与创新并不矛盾。传承是创新的基础，任何创新必须以传承为前提；同时，创新也是最好的传承，没有创新的传承是缺乏生命力的，最终仍然难以避免消亡的命运。因此，今天我们要传承道家道教文化，就必须结合时代的要求，对道家道教文化进行传承与创新。

下　编
当代视域下的中国传统佛教文化研究

佛教传入中国已有两千多年的历史。佛教在中国的传播和发展，经历了一个漫长的与中国传统文化冲突和融合的过程。在这个相互排斥、相互融合的过程中，佛教逐渐成为中国思想文化的重要组成部分。

第十章　佛教的起源、传入中国及中国化

公元前 6 世纪发源于古印度① 的佛教，在两汉之际通过丝绸之路传入中国内地。进入汉地后的佛教经历了一个漫长的与本土文化碰撞与融合的中国化过程。在这个相互排斥、相互吸收与融合的过程中，佛教逐渐融入中国传统社会之中，演变成中国的民族的主要宗教，其思想与儒道鼎足并行，成为中国思想文化的重要组成部分。中国化的佛教向东传到朝鲜、日本，并对两国的历史与文化产生了深远影响。

一、佛教的起源及创始人

佛教的创始人相传是乔达摩·悉达多（约前 565—前 486）。他所属的族名是释迦族，出身于刹帝利。据传他是古印度北部迦毗罗卫国（今尼泊尔境内）君主净饭王之子，生于 4 月 8 日。出生 7 天后，母亲摩耶夫人去世，由姨母摩诃波阇波提抚养长大。悉达多与释迦族拘利国善觉王之女耶输陀罗结婚，生子罗睺罗。他在 29 岁时离开王城，成为一个苦行者，在恒河流域参访宗教界名师并修炼苦行。相传他经过 6 年苦修，终于证得"无上菩提"而悟道成佛。佛是佛陀的简称，意为彻底的解脱者、圆满的智者和无上的济世者。"释迦牟尼"是其尊号，"释迦"是其所属族名，汉译是能仁，即

① 古印度的地理范围即以印度河为代表的南亚次大陆地区，大体包括今印度、巴基斯坦、孟加拉、尼泊尔等国以及克什米尔地区。"印度"得名于印度河。我国从西汉起，史书上就有关于印度的记载。司马迁称印度为"身毒"，东汉时改译"天竺"。"印度"的译名始于唐代玄奘。

能以仁爱之心悯念众生。"牟尼"汉译为寂默、贤人，合起来就是"能仁寂默""释迦族的圣人"。这个尊号比本名更广为人知。

释迦牟尼从出家到得道乃至传教，都与其出身的刹帝利阶级利益分不开的。公元前 6 世纪的印度处于列国纷争时代，当时印度次大陆诸国林立，彼此攻伐，战乱不断。同时社会是由一套由宗教主导、世袭传承不变的阶级体系——种姓制度构成的，该制度基本上将人划分为四个种姓：婆罗门是执掌宗教事务、担任祭司并负责传达神的旨意的僧侣贵族，刹帝利是执掌军政大权、为社会及政治实际领导者的世俗贵族，吠舍是从事农工商等生产活动的平民，首陀罗是被征服的土著居民及雅利安人失去公社成员身份的从事奴隶性工作的贫民。维护种姓制度的宗教力量，就是婆罗门教。由于多种社会原因，各种姓之间矛盾激烈，各种思潮涌现，以部分刹帝利为代表的上层也谋求治国安邦的求新变革之道，甚至婆罗门教内部也有不少人对"祭祀万能"表示怀疑和不满，有人公开否认梵天（婆罗门教的创世主）的存在。在这种时局下，社会上出现了各种反传统的宗教和哲学派别，泛称"九十六种外道"。释迦牟尼就是在当时兴起的反对婆罗门至上的沙门思潮的社会背景下，以倡导无我、无常和缘起性空的无神论教义反对宣扬"神我""大梵"以及"与梵合一"的有神论，以种姓平等、人人平等，以至于一切有生命之物皆平等思想，抗衡婆罗门至上、种姓等级制度和维护种姓制度的宗教力量而创立佛教的。

相传释迦牟尼有感于社会的诸种痛苦和世间无常，遂放弃王位继承，离开王宫，到郊野森林中修行，以求救世之道。在经过一段时间的苦行后，他仍没有找到生老病死的真正解脱之法，遂放弃苦行，在尼连禅河中洗净身体尘垢，接受了一位牧女奉献的乳糜粥，然后走到河畔的一棵毕钵罗树（后被称为菩提树）下入定静思，在苦思冥想 7 日后，终于豁然开朗，悟出了世间真谛，获得彻底觉悟（即经文中提到的"阿耨多罗三藐三菩提"）。佛教称之为"成道"或"成佛"。佛陀在波罗奈城外的鹿野苑为追随他的阿若憍陈如等 5 人讲述自己悟解出的真谛，佛经称"初转法轮"，即第一次宣说佛法。这 5 人也是佛陀的第一批弟子。

佛陀在他生命的最后 45 年里致力于传道说法，足迹遍布恒河流域，皈依佛教的信徒上至国王、贵族、富商，下至乞丐、妓女、奴隶。他们或出家随佛学法，或居家持戒修行，信徒众庞大。佛陀 80 岁时在拘尸那伽罗城外的娑罗双树下，接纳最后一名弟子须跋陀罗，进行最后的说法后涅槃。佛陀去世 200 余年后，印度孔雀王朝的阿育王通过武力扩大了王朝版图，佛教也随之得到极大发展，已由恒河流域传到印度各地。大约在公元前 3 世纪，佛教从印度国内传播到国外，逐渐成为世界性的宗教。

从佛陀创教到他灭后 100 年，这一个多世纪是佛教创立和初步发展的时期，佛教徒们都是佛陀的亲传弟子和再传弟子，他们信奉佛陀的言传身教，遵守佛陀亲自制定的清规戒律。这一时期的佛教史称"原始佛教"。

佛灭百年后，其说教由最初的口传方式到被人们以偈颂形式用文字记录下来，后来教徒们将其结集为由经、律、论组成的"三藏"，但这时他的宗教思想已经被分裂成了许多不同的教派。其中，小乘教派和大乘教派是其中两个比较接近的教派。小乘派主要在南亚居主要地位，现在大多数西方学者都认为它和佛陀最初创立的教说比较接近；而在中国和北亚一带居统治地位的教派则是大乘派。

二、佛教传入中国

佛教在公元前 3 世纪由于孔雀王朝阿育王的外护，使之不仅受到印度人的皈依，阿育王还遍遣佛徒于他邦传布宣教，佛教由此获得了在异民族发展的机会。

佛教传入中国大约在公元前后，即两汉之际。汉武帝派张骞凿空西域，张骞曾在大夏（今阿富汗）看到邛竹杖、蜀布，说是来自于身毒（今印度）。①

---

① 《史记》卷一百二十三《大宛传》：骞曰："臣在大夏时，见邛竹杖、蜀布。问曰：'安得此？'大夏国人曰：'吾贾人往市之身毒。身毒在大夏东南可数千里。其俗土著，大与大夏同，而卑湿暑热云。其人民乘象以战。其国临大水焉。'以骞度之，大夏去汉万二千里，居汉西南。今身毒国又居大夏东南数千里，有蜀物，此其去蜀不远矣。"……天子欣然，以骞言为然，乃令骞因蜀、犍为发间使，四道并出。中华书局 1962 年版，第 3166 页。

此时佛教是否也由中亚细亚传入西域，再由西域行旅往来而向东方渐进，史无明征。但是汉帝国对西域的经营，给佛教经中亚过西域达中原提供了传播上的交通便利，这是确凿无疑的。现存的传世文献和早期佛教文物都证明，佛教传播的主渠道仍然是这条丝绸之路。

　　佛教东来后，很快就与中国的黄老道家文化相结合。这一方面与正值中土神仙方术盛行有关，东汉时的黄老思想已与社会上流行的道术和谶纬迷信合流，成了神仙方术的代称。佛教为了在中土扎根发展，积极依附并迎合当时社会流行的黄老方术，例如中国最早的佛教著作《牟子理惑论》中说，在时人的印象里，佛陀是神通广大的神仙，佛教是可以让人长生不死的仙术。① 另一方面，在理论上二者有相似之处，佛教以空为本，以修道达到涅槃境界；道家以无为本，以坐忘来达到逍遥道境，如被认为是中国第一部汉译佛典的《四十二章经》要求出家修佛道者要"解无为法""行道守真"，无为、守真都与黄老道家的思想和用语十分相似。但是佛教在传播之初，并非依靠其深奥烦琐的教义，而是通过图像和宗教仪式进行传播，并且常常和道术、方技混杂在一起，佛教徒也常以斋戒祭祀、祛灾治病等道家、方士惯用的形式进行传教。如最早来华的译经大师安世高就是"外国典籍，莫不该贯。七曜五行之象，风角云物之占，推步盈缩，悉穷其变。兼洞晓医术，妙善针脉，睹色知病，投药必济。乃至鸟兽鸣呼，闻声知心"②；中天竺高僧昙柯迦罗"善学《四围陀论》，风云星宿，图谶运变，莫不该综"③。因此，东汉人理解的佛教，只是祠祀的一类，而佛也只是神仙的一种。如汉明帝异母弟楚王刘英晚年"更喜黄老，学为浮屠，斋戒祭祀"。永平八年（65），诏令天下死罪者入缣赎罪之际，楚王刘英遣郎中令奉黄缣白纨三十匹诣国相曰："托在蕃辅，过恶累积，欢喜大恩，奉送缣帛，以赎愆罪。"明帝下诏："楚王诵黄老之微言，尚浮屠之仁祠，洁斋三

---

① 《牟子理惑论》，载《弘明集》卷一。

② （梁）僧祐撰，苏晋仁、萧錬子点校：《出三藏记集》卷十三《安世高传》，中华书局1995年版，第508页。

③ （梁）释慧皎撰，汤用彤校注：《高僧传》卷一《魏洛阳昙柯迦罗传》，中华书局1992年版，第13页。

月，与神为誓，何嫌何疑，当有悔吝？其还赎，以助伊蒲塞（优婆塞）、桑门（沙门）之盛馔。"① 汉桓帝时期（147—167 在位），"宫中立黄老、浮屠之祠"②；"设华盖以祠浮图、老子"③。1984 年洛阳出土的永元五年（93）老子浮屠铜镜，反映了东汉人以神仙为原型，结合对佛教的理解，创作的仙佛模式。④

佛教同中国传统思想、习俗及当世社会思潮交相糅杂，相互激荡融合，这种因应时变，使其在初传时期不仅未受到本土固有思想文化的强烈抵制和排抑，反而受到了相当的礼遇。佛教这种依附于黄老的传播方式，使其获得了宗教的存在形式，这为它此后的发展乃至中国化奠定了基石。

三、佛教的中国化

日本学者中村元说："中国人并没有以佛教的印度形式来接受佛教。佛教引入中国之后，在中国人某些传统的思维方法的影响下而被修正，所以，中国佛教在很大程度上与印度佛教异离了。"⑤ 自两汉之际佛教的思想文化介入汉文化圈以后，经过魏晋南北朝，到隋唐时期，佛教经历了一个与中国本土文化由比附、冲突到融摄的传播和发展过程。这个过程就是我们通常所说的佛教的本土化与世俗化，或者说佛教中国化。

佛教的中国化，不是一个空泛的概念名词，而是一个印度佛教在中国随时空变迁而发展演变的动态过程。具体说来，"是指佛教徒在推动佛教流传的过程中，逐渐使印度佛教与中国政治、经济、文化、社会实际相适应、相结合，接受中国社会环境的影响和改造，从而在教义思想、仪轨制度和修持生活诸方面都发生了变化，打上了中国社会的深刻烙印，具有鲜明的中国

---

① 《后汉书》卷四二《楚王英传》，中华书局 1965 年版，第 1428 页。
② 《后汉书》卷三十下《襄楷传》，第 1082 页。
③ 《后汉书》卷七《孝桓帝纪》，第 320 页。
④ 参见温玉成《公元 1 至 3 世纪中国的仙佛模式》，《敦煌研究》1999 年第 1 期。
⑤ 〔日〕中村元：《东方民族的思维方法》，林太、马小鹤译，浙江人民出版社 1989 年版，第 124 页。

民族性、地域性和时代性特征，纳入了中国传统文化的巨流，转变为中国文化的品格和旨趣，形成了有别于印度佛教的独特精神风貌"。①

（一）佛教中国化的历史进程

1.汉魏两晋南北朝时期佛教的中国化

确切地说，佛教中国化的过程，从佛教初传中土之时就已经开始了。这首先表现在传播方式和称谓上，如前所言，佛教"入乡随俗"地积极依附并迎合流行于当时社会的黄老神仙方术进行传教，如西域龟兹神僧佛图澄，西晋怀帝永嘉四年（310）到洛阳。适逢永嘉之乱，后投奔后赵，以鬼神方术深得石勒、石虎叔侄的信任，参与军政大事，多次劝石氏以佛教教义德化施政。他"善念神咒，能役使鬼物。以麻油杂烟灰涂掌。千里外事，皆彻见掌中，如对面焉"②。佛图澄、菩提流支等采用所谓的"咒法神通"之力，以此证明佛有灵验，并进而吸引信仰者，因此时称"道"，或称"佛道"。又如南朝宋沈约在《宋书·夷蛮传》中记载天竺迦毗黎国时称"佛道自后汉明帝，法始东流"③，魏收《魏书·释老志》载汉武帝获金人为"佛道流通之渐"④，又载北魏文成帝诏书"其好乐道法，欲为沙门……皆足以化恶就善，播扬道教也"⑤。因此，信佛出家者称为道人或道士，如《四十二章经》中说"道人见欲，必当远之"，南朝宋释慧琳在《均善论》中以"黑学道士"代表佛教⑥；《法苑珠林》卷五五："始乎汉、魏，终暨苻、姚，皆号众僧以为道士。"⑦

其次表现在佛经翻译上的释译上，佛教在传入的相当长一个时期内都是以译介印度典籍为主，为了便于世人理解佛理、更为了适应中土传统的宗教观念和思辨哲学，佛教借用传统的术语、概念来表达其思想，例如把

---

① 参见方立天《佛教中国化与中国化佛教——以汉传佛教为中心》，《国学学刊》2009年第4期。

② （宋）李昉：《太平广记》卷八八《佛图澄》，中华书局1961年版，第573页。

③ （南朝宋）沈约：《宋书》卷九七《夷蛮传》，中华书局1974年版，第2386页。

④ （北齐）魏收：《魏书》卷一一四《释老志》，中华书局1975年版，第3025页。

⑤ （北齐）魏收：《魏书》卷一一四《释老志》，第3036页。

⑥ （南朝宋）沈约：《宋书》卷九七《夷蛮传》，第2388页。

⑦ （唐）释道世：《法苑珠林》卷五五，中华书局2003年版，第1662页。

"释迦牟尼"译为"能仁",迎合了儒家的圣人观念;把道家的"无我"译为"非身",使佛教与传统的灵魂不死观念相契合;用道家的"无为"来翻译和理解佛经所追求的最高修行目标"涅槃"或"解脱",等等。这就是竺法雅所提倡的"格义",即"以经中事数,拟配外书"。① 尽管道安不赞成"格义",认为它"于理多违",但他仍跳不出"格义"的圈子,他还特许弟子慧远引用俗书来阐明佛理。由此可见,格义在佛教传入中国的早期即翻译阶段,在佛教中国化的进程中发挥了重要作用,它扫除了异质文化传入中国时在语言、概念、思想等方面的障碍,为佛教本土化铺平了道路。再次,译者还对佛教的某些观念进行删改或相应修正,以便与中土传统思想相契合。据方立天先生研究指出,安世高在翻译佛经时,就自觉不自觉地调整译文,以免与当时中国社会政治伦理、观念相冲突。他译《尸迦罗越六方礼经》一卷,"六方"谓亲子、兄弟、师徒、夫妇、主从、亲属朋友的伦理关系。原书的意思是,双方均平等自由,如主从关系,主人敬重奴仆,奴仆爱护主人,但这在安译中就被删节了,显然是为了和中国社会的奴仆绝对服从主人的风尚相一致。② 这种迎合儒家伦理的译经风格对后世影响很大,以至于到唐代甚至出现了中国人编著的《父母恩重经》等专讲孝道的佛经。又如深受儒家思想影响并兼有儒、道、佛思想的康僧会,在《六度集经》中译道:"昔者,波罗奈国王名波耶,治国以仁。干戈废,杖楚灭,囹圄毁;路无呼嗟,群生得所,国丰民炽,诸天欲仁。"从译文的用词到对国君的评价标准,再到治国指导思想,无不渗透着儒家思想理念。最后,一些佛经的文体仿效儒家经典,如第一部汉译佛经《四十二章经》的文体就是模仿了儒家经典《孝经》。隋费长房《历代三宝记》曾因旧经录曰:"本是外国经抄,元出大部,撮要引俗,似此《孝经》十八章。"

佛教通过诸上几个方面的努力,不仅在华夏大地站稳了脚跟,而且得到了迅速的传播与发展。仅就北方而言,据《魏书·释老志》载,北魏孝文帝太和元年（477）,北方僧尼大概是 79000 余人,到东魏孝静帝兴和二年

---

① 《高僧传》卷四《晋高邑竺法雅传》,第 152 页。

② 方立天:《论中国佛教之特点》,载深圳大学国学研究所主编《中国文化与中国哲学》,东方出版社 1986 年版,第 408 页。

（540），已经有 200 万之多，占去政府编户总人数的十五分之一。随着出家人的大幅增多，寺院随之增多，据统计，太和元年（477）四方诸寺有 6478 座，到兴和二年（540）已达 3 万座了。① 在南方，"江南四百八十寺，多少楼台烟雨中"，形象地说明了佛教在南方蒸蒸日上的发展势头。这对于以赋役支持的国家而言，无疑是沉重的负担。因而，在这个发展趋势过程中，出现了佛教史上所称的"三武一宗"之厄、"法难"等灭佛运动，即北魏太武帝、北周武帝、唐武宗、后周世宗的四次大规模毁灭佛法运动。尽管每次灭佛运动都有复杂的历史动因，但是佛教发展过盛，寺院经济膨胀及搜刮民财的经济原因，是历次法难的根本原因。佛教寺院经济与世俗统治阶级利益的矛盾激化，促使帝王通过政治手段加以解决。

需要指出的是，即便在佛经传译阶段，译师们通过"格义"释译经典，以适应中国传统思想文化的思维或模式，但所译出的经典教义依然契合佛教本怀，符合佛教的基本精神，保持了宗教自身特质的超越性。如在宗教仪轨、戒律等方面，佛家坚守着自己的底线。这种状态保持在从佛教初传到两晋时期。到了南北朝时期，随着佛教势力的不断发展壮大，其独立而强大的宗教实体日渐显露，佛教自身也不再甘于传统文化的附庸地位，它欲要自立门户。道教作为本土宗教显然无法坐视外来佛教的日盛，加紧了对它的排斥与攻击。对于佛教在社会经济、王道政治、伦理纲常等方面有违于一以贯之的社会秩序，儒者们也大加指责。② 儒佛道三教之争由此而发，特别是佛道之争变得尤为突出。由于南北方社会政治和文化背景的不同，因此佛教在南北方表现出不同的特点，三教之间的斗争也南北迥异。南方有夷夏之辨、佛法与名教之争、神灭与神不灭论以及沙门敬王者与否等理论上的大论战，如汤用彤先生所言："南朝人士所持可以根本推翻佛法之学说有二。一为神灭，

---

① 据《魏书·释老志》统计。

② 南朝梁郭祖深攻击佛教"蠹俗伤法"（《南史》卷七十《郭祖深传》）；荀济上书皇帝"论佛教贪淫、奢侈、妖妄"，指责僧尼"不耕不偶，俱断生育，傲君陵亲，违礼损化"（《广弘明集》卷七《荀济传》）；范缜批评佛教"浮屠害政，桑门蠹俗"，说它"竭财以赴僧，破产以趋佛，而不恤亲戚，不怜穷匮……家家弃其亲爱，人人绝其嗣续，致使兵挫于行间，吏空于官府，粟罄于惰游，货殚于土木。"（《梁书》卷四十八《范缜传》）

一为夷夏。因二者均可以根本倾覆释教。故双方均辩之至急，而论之至多也。"① 北方则出现了帝王利用政治力量灭佛的流血事件。

从整个历史发展长河来看，佛教在南北朝时期在南方与儒道的论战，在北方遭受"二宗"灭佛沉重打击的遭际，正可以看作是佛教在中国化过程中所受社会历史条件的影响。但这不过是佛教中国化的一个插曲而已，佛教文化本身具有强大的适应能力和圆融精神，特别是它"契理契机""方便设教"的精神使它能够在不同的文化土壤中发扬光大。

2. 隋唐时期佛教的中国化

佛教在隋唐时期达到了鼎盛，尤在教理教义方面发展突出，其表现是以佛教义理为主导的思想理论创新形态的建构——创宗立派，也即佛教中国化的理论创新形态，从而拓展出了佛教中国化历程中宗派林立、异彩纷呈的局面。

随着佛典翻译的日益深入，到南北朝时期，一大批僧人比较热衷于某些经论的传承、学习、宣讲与注疏，并逐渐形成了许多以弘传某一部经论为主的不同学派，我们称之为"学派佛教"。从南朝末年开始，一些佛经学派逐渐和某一特定的世俗统治集团相依托，又与日益发展、巩固的寺院经济相结合，形成在教义和财产上排他的集团，"学派佛教"演化而至隋唐形成了"宗派佛教"②。这是一个漫长的渐进历程③。汤用彤《隋唐佛教史稿》云：

---

① 汤用彤：《汉魏两晋南北朝佛教史》，北京大学出版社 2011 年版，第 258 页。

② 近来学界对以"宗派"来阐释隋唐佛教特点的传统说法提出了质疑，认为以佛教宗派来叙述隋唐时期的佛教发展是夸大了宗派在这一时期佛教中的重要性，如孙英刚《夸大的历史图景：宗派模式与隋唐佛教史书写》，《中国社会科学报》2013 年 7 月 3 日第 B06 版。方广锠、杨维中等学者对孙氏的质疑提出了反驳，参见方广锠《隋唐敦煌汉传佛教的宗派问题》，《西南民族大学学报》2017 年第 6 期；杨维中《隋代成立"佛教宗派"新论》，《佛教文化研究》2015 年第 2 期。

③ 对此，梁启超认为，其转向发轫之标志性事件，肇始于西域鸠摩罗什的来华："要之罗什以前，我佛教界殆绝无所谓派别观念，自罗什至而大小乘界线分明矣。自觉贤至而大乘中又分派焉。同时促助分化之力者，尚有昙无谶之译《涅槃》。盖《华严》之'事理无碍'，《涅槃》之'有常有我'，非直小乘家指为离经叛道，即大乘空宗派亦几掩耳却走矣。故什门高弟道生精析《涅槃》，倡'阐提成佛'之论，旋即为侪辈所摈，愤而南下。吾侪将此事与觉贤事比而观之，足想见当什门上座，大有学阀专制气象，即同门有持异

隋唐佛教，承汉魏以来数百年发展之结果，五花八门，演为宗派。且理解渐精，能融会印度之学说，自立门户，如天台宗、禅宗，盖可谓为纯粹之中国佛教也。

佛法演至隋唐，宗派大兴。所谓宗派者，其质有三：一、教理阐明，独辟蹊径；二、门户见深，入主出奴；三、时味说教，自夸承继道统。用是相衡，南北朝时实无完全宗派之建立。①

传法定祖，在唐以前已有，而形成有明确而独立的理论思想的宗派，则在隋唐始确定。一般认为，在当时流行着八大宗派，著名的有以智𫖮为代表的"天台宗"、以玄奘为代表的"唯识宗"（又名"法相宗""瑜伽宗"）、以法藏为代表的"华严宗"和以慧能为代表的"禅宗"。此外，还有三论宗、净土宗、律宗、密宗。不同的宗派都有各自不同的教义、教规和修持方法，师承相传，正如日本学者金谷治所言："印度思辨的彼岸的佛教终于没有成为主流，至隋、唐时期形成的天台、华严、禅等中国佛教各宗派，全都轻彼岸而重现世、避繁琐而简易直截、轻思辨而重实践，成为中国式的佛教。"② 中国的佛教从此进入了独立发展的新阶段。

在这八大宗派中，天台宗、华严宗与禅宗属于"中国特创"，而禅宗尤能突出佛教的中国化，其影响也最大。

论说禅宗的世俗化、中国化比其他宗派更彻底，更具明显的中国特色，主要体现在两个方面：一是思想理论体系；二是经济体制，即生产方式和生活方式。禅宗是佛教发展过程中，在格义的基础上，汲取中国哲学的营养，与道家哲学相融合的产物，亦是真正中国化的佛教。对中国禅宗思想发展史有过专著的麻天祥指出，禅宗思想的形成不但受老庄思想影响，而且是"任性逍遥、玩习老庄的中国知识分子，假佛教之名，对道家思想，特别是庄子

议者，亦不能相容。虽然，自兹以往，佛教界遂非复空宗嫡派之所能垄断，有力之新派，句出萌达矣。"（梁启超：《佛教教理在中国之发展》，《梁启超佛学文选》，武汉大学出版社 2011 年版，第 145 页）

① 汤用彤：《隋唐佛教史稿》，北京大学出版社 2010 年版，"绪言"第 2 页、第 87 页。
② 转引自孙昌武《中国佛教文化史》，中华书局 2010 年版，第 1684 页。

思想的重新整合并予以大众化的阐扬，或者直接说，禅宗思想是大众化的老庄哲学。"① 他进一步指出禅宗思想是"纯粹中国化的，又是大众化的老庄哲学……是以创造性翻译为前提，不断而又广泛地撷取庄、老思想，由道生、僧肇奠基，终至《坛经》而系统化、大众化的哲人智慧。"② 具体说，在禅修成佛的根据——心性论上，禅宗提出"一切众生悉有佛性"，人人皆可成佛，"我心自有佛，自佛是真佛；自若无佛心，向何处求佛？"认为人的自心、自性是成佛的内在根由，是佛的本性。这是将对宇宙实相的纯思辨中落实到众生本有的心性上。在这种境界里，强调万物混同，终极于心；强调体用妙悟，真正做到"梵我合一"。这种以心性为本的本体论思想既受到了儒家性本善以及"人人皆可以为舜尧"思想的影响，同样可从老庄思想体系中找到形成的线索。汤用彤先生对此曾有精辟论述：

> 支谶主大乘学，其译品汉魏所流行者为《道行般若》与《首楞严》等。安世高、康僧会之学（指小乘学），在明心神昏乱之源，而加以修养。支谶、支谦之学则探人生之本真，使其反本。其常用之名辞与重要之观念，曰佛、曰法身、曰涅槃、曰真如、曰空。此与《老》《庄》玄学所有之名辞，如道、如虚无者，均指本体，因而互相牵引附合。
>
> 中国之言本体者，盖可谓未尝离于人生也。所谓不离人生者，即言以本性之实现为第一要义。实现本性者，即所谓反本。而归真、复命、通玄、履道、体极、存神等等，均可谓为反本之异名。佛教原为解脱道，其与人生之关系尤切。……有道之士，惧万有之无常，知迁化者非我。于是禅智双运，由末达本。……夫《般若经》中，已有佛即本无之说。归乎本无，即言成佛。《老子经》曰，道法自然，无为而无不为。所谓成佛，亦即顺乎自然。顺乎自然，亦即归真反本之意也。按汉代佛法之反本，在探心识之源。魏晋佛玄之反本，乃在辨本无末有之理。③

---

① 麻天祥：《中国禅宗思想发展史》，湖南教育出版社 1997 年版，"前言"第 1、2 页。

② 麻天祥：《中国禅宗思想发展史》，第 2 页。

③ 汤用彤：《汉魏两晋南北朝佛教史》，第 83、151—152 页。

在禅修的道路上，禅宗主张"教外别传，不立文字，直指人心，见性成佛"，即佛性本有，不凭他力，不向自身以外求索。舍离文字义解，以心传心，即可明心见性，顿悟成佛。这种注重体悟心证而不滞于经教文句的简易明快的修行方式，是运用道家的言意观，来引导佛教产生"对语言的怀疑、具象隐喻和类比的丰富储备、对悖论的喜爱、对书籍的排斥、相信直接面对面地而且常常是无言地交流洞见"，这些特征都是"典型的中国式的思想"。① 此外，禅宗的修持方法与老庄大致一样。老子的"致虚极，守静笃"即主静；庄子的"其神凝""吾丧我""心斋""坐忘"等也主静，这主静二字正是禅功的基础。② 这些思想方法已摆脱了外在形式而直观人心，与禅宗坐禅之意趣几无二致，可与达摩、慧可的"凝住壁观""安心入道""萧然静坐"相侔。"佛教对禅定的思想和方法都做了专门的阐释和发展，特别是以'无我'破除了对个体灵魂（人）和宇宙精神（神）的实在性。"③ 佛教的禅定有四个阶段：从初禅的排除烦恼、欲望，得到一种脱出凡俗的喜悦；到二禅时，喜悦逐渐纯化，成为身心的一种自然属性；再到三禅时喜悦消失，达至一种平静适意的乐趣；直到四禅，乐趣归于空有，修行者达到了无欲无念，无喜无忧的境界，便可得到澄澈透明的智慧。这是个只可意会，不可言说的无上境界。④ 可见，禅宗吸收、融合道家思想尤其是庄子精神的无可争辩的特征。

在经济上，禅宗创立了"农禅"的生活方式，即既要参禅又要进行生产劳动，而且"农禅"的生活方式被百丈怀海制定"禅门规式"而制度化。禅宗用小农经济、小生产的自给自足方式共同维持僧徒的生活，这种生产方式与中国传统社会相融洽。禅宗在唐中期以后，把世俗社会的生产方式和生活方式搬到佛教内部，除了不娶妻生子以外，几乎完全过着小农经济一家一户的生活。这种自食其力的生产和生活方式，使其可以不受经济来源断绝的

---

① ［美］芮沃寿：《中国历史中的佛教》，常蕾译，北京大学出版社 2009 年版，第 58 页。
② 参见林继平《老庄思想与禅宗》，《清华大学学报》2002 年第 3 期。
③ 洪修平：《中国禅学思想史纲》，南京大学出版社 1994 年版，第 3 页。
④ 罗锦堂：《庄子与禅》，载《中国文哲研究集刊》第 3 期，（台北）中国文哲研究所编出版社 1993 年版。

威胁，其生存和发展自然不受世俗社会经济的限制。另外，它的传法世系，也力图与中国的封建宗法制相呼应，寺主是家长，僧众是"子弟"，僧众之间也维持着世俗社会的叔伯、祖孙的世系关系。[①]

禅宗在经过唐末、五代的衍化流变后，出现了"一花开五叶"的繁荣局面。宋代以降，及至明、清，禅宗成为中国本土最重要、影响最为深远的宗教派别。

宋代以后，中国传统文化最终形成了以儒家为主、佛道为辅的"三教合一"的基本格局，而以禅学为骨髓的宋明理学，就是在吸收佛家、道家思想的基础上发扬儒家的伦理思想与政治哲学而形成的新儒学。新儒学适应封建社会强化中央集权的需要而成为官方正统的思想意识形态，佛道二教虽然各有发展，但都处于依附从属的地位，配合儒学发生着作用。

回顾印度佛教中国化的过程，我们可以看到，佛教是随着中国时代和社会的发展而变化发展的，是一直处于中国社会的适应和变化的状态。从佛教自身发展历程而言，其能延续和发展到现在，就是因为它能不断地因应时代的发展变化，同时发挥自己的教义思想和行事仪规。这个过程就是我们通常所说的"契理"和"契机"：既能随顺时代的变化和大众的不同需要而不断地更新和发展，并应机接物，方便施教；又始终合乎佛法的根本道理，契合佛法的根本精神。[②] 正如汤一介先生所言，外来思想要在中国立足、生根并得以发展，首先是要"依附于中国原有的思想文化"，除了社会现实的需要之外，不仅要和"原有思想文化自身发展的某一方面可能出现的结果大体相符合"，而且还要在某一方面"超出原有思想文化的方面"，这样才能"对原有文化起刺激作用"，从而它自己也会随之产生深刻影响并得到重大的发展。[③]

当今中国社会正处于一个急剧变革的伟大历史转型时期，人们的社会生活、思想观念、价值趋向等不可避免地会发生巨大的变化。在这个伟大的变革时代，中国佛教应不断以积极入世的姿态和勇敢担当，相应而适时地阐述

① 参见任继愈《禅宗与中国文化》，《社会科学战线》1988 年第 2 期。
② 参见洪修平《从三教关系与契理契机谈隋唐佛教宗派》，《世界宗教研究》2014 年第 5 期。
③ 汤一介：《佛教与中国文化》，宗教文化出版社 1999 年版，第 24—30 页。

和发挥自己的教理教义，调整佛教原本具有的社会功能，进行现代性转化，以高度的灵活性融入不同的时空因缘，给传统文化开拓出生长创新的空间。

（二）汉化佛寺

佛寺是佛教僧侣供奉佛像、舍利，进行宗教活动和居住的场所。佛教传入初期的佛寺，源于古印度的支提窟。古印度佛教徒早期活动场所多为石窟居室式的"支提"窟，中置小型象征性的塔，四周小龛式居室住人，是寺塔合建的空间布局。南北朝至隋唐时期，寺塔分离，佛塔逐渐移至寺外，佛寺布局演变为中国传统的堂殿式建筑，发展成带有中国各时代各民族本身特色的石窟艺术。这是中国变化、改造、利用外来文化影响的一种例证。

1. 白马寺

白马寺是佛教传入中国后兴建的第一座寺院，被称为中国佛教的"释源"和"祖庭"。白马寺对中国佛教的传播和发展，以及中外文化交流，有着重要的意义，在中国佛教史上具有特殊的地位。

白马寺位于河南省洛阳市东约 12 公里的汉魏洛阳故城附近，创建于东汉永平十年（67），其营建与佛教始传中土的"永平求法"紧密相连。据史载，永平年间（58—75），汉明帝刘庄夜梦金人，飞行于殿庭，遂问群臣，太史傅毅答：西方有神，其名曰佛，这个金人恐怕就是佛。明帝就派中郎将蔡愔、秦景、博士王遵等赴西域寻求佛法。他们在大月氏国遇到来自天竺的高僧摄摩腾、竺法兰，邀其来中国讲经传道。十年（67），摄摩腾、竺法兰等携带佛教经像来到洛阳，最初住在接待外宾的官署——鸿胪寺，因非久居之地，明帝为了给他们提供礼佛、译经和传法的场所，遂别建"精舍"以处之，仍以寺名。唐代李华云："汉永平中，佛教初至洛阳，始置寺处腾、兰二德。古者官之庭府称寺，盖宾而尊之，比于曹署，此其源也。"[①] 因佛经是用白马驮回的，于是便被定名为白马寺。此后，我国佛寺称为"寺"。

东汉的白马寺，今已无遗迹可寻。据《魏书·释老志》载："白马寺，

---

① （唐）李华：《杭州开元寺新塔碑》，载（清）董诰《全唐文》卷三一九，中华书局1983年版，第3231页。

盛饰佛图，画迹甚妙，为四方式。凡宫塔制度，犹依天竺旧状而重构之，从一级至三、五、七、九。世人相承，谓之'浮图'，或云'佛图'。"① 可见，早期的白马寺主体建筑塔，其下部按照印度样式建造，其上为汉族的奇数级多层阁楼。塔壁所盛绘的佛图，当为佛传故事的系列图画，因为最初来华的印度高僧依照其本土寺院之形制来建造其住锡传法之寺。东汉末年，战乱四起。汉献帝初平元年（190），董卓挟持献帝刘协西逃长安，临行"悉烧宫庙官府居家，二百里内无复孑遗"②，白马寺亦仅存百余年。到明代嘉靖三十五年（1556）白马寺得以重建，清代及近代多次修葺，现存大多明清时代建筑。山门外有两匹戴鞍驮经的宋代青石雕白马，寺外有金代齐云塔，寺内还保存有摄摩腾、竺法兰的墓冢。

2. 灵岩寺

山东地区是较早酝酿产生中国佛教的地区之一，早在佛教初传时期，就有东汉的汉室封王在山东区域与佛教发生接触的记载。魏晋时期，随着来中土的印度梵僧和中亚胡僧逐渐增多，佛教的译经、讲法和建寺造像的活动有所增加，海内名刹——灵岩寺就是在这个时期创建的。

灵岩寺，位于济南长清万德镇境内，坐落于泰山西北麓灵岩峪中。其创建可追溯到东晋、前秦时期，创建者为高僧朗公。据《高僧传》载："竺僧朗，京兆人……以伪秦苻健皇始元年（351）移卜泰山。"③ 朗公于东晋年间为避永嘉之乱，"移卜泰山"，开山造精舍，在建成朗公寺（又称神通寺，在今济南柳埠镇）的同时，与泰山西北之隐士张忠交好，"尝往来于此说法"，后来朗公在此"始建精舍数十区"。到北魏法定禅师正式成立灵岩寺。灵岩寺在经历了北魏太武帝灭佛运动（446）和北周武帝禁佛运动（574）后，逐渐衰颓。直到隋文帝复兴佛法后，灵岩寺得到了大发展，当时与浙江天台国清寺、南京栖霞寺、荆州玉泉寺并称为"四大名刹"。到了唐代，灵岩寺又有了进一步发展，著名高僧玄奘、慧崇、灵润都曾到此。高宗麟德二年（665），唐高宗与皇后武则天到泰山封禅，也曾率领兵马数千驻跸灵岩

---

① 《魏书》卷一一四《释老志》，中华书局 1974 年版，第 3029 页。
② 《后汉书》卷七二《董卓传》，中华书局 1965 年版，第 2327 页。
③ 《高僧传》卷五《竺僧朗传》，中华书局 1992 年版，第 190 页。

10 天之久。灵岩寺的规模盛大，据《续高僧传》卷十五载，京师弘福寺高僧灵润到灵岩寺习法时，就有僧侣 500 余人。据金党怀英《灵岩寺记》载，灵岩寺"历隋至宋，土木丹绘之工，日增月葺，庄严为天下冠。四方礼谒，委金帛以祈福者，岁无虑千万人。佛事益兴，而居者益众，分而为院者三十有六。"其疆域"东至棋子岭，南至明孔山，西至鸡鸣山，北至神宝寺。寺境东西二十里，南北十里。"① 无愧于"四绝第一"之美誉。寺内现存唐代的建筑和文物，重要的有鲁班洞、千佛殿、御书阁、李邕（678—747）撰书的《灵岩寺颂并序》碑等。

到了宋代，灵岩寺得到了大规模的整修与扩建，据北宋张公亮《齐州景德灵岩寺记》载："太宗章圣尝赐御书，琅函风篆，辉映岩谷。皇上复降御篆飞白为赐，天文炳焕，云日相昭。寺之殿堂、廊庑、厨库、僧房，间总五百四十，僧百，行童百有五十，举全数也。每岁孟春迄首夏，四向千里，居民老幼，匍匐而来，散财施宝，惟恐不及。岁入数千缗，斋粥之余，羡盈积多。以至计司管榷，外台督责；寺僧纷扰，应接不暇。"② 由此可见，其时灵岩寺在当时朝野之盛及香火之旺。

金元明时期，灵岩寺仍持续兴盛，许多殿宇得到多次修葺，至今寺内的大雄宝殿、千佛殿等主要建筑仍保留着明代的面貌。

明末清初的战乱，致使灵岩寺遭受严重毁坏。康、乾时期又加修整，但实际建制大不如前。到了晚清，经济更为困窘，寺院的修整多靠民间募集，难以为继。新中国成立后，灵岩寺得以全面整修和复原维修，使现存的建筑及文物得到了妥善的保存和保护。

3. 玄奘与大慈恩寺

大慈恩寺位于唐代长安城内晋昌坊，在今西安城东南 8 里处。大慈恩寺始建于唐贞观二十二年（648），是唐高宗做太子时为追念其母文德皇后在原隋代无漏寺废址上所建，更名为"慈恩"。大慈恩寺在唐代是著名的皇家寺院，也是唐代规模最大的寺院，占当时晋昌坊半坊之地，共有十余座院落，

① （清）马大相编纂：《灵岩志》，清康熙刻本，山东友谊出版社 1994 年版，第 48、23 页。
② （宋）张公亮：《齐州景德灵岩寺记》，《灵岩志》清康熙刻本，第 45 页。

现存寺院面积仅为当时的一个西塔院，不如原来寺院的 1/6，全寺布局已改变唐代之面貌，大雄宝殿在前，大雁塔在后，这是明清以来进行的重建。

大慈恩寺在中国佛教史上具有十分重要和突出的地位，皆因其与玄奘法师有着殊胜的因缘。大慈恩寺是玄奘法师主持的佛教经典译场所在地，玄奘曾在这里主持寺务，领管译场，并在此翻译佛经长达十余年之久，慈恩寺因此成为长安城三大佛经译场之一。玄奘还在此创立了汉传佛教唯识宗，慈恩寺因此成为唯识宗的祖庭。永徽三年（652），玄奘为珍藏从印度带回的大量梵本佛典，请旨在寺内修建仿西域建筑形式的五层方塔安放梵本，此即大雁塔。大雁塔底层南门内的砖龛里，嵌有两通石碑：《大唐三藏圣教序》和《大唐三藏圣教序记》，分别由唐太宗李世民和唐高宗李治撰文，由唐代著名的书法家褚遂良书写。

玄奘（600—664）俗姓陈，名祎，唐代洛州缑氏县（今河南偃师县缑氏镇）人。兄姐 4 人，法师最幼。其次兄名素，出家为僧，法名长捷。玄奘在 5 岁丧母，10 岁丧父的情况下，这位长兄带他到了东都洛阳的净土寺，由此开始了佛门生活，时年 13 岁。

法师年轻时，为了学习佛学真谛，遍访国内佛学高僧大德，学识已远超侪辈。但是他仍感不满，"所悲本国法义未周，经教少阙，怀疑蕴惑，启访莫从，以是毕命西方，请未闻之旨，欲令方等甘露不但独洒于迦维，决择微言庶得尽沾于东国。"[1] 缘于对东土所传佛理教义分歧的困惑与对佛理真谛的渴求，玄奘毅然决定西行求法，时年 26 岁。唐太宗贞观元年（627）秋，玄奘离开长安，开始数万里的西行。玄奘西行从陆路经甘肃、新疆，到达中亚细亚、阿富汗，登大雪山进入印度。他从北印度开始，先后游历了中印度、东印度、南印度和西印度。他的足迹踏遍了印度半岛的各个地区。贞观十九年（645）玄奘离开印度回到长安。玄奘西游印度 17 年（627—645），行程 5 万里，游历大小 110 个国家。他取回大量的梵本经书、佛像、舍利等文物，共带回佛经 657 部。

---

① （唐）释慧立、释彦悰著，孙毓棠、谢方点校：《大慈恩寺三藏法师传》卷一，中华书局 2000 年版，第 19 页。

玄奘回国后，主要从译经、弘法和撰书三个方面展开工作。在译经方面，自贞观十九年（645）春返归东土以后，他即开始了毕生的译经工作，"专务翻译，无弃寸阴。每日自立程课，若昼日有事不充，必兼夜以续之"①。此外，他还结集了长安、洛阳有学问的佛僧，在其主持下进行译经工作。到麟德元年（664）逝世前，共译出佛经 75 部 1300 多卷。玄奘还将印度大乘佛教的瑜伽行派引入中土，并与弟子窥基等一起建立了中国佛教的法相宗（又称唯识宗、慈恩宗）。该宗派流传至唐末而逐渐消歇。另外，玄奘撰写了 12 卷本《大唐西域记》，其与法显的《佛国记》、圆仁的《入唐求法巡礼行记》、马可·波罗的《东方见闻录》，并称为东方四大游记。《西域记》由玄奘口授，僧辩机笔录，于贞观二十年（646）七月间完成。这部书翔实生动地记载了玄奘在中亚、印度各国游历时所见所闻的情况，它是一部研究中世纪中亚细亚、巴基斯坦、尼泊尔、印度和斯里兰卡等地区的历史、地理、生产状况以及宗教习俗的重要著作。

众所周知，中古时期通往西域的交通异常艰险困苦，除了使臣和商人之外，盖鲜有人愿意或敢于西行。独怀有一腔宗教热诚的高僧如玄奘法师之辈，"轻万死以涉葱河，重一言而之奈苑"。法师以高超的德行和精勤的修习，以及其对佛教信仰的笃诚和追求佛法的坚毅精神，使得他在西行万里求法的历程中，从西域到印度，均赢得国主尊敬护持，更普遍为僧俗民众所崇仰。

四、佛教东传朝鲜、日本

由于佛教的广泛传播和蓬勃发展，中国继印度之后成为新兴的佛教中心，并将佛教传播到了朝鲜和日本。

（一）佛教传入朝鲜

佛教传入朝鲜半岛，开始于三国（高句丽、百济、新罗）时代位于半

---

① （唐）释慧立、释彦悰：《大慈恩寺三藏法师传》卷七，第 158 页。

岛北部、与中国大陆连接的高句丽，到新罗、高丽王朝时期达到鼎盛。佛教在朝鲜的流传发展过程中形成了带有朝鲜民族特色的宗派，对朝鲜古代的历史和文化产生了深远影响。

据《三国史记·高句丽本纪》记载，前秦的君主苻坚于建元八年（372）遣使送佛像及佛经至高句丽，随后高句丽国王为东晋僧使顺道和阿道修建了肖门寺及伊弗兰寺，这被认为佛教正式传入朝鲜之始。但在梁慧皎《高僧传》卷四载东晋名僧支遁（314—366）曾经致书高丽僧人，称述竺法深的风范①，这说明中朝民间佛教的关系由来已久。据《卷三国史记》卷十八载，东晋太元九年（384），胡僧摩罗难陀由东晋来到百济，次年在汉山建立佛寺，度僧 10 人，是为百济佛教之始。朝鲜东南的新罗地区，佛教传入也较早，并早有新罗僧人来中国参学。梁武帝于太清三年（549）遣使偕同新罗学僧觉德送佛舍利至新罗。陈文帝于天嘉六年（565）又遣使与僧明观等往新罗国通好，并赠送经论 1700 余卷。

隋唐时期，中国与朝鲜的佛教交往极为密切。隋时高丽、百济、新罗三国向隋朝请得佛舍利回国起塔供养。大批朝鲜僧人在中国留学，甚至与中国僧人一起加入到西行求法的热潮，如唐僧义净所撰《大唐西域求法高僧传》中，即列有新罗、高丽僧 8 人。

到了唐代，佛教各宗次第形成，一些朝鲜僧人参与了中国各宗派的活动，有的成为其中的精英人才，为中国佛教的发展作出贡献，如被誉为"奘门四神足"之一的新罗僧人神昉，参与玄奘译场，译经受学，翻经缀文，为唯识法相学作出了贡献；有的把这些宗派逐一传入朝鲜，为朝鲜佛教的发展作出贡献，如高句丽僧人波若向智者大师学习天台教义，其后天台宗在朝鲜传承不绝；新罗僧人义湘师事华严二祖智俨，回国后在朝鲜传播华严学说，被称为华严宗东海初祖。

中国的宋辽时期，大致相当于重新统一朝鲜半岛的高丽王朝统治时期。高丽王朝与宋、辽两国均友好交往，并数次遣使来中国求赐藏经，如据《佛祖统纪》卷四三载，端拱二年（989）"高丽国王治遣使乞赐大藏经并御制佛

---

① 《高僧传》卷四《晋剡东仰山竺法潜传》，第 157 页。

乘文集，诏给之"，这是佛教大藏经传入高丽的最早记载，此后高丽国王又有两次向北宋求赐藏经并获赐赠。高丽王朝在《开宝藏》与《契丹藏》的基础上，编印、刊刻了《初刻高丽藏》《再刻高丽藏》《续藏经》，这对中华佛教撰述的流传起到极大的作用。

元明清以来，朝鲜佛教界与中国仍保持良好关系，往还不绝。这一时期的中国佛教出现了儒释会通、禅净双修、教禅一致等风气，同期的朝鲜佛教情形也大致趋同，可见中朝两国佛教徒的关系从古到今都是息息相关的。

（二）佛教传入日本

佛教经中国、朝鲜再传入日本。佛教传入日本的时间，约在中国南朝梁末时期，是从中国大陆经由朝鲜半岛而传入的。据《日本书纪》载，钦明天皇十三年（552），百济圣明王派使者到日本大和朝廷，进献释迦佛金铜像一躯及幡盖、经论等物品，这被认为是佛教正式传入日本之始。但据《上宫圣德法王帝说》和《元兴寺伽蓝缘起》的记载，百济圣明王献佛像经论的时间是钦明天皇七年（538）。

佛教向日本传播的方式，大体可以分为两类，即中国高僧的主动弘法与外国僧人来华求法，前者以鉴真东渡为代表，后者以空海来华求法为代表。无论是哪一种形式，都对日本的历史文化产生了深远的影响。本节仅以鉴真东渡日本弘法为例，说明中国佛教对日本佛教的传播及发展产生的重要影响，以及鉴真法师在中日文化交流中的地位和贡献。

鉴真东渡。鉴真（688—763），俗姓淳于，广陵江阳（今江苏扬州）人。他出生在一个充满浓厚的佛教气氛的家庭，加之他"总丱俊明，器度宏博"，14 岁时就在扬州大云寺出家，18 岁受菩萨戒，21 岁受具足戒。长安、洛阳是当时政治、经济和文化中心，寺院林立，高僧荟萃，鉴真游历两京，遍研三藏，博访高僧，虚心求教。到开元元年（713）回到扬州时，鉴真已是精通佛学、兼擅众长的高僧了。在扬州大明寺，鉴真法师为众僧讲律，同时建寺造像，还从事救济贫困和医药治疗等社会活动。在法师 45 岁时，由他传戒的门徒达 4 万余人，"以戒律化诱，郁为一方宗首"，成为一位德高望重、声名远播的高僧。

　　8 世纪上半期，佛教传入日本已有近两百年的历史，僧侣人数也日益增多。但是，日本佛教没有统一的管理制度，没有制定授戒制度，戒法尚不完备，"虽有其法，而无传法人"，这严重影响了佛教的传播及政治制度的巩固。而在日本佛教界有一种观念，认为中国的僧人"皆以戒律为入道之正门，若有不持戒者，不齿于僧中"。为了改变僧界现状，向唐朝求法求师、学习佛教文化就成了日本政府的重要内容。

　　唐玄宗开元二十一年（733），日本政府派遣的第九次遣唐使中，有数个留学僧，其中的荣叡、普照就是奉敕入唐，寻访精通戒律的高僧东渡传戒的。鉴真法师时已俗龄 55 岁，在佛教界的地位已然很高，特别是在江淮之间，他已经是"道俗归心，被仰为授戒大师"的高僧了。因此，荣叡、普照二人必然知晓。唐玄宗天宝元年（742），他们来到扬州大明寺恳请鉴真东渡日本传戒。法师缅怀当年日本长屋王遥赠千翅衣，上绣"山川异域，风月同在"诗的往事，非常认同"有缘之国"的请求，于是决定赴日弘传戒律。

　　鉴真法师的五次发足东渡，均因遇飓风或官府阻拦而宣告失败，期间法师双目失明，荣叡身亡。即便如此，也丝毫没有动摇法师东渡弘法的信念，他的意志反而被磨砺得更为坚定。天宝十二年（753），鉴真法师第六次东渡，在搭乘日本遣唐使使团的船只经过一个多月的漂泊后，法师与僧法进等一行终于在日本萨摩秋妻屋浦（今九州鹿儿岛大字秋目浦）登岸，此时法师俗龄已 66 岁。次年，法师被迎入京城奈良东大寺。天皇下诏：授戒传律，听其自由行事，并授"传灯大法师"位。同年四月，鉴真法师筑坛为天皇、皇后、太子以及僧俗 400 余人授戒。法师住奈良东大寺，筑戒坛传授戒法，为日本佛教徒登坛受戒的开始，"从此以来，日本律仪，渐渐严整，师师相传，遍于寰宇"。日本律宗正式确立，在戒律上与中国佛教发生了血缘关系，流传至今。天平宝字元年（757），天皇授予鉴真土地 100 公顷，鉴真亲自规划设计，建造"唐招提寺"。"招提"，是梵语的寺院，"唐招提寺"就是大唐风格的寺院之意。两年后，寺院建造完成，孝谦天皇亲自为之题写了寺名并宣布出家人必须先到唐招提寺学习律宗佛学，然后才能选择自己的宗派。从此，此处成了日本佛教的中心。

　　除了在佛教方面，鉴真法师还将大唐先进的文化艺术乃至科学技能，包括建筑、医学、书法、工艺等方面的成果也带到了日本。法师将唐代的建筑艺术带到了日本，由他指导建造的规模宏大的唐招提寺就是典型。至今，唐招提寺的经堂、戒坛、讲堂等依然矗立在日本古都奈良，是日本现存的天平时代最大最美的古建筑群。

此外，鉴真法师一行还将中国医药学介绍到日本，对日本医药学作出了贡献。法师精通医学和药物学，他目力虽然不济，但能用嗅觉、味觉和触觉分辨药物。对一些真伪难辨的药物，"和尚一一以鼻别之，一无错失"。他因治愈光明皇太后的疾病在日本医药界享有盛名，日本江户时代的药袋上都印有鉴真像，日本曾传有"鉴真上人秘方"一卷，有些方剂如"鉴真服钟乳随年齿方""奇效方""万病方""丰心丹"等，至今还保存在日本《医心方》书中。直到现在，日本部分地区还在沿用，是民间的常备药。法师为日本的医药学奠定了基石，所以在 14 世纪前，日本的从事医、药两道者，都奉鉴真法师为始祖。

鉴真法师赴日时，还带去了大量的绣像、雕像、画像、金铜像、书帖，对日本艺术、书法影响很大。唐招提寺现存有根据中国干漆夹纻技术塑造的鉴真坐像，是日本美术史上最早的肖像雕塑，被定为日本国宝。此外，法师赴日还带有大书法家王羲之、王献之父子的书法真迹，还带有大批的写经，通过对这些手迹的观摩和传抄，日本的书法风气大盛。这对日本的书法艺术产生了深远影响。

日本天平宝字七年（763）五月，法师圆寂于唐招提寺，弟子们为他模造真影，这就是至今仍供奉在唐招提开山堂上被称为日本国宝的干漆纻造像。鉴真法师留居日本 10 年间，在与日本人民的亲密合作和弟子们的一致努力下，取得了上述多方面的成就，对日本奈良时期的天平文化起了积极的推动作用。鉴真法师为中日文化交流作出了巨大贡献，千余年来一直受到日本人民的敬仰。

鉴真法师一行把唐代已取得的成就，包括那些已经由中国所吸收、消化了的外国的新东西传到了日本。可以说，在传播中国文化到日本的历史上，法师及其弟子们作出了重大的贡献，产生了相当深远的影响。

第十一章 佛教平等思想与社会和谐

如前文所述，佛教传入中土后，与中国本土文化经历了比附、冲突到相互融合的过程，逐步完成了中国化进程，最终成为中国文化的一个重要组成部分。另一方面，佛教之所以能够为中国传统文化所接纳，不但是由于中华民族具有外来文化兼容并包的恢廓胸怀，也是因为佛教文化本身内涵丰富，具有中国文化所缺乏的特定内容，可以对中国传统文化发挥补充作用。事实上，它也确实在中国传统文化中发挥了重要作用。仅就佛教基本教理而言，从传统社会乃至现代化社会，它在不同领域、不同程度上都发挥了不容忽视的力量和作用。而作为佛教智慧的重要内容、贯穿于佛教整个思想体系中的平等思想，是首先要论及的。

一、佛教平等思想及其在传统社会之体现

佛教平等思想是佛教的根本教义之一，《五灯会元》说："天平等，故地常覆。地平等，故能常载。日月平等，故四时常明。涅槃平等，故圣凡不二。人心平等，故高低无诤。"[1] 可见，平等思想乃是佛法之要义。《佛学大辞典》对"平等"的解释是"无高下浅深等之别曰平等"[2]，即是说佛教的平等意指"无差别"。这种"无差别"在佛经讲得很透彻，《大方广佛华严经》云："一切众生平等、一切法平等、一切刹平等、一切深心平等、一切善根

---

① （宋）普济著，苏渊雷点校：《五灯会元》卷十二《石门进禅师法嗣 瑞岩智才禅师》，中华书局 1984 年版，第 752 页。

② 丁福保：《佛学大辞典》，文物出版社 1984 年版，第 358 页。

平等、一切菩萨平等、一切愿平等、一切波罗蜜平等、一切行平等、一切佛平等。是为十。若诸菩萨安住此法，则得一切诸佛无上平等法。"① 可见，佛教平等思想的具体内容主要包括人与人的平等、众生平等、众生与佛的平等、众生与无情的平等等方面，因而这种平等具有了最全面、最彻底和最广泛的涵盖性。

　　佛教的平等思想最初是针对印度现实社会生活中的诸多不平等现象而提出的，尤其是具有标志性意义的"种姓制度"。这种不平等的社会制度得到当时居于统治地位的婆罗门教的理论辩护。婆罗门教经典《吠陀》将印度社会四大等级的产生和社会贵贱的种性差别，归结为由于"梵"在不同的部位生出他们的缘故：从口中生出婆罗门，从肩膀生出刹帝利、肚脐生出吠舍、脚下生出首陀罗。僧侣阶层婆罗门、贵族阶层刹帝利、自由平民阶层吠舍和被征服的土著阶层首陀罗，四个不可改变的等级天然地形成。佛教最初本是反对这种极端不平等的种姓制度及其理论的一个重要派别。根据业感缘起，佛教认为一切事物在"缘起"的本质上都是"无差别"的，是"平等一如"的，"差别"只是现象界的特征，一切差别的现象只是业力随缘生起的虚妄之相，都是由众生不同"业力"所造成、所幻化的，因而皆不真实。同理，四种姓皆是一种性，如如平等，没有差别。《长阿含经》明确指出："尔时，无有男女、尊卑、上下，亦无异名，众共生世，故名众生。"② 释迦牟尼还在他创立的僧团中，打破了婆罗门教的种姓制度，实行的是"众生平等"，容纳了各种种姓出身的人，十大弟子就是来自四个不同的种姓，其中舍利弗、目犍连、大迦叶、富楼那属于婆罗门，阿那律、罗睺罗、阿难、迦旃延为刹帝利，须菩提属于吠舍，优波离是首陀罗。佛陀"在出家生活上，毅然不承认四姓底制度，同样待遇做释子沙门。不管姓氏亲疏，只依证智底浅深，德行底厚薄，定位次。又不拘贵贱贫富，不问僧俗男女，上从国王、长

① （唐）实叉难陀译：《大方广佛华严经》卷五三，《大正新修大藏经》（简称《大正藏》）第10册，台北佛陀教育基金会1990年，第283页。
② （后秦）佛陀耶舍、竺佛念译：《长阿含经·第四分世记经世本缘品第十二》，载《大正藏》第1册，第145页。

者，下至猎户、农夫、凶人、婗女，平等教化"①。可见，释迦佛在事实上从宗教思想到宗教组织在佛教内部实践了各个种姓同为沙门释种子的平等理念。至于后来对佛的神化，以及佛门比丘、比丘尼、优婆塞、优婆夷之间的各种礼节，应当合理地理解为修养境界的差别，而非特权等级的差别。与此相应，佛教提出了新的种姓说。根据《中阿含经》《长阿含经》等经典，种姓的区别不是因为它们出自"梵"的身体的不同部位，而是由于世界形成时，人们为了解决互相之间出于争夺食物和天地而发生的争斗，推举"田主"维持秩序，"田主"就是刹帝利，是最高贵的种姓；从事"学禅""博闻"者则是婆罗门，从事农业的是吠舍，从事工艺技巧的是首陀罗。②"他们把种姓看作是后天的社会分工，从而也就驳斥了婆罗门教的神造理论。佛教的兴起不是一个社会革命运动。他们的种姓理论主要是为他们的宗教实践服务的。他们所宣扬的平等也主要是他们在宗教生活和精神生活中的平等。"③由此可见，从创教伊始，从宗教理论到宗教修行，佛教就有了对"平等"思想的基本诉求。

　　佛教在传入中国并经历中国化的过程中，其平等思想并非简单易行，随着时代条件、社会环境的变化而起变化，我们只有将其回归到历史脉络中，才能展现其丰富性和复杂性。

　　从佛教东传到魏晋时期，中国佛教还处在一个译介外来佛经、吸收印度佛教文化的阶段；晋宋之后，中国佛教开始立足于本国文化对印度佛教义理进行全面的阐释与转化，这既有佛教教理的发展之需，更是佛教适应现实政治社会的强烈要求。就佛教思想发展而言，从魏晋到南北朝时期，中国佛学是由性空般若学到妙有涅槃佛性说的转折，这次转折在中国佛教史上具有革命性的意义，因为"佛教中国化的过程是通过一系列的佛性理论的创立与发挥来实现的"④。这次革命的首倡者是晋宋之际的竺道生，他不滞经文，提

---

① 黄忏华：《印度哲学史纲》，商务印书馆1935年版，第127—128页。

② 任继愈：《中国佛教史》第2卷，中国社会科学出版社1985年版，第315页。

③ 黄心川：《印度佛教哲学》，载任继愈主编《中国佛教史》第一卷，人民出版社1981年版，第519页。

④ 赖永海：《中国佛性论》，上海人民出版社1988年版，第22页。

出了佛性思想的重要内容"一切众生悉有佛性""一阐提亦可成佛"。所谓佛性，是指成佛的原因、根据和可能。在竺道生的佛性理论中，"佛性"不仅是客观的精神实体，并不仅仅属于"佛"的世界，他也属于人，存在于一切有情众生的主观能动性之中，即使丧失成佛条件的人，其内在都始终有着一种成佛的可能性。因而，竺道生所谓"佛性"之实质就是众生成佛的可能性及其依据，包括善根断尽、与佛法无缘的恶人"一阐提"。这就肯定了众生成佛的可能性与现实性，也就暗示了一切众生悉有佛性的平等思想。这种佛性平等的佛性论，给予了所有人向上的机会和动力，使人们能够超越阶级、出身、财富等各方面差别，实现平等。因此，它一直深刻影响着中国佛教发展几千年，成为"心""佛""众生"三无差别的中国佛教平等思想源头和根本依据。宋代僧人清远说："若论平等，无过佛法。唯佛法最平等。"① 佛教的均平齐等、不存在本性本质乃至高下浅深差别的平等，在竺道生的佛性论中得到了充分的体现。从社会现实来说，南北朝时期正是门阀制度中庶族势力发展上升时期，新兴的庶族需要一套新的思想理论依据来改变过去以玄空为主导的思想，以满足自己政治发展乃至获得政治最大资本的需要。而"一切众生皆有佛性""人人皆能成佛"，甚至"一阐提"也能成佛的佛性平等论，重新唤起了"人皆可以为尧舜"或"涂之人可以为禹"的理想，这正迎合了新统治集团的政治需求，也从思想观念上冲破了等级森严的士庶壁垒。如寒门素族刘裕称帝即为显例。一直到齐梁时期，统治者都在不断地为自己寻找合法的理论依据。对于广大普通百姓来说，频繁的战乱、不平等的社会制度和统治者的残暴统治使他们苦苦挣扎于死亡线而看不到生存之机。佛教恰逢其时地传入和广布使他们有了精神寄托和慰藉。杜继文说："《大般涅槃经》关于'一切众生皆有佛性'的判断，为人生指出了一条无限自由和幸福的出路，提升了人生的现实价值，也给每个人以生活的自信和勤于实践的勇气。正是佛教史上的又一大创新，为佛教长期流通于社会，提供了新的武器。"② 在门第森严的南北朝社会制度下，却盛行着"人人悉有佛性"的平等

① （宋）赜藏主编：《古尊宿语录》卷三三，中华书局1994年版，第620页。
② 杜继文：《汉译佛教经典哲学》（下），江苏人民出版社2008年版，第284页。

理论，赖永海指出："从表面上看，这是一种反常现象，实际上，它不但合情，而且合理。说它合情是因为人们在现实生活中饱尝等级森严的门阀制度之苦，自然会产生一种渴望平等的反面欲求，'众生悉有佛性'的理论恰恰迎合了这种欲求，给人一种虚幻的平等出路的精神慰藉，因此二者一拍即合，有情众生从平等佛性说中得到精神上的满足，平等佛性理论从备受等级之苦的众生那里获得了大量的信徒。"① 二位先生深刻分析了佛教平等思想对南北朝社会不同阶层的需求，我们说从另一个角度看，这也是佛教自身适应社会发展的需要。

这种"有情众生"皆有佛性的思想，到了隋唐时期又有更进一步的推进，那就是众生不仅包括"有情众生"，而且包括"无情众生"。也就是说，众生佛性平等是指佛性在有情众生与无情众生面前的一律平等。"无情众生"主要指没有情识的山河大地、草木花卉等动植物乃至无生命的土石。隋朝三论宗吉藏说："不但众生有佛性，草木亦有佛性也。若悟诸法平等，不见依正二相故，理实无有成不成相，无不成故，假言成佛。以此义故，若众生成佛时，一切草木亦得成佛。"② 天台宗湛然以及禅宗一派牛头宗法融都有此观念。如天台九祖湛然认为，事物所呈现的现象各有不同，但所有这些现象都是世界的最高本体——真如本体的体现，真如法性就是佛性，由此则一切事物都可成佛。这样，建立在佛性论之上的平等思想，不但赋予人与人、人与动植物、人与宇宙中一切的平等，而且人与佛也是平等的；乃至于提出"生佛不二""凡圣一如"的观点，将平等从个人主体推向社会群体，再推行至自然界中的万事万物，乃至于推向宇宙当中永恒而至高的存在。

到了唐代，佛教平等思想的发展体现在男女平等上。尽管早期佛教也提出了"形有男女，性无彼此"，但是女性在佛教中的形象和地位都低于男性，表现在戒律上则是男尊女卑。而在大乘佛教发展过程中，大乘佛经逐渐表达出了一种圆融无碍的男女平等思想，如姚秦时期竺佛念所译《菩萨处胎经》中，佛陀明确表示"法性纯熟，无男无女，善权义说，受女人身，无佛

---

① 赖永海：《中国佛性论》，第310页。
② （隋）吉藏撰：《大乘玄论》卷三，载《大正藏》第45册，第40页。

记别"①。这说明，众生是平等的，没有男女之别，如果有了分别和不等，那只是因迷悟而起了我相、人相、众生相而已，只要依法修行，无论男人还是女人，他们都拥有相同的善根，都有成佛的可能性。而北凉僧人昙无谶（385—433）所译的《大云经》中更说"女身当王国土"的因缘。《大云经》所体现的女性权力既是世俗国家治理权，也是佛教正法治化权，而拥有这两项权力的主体并不限定于生理性别。这种对于生理性别的忽视在某种程度上冲击了世俗生活中男尊女卑的现象，这给中国传统社会被礼制束缚的女性极大的影响。武则天称帝建武周政权，便是根据《大云经》来构建自己政权的合法性，经文涉及女身当王国土，正符合了武则天的政治需要。武后女身称帝的典范冲击了传统的儒家礼制，刺激了唐朝上层贵族女性的参政意识，在唐朝前期的140余年间女性参政的现象历朝皆有。唐朝男女平等的思想和意识体现在参政实践上，这在历代是罕见的。

综上所述，平等思想作为佛教智慧的重要内容，始终贯穿于佛教整个思想体系之中。需要指出的是，作为产生于古印度的佛教，其教义中蕴含的平等思想最初是对印度社会人际关系的不平等的反抗。在佛教流布中土后，其平等思想遭遇到了以三纲五常相维系的伦理价值体系的排拒，因而，中国佛教的平等思想为迎合儒家正统思想而进行不断调整，正如高瑞泉所言："一个追求出世的宗教，要在等级制度下的现实世界存在与发展，就不可能不与现实做某种妥协，包括寺院经济的出现，本身就与某些戒律相冲突。如果我们不犯时间错置的错误，原本不会向古代佛教徒去追问现代平等的观念。从这个意义上说，其关于'平等'的理论，也属于知识的变形，这一点与道家如庄子有极大的相似之处。"② 其实后来的佛教只是在解脱论上坚持平等思想，即在解脱上是不分长幼、贫富、贵贱、男女的，是众生平等的。因此，在古代中国，"众生平等的理念被转化为一种口号和理想，在实践过程中，则显然始终为中国传统的三纲六纪所销蚀、化解，从未真正被贯彻过；然而，在观念上，被儒学基于上述调整君子与庶民和谐关系的需求所考量，

① （姚秦）竺佛念译：《菩萨从兜术天降神母胎说广普经》卷四，载《大正藏》第12册，第1034页。

② 参见高瑞泉《"平等"在现代嬗变中的佛教诠释》，《杭州师范大学学报》2011年第5期。

融化于民众平均主义心理需求，'众生平等'不仅保证了佛教在中国传统的义理上与儒学融洽的顺畅，也最终成为佛教吸引广大底层民众，发挥宗教精神慰藉和理想期盼的重要根据。直至清末民初之际，佛教曾一度成为推翻帝制、建立民主政体的国民革命的舆论工具和思想基础，导致了佛教于近代在中国的复兴和进步、发展。"①

近代著名高僧太虚大师（1890—1947）即是这方面的优秀实践者。19世纪末20世纪初的中国，正处于动荡不安、各种思潮云涌的时代，西方列强的入侵、西方文化的涌入，使中国处于危难之机。在这样的时代背景下，一批深怀忧患意识的爱国志士为了本民族的利益，提出了"变法"的口号。当时的佛教界在信仰和修习上日趋衰颓，僧侣们或安于现状，或只求自保，或营求私利，了无生机与活力。面对国运、教运衰落的危机，太虚大师融通大乘各宗，并根据变好了的社会需要，提出了符合时代精神和佛教本怀的"人生佛教"思想。即在佛教基本教义的框架内对人生意义做了具有世俗内容的新诠释，探讨了佛教"人间化"的必然性与意义，并制定了佛教思想现代化所必需的"佛教革命"——"教理革命、教制革命、教产革命"三大革命。其基本指导思想"就是以大乘佛教利生、救世的精神，引导现代社会的人心、正思。"②在佛教理论的基础上将思想的重点从注重单纯的悟道成佛，转向关注社会和服务社会等方面，将佛教宣扬的西方净土和极乐世界引入"人世间"中，从而在佛教传统中体现出时代精神。后来，赵朴初（1907—2000）、印顺（1906—2005）、圣严（1931—2009）和星云（1927—　）等一批理论家和宗教家，在继承和发扬太虚思想的同时，进一步提出了"人间佛教"的理论，极大丰富了"人生佛教"的宗教哲学内涵，从而展现了佛教中更为全面、更为深刻的内涵。

不仅有理论上的建树，太虚大师还亲身躬为去各地弘法传教，他多次在东亚和东南亚地区弘法，还前往法国巴黎宣讲佛学，开中国佛教僧人跨欧美弘扬中国佛教之先河。在抗日战争时期提出了佛教"和平止杀"精神，组

---

① 金易明：《法海佛意窥豹　金易明佛学论述丛稿》，宗教文化出版社2014年版，第392页。
② 赖永海：《佛学与儒学》，浙江人民出版社1992年版，第221页。

织僧人的抗日爱国活动。更重要的是，他还为践行佛教"关爱众生"，实现社会道德和谐作出了榜样。太虚大师的偈颂"仰止唯佛陀，完成在人格，人成即佛称，是名真现实"是其人生佛学精神的集中体现和精彩表达。1916年，他在《佛教大乘正法论》中对佛教"五戒"进行了适应现实的新解释：1. 不残杀而仁爱；2. 不偷盗而义利；3. 不淫邪而礼节；4. 不虚妄而诚信；5. 不服乱情品而调养身心。他"想通过对佛教的改造适应社会和改造社会，从而把人们对佛教最高目标的追求直接指向今生今世，对引导佛教融入现实社会，起到了极大的推动作用"①。此外，20世纪20年代在北平成立的"佛化新青年"奉太虚为导师，并在正式成立"佛化新青年会"的创刊词中，公开了自己的八大使命，其中之一就是："用佛化的救世方法，使人类彻底觉悟，以平等心，见平等性，立平等法，行平等事。去除贪、嗔、痴三毒，完成真、善、美三德。""平等心""平等性""平等法""平等事"也正是佛教提供给现代社会的伦理资源。

二、佛教平等思想对构建和谐社会之价值影响

历史发展到今天，我们中华民族正在中国共产党的领导下走向伟大复兴，明确提出了构建社会主义和谐社会的战略目标。党的十六大把"社会更加和谐"作为全面建设小康社会的目标之一提出来，党的十六届四中全会又把"提高构建社会主义和谐社会的能力"作为党执政能力的一个重要方面明确提出。众所周知，构建和谐社会是一个庞大的系统工程，它涉及了经济、政治、文化、思想和社会协调等各个方面的融洽整合与同步发展，合理有序地规范和协调社会诸要素的关系，尤其在合理、有效地化解各种社会矛盾和冲突以求得平衡上更显重要，这不仅需要各种社会物质条件做保障，更需要文化精神资源的支撑。因此，如果说科技进步可以满足人们日益增长的各种物质需求，那么，人们心灵的净化、道德的涵育和精神境界的提升，则是我们中华优秀传统文化所应担当的重任。

---

① 李华贵：《圆觉佛教》，宗教文化出版社2003年版，第265页。

作为置身于中国社会兴衰两千年的传统宗教，作为今天依然完整守护传统文化命脉的重要载体，当代佛教紧握时代脉搏，以其内在的超越性与开放性来发挥其深广的现代价值，可谓因缘具足，责无旁贷。当代佛教秉承慈悲济世的宗教精神，因应时代的需要，不仅要探索自身发展的新途径，更要与有识之士共同担负起唤醒中华民族文化认同、凝聚民族文化力量、推动中华文化世界性传播、促进人类命运共同体及人类文明建设的重任。

作为佛教智慧内容之一的平等思想，尽管它没有也不可能在中国传统社会中建立起人际关系的真正平等，但是对于当代构建和谐社会的价值，其深远意义自不待言。时任全国政协副主席刘延东在 2006 年 4 月首届世界佛教论坛开幕式的致辞中指出："佛教教义中蕴含着丰富的和谐思想与和平理念。佛教的慈悲、智慧、平等观念，与和谐、和平、和睦紧密相联。在历史的长河中，佛教为世界和平、人类文明作出了重要的贡献。"① 这既是对佛教历史作用的充分肯定，也是对佛教在当代继续发挥积极作用，为构建和谐社会贡献力量的殷切期盼。

当代佛教通过如实地观察和体认现世的生活和整个宇宙、自然的实相，寻找出了系统有效的行为法则，对人们的行动和心理活动加以约束，以达到人与自我之间、人与人之间、人与自然之间的和谐状态。诚如有学者指出："佛教的平等思想并非高深莫测的理论玄想，而只是一种对待世界的方式，是一种以平等的方式对待自己和他人以至于与自己的内心世界相对相关和相互作用着的外部世界，从而达致一种平等观物、一切众生本无差别的境界。"② 这段话揭示了佛教在处理这三个方面所展现的独特功效。具体如下。

首先，佛教平等思想能帮助人们破除世间假象和对自我的执着，破除对物欲和事相的执迷，在认识自我时，不会囿于自我，而是保持一种开阔的心态。现代社会是一个科学文明占据主导地位的时代，高科技的发展创造出了极大的物质文明。然而，现代科学文明片面向外逐物，使社会陷入非理性

---

① 刘延东：《和平发展的中国，期待和谐共生的世界——在首届世界佛教论坛开幕式上的讲话》，《佛学研究》2006 年 12 月。

② 王利耀、余秉颐主编：《宗教平等思想及其社会功能研究》，安徽大学出版社 2006 年版，第 41 页。

竞争，导致人们妄心外驰，精神沉沦、道德伦理破坏，由此而引发人们的心理和精神疾病，各种社会问题因应而生。而佛教中的平等心、慈悲心和智慧心是调治我们心理和精神的良药。"人类有自治其心的性能，可以制伏乃至断除烦恼，一切伦理教化、道德修养、心理治疗和心理锻炼，皆教人制伏、克服属于负面情绪、人欲的烦恼，而且皆颇有成效，自古以来，有不少人由自治其心，臻于崇高的精神境界。烦恼乃因缘所生，非本来实有的实体，故可以断灭，而人自治其心的能力及智慧的发展，是不可设限的。"① 人们只有从内心去除了贪欲、瞋恚和愚痴的烦恼，才会有正确的方法、途径、行为去解决道德缺失，形成人心内在的自觉自律。在追求生命提升的道德意愿中，每个人便具有了有效的止恶约束力和强大的行善驱动力。只有真正理解佛教的平等思想，破除对物欲与自我的执着，回归人平等慈悲的本性，并把它落实到我们的实际生活中，我们的价值取向、心态就会有所转变，人的智慧与素养就能得到提升，在"利乐有情"中培养人与自我的和谐。正如秦晖教授所做的总结：不管世事沉浮，皆以平常心或"平等"心待之。不得意于为人上，不自卑于为人下，不追求富贵也不在乎贫贱，地位上升而"不乐"，地位下降而"不苦"。如此之"不苦不乐受"或曰"舍受"就是佛教丛林中人视为理想的"平等"境界。②

其次，佛教认为，大千世界的一切法相都是平等不二的"实相"，在这样平等的世界中，一切都处于"和谐""无差别"的状态中。就现实社会来看，社会是由人所组成的，人是构成和谐社会的主体，因此，确立人与人之间的"平等"关系，也是构建社会和谐的基础。以理性人道主义的精神进行社会教化，对于净化人心，淳化世风，优化人际关系，当有良好作用。当代佛教与社会生活始终处于一种互动的过程与状态之中，社会为佛教提供了广阔的活动空间，佛教也为社会人群提供了终极的精神支撑，在这种互动关系中，社会最终决定着佛教的形态，佛教也影响着社会的进程。

最后，佛教的平等思想倡导众生一律平等，这从根本上承认了他类生

---

① 陈兵：《佛陀的智慧》，上海古籍出版社2006年版，第68页。

② 秦晖：《传统十论——本土社会的制度、文化及其变革》，复旦大学出版社2004年版，第385页。

命的生存权利。就与人类休戚相关的自然环境而言，其深意在于主张以平等之心对待自然，这是建立人与自然的和谐关系思想基础。自然资源只有合理地加以利用，社会才能持续发展，文明成果才能代代传承。反之，人们对自然界的过度开发与掠夺，人类赖以生存的生态环境将遭到破坏，人类自身的生存也就受到严重威胁。详细论述请参看下面章节。

佛教在当今中国社会所发挥的作用从社会实践中可以窥见。从 2006 年至 2015 年，中国举办了 4 届世界佛教论坛，标志着中国佛教的精神文化价值正在转化为促进现代文明进步、推动世界和平的积极有利因素。2014 年 10 月，第 27 届世界佛教徒联谊会大会首次在中国大陆——陕西宝鸡法门寺成功举办，这是中国佛教与"世佛联"友好交往的里程碑事件。近年来，中国佛教界还不断加强与各国佛教界的友好交流，积极参与国际佛教组织与宗教和平组织的活动，如 2018 年 10 月中国佛教代表团赴哈萨克斯坦出席以"宗教领袖共建和谐世界"的第 6 届世界和传统宗教领袖大会；2019 年 5 月中国佛教代表团赴越南出席第 16 届联合国卫塞节世界佛教大会，大会主题是"佛教对全球领导的态度和对可持续社会的共同责任"；2019 年 8 月赴德国参加第 10 届"世界宗教与和平"大会，大会主题是"关注我们共同的未来"，上述这些国际性的宗教会议，无疑增强了中国佛教在国际上的影响力。此外，佛教在"一带一路"沿线很多国家和地区有着庞大的信众人群，还对一些国家的政治、民俗、民生有着深远的影响。中国佛教界在当下和未来，都可以作为连接相关国家的"法缘"，与这些国家建立深厚的宗教情谊和充分的信任，以便在各个领域有更多的合作与交流。

总之，佛教的平等观具有极为广泛的涵盖性与深刻的彻底性，无论是其缘起理论基础上本体意义的绝对平等，还是人性完善的终极目标，都为现实的政治、经济、法律、人格等平等诉求提供了思想依据，如对世界和平、环境正义、社会持续发展等的重要推动作用。但是作为一种宗教意义上的平等观，它具有抽象性与超越性，在某种程度上可能会对现实的不平等产生遮蔽与扭曲的反向作用。因此，现代诠释是佛教平等观持续彰显理论生命力的重要路径。但是，中国佛教在长期历史发展过程中形成的优良传统，有着跨越时空的特质。在今天构建社会主义和谐社会的历史背景下，佛教应该也能够倾听社会的呼唤，紧跟时代的步伐，弘扬、丰富、发展优良传统，为构建社会和谐作出独特的贡献。我们完全可以把佛教的和谐思想智慧，运用到社会主义和谐社会建设的不同方面。

有学者总结道："就现代人而言，能否进入天堂或极乐世界并不是信仰的核心，通过信仰这种或那种宗教从事一种高尚的生活，使社会充满和谐与友爱，善良和正义，这才是信仰的根本。……现代社会的宗教复兴有诸多因素，需要进行系统的分析。但是，人们期望通过宗教复归于传统的宗教生活而拒斥社会转型所引发的社会生活秩序与道德的混乱，恢复一种和谐的伦理生活，成为相当一部分人复归宗教的心理—精神动因。"[1]此言同样符合当前构建和谐社会进程中对佛教独特精神资源的需求和佛教因应担当的社会教化责任。

有平等，才有和谐，才有秩序，因此，佛教的平等与和谐是一体之两翼，是倡导社会和谐和人间和睦的不二法门。

"和谐"始终是佛法重要精神之一，这种和谐的力量在于我们自利利他、自觉觉他，从内心发出追求和谐的愿望，从而达到自我的和谐、家庭的和谐、社会的和谐、世界的和谐，也就是人与人之间的和谐、人与万物之间的和谐。

---

[1]　高长江：《宗教的阐释》，中国社会科学出版社 2002 年版，第 101 页。

第十二章 佛教宽忍圆融处世观与家庭和乐

家庭和谐是社会和谐的前提和基础，因为就整个社会而言，家庭是构成社会最基本的单位，家庭关系和谐与否，不仅关系到每个人的幸福，也关系到整个社会的和谐与稳定。

人们普遍认为出家离俗是佛教修行的正途，婚姻和家庭生活似与佛教关系不大。事实上，佛教从诞生之日起，就不曾脱离过世间，《增一阿含经》曰"诸佛世尊，皆出人间"。唐代六祖慧能曰"佛法在世间，不离世间觉。离世觅菩提，恰如求兔角"，进一步阐明了佛法与世间的密切关系。近代太虚大师明确提出的人生佛教，发展至现代的人间佛教，更是以佛家平等、和平的思想契理契机地积极入世，在实践中回应了佛法与世间的关系。由于人们的生活活动场所，主要是在家庭这个社会细胞里进行的，而中国古代至近现代的家庭模式是以人口众多的大家庭为主，宽容忍让和圆融的品德对家庭和乐与否至关重要，因而我们从佛教的宽忍圆融思想对家庭的影响入手，试探讨其对古今家庭和谐与稳定的作用和影响，以便于我们从最基层的角度去认识佛教与社会的互动关系。

一、佛教宽忍圆融处世观及其在传统家庭之反映

（一）传统的世俗家庭

"家庭"是一个现代词汇，在传统文献中一般称为"家"。然而古代社会的"家"又远超出现代"家庭"的含义，它还涵括家族、家舍的意义。此外，在古代佛教界称学派、宗派、寺院等也为"家"。限于讨论的主题，本

节将文献中出现的"家"界定为：通过血缘关系、情感关系、法律关系等联系在一起的社会生活单位，也就是通常意义上的世俗家庭。

世俗家庭是一个十分复杂的系统，它既包括夫妻关系、父母子女关系，也包括兄弟姐妹关系、婆媳翁婿和姑嫂妯娌等的关系。在中国古代，世俗家庭的一个主要特征是尊长犹在，子孙多合籍、同居、共财，三世或四世同堂、家庭人口众多是正常情况，如唐代杜佑《通典》载："凡士人之家……大率一家有养百口者，有养十口者，多少通计，一家不减二十人。"① 在一个重视家庭的传统社会中，往往对多子多孙且累世同居的大家庭称许赞叹，对孝悌之家则称之为"义门"，甚至被立为道德楷模而受到朝廷的旌表或蠲免课役，如隋朝刘君良"累代义居，兄弟虽至四从，皆如同气。尺布斗粟，人无私焉"②。隋朝太中大夫裴子通"母终，庐于墓侧，哭泣无节，目遂丧明。俄有白鸟巢于坟树，子通弟兄八人，复以友悌著名，诏旌表其门，乡人至今称为'义门裴氏'"③。初唐宋兴贵"累世同居，躬耕致养"，至他本人已有四代，唐高祖因之下诏旌表其门闾、蠲免其课役。④ 宋朝郑绮"以肃睦治家，九世不异爨"⑤。反之，把分居异爨视为伤名教的可耻之行，如宋朝陈文显与诸弟不睦而受到御史中丞李惟清的抗疏："先人之坟土未干，私室之风规大坏，弟兄列讼，骨肉为仇，官奉私藏，同居异爨，屡经赦宥，而久积人言。"⑥ 由于上至朝廷的敦励、下至官民的奉行，因而在传统社会形成了重亲情、以家为本、强调和谐、统一的传统家庭模式。然而，大家庭里众多的人口、复杂的人员关系易于引发"兄弟阋墙""婆媳不和"等一系列问题。因

---

① 《通典》卷一八《选举六》，中华书局 1988 年版，第 449 页。

② 《旧唐书》卷一八八《刘君良传》，中华书局 1975 年版，第 4919 页。

③ 《旧唐书》卷一八八《裴敬彝传》，第 4923 页。

④ 《旧唐书》卷一八八《宋兴贵传》："宋兴贵者，雍州万年人。累世同居，躬耕致养，至兴贵已四从矣。高祖闻而嘉之，武德二年，诏曰：'人禀五常，仁义为重；士有百行，孝敬为先。自古哲王，经邦致治，设教垂范，皆尚于斯。叔世浇讹，人多伪薄，修身克己，事资诱劝。朕恭膺灵命，抚临四海，愍兹弊俗，方思迁导。宋兴贵立操雍和，志情友穆，同居合爨，累代积年，务本力农，崇谦履顺。弘长名教，敦励风俗，宜加褒显，以劝将来。可表其门闾，蠲免课役。布告天下，使明知之。'"（第 4919 页）

⑤ 《宋史》卷四五六《郑绮传》，中华书局 1985 年版，第 13415 页。

⑥ 《宋史》卷四八三《陈文显传》，第 13963 页。

此，如何处理和协调家庭成员之间的关系，以更好地睦宗和族当然也就是个大问题。尽管有家法、族规的约束，但是同宗同源的血缘亲情，使亲人之间的关系变得微妙难控。

（二）佛教与世俗家庭之关系

印度佛教认为，世俗之家是烦恼根源地，是系缚众生之处所，出家方可解脱羁绊，因此离俗出家是脱离烦恼的功德之行，如《大宝积经·郁迦长者会》曰："又复在家，一切苦恼悉在中现，害先善根，故名在家。又复家者，在是中住，无恶不造。在是中住，则于父母、沙门、婆罗门不好敬顺，是名为家。又复家者，长爱枝条忧悲苦恼悉在中生，招集杀缚，呵打瞋骂，恶言出生，是故名家。"① 又如《中阿含经》说："居家至狭，尘劳之处；出家学道，发露旷大。我今在家，为锁所锁，不得尽形寿修诸梵行。我宁可舍少财物及多财物，舍少亲族及多亲族，剃除须发，著袈裟衣，至信、舍家、无家、学道。"② 可见，佛陀向出家比丘说明"家"的种种过患，认为"家"是竞起烦恼、妨碍修行佛道之处。

然而，出家生活难免会招致一般世俗的非难，因此，后来的大乘佛教并不强硬规定向佛者必须出家，而且宣布凡是要出家者，必须获得父母的同意。相应地，佛经作出解释，如果修行者能够坚定自心，则在家出家，亦无不可，于是佛教有在家菩萨和出家菩萨两类，两类皆可成佛，重点在于在家修行者是否能与出家修行者一样，立心皈依三宝。

在家修行的佛教徒固然离不开世俗家庭，那么出家的佛教徒是否就与世俗家庭完全脱离了关系呢？这就要谈到佛教传入中土后的世俗化和中国化问题。前文已述，印度佛教以出世解脱为目的，然而印度佛教通过"格义""比附""融合"等方式，与中国传统文化进行碰撞、互动、交流、融合，从"不敬王者"到"礼拜君亲"，实现了与世俗政治和血亲伦理的融合，逐步走上了世俗化、伦理化的道路，形成了既保有佛教家庭伦理本质，又吸

---

① （曹魏）康僧铠译：《大正藏》第 11 册，卷 82，第 472 页。
② （东晋）瞿昙僧伽提婆译：《中阿含经》卷一九，《大正藏》第 1 册，第 552 页。

收了儒家五常、孝亲思想的中国佛教家庭伦理思想。孝悌是以家庭为基本体系的社会中必然出现的德行，中国化了的佛教在中国土壤里也不免俗。僧传和墓志碑刻资料表明，中古时期许多出家人与世俗家庭仍保持着密切的联系，比如，参与父母等长辈和兄弟姊妹的奔丧营葬、营斋追荐，有些僧徒常常回世俗家庭居住，甚至亡后归葬乡里。据陈艳玲的研究表明，中古时期出家人的宗教生活并不都是青灯孤影、吃斋念经的枯燥乏味生活，而是带上了浓厚的世俗人情味。他们在与世俗家庭的往来中，既有血缘的亲情关爱，也在生死病葬等方面给世俗家庭带来宗教关怀，这是一种不能求之于俗世的精神安慰。他们希望通过行善积德、持守净戒、修习禅定、开发智慧，能够使亡亲死后往生净域，使在世亲人明心见性、证得圣果，在未来究竟了脱生死，永离苦海。同时他们也宣传了教法，影响了家庭其他成员的精神生活，与其他家庭比较，出家人的世俗家庭成员更容易亲近宗教，如兰陵萧氏①、城阳管氏②、雍州蓝田梁氏③ 等都是家族信仰，因此说，出家人对其家庭成员的精神世界里有重要的影响。④ 美国学者太史文通过对佛教盂兰盆节的探讨来研究中国中世纪（书中主要指唐代）的信仰与社会，他在论及僧人在家庭中的地位时指出："在中国，佛僧鲜有完全置身于社会之外的，他们只是外在于家庭这个特定的社会群体。鬼节中我们看到僧人完全处于社会之中，其弃世乃为社会与宗教性的关键目的服务。佛教僧尼制度常

---

① 萧氏家族以信奉佛教最为典型，在萧氏的家族中，共有近20个人出家。萧氏"以家世信奉，偏弘《法华》，同族尊卑咸所称诵。故萧氏法华，皂素称富"。萧瑀之兄太府卿萧璟，一生诵读《法华经》一万多遍，雇人抄写一千多部。萧瑀本人撰疏，总集十有余家，常自敷弘。萧瑀专心释氏，谨修梵行。（《册府元龟·总录部·崇释教》）萧瑀共有七个女儿，其中有三个出家为尼，分别为法乐、法愿、法灯；一个孙女惠源。她们都在济度寺出家为尼。道宣曾感叹道："萧氏一门，可为天下模楷矣。"（《续高僧传》《慧诠传》卷二八，第690页）
② 城阳管氏家族皆为三阶教徒，如文中提到的管均、管真、管俊及管均出家子弘福寺僧嗣泰，终南山俗人墓塔中有他们的家族墓地。
③ 据刘淑芬研究，雍州蓝田梁氏家族三阶教信仰前后绵延，至少历时一百年之久。参见刘淑芬《林葬——中古佛教露尸葬研究之一（三）》，《大陆杂志》第96卷第3期。
④ 陈艳玲：《唐代城市居民的宗教生活——以佛教为中心》，（台北）花木兰文化出版社2014年版。

被视为是一反社会的制度。传统中国抨击佛教者视之居于由家庭及国家构成的社会领域之外，而许多近代学者采用韦伯的方法与态度，称之为'出世的（other worldly）'。根据这种看法，抽象地视僧人为'一理想化且与世隔绝的人物'但是置于具体背景中思考，弃世并不意味着落入一社会真空中。相反，它标志着'从生活的一种状况转变到另一种'。僧人没有离开社会，只是离开了社会的一部分，甚至此时他仍通过交换循环与家庭相连。在节日的仪式圈中，僧人在推进生计与解脱上扮演了一个不可或缺的角色；他主动地在中国家庭宗教的核心占有一席之地。"① 这个分析正确地指出了僧人在出家后不仅与世俗家庭保持密切的联系，还在家庭宗教生活中具有重要地位。②

值得指出的是，佛教在印度社会，不论是对于出家者还是对于在家修行者来说，都无不重视孝顺父母、尊重家庭。可以说，孝顺父母、尊重家庭一直是佛教所坚持遵循的社会规范，而不是中国文化独特的社会规范。

（三）佛教宽忍圆融处世观在传统家庭之体现

1. 宽忍

佛教所谓的宽忍，实际就是忍辱思想。"忍辱"音译"羼提"，《佛教大词典》的解释是："于侮辱或迫害等能予忍耐，心平气和不起瞋恚之念。"它是大乘所修"六度"之一，是佛教非常重要的修持法门。佛陀曾说："我得无净三昧，最为人中第一，六度万行，忍为第一。"《四十二章经》曰："沙门问佛：何者多力？……佛言：忍辱多力。不怀恶故，兼加安健。忍者无恶，必为人尊。"可见，释迦牟尼在最初修行时，是很看重修忍辱法门的。在佛典中，关于修持忍辱心的记载屡见不鲜，如《长阿含经》曰："如来于大众前上升虚空，结加趺坐，讲说戒经：忍辱为第一。"③《华严经》对菩萨行忍辱

---

① ［美］太史文：《幽灵的节日：中国中世纪的信仰与生活》，侯旭东译，浙江人民出版社1999年版，第189—190页。

② 陈艳玲：《唐代城市居民的宗教生活——以佛教为中心》，第三章第一节"出家人与世俗家庭的关系"。

③ （后秦）佛陀耶舍、竺佛念译：《长阿含经》卷一，《大正藏》第1册，第10页。

的解释更加具体、明确："菩萨常能修习忍辱之法，谦卑恭敬，和颜爱语；不自害，不害他，亦不俱害；不自举，不举他，亦不两举；不自是，不是他，亦不两是；不自赞叹，但作是念：'我当常为众生说法，离一切恶，断贪、恚、痴、憍、慢、乱心、悭、嫉、谄曲；以大忍法而安立之'。"①《佛说罗云忍辱经》曰："世无所怙，唯忍可恃。忍为安宅，灾怪不生；忍为神铠，众兵不加；忍为大舟，可以渡难；忍为良药，能济众命。""忍之为福，身安亲宁，宗家和兴，未尝不欢。"在佛教律本中，也有许多关于忍辱的记载，如"不忍辱人有五过失：一：凶恶不忍；二：后生悔恨；三：多人不爱；四：恶声流布；五：死堕恶道，是为五。能忍辱人有五功德……"②，"佛尔时教化是诸比丘：'汝等莫斗诤相言，何以故？用瞋恨者，不灭瞋恨。唯忍辱力，乃能灭之'"③。禅宗六祖慧能在《坛经·疑问品》中曰："让则尊卑和睦，忍则众恶无喧。"此外，忍辱思想在佛界也得到了倡导和践行，如在诗人王维撰写的《六祖能禅师碑铭》中记载慧能"大兴法雨，普洒客尘，乃教人以忍，曰：忍者无生无碍，无我始成，于初发心，以为教首。"以及"忍辱第一道，先须除我人，事来无所受，即真菩提身。"唐道宣也有"共保慈悲，俱修忍辱。所谓覆护饶益桥梁津济者，道既光被，民亦化之"④之论。宋赞宁也称"释氏之门，周其施用，以慈悲变暴恶，以喜舍变悭贪，以平等变冤亲，以忍辱变瞋害"⑤。南宋宗鉴《释门正统》曰："忍辱守静，闭户修行，坚持戒律，清净三业，莫务咬蚘。不得将不干己事，乱烦官司。明行告示，内外通知。"⑥南朝时期的比丘尼妙智"心勤忍辱与物无忤，虽有毁恼必以和颜"⑦。鸠摩罗什被吕光掳后，经常受其戏弄，如"或令骑牛及乘恶马，欲使堕落"，

---

① （东晋）佛驮跋陀罗译：《大方广佛华严经》卷一一《功德华聚菩萨十行品》，《大正藏》第9册，467页。

② （后秦）佛陀耶舍、竺佛念等译：《四分律》卷五十九，《大正藏》第22册，第1005页。

③ （后秦）弗若多罗、鸠摩罗什译：《十诵律》卷三十，《大正藏》第23册，第215页。

④ （唐）释道宣：《集古今佛道论衡》卷一，《大正藏》第52册，第370页。

⑤ （北宋）释赞宁：《大宋僧史略》卷三，《大正藏》第54册，第255页。

⑥ （南宋）释宗鉴：《释门正统》卷三，《卍新纂续藏》第75册，东京国书刊行会1989年版，第301页。

⑦ （梁）释宝唱：《比丘尼传》卷三，《大正藏》第50册，第942页。

但"什常怀忍辱，曾无异色"①。可见，佛门的忍辱是仁慈、宽厚的，是不生瞋恨心的。既无恨就无仇，一切从慈悲出发，利益众生。

从道德伦理角度来说，佛教的忍辱思想与儒家所推崇的"忠恕之道""躬自厚而薄责于人"的"忍"思想相契合，都表达了"忍"之严律己、宽待人的大度和宽容的情怀，也是古人所广泛提倡和赞誉的操守。唐代张公艺百忍治家是典例，张公艺是郓州寿张县（今山东阳谷）人，他历经北周、隋、唐三朝，以99岁高龄辞世。张氏家族在魏晋南北朝是地方望族，北齐文宣帝和隋朝文帝分别赐额"雍睦海宗"和"孝友可师"。麟德二年（665），唐高宗与武则天泰山封禅，归来时绕道寿张，特意去拜访时已88岁的张公艺，并询问治家秘诀。张公艺挥笔写下一百个"忍"字，并一一解释：父子不忍失慈孝，兄弟不忍外人欺，姒娌不忍闹分居，婆媳不忍失孝心。高宗赐书"百忍义门"。②张公艺全族900人，九世同居，和睦相处，父慈子孝，兄友弟恭，夫正妇顺，姑婉媳听。"忍"被张公艺奉为治理和维系大家庭敦睦和谐的圭臬，张氏因治家有方而被朝廷树为道德楷模。此外，元初书法家鲜于枢在《困学斋杂录》中抄录了金元诗人杨弘道（素庵）的六字忍铭："素庵以六忍宁心澄虑，消祸致福。一曰：忍触；二曰：忍辱；三曰：忍恶；四曰：忍怒；五曰：忍忽；六曰：忍言。"③给后人留下了做人行事的训诫。

宽容忍辱、退让隐忍，在传统社会的大家庭里，反映的是宽以待人、宽厚为正、温良敦厚的品行，体现的是内敛、自抑，善解人意、通情达理的一种修养，显示了一种包容的胸襟和宽容的情怀。而能忍、懂得忍的根本原因，就是对家人的关心、体恤、包容和关爱。

佛教的宽忍思想与儒家谦屈退让的尚"忍"思想相融合，使中国文化的内蕴更为丰富和充实。固然，"忍"有其消极、阴暗、颓废的一面，但其

① 《高僧传》卷二《晋长安鸠摩罗什传》，第50页。
② 《旧唐书》卷一八八《张公艺传》："郓州寿张人张公艺，九代同居。北齐时，东安王高永乐诣宅慰抚旌表焉。隋开皇中，大使、邵阳公梁子恭亦亲慰抚，重表其门。贞观中，特敕吏加旌表。麟德中，高宗有事泰山，路过郓州，亲幸其宅，问其义由。其人请纸笔，但书百余'忍'字。高宗为之流涕，赐以缣帛。"（第4920页）
③ （元）鲜于枢：《丛书集成初编·南窗纪谈（及其他二种）》，《困学斋杂录》，中华书局1985年版，第10页。

积极、进取、坚韧、厚德的另一面，是应被汲取和倡导的。如果将其有效运用到处理家庭关系，将有利于建立长幼有序、尊卑有别、上慈下爱的和睦秩序，起到敦宗睦族、家声远播的功效。

2. 圆融

佛教的圆融思想，指的是圆满融通，无滞碍、不偏执，有消融一切矛盾，和谐和解的意思。在中国佛教中，圆融思想并非只是哲学的玄想、思辨的游戏，而是宗教修持和世俗应用的指针，这是佛陀说法的基本精神，也与本土儒、道诸家哲学终归于伦理履践的传统相契合。正如霍韬晦所言，中国佛学所设定的最高境界绝对最后仍然回归于现实，在现实的基础上解消一切对立，以成一超世间而在世间的智能，并落实于身体力行。佛教的圆融思想也不例外，将圆融思想落实到世俗家庭关系上，则是处理家庭关系尤其是传统社会多重复杂成员关系的有效方法。

圆融思想用在协调家庭成员关系上的含义，则有随顺、和顺之意，即随从他人之意而不拂逆，则诸事融通，人人和乐。这是从佛菩萨教化众生的随宜之法而延伸开来。《五苦章句经》中说，"何谓和顺，上下相从，不相违戾，是谓和顺"。《长阿含经》中说，如果能"长幼和顺""君臣和顺""上下相敬""上下相奉"，那么这个国家就会"转更增盛，其国久安，无能侵损"。

在家庭生活中，将佛教的宽忍和圆融思想相结合，就是宽容安忍、包容克制，能够承受生活中一切苦乐、违顺等各种际遇，与家庭各成员和睦相处，"出入相友，守望相助，疾病相扶持"。在唐代墓志碑文中，记载了一些在家修行的信佛女性，她们的佛教信仰对其家庭生活带来了积极影响。荥阳郑氏"心存释教，早悟缘觉，常诵金刚般若经，住持正法，无忘夙夜"；"自盥筓崇礼，淑慎其身，四德聿修，六行□□，不修其服，必亲浣濯之衣；不倦其劳，必恭织纴之事。缉谐女史，敦顺母仪。□□以奉其上，慈爱以率于下，周给恤隐，矜孤悯穷，居厚者不尚其多，处少者不□□薄。与长姒卢夫人深相友敬，执礼游艺，行同言合，□外之间，怡怡如也，古之□□，无以加焉。"[①] 房氏丧夫后"俄通四禅，深入三昧，廖然解脱，湛乎清净"；同

---

① 周绍良主编：《唐代墓志汇编》开元〇六〇，上海古籍出版社 1992 年版，第 1196 页。

时"训子克家，至于从政，忠孝并矣；教女壸则，迨乎事人，法度备矣。君子谓夫人可以为天下母师已"。① 太原王氏卒于贞元八年，其墓志载："夫人四德备身，内和外睦，敬上抚下，爱之六姻，一念真如，修持众行，三归净戒，灭即示生。"② 李氏"为相门女，邦君妻，不以华贵骄人，能用恭俭克己，抚下若子，敬夫如宾。衣食之余，傍给五服亲族之饥寒者，又有余，散沾先代仆使之老病者，又有余，分施佛寺僧徒之不足者。浣衣菲食，服勤礼法，礼法之外，讽释典，持真言，栖心空门，等观生死。故治家之日，欣然自适，捐馆之夕，怡然如归"③。崔氏"纯孝睦友"而"融心禅慧"。④ 南阳张氏"恒遵孝行，扇席温床"，又"蕴观音于藏间，崇经造像"。⑤ 太原王氏"性孝敬，依归佛，喜洁净。恭祀事于先人，谦妇礼于伯仲，未尝违于顷刻间"。⑥ 王氏"禀教修立，持身洁静，年既笄而班训已闻，礼从纵而姜勤弥劭。逮事舅姑，备修妇道"。⑦ 一位姬氏女性因"戒行内融"及"固志玄宗"而使"亲姻企德，乡党钦风"。⑧

由上所见，墓志中信佛的唐代女性在生前大都念佛诵经、布施修福，处理家庭俗务又能通情达理、持家有方、立家有道，使家庭"内和外睦""亲姻企德，乡党钦风"，这被时人认为修行圆满、四德备身而载入墓志铭文。同时我们发现，这些信佛的女志主，她们对佛教的修持和信奉，在日常家庭生活中，不仅没有与儒家礼制相冲突，相反，似乎更强化了儒家伦理中所强调的女德和对于家庭伦理观念的认同，而且信佛女性的"忠孝廉让"的德行似乎比一些"服儒衣冠、读诗书以君子自名者都更胜之"⑨。由此

---

① 吴钢等：《全唐文补遗——千唐志斋新藏专辑》，三秦出版社2006年版，第201—202页。

② 周绍良主编：《唐代墓志汇编》贞元〇四三，第1867页。

③ 周绍良主编：《全唐文新编》，吉林文史出版社2000年版，第7681页。

④ 陈长安、洛阳古代艺术馆主编：《隋唐五代墓志汇编》第12册，天津古籍出版社1991年版，第40页。

⑤ 周绍良主编：《唐代墓志汇编》永徽一二七，第214页。

⑥ 周绍良、赵超主编：《唐代墓志汇编续集》咸通〇一一，上海古籍出版社2001年版，第1041页。

⑦ 周绍良主编：《唐代墓志汇编》开元三五七，第1403页。

⑧ 周绍良、赵超主编：《唐代墓志汇编续集》，永徽〇四五，第82页。

⑨ （北宋）司马光：《传家集》卷七二《张行婆传》，吉林出版集团2005年版。

可知，信佛的妇女不仅没有违逆儒家伦理纲常，相反佛经中的宽忍圆融思想更强化了女性的德行和修为，这对于大家庭稳定的维系和巩固无疑是一种助力。

二、佛教宽忍圆融处世观对当代社会家庭和乐之启示

尽管时移世易，现代的核心家庭已取代传统社会累世同居的大家庭而成为主流，然而注重亲情、以家为本位的传统观念依旧存在，"只要社会上还存在着家庭，家庭中的道德关系永远是重要的，维护血缘亲情和家庭关系的伦理观念永远不会过时。"① 尤其在现代社会里，很多现实事例表明，社会的许多乱象都是源于破碎的家庭背景或不当的家庭教育，家庭的重要性可见一斑。对于家庭关系和问题的处理，我们仍可以学习和借鉴佛陀的宽忍和圆融智慧，孝亲济众、忍辱笃行、以身为教、以德为范，以使家庭和乐、敦伦尽份。因此，就本节主题而言，佛教宽忍圆融的处世思想在当今新形势发展下对于家庭和乐的建设，不仅有其学理价值和历史意义，还有其现代价值和实践意义。

在一个大家庭里，父子、兄弟、夫妇、家室等亲属，关系庞大且复杂。这就需要我们尊重家庭每个成员的人格和个性，注重感情性和自律性，具有一定的宽容度。因为每个人的性格、脾气、爱好、习惯不同，而且喜怒无常，时有突变，尤其生活在纷纭繁杂的现实社会中，人怀七情，"怒"为其一，引发怒气在所难免，此时相互之间的宽和忍让就非常重要。一个人在情绪低落、脾气不佳时，如果能得到家人的宽容、忍让和包容，风暴可消弭；随后诚恳陈词，化解不快，矛盾很可能就此解决。

此外，在处理不同关系时，总的原则是恭敬慈爱，和颜悦色，彼此敬重。对于家庭的伦理责任，佛经里都做了具体、相应的规定。（1）父母与子女之间。《佛说长阿含经》说："夫为人子，当以五事敬顺父母。云何为五？一者供奉能使无乏；二者凡有所为，先白父母；三者父母所为，恭顺不逆；

---

① 参见陈瑛《怎样看待儒家家庭伦理在当今的作用》，《高校理论战线》2002 年第 9 期。

四者父母正令，不敢违背；五者不断父母所为正业。……父母复以五事敬亲其子。云何为五？一者制子不听为恶；二者指授示其善处；三者慈爱入骨彻髓；四者为子求善婚娶；五者随时供给所须。"① 父母慈爱子女，子女孝顺父母，各安其位，各尽其职，其乐融融，家庭自然和睦、安宁。(2) 夫妻之间。《佛说长阿含经》说："夫之敬妻亦有五事。云何为五？一者相待以礼；二者威严不媟；三者衣食随时；四者庄严以时；五者委付家内。……妻复以五事恭敬于夫。云何为五？一者先起；二者后坐；三者和言；四者敬顺；五者先意承旨。"② 说明夫妻之间应互敬互爱，彼此尊重，信任关怀，礼让沟通。(3) 师徒、兄弟之间。《佛说长阿含经》说："弟子敬奉师长复有五事。云何为五？一者给侍所须；二者礼敬供养；三者尊重戴仰；四者师有教敕敬顺无违；五者从师闻法善持不忘。……师长复以五事敬视弟子。云何为五？一者顺法调御；二者诲其未闻；三者随其所问，令善解义；四者示其善友；五者尽以所知，诲授不吝。"③ 总之，这些规范对于现今处理上述关系都有参考和借鉴意义。

父母养育子女时，应培养其感恩、接受、忍耐、礼貌、合群、勤劳等美德。婆媳、妯娌之间，相互应知进知退，自他互易立场，便能消弭不必要的隔阂与揣测。珍惜家庭生活，爱护家庭成员，这种用心才是家庭和乐的出发点。

"家庭和乐"是首届世界佛教论坛提出的美好愿景——"新六和"的内容之一。2006 年 4 月，在浙江南天佛国普陀山举行的首届"世界佛教论坛"，论坛主题是"和谐世界，从心开始"。论坛发表了《普陀山宣言》，提出了当代佛教的"新六和"理念，即"人心和善、家庭和乐、人际和顺、社会和睦、文明和谐、世界和平"。这是当代佛教价值观的概括表述，其中"家庭和乐"是作为构建"和谐世界"的重要组成部分被隆重提出，可以看出佛教在新形势下对于家庭建设的重视程度。

作为当代人间佛教运动发展的一支重要力量，星云大师对于家庭建设很重视，他说："佛教是以人为本的宗教，从个人的身心净化到家庭的建

---

① （后秦）佛陀耶舍、竺佛念译：《佛说长阿含经》卷一一《善生经》，第 71 页。

② 《佛说长阿含经》卷一一《善生经》，第 71 页。

③ 《佛说长阿含经》卷一一《善生经》，第 71 页。

设，尤其夫妻不是冤家，儿女不是债主，家庭更不是牢狱，而是和乐互敬的净土。"① 进而，他提出了人间佛教的家庭伦理思想：以和乐爱敬为指导方针，以责任的承担作为最基本的要求，以沟通与同心、容忍与和合作为处理家庭关系的主要法宝，以美满幸福作为思想理念的践行目标，并通过合理的方式引导现代的人们积极践行和落实这些思想理念。② 这一思想对于我们建设和美的人生与和乐的家庭很有借鉴意义。

家庭是社会的构成要素，如果家庭的每个成员都能使自己的家庭受到完善的照顾，能对自己的家庭尽责，这就是照顾了社会，对社会尽职尽责的表现。而这必定也会影响周围的人，甚至影响整个社会。因此，家庭和乐，社会自然就和谐安定，家庭和谐幸福成为社会和谐、安定的重要标志，解决诸多社会矛盾的根本办法需要从"家庭"抓起。以平等、善良为根本，用宽容、大度、克制、忍让的胸怀处理家庭问题，最终才可以建立起和乐的家庭。毕竟，无论人类发展进步到怎样的程度，父慈子孝，兄友弟恭，夫唱妇随，都应当作为家庭伦理谨守的基本原则。

综上所述，佛教所言的"出家"，从另一个角度而言，并不是真正的"离开家庭"，而是在精神或具体行为上，从一个家庭境界过渡至另一个家庭境界，即离世俗之家而入释氏、如来之家，成为"佛子"。出家这种行为在意识形态上是社会上一种家庭归属的转换，而非脱离或取消了"家"。虽不经入涅槃转世，却可说是一种当世"家家"的表现，体现了由一个人界的世俗之"家"过渡至另一个人界的释氏之"家"的"人界家家"模式。③

---

① 星云大师：《人间佛教语录》（上册），上海文化出版社 2013 年版，第 318 页。
② 薛江谋：《星云人间佛教的家庭伦理思想探析》，载程恭让、释妙凡主编《星云大师人间佛教理论实践研究》第 1 辑，江苏人民出版社 2015 年版。
③ 郭锦鸿：《中国佛教"家"观念略析》，载学愚主编《出世与入世：佛教的现代关怀》，中国社会科学出版社 2010 年版，第 345—347 页。

第十三章　佛教慈悲精神与社会慈善救济

慈悲是佛教"三学""六度"基本理论的重要组成部分，在中国佛教的慈善救济事业中起着理论指导作用。慈善救济是佛陀教化尤其是中国大乘佛教的根本目的和弘法利生的主要手段。我们是要根据佛教的理论与历史发展而作出合乎史实的学理性考察，同时还要摆脱那些空泛的推理，真正把历史事实与佛教理念相结合，使佛教在新时代新形势下通过慈善救济活动发挥其服务社会、净化人心、增进社会团结、稳定社会的功能。

一、佛教慈善思想的理论基础

佛教从事社会慈善救济，是理事并举、真俗相融，它既有经典理论的指导，又有现实深刻的信仰基础，还有悠久丰富的宗教实践经验。

佛陀的创教理念是建立在悲悯一切众生、救助社会苦难的弘愿之上的，他在创教之初，感念人生苦难的大慈大悲的情怀，就是佛教慈善理念的思想渊源。"慈悲"是梵语 Maitri-Karuna 的意译。"慈"指慈爱众生并给予快乐；"悲"指同感其苦，怜悯众生，并拔除其苦；二者合称为慈悲。《大智度论》曰："'慈'名爱念众生，常求安隐乐事以饶益之。'悲'名愍念众生，受五道中种种身苦、心苦。""大慈与一切众生乐，大悲拔一切众生苦。"[①]简言之，慈悲就是"拔苦与乐"，是有情众生脱离贪爱和无明造成的种种烦恼之后而获得的快乐。

---

① 龙树菩萨造，（后秦）鸠摩罗什译：《大智度论》卷二十，《大正藏》卷 25，第 208 页。

慈悲既是佛法之根本，又是教化和修行之根本。《增一阿含经》曰："如来有大慈悲，愍念众生，遍观一切，未度者使令得度，不舍一切众生，如母爱子。"①《观无量寿佛经》曰："诸佛心者大慈悲是，以无缘慈摄诸众生。"②"佛无一切心，唯有大慈悲。"③《大智度论》云："慈、悲，是佛道之根本。所以者何？菩萨见众生生、老、病、死苦，身苦，心苦，今世后世苦等诸苦所恼，生大慈、悲，救如是苦，然后发心求阿耨多罗三藐三菩提。亦以大慈、悲力故，于无量阿僧祇世生死中，心不厌没。以大慈悲力故，久应得涅槃而不取证。以是故，一切诸佛法中，慈、悲为大。"④即是说，大乘佛教菩萨以大慈大悲为修行法则，以慈悲济世、救度众生，不度尽众生誓不证菩提为终极目的，这也是构成中国佛教的主导思想之一。此外，大乘佛教把"戒、定、慧"三学的戒学、定学归结为慈悲，慧学为智慧。"六度"中的前五度布施、持戒、忍辱、精进、禅定也被定为慈悲之度，最后第六度智慧即是智慧之度。可见，慈悲观念在佛教修持中占有极为重要的地位。

中国佛教属大乘佛教，即是所谓菩萨佛教，以修菩萨行为主，在四弘誓愿⑤与大波罗蜜行之下，尤以弘布大乘菩萨的慈悲精神为根本理念。正如《大乘起信论》所说："众生如是，甚为可悯。作此思维，即应勇猛立大誓愿，愿令我心离分别故，遍于十方修行一切诸善功德。尽其未来，以无量方便救拔一切苦恼众生，令得涅槃第一义乐。"

上述佛教教理为推动中古佛教的慈善救济事业奠定了思想和理论基础。

二、佛教慈善救济活动的历史考察

菩提心的发愿和菩提行的修持只有落实于世间，才具有最真实的意义，布施便是实现慈悲理念的重要方式。布施的行为完全出于怜悯心、同情心和

---

① （东晋）瞿昙僧伽：《增一阿含经》卷三二，《大正藏》第 2 册，第 725 页。
② （宋）畺良耶舍译：《观无量寿佛经》卷一，《大正藏》第 12 册，第 343 页。
③ （宋）元照：《观无量寿佛经义疏》卷下，《大正藏》第 37 册，第 297 页。
④ 《大智度论》卷二十七，《大正藏》第 25 册，第 256 页。
⑤ 四弘誓愿："众生无边誓愿度，烦恼无尽誓愿断，法门无量誓愿学，佛道无上誓愿成。"

慈悲心，而不带有任何功利目的，所以布施具有无上功德，在大乘佛教菩萨行"四摄""六度"中都居于首位。隋净影寺慧远《大乘义章》阐释：

> 言布施者，以己财事分布与他，名之为布，辍己惠人，目之为施。因其布施缘物从道名布施摄。……布施摄中差别有四，一者财施；二者法施；三无畏施；四报恩施。菩萨思愿与无贪俱起身口业，舍所施物济慧贫乏名为财施；以法授与名为法施；济拔厄难名无畏施；菩萨先曾受他恩慧，今还以其财法无畏酬报彼恩名报恩施。用此四种为布施摄。……所化之人有贫有恶，若对贫人先行布施济其贫苦，次行爱语授之以法，后明利行劝物起修；若对恶人先行爱语化令舍恶，次行布施随顺资养，后以利行劝令起修。①

修行布施可以对治自己对财物等的贪心、悭吝心等烦恼；修行布施可以不断增长自己的慈悲心，所以中古时期的佛教寺院和僧人常常用布施的方法来接济民间贫困羸弱，尤其在社会处于战乱或灾荒年代，国家的救济功能极不完备，佛教的慈善救济理念则发挥了重要作用。史籍中不乏对晋唐佛寺的民间济贫救助行为进行记载，如北齐邺京天平寺昭玄统那连提黎耶舍，"所获供禄，不专自资，好起慈惠，乐兴福业。设供饭僧，施诸贫乏，狱因系畜，咸将济之。市廛闹所，多造义井，亲自洒水，津给众生。"②北魏皇兴三年（469）至承明元年（476）期间，朝廷所设立的僧官沙门统昙曜奏请，由专事寺院的僧官机构僧曹管理人户，谓之为"僧祇户"。凡属僧祇户"岁输谷六十斛入僧曹"称"僧祇粟"，"至于俭岁，赈给饥民"。后来的僧祇粟，"俭年出贷，丰则收入。山林僧尼，随以给施；民有窘弊，亦即赈之"。③北齐后主高纬武平六年（575）秋水患，翌年朝廷下诏："人饥不自立者，所

---

① （隋）释慧远：《大乘义章》卷十一，《大正藏》第 44 册，第 694—695 页。
② （唐）释道宣撰，郭绍林点校：《续高僧传》卷二《那连提黎耶舍传》，中华书局 2014 年版，第 35 页。
③ 《魏书》卷一一四《释老志》，第 3041 页。

在付大寺及诸富户济其性命。"① 由上可见，在北朝佛寺普遍承担着赈灾的功能。

此外，佛教僧徒用布施济贫救困也屡见史载。如东晋末年的异僧史宗化募广陵，"得直随以施人"。② 隋开皇初年京师光明寺主昙延，"凡有赀财，散给悲、敬。故四远飘寓，投造遍多。一时粮粒将尽"。③ 隋代京师慧云寺高僧德美"自开皇之末，终于大业十年，年别大施，其例咸尔。……悲、敬两田，年常一施，或给衣服，或济糇粮，及诸造福处多有匮竭，皆来祈造，通皆赈给"④。隋高僧道逊、道宗"大业季历，荐馑相寻，丘壑填骸，人民相食。唯宗偏广四恩，开化氓隶，施物所及，并充其供。故蒲州道逊，同州道宗……情同拯济，腾实广焉。"⑤ 唐宪宗元和年间的五台山住阁院僧智郡，"于世资财，少欲知足，粝食充腹，粗衣御寒，余有寸帛，未尝不济诸贫病也"。⑥ 唐宣宗大中七年（853）"江表荐饥，殍踣相望"，天台国清寺高僧清观将"贵人所施皆充'别施'"，"并粮食施之"。⑦ 上述高僧以个人之力行慈悲悯怀之善举，皆来自其佛教信仰，这种深刻的"入世"关怀，其对社会大众的慈善义举体现了佛教"慈悲为怀"的理念。

另外，隋唐时期三阶教的"无尽藏"同样具有佛教慈悲救济之功能。三阶教创始人信行（540—594）提倡"无尽藏行"，即提倡布施，积聚财物，将之分为三份，"一分供养天下伽蓝增修之备；一分以施天下饥馑悲田之苦；一分以充供养无碍。"⑧ 他认为"以无尽藏物，施贫下众生，由数得施故，劝发善心，即易可得"；"教贫穷人，以少财物同他菩萨无尽藏施，令其渐发菩提之心。"即用无尽藏的财物施给贫病之人，可以激发其向善、从善之心；而施财物给无尽藏的人，则可发菩提心。信行还号召众人布施，认为

---

① 《北齐书》卷八，中华书局1972年版，第109页。
② 《高僧传》卷十《史宗传》，第376页。
③ 《续高僧传》卷八《昙延传》，第277页。
④ 《续高僧传》卷三十《德美传》，第1221—1222页。
⑤ 《续高僧传》卷一四《道宗传》，第487页。
⑥ 《宋高僧传》卷二七《智郡传》，第684页。
⑦ 《宋高僧传》卷二十《清观传》，第527页。
⑧ 《太平广记》卷四九三《裴玄智》引《辨疑志》，第4047页。

众人布施的力量大，所获福报也更大："若复有人多饶财物，独行布施，从生至死，其福甚少；不如众人，不问贫富贵贱、通俗，共相劝化，各出少财，聚集一处，随宜布施贫穷、孤老、恶疾、重病困厄之人，其福甚大。"①在他的倡导下，京城士女大量地向寺院施舍钱财。唐韦述《两京新记》"南门之东，化度寺"条称寺内信行所立无尽藏院，"京城施舍，后渐崇盛。贞观之后，钱帛金玉积聚，不可胜计。常使名僧监藏，供天下伽蓝修理。藏内所供，燕、凉、蜀、赵，咸来取给，每日所出，亦不胜数。或有举便，亦不作文约。但往，至期还送而已。"②《太平广记》卷四九三"裴玄智条"亦称化度寺"士女礼忏阗咽，施舍争次不得。更有连车载钱绢，舍而弃去，不知姓名。"③化度寺的无尽藏院积聚了大量的财富，而这些财富主要来自京城士女的施舍。施舍是自愿的，非功利的，有的施舍者甚至连姓名也没留下，但施舍却不是徒然无意义的，这是为彼岸的幸福而投资，收益不仅仅是激发了现实社会的"善心"和"菩提之心"，而是以"少财富"获取来世的大福报。在施舍者的宗教生活中，这被认为是最有意义、最具效益的修行。而作为接受者的贫病困厄之人，他们所接受的不仅仅是物质财富，更是传播宗教信仰的媒体，他们将由此而萌生或者强化对佛教情感，而正是这样一种信仰情感突破贫富贵贱界限，使施、收双方经受了共同的宗教体验。化度寺的无尽藏还远振燕、凉、蜀、赵等地的寺院供其增修伽蓝，从而将三阶教的乐善好施精神远播四方，甚至改变了世俗的通行观念：如有要到化度寺无尽藏借贷财物，可以不立契约，届时自动送还。由于寺院所设"无尽藏"聚集财富过多，影响太大，致使寺院经济的雄厚力量严重威胁到了封建地主经济，加之教徒的修持方式及末法思想与佛教正统宗派相违背等原因，三阶教最终遭到了最高统治者的禁断。

到了唐代，悲田养病坊的设置即是根据国家一向倡导的"矜孤恤穷，

---

① 《无尽藏法释》，见矢吹庆辉《三阶教の研究·别篇》，岩波书店刊行。另，关于三阶教无尽藏，法国学者谢和耐亦曾有论述，参氏著，耿昇译《中国5—10世纪的寺院经济》，上海古籍出版社2004年版，第213—221页。

② （唐）韦述撰，辛德勇辑校：《两京新记辑校》卷三，三秦出版社2006年版，第57页。

③ 《太平广记》卷四九三《裴玄智》引《辨疑志》，第4047页。

敬老养病"① 和佛教的福田思想②，由国家设置在寺院内、委托僧人办理的社会慈善机构。悲田养病坊并不是唐代的新创，早在南朝时期，齐梁皇室就设立了类似的救济机构，只是设在都城建康，到唐代才成为全国性的救济机构。悲田养病坊的主要职能是把贫穷患病无力求医濒死者、劳而无所养者、贫穷流落街头者、幼失所亲而孤苦者等等社会弱势群体集中起来，施以安养。总起来说，是对社会贫弱病老幼孤等弱势群体的安养，这也是佛教参与公共慈善救济事业的重要体现。

---

① 《唐会要》卷四九《病坊》，上海古籍出版社 2006 年版，第 1010 页。
② 佛教福田思想的重要经典根据是西晋沙门法立、法矩译的《佛说诸德福田经》。在这部经中，佛祖释迦牟尼号召"广施七法"。所谓七法就是："一者兴立佛图、僧房、堂阁；二者园果、浴池、树木清凉；三者常施医药，疗救众病；四者作牢坚船，济度人民；五者安设桥梁，过度羸弱；六者近道作井，渴乏得饮；七者造作圊厕，施便利处。"（西晋）法立、法矩译《佛说诸德福田经》卷一，《大正藏》第 16 册，第 777 页。与《佛说诸德福田经》相比，《大智度论》在中国的影响似乎更为广泛深远。《大智度论》把福田分为二种：1. 以受恭敬之佛法僧为对象的"敬田"；2. 以受怜悯之贫、病者为对象的"悲田"。

第十四章　佛教戒杀护生精神与生态文明

随着生产力的巨大发展和人口的不断增长，人类对大自然无节制地进行开发，导致了当今人类面临着自有史以来最严峻的生态问题：环境污染、资源破坏、能源危机、"城市病"，等等。这一系列的全球性问题是由于人类的贪婪和无知而导致的生态破坏、生存环境恶化。生态危机使我们深刻认识到，人与自然不是统治与被统治、征服与被征服的关系，而是相互依存、和谐共处、共同促进的关系。因此，我们不能再一味地向大自然索取，而必须要保护生态平衡，树立起可持续发展的生态文明观。

佛教的戒杀护生精神为当代生态文明的建设提供了宝贵的思想理念，我们可以从传统社会的历史变迁中寻踪佛教以生态保护实践入世的"方便法门"。

一、佛教戒杀护生精神及其在传统社会之体现

佛教传入中土后，其慈悲戒杀的精神得到广泛的弘传和倡行。戒杀、放生、素食等行为成为实行佛教慈悲护生精神的具体体现。它们都是以六道轮回和因果报应理论为基础的，体现了佛教"众生平等""无缘大慈，同体大悲"的基本精神。

1. 戒杀

好生之德，是人们对自己生命珍惜的推己及彼。佛教以慈悲为本，故认为所有的罪孽中，以残害生命为最甚，佛教戒律中"不杀生"是最根本的戒律，杀生则被看作是罪大恶极。十善业，以不杀生为首，十恶业以杀生为

首。佛言五戒，以杀戒为首；佛言十业，以杀业为首。"于中杀生之罪，能令众生堕于地狱、畜生、饿鬼。若生人中，得二种果报，一者短命，二者多病。"① 杀生的人，当堕落地狱、饿鬼、畜生"三恶道"中，受无量苦；侥幸为人，亦受短命、多病等恶报。

"戒杀护生"告诉人们什么不能做，什么应该做，即不杀生、应放生。放生俟下文详论。我们先看不杀生。

不杀生即不人为或故意断除有情众生的生命，也就是说不但不杀人，也不杀所有众生；不但在行动上，而且在思想上也不能存杀害众生的意念。不杀生的出发点是佛教的慈悲理念，实行的结果是把一切有生灵的事物视为神圣不可侵犯的尊严。人们杀生，无不是为了"或祭天地神祇，以及祖宗昭穆，或奉养父母，或宴请会宾朋，或为悦我口腹，资我身体，一一悉以杀诸物命，以期据我之诚，悦我之心，不念彼等受诸极苦，及宿世互为亲属之大恩也"，"世人习为残忍，事事以杀生为礼，而不知其非也。"② 故而佛教通过对戒杀和杀生两种截然相反的行为所招致的不同善恶果报的描绘，来警策和劝勉世人戒杀护生。《地藏十轮经》云："设便能戒诸杀生，诸众恭敬成无上，恒时无病延寿命，安乐畅适无损害。一切生生世世处，深信如来之行境，现见佛法及僧众，速得无上菩提果。"《优婆塞戒经》云："一切众生因杀生故，现在获得恶色、恶力、恶名、短命。财物耗减，眷属分离；贤圣呵责，人不信用；他人作罪，横罗其殃。是名现在恶业之果。舍此身己，当堕地狱，多受苦恼饥渴。"③ 不杀生能使人安乐、不长病且延长寿命，速获无上菩提果；杀生则使人广积怨业、名利减损、身堕地狱，得恶果报。明代莲池大师著《戒杀文》劝诫世人在七种情况下不宜杀生：一是生日不宜杀生；二是生子不宜杀生；三是祭先不宜杀生；四是婚礼不宜杀生；五是宴客不宜杀生；六是祈禳不宜杀生；七是营生不宜杀生。

对于搅扰日常生活的苍蝇、虫蚁、蚊子等小生灵，佛经中还有专门交代：

① 《大方广佛华严经》卷二四《十地品》，《大正藏》第9册，第549页。
② 《印光法师文钞》（下册）卷四《普劝戒杀吃素挽回劫运说》，苏州寒山寺2003年版，第963页。
③ （北凉）昙无谶译：《优婆塞戒经》卷三，《大正藏》第24册，第1047页。

　　若稻谷黍麦生微细虫，不捣不磨。知其有虫，护此虫命，不转与人，复不杀生。若牛马驼驴担负背疮中生虫，若以浆水洗此疮时，不以草药断此虫命，以鸟毛羽洗拭。取虫置余臭烂败肉之中，令其全命。兼护此驴牛，恐害其命，复护虫命，乃至蚁子。若昼若夜，不行放逸，心不念杀。若见众生欲食其虫，以其所食而贸易之，令其得脱。①

由此可见，佛教不仅要求保护虫蚁的生命，而且认为像毒蛇、猛兽、蝎子之类，伤人是出于自然本能，本非有伤人之意念，因此应该得到人类的同情和保护。

　　我们再来回顾历史上戒杀护生的例子。南朝梁顾宪之（436—509），虽不是佛教徒，但临死告诫子孙，岁时祭祀只能用蔬食时果，不得用生类。沈约（441—513）的《究竟慈悲论》、颜之推（531—约591）的《戒杀家训》都反对杀生，主张素食。隋代高僧普安，"居处虽隐，每行慈救，年常二社，血祀者多。周行救赎，劝修法义，不杀生邑，其数不少。尝于龛侧村社，缚猪三头，将加烹宰。安闻往赎，社人恐不得杀，增价索钱十千。安曰：'贫道现有三千，已加本价十倍，可以相与。'众各不同，更相忿竞……安即引刀自割髀肉曰：'此彼俱肉耳。猪食粪秽，尔尚啖之，况人食米，理至贵也！'社人闻见，一时同放。"②唐朝在家信佛的女性，"在生活中是以佛教戒律来约束自己的，最普通的如不杀生与吃素的戒条是大部分信佛妇女都遵循的"。③

　　南宋末年释志磐《佛祖统纪》中汇集了南北朝至宋代戒杀放生的典例：

　　隋文帝，诏天下正、五、九月及六斋日，不得杀生命。智者禅师至岳州讲《金光明经》，化一郡五县，一千余所咸舍渔捕。

---

① （唐）释道世撰，周叔迦、苏晋仁校注：《法苑珠林校注》卷七三引《正法念经》，中华书局2003年版，第2160页。

② 《法苑珠林校注》卷二八《普安传》，第874页。

③ 严耀中：《佛教戒律与唐代妇女家庭生活》，载荣新江主编《唐宋女性与社会》，上海辞书出版社2003年版。

梁武帝，敕太医不得以生类为药，郊庙牲牷皆代以麪，宗庙用蔬果。

北魏献文，敕祭天地宗社勿用牲，岁活七万五千牲命。

北齐文宣，受戒不食肉，禁境内屠杀。

唐高祖，诏正、五、九及月十斋日，不得行刑屠钓。武后，敕断天下屠钓。肃宗，诏天下立放生池，凡八十一所，颜真卿撰碑。

宋太祖，诏民间二月至九月，不许采捕弹射，著于令。真宗，诏天下州郡放生池悉与兴复，无池之处沿江淮州郡近城五里，并禁渔捕。诸暨令潘华依普贤忏法不令捕江湖间鱼。及奉诏还阙，梦鱼为人形者数万，号哭沸天，皆云："长者去矣，吾辈不免烹矣。"天竺慈云法师奏请西湖为放生池，每岁四月八日，郡人会湖上纵鱼鸟，为主上祝寿。仁宗，四明延庆法智法师，每岁佛生日放鱼鸟祝圣寿，郡以上闻，敕枢密刘筠撰碑立于寺门。①

上述戒杀放生主要是世俗社会皇帝下达的诏书或敕令，个别情况是佛界高僧化世导俗的放生行为。由此可见，历史上戒杀、禁屠的理念曾一度上升为国家的意志，以至于影响到国家的政制。然而，其影响还不止于此，后世的朝廷凡举行祭祀大典，或逢皇室诞辰，或遭旱涝天灾，皇帝大都要下令严禁宰杀，或下罪己诏，甚至大赦天下囚徒，以示帝王的宽厚仁慈。可见，由于佛教徒慈悲为怀的信、愿、行的言传身教，已使戒杀放生不仅仅是佛教徒的宗教行为，而成为一种国家制度层面上的实践。此外，在以自给自足的自然经济为主体的传统社会里，戒杀、禁屠的社会作用是复杂和多方面的。但是佛教戒杀的主张，正是佛教自他平等、众生平等、物我一如的反映，也是佛教尊重生命、尊重自然精神的体现。在客观上无疑起到了维护生态平衡的作用。

2. 素食

素食，是佛教戒杀的必然结果，是佛教徒"不杀生"的慈悲精神之实

① （宋）志磐撰，释道法校注：《佛祖统纪校注》卷五三，上海古籍出版社2012年版，第1243—1244页。

践。人们杀生主要是为了肉食，如《大乘入楞伽经》卷六云："凡杀生者，多为人食。人若不食，亦无杀事。是故食肉与杀同罪。"①《梵网经》卷下云："一切肉不得食，断大慈悲性种子。"②为了满足口腹之欲而忍心杀害众生的生命有违慈悲心，有违菩萨行，故视食肉与杀生同罪孽。因此，要实行戒杀律，就要改变以动物为食物的肉食习惯，提倡以植物为主要食物的素食。这种饮食方式是实行戒杀的重要保证。

素食，是指不食鱼肉荤辛、以食用植物为主体的饮食方式。肉食，包括水、陆、空中动物的肉。水中的鱼鳖等有足无足的动物；陆上的两足、四足、无足、多足动物；空中的飞禽蚊虫等，全包含在内。《大乘入楞伽经·断食肉品》曰："一切众生从无始来，在生死中轮回不息，靡不曾作父母兄弟男女眷属，乃至朋友亲爱侍使，易生而受鸟兽等身，云何于中取之而食？大慧！菩萨摩诃萨观诸众生同于己身，念肉皆从有命中来，云何而食？大慧！诸罗刹等闻我此说尚应断肉，况乐法人。大慧！菩萨摩诃萨在在生处，观诸众生皆是亲属，乃至慈念如一子想，是故不应食一切肉。"③

中国佛教的素食习俗始于南朝梁武帝。梁武帝是一个虔诚的佛教徒，在信奉"神不灭"的宗教信念基础上，他汲取佛教注重来世的思想，同时从现世的伦理亲情入手，结合佛道慈悲思想，根据《涅槃经·四品相》等大乘经文，提出了禁止酒肉的主张，并作《断酒肉文》在天监年间（502—519）颁布实行。这一主张从宗教意义上说是旨在为修行者作"离苦因缘"，以便更好地脱离苦海，实现无上解脱。他把"食肉"与善恶、杀生等同起来，并把"戒酒断肉"及在此基础上的谨遵善恶、因果、积累福德、静心修行作为佛教信仰的最高要求。梁武帝通过政权的力量，强力推行素食，产生的社会效果极为明显。④梁陈以降，素食的僧人明显增多。到陈隋之际，全面素食

①　（唐）实叉难陀译：《大乘入楞伽经》卷六，《大正藏》第16册，第624页。

②　（后秦）鸠摩罗什译：《梵网经》卷二，《大正藏》第24册，第1005页。

③　《大正藏》第16册《大乘入楞伽经》卷六，第623页。

④　康乐：《素食与中国佛教》，载林富士主编《礼俗与宗教》，中国大百科全书出版社2005年版，第142页。

的戒法开始向全国迅速推进扩展。①

梁武帝以帝王之身颁布诏书，断除酒肉、提倡素食，不仅使当时僧团芜乱的情形得到整顿，而且使素食制度从一个易使人产生逆反心理而不遵守的外在的仪规转化为修行者自愿遵守的主动行为，使外在的清规戒律化为内在的道德自律，成为融外在规范与内心情感为一体的自觉行为。从此以后中国佛教开始戒杀素食的律制，② 素食也成为汉传佛教的一个特有传统。

素食不仅有宗教上的意义，在客观上有利于保护动物的多样性，有利于保持生态平衡，具有重要的环保意义。

3. 放生

佛教由不杀生又衍化出"护生"的放生传统。戒杀与护生，是善行的一体两面：戒杀，不过是修行的方便法门，属于消极地持守；护生，从作持而言，是积极、究竟的菩萨之行。

所谓"放生"，是指"赎取被捕之鱼、鸟等诸禽兽，再放于池沼、山野，称为放生"③。就是用钱买回被捕捞的飞禽走兽鱼虾等，将它们放回森林、旷野、山川、河流，让它们重新获得生命和自由。其本意是随缘救护生命，以此培养人的慈悲心。所谓随缘即当动物生命受到威胁的时候，救助它们脱离苦难。佛教放生的主要理论依据是《梵网经》：

> 若佛子，以慈心故，行放生业。一切男子是我父，一切女人是我母，我生生无不从之受生，故六道众生皆是我父母。而杀而食者，即杀我父母，亦杀我故身。一切地水是我先身，一切火风是我本体。故常行放生，生生受生，常住之法，教人放生。若见世人杀畜生时，应方便救护，解其苦难，常教化讲说菩萨戒，救度众生。④

① 陈志远认为，梁武帝对佛教素食传统的建立，其贡献主要是在学理方面。因此，"梁陈以降，素食的僧人明显增多，与其说是政府政令的约束，不如说是教义感召下的自觉实践。"参见陈志远《梁武帝与僧团素食改革——解读〈断酒肉文〉》，《中华文史论丛》2013 年第 3 期。
② 参见李晓虹《从梁武帝看"素食"制度的颁行》，《宗教学研究》2007 年第 4 期。
③ 《佛光大辞典》第 2 册，北京图书馆出版社 1989 年版，第 3274 页。
④ （后秦）鸠摩罗什译：《梵网经》卷二，《大正藏》第 24 册，第 1006 页。

该经一方面用业报轮回思想说明杀生、食肉的对象或许是其过去的或者是未来的父母,吃、杀的行为会报应到己身,导致至亲互相吃杀,"一切亲缘遍一切处,直以经生历死神明隔障,是诸眷属不复相识。今日众生或经是父母、或经是师长、或经是兄弟、或经是姊妹、或经是儿孙、或经是朋友。而今日无有道眼,不能分别,还相啖食,不自觉知。"①另一方面,阐述戒杀放生的福报以及解救众生的法门。

而《金光明经》则为放生提供了法源依据。经文曰:

> 若有众生临命终时,得闻宝胜如来名号即生天上,我今当为是十千鱼解说甚深十二因缘,亦当称说宝胜佛名。时阎浮提中有二种人:一者深信大乘方等,二者毁呰不生信乐。时长者子作是思惟:"我今当入池水之中,为是诸鱼说深妙法。"思惟是已,即便入水作如是言:"南无过去宝胜如来、应供、正遍知、明行足、善逝、世间解、无上士、调御丈夫、天人师、佛、世尊。"宝胜如来本往昔时,行菩萨道作是誓愿:"若有众生,于十方界临命终时闻我名者,当令是辈即命终已,寻得上生三十三天。"尔时流水复为是鱼,解说如是甚深妙法——所谓无明缘行,行缘识,识缘名色,名色缘六入,六入缘触,触缘受,受缘爱,爱缘取,取缘有,有缘生,生缘老死忧悲苦恼。善女天!尔时流水长者子及其二子,说是法已即共还家。是长者子复于后时,宾客聚会醉酒而卧。尔时其地卒大震动,时十千鱼同日命终,既命终已生忉利天。②

经中故事:佛的前身是古印度一个精通医术、名叫流水长者子的游医,他与二子水空、水藏行医城邑间。期间救了1万条濒临死亡的鱼,给它们水和食物,并为它们解说经文。这些鱼听闻经文后皆转生忉利天。这个故事说明:经中的"鱼池"应是以后"放生池"的原形;建放生池度鱼可以成佛。

① (南朝梁) 梁武帝:《断酒肉文》,(唐) 释道宣:《广弘明集》卷二六,《大正藏》第52册,第297页。
② (北凉) 昙无谶译:《金光明经》卷四〈流水长者子品〉第十六,《大正藏》第16册,第353页。

此经反映了佛教放生的本怀，即使有情众生有听闻佛法的因缘，使其最终获得解脱，并生诸佛国。

　　中国行放生活动起于南朝萧梁梁武帝统治时期（502—549在位）。梁武帝信奉佛教，戒绝杀生，曾在石头城（今南京）建放生处，用于放养收赎的鱼、龟、螺、蚌等，并称其为"长命洲"，严禁捕捉。① 他还下诏废止了传统的以屠杀牲畜祭祀宗庙之制，代之以面牲蔬果。然而开放生池先河的是南朝陈末年天台宗的创始人智顗大师，他"买断簄梁（渔网竹架），悉罢江上采捕"，让渔人放生在天台山海隅，并教化当地渔民放弃渔猎。以智者大师的耆德尊行，此举的示范效应和后续影响，无论是在僧界还是在俗世社会都是十分显著的。前文已述，北齐文宣帝、隋文帝、唐高祖、唐肃宗、宋真宗等皇帝曾下过"禁屠""放生"和修筑放生池的诏令。在僧界，放生行为更是所在皆有。武周时期监察御史王守慎，因避武则天酷吏政治而出家为僧，法号法成，他在长安西市掘坑，号"海池"，"支分永安渠以注之，以为放生之所。"② 唐益州福缘寺昙逞在诸州造放生池一百余所。③ 唐高僧玄览在杭州华严寺前的平湖之通川建放生池，方圆10里，使"捷鬐掉尾，噞喁浮沉，不虞其害，得遂生性焉"。④ 北宋天禧年间（1017—1021），天台山慈云遵式（963—1032）经常向渔夫说法劝其改业，并奏请将杭州西湖作放生池，每年四月八日佛诞日，郡人集众于西湖放生鱼鸟，以祝圣寿。⑤ 晚明云栖袾宏（1535—1615）尤重戒杀放生，他曾赎买云栖寺前的万工池和杭州城中的上方池、长寿池作为放生池，将救赎的飞走生物放入饲养，并定期为水陆众生说法。⑥ 同时他还著有《戒杀放生文》《如来不救杀业》《医戒杀生》《杀生人世大恶》《杀生非人所为》《人不宜食众生肉》等文，鼓励戒杀放生。清

---

① （宋）李昉等编纂：《太平御览》卷六九《地部·洲》引《郡国志》，中华书局1960年版。
② 《宋高僧传》卷二六《法成传》，第653页。
③ 《续高僧传》卷二三《昙逞传》，第876页。
④ 《宋高僧传》卷二六《玄览传》，第661页。
⑤ （宋）志磐撰，释道法校注：《佛祖统纪校注》卷四五，上海古籍出版社2012年版，第1062页。
⑥ （明）德清：《云栖莲池宏大师塔铭》，（侍者）福善日录《梦游集》卷二七，《大正藏》第73册，第655页。

代彭际清（1740—1796）依《梵网》为依归，筑流水禅居（放生池）行放生会。

由上可见，放生活动自兴起以来，在僧俗二界就未曾中断。它彰显了佛教生死轮回的因果观念和众生平等、救济众生生命危难及痛苦的大慈大悲精神，进而成为佛教护生的一种修行方式，历来备受社会尊重与赞扬。此外，在佛教看来，在一切有漏善法之中，没有比放生功德更大的，《大智度论》云："诸余罪中，杀业最重；诸功德中，放生第一。"所以佛门常言：求福莫过于斋戒布施，求寿莫过于戒杀放生。《善诱文·好生之德》曰："诸佛以慈悲为念，故蠢动含灵，无一不适其情。此无他，只是存心广大，一切众生，皆吾爱子；一切血属，皆吾性命。则放生讵可缓耶。世人当知戒杀，止足以解物之冤。若能放生，不唯与物为恩，又集无穷之福……"① 业力在无尽的轮回中始终伴随着众生，因缘成熟之时终要承受往昔所造恶业的苦果。在此业力果报思想的背景下，放生被认为是一种积累福德资粮的重要方法，以此作为消灾灭祸、求福求寿的捷径。云栖莲池大师作《放生图说》云："人既重其生，物亦爱其命。放生合天心，放生顺佛令。放生冤结解，放生罪垢净。放生免三灾，放生离九横。放生寿命长，放生官禄盛。放生嗣胤昌，放生家门庆。放生无忧恼，放生少疾病。放生观音慈，放生普贤行。放生悟无生，放生生死竟。放生与杀生，果报明如镜。"② 所得福德深广无量，总结起来包括消解病者疾苦、因果病痛、累世冤亲、债主牵缠，各种恶疾，速得痊愈等。甚至还提出兵凶丧乱是由于杀业所致，如明末清初释道忞在《布水台集》卷八《北都城西紫竹院放生社序》云："佛十力中，业力最大，诸业力中，杀业尤大。良以杀业能障大悲心，能戕菩提种，能招来世三途恶报，能令生生冤对相仇，互相贼害，互相食啖，无有穷已。何故？凡有血气者，莫不有知，凡有知者，莫不保命畏死，况碎之以刀俎，烹之以鼎镬，使其吁天无路，毒痛糜躯，能遂晏然于怀乎？所以戾气干和，乖氛致祲，兵凶继作，丧乱荐臻，数十年来，膏血沐川原，白骨连山岳，皆此杀业为之酿致

---

① （宋）陈录编施：《善诱文》，中华书局 1985 年版，第 4 页。
② （明）云栖袾宏：《云栖法汇（选录）》卷二一，《大正藏》第 33 册，第 154 页。

也。"① 杀戮太重，动物减少，就会导致生态的失衡，受其感应，失衡就会发生灾难。而消除杀业、化解怨毒的解决办法就是放生。放生活动是悯物慈济的行为，可以减轻杀戮，也就消除了因阴阳失和导致的社会灾难。客观上避免了物种灭绝而对动物进行适度"放生"，保护了动物的多样性。

近代印光大师（1861—1940）总结了放生的十大功德：无刀兵劫、集诸吉祥、长寿健康、多子宜男、诸佛欢喜、物类感恩、无诸灾难、得生天上、消灭恶业及四季安宁、生生不息、善心相感。当代成一法师（1914—2011）进一步总结了放生三个层次的功德："放生的真正功德，在能培养人们的慈悲精神，上合佛心，在能激发人们的好生之德，中合天心，在能化除社会暴戾之气，下合人心，在能减少杀业，消弭世界战乱导致和平，在能酬偿宿世命债，解除冤怨相报之死结，释尽前仇，在能广结善缘，可以普度众生尽成佛道……"②

二、佛教戒杀护生精神对当代生态文明的现实意义

如上所述，佛教的戒杀护生客观上起到了保护动植物、维持生态平衡的功效，我们应该汲取和弘扬佛教中有益于环境保护的思想为当今生态环保所借鉴。但是，需要指出的是，传统的汉传佛教并没有今天意义上的生态伦理思想，原因有三：一是传统汉传佛教所处的时代基本上是农业自然经济时期，还未遭遇环境破坏、生态失衡的危机；二是传统汉传佛教着意于个体心性的转换，因为"心"是一切问题的根源，证真断惑是在"心"上下功夫，重心轻境是其重要特点；三是传统佛教，尤其是其净土思想将优美和谐的自然环境置于彼岸世界，欣彼厌此，对此岸环境不甚关注。尽管一些宗派的古德高僧大唱"无情有性"，强调"境"与"心"的互动，但最终指向的仍是个体内心的证悟解脱，因此并不具有今天意义上的自觉的生态伦理意识。③

---

① （清）道忞：《布水台集》卷八《北都城西紫竹院放生社序》，《大正藏》第26册，第341页。

② 陈祚龙：《中华佛教文化史散策三集》，（台湾）新文丰出版公司1981年版，第63页。

③ 参见张有才《论汉传佛教生态伦理的体系结构》，《青海社会科学》2010年第1期。

在中国古代社会，基于佛教众生平等、慈悲为怀等核心教义的理念而衍生出绵长无绝的戒杀、素食、放生等一系列慈悲护生活动，由于生态环境未遭破坏而未引起时人的关注。然而在当今，只要我们利用网络检索工具输入"生态""环保"等相关词语，就会出现海量的信息，连篇累牍的文章总结起来无非就是生态环保的"现实问题"及"建议对策"两个方面内容。这些内容有一个重要特点，就是大都从中国传统文化如佛教、道教中寻找历史依据和借鉴经验，尤其佛教的思想文化，其教理教义在当今的采借意义尤为突出，故而上述有关佛教戒杀护生的搜集、整理、统合与归纳工作就有必要，也是必须的了。

1. 当前放生活动存在的问题及应对措施

由上文可见，中国佛教力倡戒杀、素食、放生，已然形成了悠久深厚的护生文化。反观我们当今社会，随着科技的进步，人类认识和主宰世界能力日益提高，人类无节制的欲望也与日膨胀，因而对大自然的恶性攫取骤增，使生态平衡遭到严重破坏。如空气和水及噪音等的污染、水土流失、土地沙漠化、天气变暖、雾霾严重、物种的灭绝等新旧的生态环境问题，以及由此而引起的各种新生疾病，直接威胁着人类的身心健康。可见，人与自然的紧张关系，已经成为人类生存所面临的巨大挑战。基于对当前生态现状的深切忧虑、对当代人类正处于苦难和道德危机的现实判断，以及对生态环保的迫切需求，环保运动渐趋火热。限于本节的主题，我们仅以环保中戒杀护生的放生运动为例，试加以论述。

在当前，出于各种不同的目的放生活动比较火热，因此引发了许多社会问题。各地的放生团体良莠不齐，许多活动带有严重的商业性、功利性。而且，由于缺乏专业的科学知识，再加上放生活动中由于错误的思想观念，出现了与放生原旨相违背的弊病。台湾圣严法师记载了台湾某一时期的放生乱象，[①] 这些不良现象在当前的大陆地区也屡见不鲜。总起来看，问题集

---

①　在台湾地区某一时期，放生成为大规模商业行为，贩卖供放生的动物与贩卖鸡鸭无异，抓捕野生动物以及运输贩卖和放生过程中导致大量"被放生"生物死亡，不少供"放生"的野生动物在捉、放之间吃尽苦头，即使熬到放生之后又往往不适应新环境因而客死他乡。另一些专供放生的动物本是商业化饲养的产物，根本没有野生的能力，故而每次放

中在不恰当的外来放生物种干扰了当地物种的正常生活，破坏当地的生态平衡；不注意放生时机、动物习性，造成放生动物的不适应生存环境而大量死亡；有些地方甚至出现了专门捕捞、出售供养放生、放生后再捕捞的产业链，导致放生经济的形成。这当然说明放生活动，目前仍然是我国广大佛教信众一种非常重要的戒杀护生信仰实践方式。然而，放生行为已经不再仅仅是一种单纯的个体行为、道德行为和信仰行为，而是更多地具有了经济意义、社会意义和生态意义。这些被"问题化"了的放生行为影响扩大的过程中，其产生的功利化倾向也导致了一系列因放生而害生的问题，由此护生环保的宗旨和目的被严重扭曲变形，进而也严重破坏了当地的生态平衡，产生了恶劣的影响。由此可见，放生问题的解决并没有人们想象的那么简单。对待放生这个问题，我们应该多护生、慎放生，少一些独断，多一份审慎！

　　面对当前放生活动出现的诸多问题，国家相关部门以及教界①、学界② 都给予高度关注，并提出解决问题的方案和措施。释圣玄既是佛教徒又从事学术研究，从教内和教外两方面深入分析了当今放生问题的肇因。教外因素包括商业化、集团化放生的利益问题和生态环保平衡的知识建构问题。教内因素有佛教信仰与民间信仰混淆的宗教问题和佛教生命观深化不足的"重现象、离本质"问题。由此她呼吁要随顺时代发展脉络所衍生的现象界，立基于"心"的觉醒，因而推出全"心"的现代放生出路——以"心"为主轴，

　　生后就尸横遍野，还有不少放生动物在仪式结束之后被人重新捕捉，再次成为供放生的商品，或者成为放生场所附近企业的免费食品原料。即使有幸存活下来的放生动物也可能造成其他问题，如破坏了本地的动植物平衡，形成新的生态威胁。见（台湾）圣严法师《为何放生？如何放生？》，台湾《人生》第 62 期。转引自孙克昱《汉地大乘佛教慈悲思想与护生实践》，《中国·苏州——第三届寒山寺文化论坛论文集（2009）》。对此问题的详细调查可参看陈玉峰《放生文化的初步研究》，《佛教与社会关怀学术研讨会论文集》，1996 年。（http://www.szjt.org/fj_renjian/guanhuai/contents/guanhuai119.htm）

① 觉醒主编：《佛教与生态文明》，宗教文化出版社 2009 年版；圣凯：《佛教放生习俗的形成及其流行》，《中国宗教》2013 年第 12 期。

② 温金玉：《佛教戒杀护生与生态文明》，上海玉佛禅寺主办《觉群 2009 合订本》2009 年；陈星桥：《中国佛、道教界倡导慈悲护生、合理放生的新风尚》，《法音》2014 年第 8 期；刘元春：《多护生 慎放生——当代佛教界放生乱象之思考》，《法音》2015 年第 4 期；朱亚仲：《慈悲护生 合理放生——佛教对促进生态文明建设的思考》，《法音》2016 年第 9 期。

呼应佛教空性义理的本质，从而讨论现象界诸多问题的改善方案，包括：不滞留于浅层生态学的科技发展，转而向生态智慧发展，以及重视宇宙的演化观，强调有情、无情都涉入"灵性／觉性"的心演化，由此必须加强生命观的深化，彻底执行全方位的求愿与回向，以利正确了知放生的"不可替代性"功能，兼而发展人人、时时、处处都可以做得到的护生为辅线，最后呼吁以"动物保护法"的推动，作为科学放生不可或缺的政府主导力量。[①] 这套现代科学的放生方案，既基于作者佛教徒的宗教身份，能够从佛教深层理论挖掘出放生活动的宗教根基，进而能切中要害地抓住解决问题的关键——立基于慈悲之"心"的觉醒，以此作为展开放生活动的主轴，又以生态学知识为指导，再有一系列相应的配套措施和方案，由此才能端正放生活动的正确态度，科学、有效、全面地组织放生活动，这样才能减少或杜绝放生乱象，最大限度地维护放生区域的生态平衡。

2. 慈悲护生的宗教指归及对建设生态文明的现实意义

佛经中将"世间"分为有情世间与器世间两种。有情世间指有生灭烦恼的有情众生，也称众生世间；器世间指众生依止的环境，如日月山河、草木屋室等无情识的物体，为有情众生所依赖的国土世界，也称国土世间。关于众生为何要维护以及如何维护居住的环境即器世间，佛经中有专门的论说，《大萨遮尼乾子所说经》曰：

> 云："何护器世间？"答言："大王，行法行王，不焚烧、不破坏、不浇灌，是名护器世间行。何以故？一切皆是作不善业，是故行法行王，不应焚烧、破坏、浇灌。城邑聚落、山林川泽、园观宫殿，庄严楼阁，一切行路及诸桥梁，自然窟宅，一切谷豆，麻麦花果，草木丛林，不应焚烧，不应破坏，不应浇灌，不应斫伐。何以故？以彼诸物，皆共有命，畜生等有无不用者。而彼众生，无有罪过，不应损其所受用物，令生苦恼。又彼一切外树林等，诸善净天，一切鬼神，皆悉共

---

① 参见释圣玄《论议佛教放生实践的现代出路——相关问题、深化生命观、全"心"的科学放生》，《法音》2014 年第 7 期。

有，于中受用。屋舍宫殿，庄严楼观，诸天共住。又彼园池、屋舍、宫殿，庄严楼观，一切水陆，有命诸虫，悉皆共用。所谓雀、鼠、鸡、狗、鸠、鸽、鹦鹉、象、马、牛、羊、猫、狸、蛇、蝎、鹅、鸭、鱼、鳖，乃至一切微细诸虫，所共受用。行法行王，与诸众生，共依止此器世间活，不应破坏。如是名为行法行王，护器世间，安乐众生。"王言："大师，行法行王，无量诸天侍从护王，天力自在能护于人。"①

佛教认为，在我们依止的器世间里，大地万物互为缘起，各种有情生命分别依业受生，在长期的发展过程中形成了相互依存的紧密关系，如植物生长、动物繁衍，乃至人类的生存发展相互之间息息相关、彼此不离，这就是我们通常所说的生态环境的平衡状态。生态环境是众生生存的共同基础，一切众生"共依止此器世间活，不应破坏"。如果破坏了环境，则"一切皆是作不善业"，是恶行。对于都有生命的动植物，"而彼众生，无有罪过，不应损其所受用物，令生苦恼"。基于这种相互倚赖、共生共亡的生存状态，佛教认为，人与依止的器世间最理想的状态应为："极乐世界净佛土中，常有种种奇妙可爱杂色众鸟，所谓鹅鹏、鸳鹭、鸿鹤、孔雀、鹦鹉、羯罗频迦、命命鸟等。如是众鸟，昼夜六时恒共集会，出和雅声，随其类音宣扬妙法。""极乐世界净佛土中，常有妙风，吹诸宝树及宝罗网，出微妙音。"② 这就是以天地山林川泽为一家，以鸟兽禽鱼群生万物为一体的和谐美好的盛状。因此，佛教徒不仅把寺院内部的花草树木栽培得枝展叶茂，而且把周边环境也装扮得秀丽清新，把自觉实践佛陀教法的行为体现在保护环境、净化人心的事业中，从而达到庄严国土，利乐有情的目的。这就是日本池田大作所说："人类只有和自然——即环境融合，才能共存和获益。此外，再没有创造性发挥自己的生存的途径。"③

印光法师说："夫一切众生，与我同生于天地之间，同赋血肉之身，同

---

① （元魏）菩提留支译：《大萨遮尼乾子所说经》卷四，《大正藏》第 9 册，第 335 页。
② （唐）玄奘译：《称赞净土佛摄受经》卷一，《大正藏》第 12 册，第 349 页。
③ ［英］汤因比、［日］池田大作：《展望 21 世纪　汤因比池田大作对话录》，荀春生、朱继征、陈国梁译，国际文化出版公司 1999 年版，第 29 页。

禀知觉之性，同知趋吉避凶，贪生怕死。"① 生命存在于相互联结之中，我们与自然中的生命血肉相连。敬畏生命，就要与我们周围的生命、环境休戚与共；无视其他生命意志，就等于无视自己的存在！关怀、尊重一切生命，崇敬自然、珍视万物，建立物我相融的生态环境。

中共十八大报告指出："建设生态文明，是关系人民福祉、关乎民族未来的长远大计。面对资源约束趋紧、环境污染严重、生态系统退化的严峻形势，必须树立尊重自然、顺应自然、保护自然的生态文明理念，把生态文明建设放在突出地位，融入经济建设、政治建设、文化建设、社会建设各方面和全过程，努力建设美丽中国，实现中华民族永续发展。"② 刘元春教授总结道："所谓生态文明，是人类文明的一种形式，是指以人与自然、人与人、人与社会和谐共生、良性循环、全面发展、持续繁荣为基本宗旨的文化伦理形态。这种文明观强调人的自觉与自律，强调人与自然环境的相互依存、相互促进、共处共融。它的产生基于人类对于长期以来主导人类社会的物质文明的反思，自然资源的有限性决定了人类物质财富的有限性，人类必须从追求物质财富的单一性中解脱出来，追求精神生活的极大丰富，才可能实现人的全面发展。这无疑将使人类社会形态发生根本性转变。"③

佛教认为，一切生命依业受生，过去生中可能都是六亲眷属，如今虽然身形、智愚、能力等果报各个不同，但在贪生恶死方面，在追求安宁幸福方面没有根本的不同，在佛性上更是平等的。因此在佛法的实践中，始终要求佛徒要尊重一切生命，认为一切生命都有佛性，都能成佛，所以，把不杀生作为佛子共同遵守的戒律。为培养慈悲心怀、报众生恩乃至普度众生，佛教要求信徒善待一切生灵。戒杀、放生的做法会产生极大的功德。

佛教以众生为本的慈悲理念和质朴简约的生活方式，对建立资源节约型社会发展机制，减少环境污染，促进生态环保，保障人类健康，使社会的

---

① 《印光法师文钞》卷四《普劝戒杀吃素挽回劫运说》，宗教文化出版社 2002 年版，第 963 页。

② 胡锦涛：《在中国共产党第十八次全国代表大会上的报告》，《人民日报》2012 年 11 月 8 日。

③ 刘元春：《佛教与生态文明》，载觉醒主编《佛教与生态文明》，宗教文化出版社 2009 年版。

可持续发展与社会的和谐相辅相成、共同促进，最终实现人与自然的和谐相处。千百年来，广大佛教信众依教义戒杀护生，为生态环境的保护作出了巨大的贡献。如果我们能够方便善巧地弘扬、践行上述的佛教环保思想，必然会对今天的生态文明建设大有裨益。此外，生态环境的保护和发展仅仅有观念、理论和一系列政府政策还远远不够，生态保护只有成为人类的一种生活方式、一种文化传统才有可能推进生态文明建设并使生态平衡更加稳固、持久！

主要参考书目

一、古籍文献及其整理注释本

1.《新编诸子集成》，中华书局 1982 年版。

2. 李学勤主编：《十三经注疏》标点本，北京大学出版社 1999 年版。

3.（西汉）董仲舒撰，（清）苏舆义正：《春秋繁露义正》，中华书局 1992 年版。

4. 陈立：《白虎通疏证》，中华书局 1994 年版。

5.（北宋）程颢、程颐：《二程遗书》，文渊阁四库全书本。

6.（南宋）朱熹：《四书章句集注》，中华书局 1983 年版。

7.（南宋）黎靖德汇编：《朱子语类》，中华书局 1986 年版。

8.（明）王阳明著，于自力等译：《传习录》，中州古籍出版社 2008 年版。

9.（清）颜元：《颜元集》，中华书局 1987 年版。

10.（西晋）郭象注，（唐）成玄英疏：《南华真经注疏》，中华书局 1998 年版。

11. 陈鼓应：《庄子今译今注》，中华书局 1983 年版。

12. 陈鼓应：《老子注译及评介》，中华书局 2009 年版。

13. 熊铁基、陈红星主编：《老子集成》，宗教文化出版社 2011 年版。

14. 赵卫东辑校：《丘处机集》，齐鲁书社 2005 年版。

15. 陈垣编纂：《道家金石略》，中华书局 1988 年版。

16.（三国）王弼撰，楼宇烈校释：《王弼集校释》上，中华书局 1980 年版。

17.（晋）葛洪撰，王明校释：《抱朴子内篇校释》，中华书局 1985 年版。

18. 蒙文通：《蒙文通文集》第六卷《道书辑校十种》，巴蜀书社 2001 年版。

19. 王明编：《太平经合校》，中华书局 1960 年版。

20.（明）张宇初等编修：《道藏》，上海书店出版社 1988 年版。

21.（明）张国祥编：《续道藏》，上海书店出版社1988年版。

22. 胡道静等主编：《藏外道书》，巴蜀书社1994年版。

23. 何建明主编：《道藏集成第一辑　正统道藏与万历续道藏》，中国书店出版社2017年版。

24.（梁）僧祐撰，苏晋仁、萧錬子点校：《出三藏记集》，中华书局1995年版。

25.（梁）释慧皎撰，汤用彤校注：《高僧传》，中华书局1992年版。

26.（唐）道宣撰，郭绍林点校：《续高僧传》，中华书局2014年版。

27. 周绍良主编：《唐代墓志汇编》，上海古籍出版社1992年版。

28.（唐）释慧立、释彦悰著，孙毓棠、谢方点校：《大慈恩寺三藏法师传》，中华书局2000年版。

29.（宋）志磐撰，释道法校注：《佛祖统纪校注》，上海古籍出版社2012年版。

30. 赜藏：《古尊宿语录》，中华书局1994年版。

31. 杜继文：《汉译佛教经典哲学》（上、下），江苏人民出版社2008年版。

32.［日］高楠顺次郎主编：《大正藏》，康僧铠译，大正一切经刊行会。

33.［日］前田慧云等编集：《卍续藏经》，京都藏经书院刊行。

34.《卍新纂续藏经》，东京国书刊行会1989年版。

二、近人著作

1.《习近平谈治国理政》，外文出版社2014年版。

2. 庞朴主编：《中国儒学》（4册），东方出版中心1997年版。

3. 李申：《中国儒教史》（上、下），上海人民出版社1999年版。

4. 刘蔚华、赵宗正主编：《中国儒家学术思想史》，山东教育出版社1996年版。

5. 周桂佃：《中国儒学讲稿》，中华书局2008年版。

6. 杨国荣：《善的历程——儒家价值观的历史衍变》，上海人民出版社1994年版。

7. 何平：《儒脉兴衰——从孔夫子到新儒学》，河南人民出版社1998年版。

8. 唐凯麟、曹刚：《重释传统：儒家思想的现代价值评估》，华东师范大学出版社2000年版。

9. 林存光：《儒教中国的形成：早期儒学与中国政治文化的演进》，齐鲁书社2003年版。

10. 程潮：《儒家内圣外王之道通论》，湖南人民出版社 2005 年版。

11. 朱义禄：《儒家理想人格与中国文化》，复旦大学出版社 2006 年版。

12. 韩星：《儒家人文精神》，陕西人民出版社 2012 年版。

13. 朱贻庭：《中国传统伦理思想史》，华东师范大学出版社 2003 年版

14. 姜广辉主编：《中国经学思想史》，中国社会科学出版社 2010 年版。

15. 张岂之主编：《中国思想史》，西北大学出版社 1993 年版。

16. 钱穆：《中国思想史》，九州出版社 2012 年版。

17. 李泽厚：《中国古代思想史论》，天津社会科学出版社 2004 年版。

18. 葛兆光：《中国思想史》（第一卷），复旦大学出版社 2005 年版。

19. 周桂钿：《董学探微》，北京师范大学出版社 1989 年版。

20. 汤用彤：《魏晋玄学论稿》，生活·读书·新知三联书店 2009 年版。

21. 张立文：《朱熹思想研究》，中国社会科学出版社 1981 年版。

22. 陈来：《朱熹哲学研究》，中国社会科学出版社 1993 年版。

23. 陈来：《宋明理学》，生活·读书·新知三联书店 2011 年版。

24. 方志远：《王阳明评传》，中国社会出版社 2010 年版。

25. 郑家栋：《当代新儒学史论》，广西教育出版社 1997 年版。

26. 周立升、颜炳罡：《儒家文化与当代社会》，山东大学出版社 2002 年版。

27. 邵龙宝：《全球化语境下的儒学价值和现代践行》，同济大学出版社 2010 年版。

28. 杜维明：《儒家传统与文明对话》，彭国翔编译，河北人民出版社 2006 年版。

29. 祝瑞开：《当代新儒学》，上海学林出版社 2006 年版。

30. 丁志伟、陈崧：《中国近代文化思潮》，社会科学出版社 2011 年版。

31. 陈奇：《刘师培思想研究》，贵州人民出版社 1999 年版。

32. 苏盾：《中国传统诚信观与当代市场经济》，中国社会科学出版社 2006 年版。

33. 李道中：《和谐社会理论学习读本》，中国法制出版社 2008 年版。

34. 乔清举：《儒家生态思想通论》，北京大学出版社 2013 年版。

35. 洪修平主编：《儒佛道思想家与中国思想文化》，江苏人民出版社 2015 年版。

36. 牟钟鉴：《儒道佛三教关系简明通史》，人民出版社 2018 年版。

37. 荆三隆：《禅学秘籍：儒道佛三家哲理比较》，太白文艺出版社 2008 年版。

38. 杨军：《宋元三教融合与道教发展研究》，巴蜀书社 2009 年版。

39. [美] 塞缪尔·亨廷顿：《文明的冲突与世界秩序的重建》，周琪等译，新华出版社 2002 年版。

40. 冯友兰：《中国哲学简史》，北京大学出版社 1985 年版。

41. 王博：《老子思想的史官特色》，（台北）文津出版社 1993 年版。

42. 许抗生《魏晋玄学史》，陕西师范大学出版社 1989 年版。

43. 汤一介：《早期道教史》，昆仑出版社 2006 年版。

44. 卿希泰主编：《中国道教史》第一卷，四川人民出版社 1996 年版。

45. 李养正：《道教概说》，中华书局 1989 年版。

46. 胡孚琛、吕锡琛：《道学通论：道家·道教·仙学》，社会科学文献出版社 1999 年版。

47. 张广保：《道家的根本道论与道教的心性学》，巴蜀书社 2008 年版。

48. 陈耀庭：《道教礼仪》，宗教文化出版社 2003 年版。

49. 萧天石：《道家养生学概要》，华夏出版社 2007 年版。

50. 盖建民：《道教医学》，宗教文化出版社 2001 年版。

51. 王沐：《内丹养生功法指要》，中华书局 2008 年版。

52. 蒋星煜编著：《中国隐士与中国文化》，上海三联书店 1988 年版。

53. 孙亦平：《东亚道教研究》，人民出版社 2014 年版。

54. 刘述先：《全球伦理与宗教对话》，河北人民出版社 2006 年版。

55. 王汎森：《中国近代思想与学术的系谱》，吉林出版集团 2011 年版。

56. 黄忏华：《印度哲学史纲》，商务印书馆 1935 年版。

57. 丁福保：《佛学大辞典》，文物出版社 1984 年版。

58. 佛光山星云大师监修、慈怡法师主编：《佛光大辞典》，北京图书馆出版社 1989 年版。

59. 任继愈主编：《中国佛教史》第 2 卷，中国社会科学出版社 1985 年版。

60. 杜继文：《汉译佛教经典哲学》（下），江苏人民出版社 2008 年版。

61. 汤用彤：《汉魏两晋南北朝佛教史》，北京大学出版社 2008 年版。

62. 汤用彤：《隋唐佛教史稿》，北京大学出版社 2010 年版。

63. 陈祚龙：《中华佛教文化史散策三集》，（台湾）新文丰出版公司 1981 年版。

64. 赖永海：《中国佛教文化论》，中国青年出版社 1999 年版。

65. 孙昌武：《中国佛教文化史》，中华书局 2010 年版。

66. 汤一介：《佛教与中国文化》，宗教文化出版社 1999 年版。

67. 洪修平：《中国禅学思想史纲》，南京大学出版社 1994 年版。

68. 麻天祥：《中国禅宗思想发展史》，湖南教育出版社 1997 年版。

69. 李华贵：《圆觉佛教》，宗教文化出版社 2003 年版。

70. 赖永海：《中国佛性论》，上海人民出版社 1988 年版。

71. 赖永海：《佛学与儒学》，浙江人民出版社 1992 年版。

72. 觉醒主编：《佛教与生态文明》，宗教文化出版社 2009 年版。

73. 学愚主编：《出世与入世：佛教的现代关怀》，中国社会科学出版社 2010
年版。

74. 高长江：《宗教的阐释》，中国社会科学出版社 2002 年版。

75. 林富士主编：《礼俗与宗教》，中国大百科全书出版社 2005 年版。

76. 王利耀、余秉颐主编：《宗教平等思想及其社会功能研究》，安徽大学出版社
2006 年版。

77. 梁启超：《梁启超佛学文选》，武汉大学出版社 2011 年版。

78. 金易明：《法海佛意窥豹　金易明佛学论述丛稿》，宗教文化出版社 2014
年版。

79. 陈兵：《佛陀的智慧》，上海古籍出版社 2006 年版。

80. 星云大师：《人间佛教语录》（上册），上海文化出版社 2013 年版。

81. 学诚法师：《善的力量　学诚大和尚谈慈善》，华文出版社 2015 年版。

82. [日] 中村元：《比较思想史》，吴震译，浙江人民出版社 1987 年版。

83. [荷] 许里和：《佛教征服中国》，李思龙等译，江苏人民出版社 1998 年版。

84. [美] 芮沃寿：《中国历史中的佛教》，常蕾译，北京大学出版社 2009 年版。

后　记

应业师安作璋先生之邀约，笔者有幸参加《当代视域下的中国传统儒道佛文化研究》的撰写，承担儒家文化部分。在本书稿的撰写过程中，一直得到安先生的悉心指导。令人十分遗憾的是，在书稿还未出版之时，安先生却溘然长逝，让人万分痛心，给我们留下了无限追思！

在本书的写作过程中，丛书主编王志民先生对初稿与修改稿做了高屋建瓴的审订与相当到位的雅正，倾注了很大的心力，才能使书稿在整体上更为合理客观。在此致以最衷心的感谢！

另外，本丛书的秘书秦铁柱与其他各卷的同仁也对书稿提出了许多修改意见，并给予了大力支持。曲阜师范大学的王洪军教授亦为本书稿提出了诸多宝贵意见。在此一并表示感谢！

本书分上、中、下三编，上编为儒家文化，中编为道学文化，下编为佛教文化。分别由刘厚琴、赵卫东、陈燕玲撰写，赵卫东所承担部分中的"道家道教与政治""道家道教与科技"两节由蓝法典撰写。由于三人撰写，出现某种风格上的差异是在所难免的。全书的导论、书后的参考书目及后记，均由刘厚琴执笔。出于全书体例一致的需要，在后期完善书稿的过程中，我对初稿的有些地方稍作了改动。

书中参阅和吸收了众多专家学者的著述，有些已在书中注明，有些因为篇幅所限或疏漏未能注明，在此一并表示谢意和歉意。

刘厚琴

2020 年 8 月于曲阜师范大学